# 給水装置の範囲

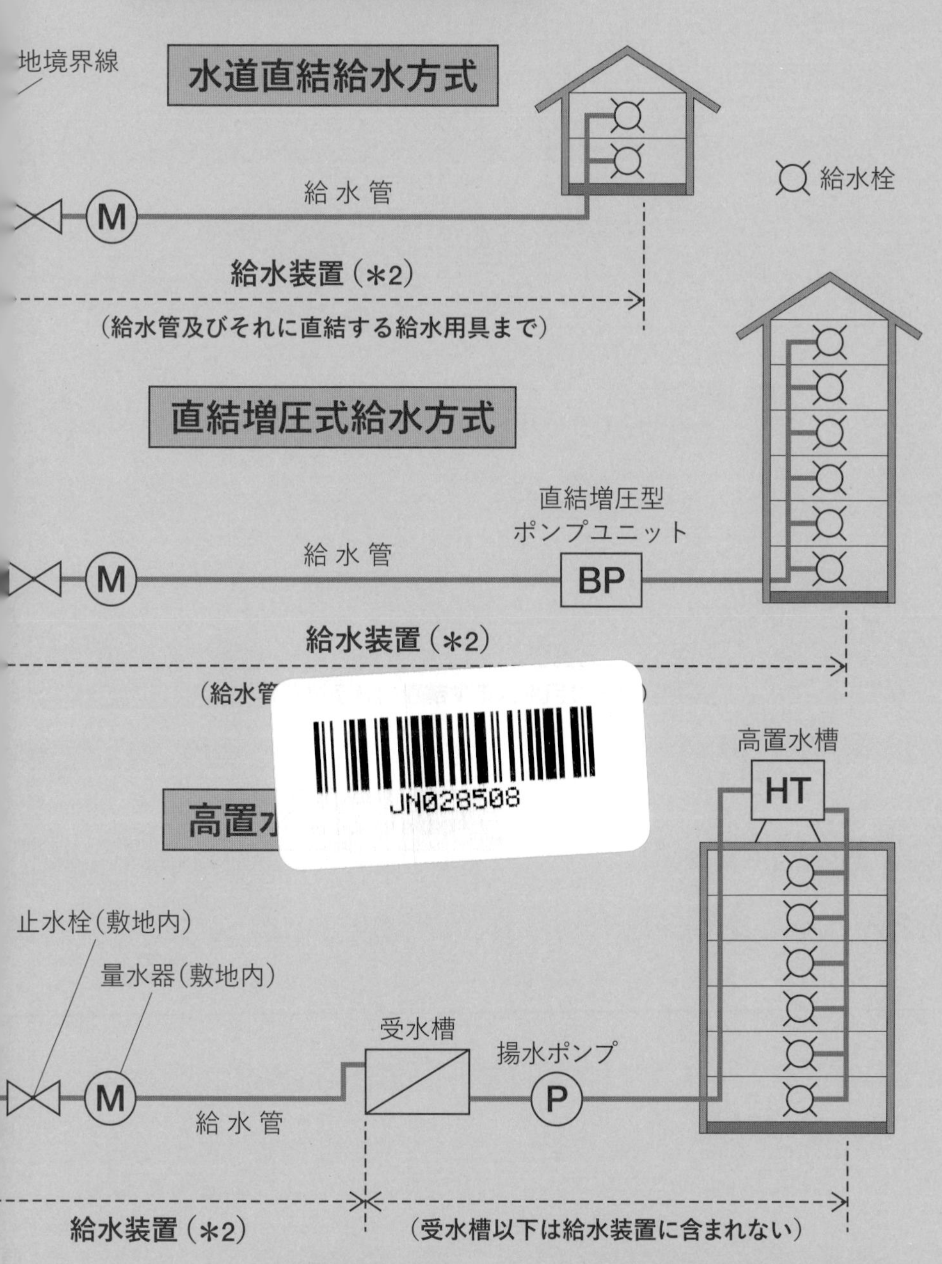


＊1：水道事業者の布設　　＊2：指定給水装置工事事業者の施行

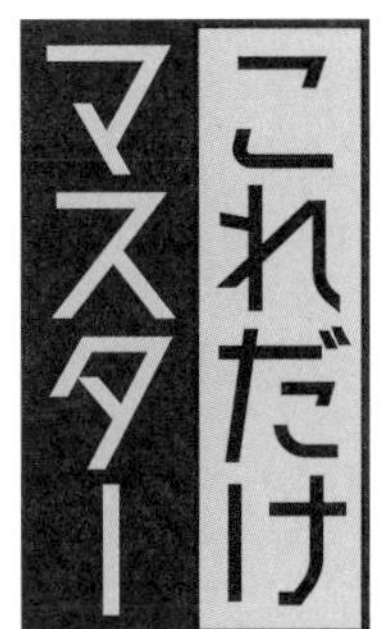


# 給水装置 工事主任 技術者試験

改訂3版

今野祐二・打矢瀅二・
奥村章典・山田信亮［共著］

# 読者の方々へ

本書『これだけマスター給水装置工事主任技術者試験』は，平成22年，27年の2度の発刊で，関係法令や各種規格の改訂などに合わせて，内容を見直し，修正，改訂，増版を行ってまいりました．その間，多くの読者の皆様にご活用していただき，多大なるお褒めの言葉や激励の言葉をいただきました．

このたびは，水道法や関連法規の改正に合わせて，内容を見直すとともに，さらなるパワーアップを目指して，新たに出版することになりました．

構成は，過去10年間から**類似問題を選抜**し，見開きページで**過去の重点問題との類似箇所が分かる**ものとし，過去数年間の試験問題を分析し，試験科目ごとに重要となるポイントをまとめ，関連する問題を掲載しました．

出題傾向は，平成22年度から大幅に変更されており，水道法の改正や科目内容の変更，五肢択一問題の採用，新しい機材などは依然として範囲が広く，長文も多く選択肢の内容はまぎらわしく，知識よりも読解力を試すような出題が毎年続いています．また，令和2年度からは，**建設業法及び労働安全衛生法に関する知識**について，「給水装置施工管理法」に記載されていたものが，「給水装置工事事務論」に移行となりました．

本書により，1人でも多くの受験者がこの資格を取得され，給水装置工事主任技術者として，大いにご活躍されることを祈念いたします．

最後に本書を執筆するにあたり，諸先生方の文献，資料等を参考にさせていただきました．紙上を借りて御礼申し上げます．

令和5年6月

著者らしるす

# 足切り点に要注意

給水装置工事主任技術者の試験は，少し複雑な合格基準となっている．

試験内容は，「学科試験 1（午前）」と「学科試験 2（午後）」に分かれており，管工事施工管理技術検定の 1 級管工事，2 級管工事に合格している者は，試験科目のうち「学科試験 2」の 2 科目が免除される．

8 科目①～⑧の出題数 60 問のうち 40 問の正答で合格点となるが，そのうえに最低得点（足切り点）22 点の獲得の条件が加わる．すなわち，8 科目にはそれぞれ最低得点（足切り点）があるため，1 つの科目が悪ければ，他の科目が良くても不合格となる．下表の科目別合格基準点を見てほしい．

又，解答方法は，四肢択一から五肢択一に変わりつつある．

## 科目別合格基準

**■学科試験 1**
試験時間 10：00～12：30（2 時間 30 分）

| 試験科目（必須 6 科目） | 出題数 | 最低得点 |
|---|---|---|
| ①　公衆衛生概論 | 3 問 | 1 点 |
| ②　水道行政 | 6 問 | 2 点 |
| ③　給水装置工事法 | 10 問 | 4 点 |
| ④　給水装置の構造及び性能 | 10 問 | 4 点 |
| ⑤　給水装置計画論 | 6 問 | 2 点 |
| ⑥　給水装置工事事務論 | 5 問 | 2 点 |
| 合　計 | 40 問 | 15 点 |

**■学科試験 2**
試験時間 14：00～15：00（1 時間）

| 試験科目（一部免除対象者） | 出題数 | 最低得点 |
|---|---|---|
| ⑦　給水装置の概要 | 15 問 | 5 点 |
| ⑧　給水装置施工管理法 | 5 問 | 2 点 |
| 合　計 | 20 問 | 7 点 |
| 全科目<br>（学科試験 1 ＋学科試験 2） | 60 問 | 22 点 |

| | 採点基準と合格基準 |
|---|---|
| 1 | 配点は 1 問につき 1 点とする． |
| 2 | **■学科試験 1**<br>• 必須 6 科目（①～⑥）の得点の合計が，40 問中，27 問以上であること．<br>• 各科目の得点が**最低得点以上**であること．<br>従って，27 問（点）以上を獲得して，さらに最低得点の合計 15 点以上を取ること． |
| 3 | **■学科試験 2**<br>• 一部免除対象者は，⑦⑧を除いた①～⑥の全てを満たすこと．<br>**※一部免除者**<br>• 水道法施行規則第 31 条の規定に基づき，**試験科目の一部免除を受けた者**をいう（1 級又は 2 級の管工事施工管理技士の資格を持っている者）． |
| 4 | **※非免除者**<br>• 全科目①～⑧を全て受験する者をいう．<br>• 全科目①～⑧の得点が 60 問中，**40 問以上**であること．<br>• 全科目①～⑧の**最低得点以上を獲得**すること（足切り点）． |

# 目　次

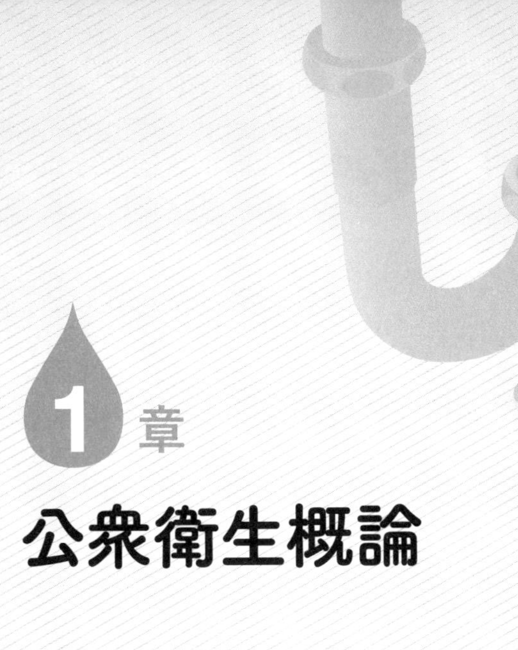

# 1章

# 公衆衛生概論

全出題問題の中において「1章　公衆衛生概論」の内容からは，3題出題され，最低必要獲得点数は1点（1題）となる．

過去の出題傾向を分析した出題ランク

★★★よく出題されている　★★比較的よく出題されている　★出題されることがある

| | |
|---|---|
| ★★★ | • 水系感染症の原因（健康に影響する病原体）<br>• 化学物質の飲料水への汚染原因<br>• 水道施設とその機能<br>• 水質基準（水道法第4条）<br>• 残留塩素と消毒効果 |
| ★★ | • 水道の利水障害<br>• 水道施設のフロー<br>• 水道の定義<br>• 水道の3つの要件<br>• 用語の定義（水道法第3条） |
| ★ | • 我が国の近代水道の歴史（水道の歴史）<br>• 水中の有害な化合物 |

# 1-1 飲料水の衛生と水道

## 1 水と人の生命

水はヒトが生命を保つために不可欠なものである．ヒトが生理的に必要とする1日の水分摂取量は約 1.5 L である．通常の食事で水分摂取した場合は1日で1～2Lの尿を排泄し，多い場合は3L以上になる場合もある．摂取する水分量が少なければ尿量も減少する．また，尿量が少なくなってくると尿に溶解して体外に排泄される老廃物が体内に蓄積され，高窒素血症や尿毒症などの健康障害を起こすことがあるため，最低でも成人の場合で1日 0.4～0.5 L の尿の排泄が必要といわれている．

健常な一般成人における体内の水分量は，体重の 50～70 % である．年齢からみると，小児が生理的に必要とする水分量は，体重当たりに換算すると成人の3～4倍になり，加齢とともに水分割合は少なくなる．また，一般に体重当たりの体内水分量は女性のほうが男性より少ない．水分の損失が体重の5%になると脱水症状や熱中症等の症状が現れ，10%になると筋肉のけいれんや循環不全が発生し，20%になると死に至る（**表1・1**）．なお，体液は細胞内部の水分である細胞内液と，細胞外部の水分である細胞外液とに区分され，成人の場合には，細胞内液は体重の約 40 %，細胞外液は約 20 % となっている．

表1・1　水分欠乏率と脱水症状[1)]

| 水分欠乏率〔%〕<br>（体重に対する概略値） | 脱水症状 |
|---|---|
| 1 | 喉の渇き |
| 2 | 強い渇き，ぼんやりする，重苦しい，食欲減退，血液濃縮 |
| 4 | 動きのにぶり，皮膚の紅潮化，いらいらする，疲労及び嗜眠（しみん），感情鈍麻，吐き気，感情の不安定 |
| 6～8 | 手・足のふるえ，熱性抑うつ症，昏迷，頭痛，脈拍・呼吸数の増加，呼吸困難，めまい，チアノーゼ，言語不明瞭，疲労増加，精神錯乱 |
| 10～12 | 筋けいれん，平衡機能失調，失神，舌の腫脹，せん妄及び興奮状態，循環不全，血液濃縮及び血液の減少，腎機能不全 |
| 15～17 | 皮膚がしなびてくる，飲み込み困難，目の前が暗くなる，目がくぼむ，排尿痛，聴力損失，皮膚の感覚鈍化，舌がしびれる，眼瞼（がんけん）硬直 |
| 18 | 皮膚のひび割れ，尿生成の停止 |
| 20 | 死亡 |

# 2 健康に影響する病原体

## 1. 水系感染症の病原体による汚染

水系感染症とは，飲料水など水を媒体として病原体（病原性を有する細菌やウイルス，原虫等）が体内に侵入し，いろいろな病状を起こす疾患のことである．病原体としては，病原細菌，病原ウイルス，病原原虫に分られる．

表1・2 病原体の種類

| | |
|---|---|
| 病原細菌 | コレラ菌，赤痢菌，レジオネラ属菌，腸チフス菌，腸管出血性大腸菌等 |
| 病原ウイルス | 腸管系ウイルス（ノロウイルス他），肝炎ウイルス（A型・E型）等 |
| 病原原虫 | クリプトスポリジウム，ジアルジア，赤痢アメーバ等 |

① 病原性大腸菌O157（オー）：ベロ毒素を産生するのが特徴で，毒素は赤血球を溶かして血小板を破壊するため，溶血性尿毒症症候群を引き起こす．菌自体は10日前後で死滅するが，毒素は体内に残留するため，予防する以外に手段はない．**遊離残留塩素濃度0.1 mg/L以上又は75 °Cの加熱1分の条件下で死滅**する．

② レジオネラ属菌：土壌や地下水，河川水など自然界に広く存在しており，土塵（つちぼこり）を介してビルの冷却塔の冷却水に混入して増殖する．**塩素により死滅**し，**熱にも弱く**，**55 °C以上で死滅**する．飲用により感染することはない．

③ クリプトスポリジウム：下痢症を引き起こす原虫で，水や食べ物の中では堅い殻で覆われたオーシストの形で存在する．塩素消毒に対して抵抗性を示し，一般の**浄水場の塩素消毒では不活性化できないが**，**加熱**，**冷凍**，**乾燥には弱い**．**沸騰水では1分以上で死滅**する．

④ ノロウイルス：ふん便や吐物から大量にウイルスが排出され，それにより汚染された水や食品を介して感染して急性胃腸炎をおこし，下痢，嘔吐，腹痛，発熱などの症状となる．これは，**浄水場の塩素消毒で不活性化できる**との研究報告がある．

## 2. 化学物質による汚染

化学物質による水質汚染の歴史をみると，**昭和30年代**に，水道水源としての河川表流水の**陰イオン界面活性剤**による水質汚染が問題となり，**昭和40年代**に入ると，**水銀**，**ヒ素**などによる公共用水域の水質汚染が社会問題化した．**昭和50年代**には，消毒副生成物である**トリハロメタン**による水質汚染問題，**昭和60年代**には，**シマジン**，**チウラム**などのゴルフ場からの農薬による水質汚染が問題となった．

### 3. 水中の有害な化合物

水中の有害な化合物を長期にわたって摂取したときに起こる慢性的な生体への影響を**表1・3**に示す.

表1・3 有害な化合物と生体への影響

| 有害な化合物 | 生体への影響 |
|---|---|
| ヒ素 | 角化症，色素沈着，黒皮症 |
| 鉛 | ヘム合成阻害，貧血，腎障害 |
| トリハロメタン類 | 発がん性 |
| 硝酸性窒素 | メトヘモグロビン血症 |

### 4. 水道の利水障害

特定の汚染物質による，日常生活での水利用への差し障り（利水障害）に関して，法で，「特定水道**利水障害**」とは，水道水が，水道原水の浄水処理に伴い副次的に生成する物質であって人の健康に係る被害を生ずるおそれがあるとして，政令で定める物質に係る水道法第4条第1項第三号（1-3-1 ③参照）に基づく水道水質基準を満たすこととされている.

#### ① 臭気

藻類が繁殖するとジェオスミンや2-メチルイソボルネオール等の有機物質が産生され，これらが飲料水に混入すると**カビ臭の原因**となる．また，工場廃水等のフェノール類は，水道水中において塩素と反応してクロロフェノール類を生成し，低濃度でも**不快臭**を発生する．なお，清涼飲料水等のチクロ（人工甘味料）が水道原水に混入して**悪臭の原因**になった事件があり，1969年には，使用禁止になった.

#### ② 味

飲料水の**味に関する物質**としては，亜鉛，塩素イオン，鉄，ナトリウム等があり，これらの飲料水への混入は主に水道原水や工場廃水等に由来する．なお，鉄や亜鉛は水道管から溶出することもある.

#### ③ 色等

飲料水の**色に関わる物質**として，亜鉛，アルミニウム，鉄，銅，マンガン等があり，土壌中から水道原水に混入するものと，工場廃水等に由来するものがある．また，生活排水や工場廃水に由来する界面活性剤が飲料水に混入すると泡立ちにより，**不快感をもたらす**ことがある.

## 3 水道の歴史

### 1. 近代水道の創設と水道の普及

安政元年（1854 年）の開国によって，国外から西洋文化だけでなく，コレラなどによる水系感染症が持ち込まれた．明治時代に入り，コレラの流行が繰り返されたことから，伝染病防疫の根本対策として近代水道が布設されることになった．わが国の近代水道の第 1 号は明治 20 年（1887 年）に給水を開始した横浜水道である．近代水道は，第二次世界大戦後昭和 30 年代から 40 年代にかけて急速に水道普及率を伸ばし，平成 29（2017 年）年度末における全国の水道普及率は 98.0 % に達している．特に人口規模の大きい東京都，大阪府，神奈川県，愛知県や沖縄県の水道普及率は，100 % となっている．

### 2. 衛生対策の歴史（簡易専用水道）

昭和 43 年（1968 年）ごろからのマンションブームを契機として，配管のさびによる赤水問題に加え，受水槽や高置水槽に汚水や油が混入したりする事例が急速に増えてきた．昭和 52 年（1977 年）の水道法改正では，ビル，マンションなどに設置される，水道事業の用に供する水道からのみ，水の供給を受けている受水槽などの給水設備について，一定規模を超えるものを簡易専用水道として新たに水道法の規制対象とすることになった．簡易専用水道の対象となる規模は，20 m³ を超えるものとされていたが，昭和 60 年（1985 年）の改正で 10 m³ を超えるものとなった．さらに平成 13 年（2001 年）の改正により簡易専用水道を含め，水槽の規模によらない建物内水道の総称として貯水槽水道が定義され，供給規程上の設置者責任の明確化の措置が図られた．

簡易専用水道の設置者は，1 年以内ごとに 1 回定期検査を受けることなどが定められている．

### 3. 健康に影響を及ぼした水質汚染などの事例

水道水や井戸水に起因して健康に影響を及ぼした水質汚染などの事例について，述べることにする．

① 平成 2 年（1990 年）に浦和市の幼稚園で，井戸水が原因となる病原性大腸菌 O157 の集団感染により，園児 250 人以上が発症し，2 人が死亡した．

② 平成 8 年（1996 年）に埼玉県越生町の水道がクリプトスポリジウムにより汚染され，住民約 14 000 人のうち 8 000 人以上が感染した．

その他，平成 15 年（2003 年）から令和 4 年（2022 年）までの，水道に起因する健康影響が発生した水質汚染などの主な事案について，**表 1・4** に示す．

表1・4 水質汚染事故等の発生状況（厚生労働省）

| 発生年 | 発生場所 | 原因飲料水 | 原因物質等 | 発生施設 | 摂食者数 | 患者数 |
|---|---|---|---|---|---|---|
| 2003 | 新潟県 | 井戸水 | ノロウイルス，ウエルシュ，黄色ブドウ球菌，カンピロバクター，大腸菌 | 飲食店 | 227 | 151 |
| | 石川県 | 井戸水 | ノロウイルス | 飲食店 | 522 | 76 |
| | 千葉県 | 冷水器（簡易専用水道） | A群ロタウイルス | 学校 | 86 | 47 |
| | 愛知県 | 冷水器（推定，水源：専用水道） | カンピロバクター・ジェジュニ/コリ | 学校 | 525 | 69 |
| 2004 | 広島県 | 井戸水 | 大腸菌群が検出されたが特定できず | 家庭 | 17 | 15 |
| | 石川県 | 簡易水道（表流水） | カンピロバクター・ジェジュニ/コリ | 宿泊施設 | 78 | 52 |
| 2005 | 大分県 | 専用水道（無認可，表流水） | プレシオモナス・シゲロイデス | 宿泊施設 | 280 | 190 |
| | 大分県 | 井戸水 | 病原大腸菌（O168） | キャンプ場 | 348 | 273 |
| | 長野県 | 湧水 | 病原大腸菌（O55） | 宿泊施設 | 81 | 43 |
| 2006 | 福島県 | 湧水 | カンピロバクター・ジェジュニ | 家庭等 | （*1） | 71 |
| | 宮城県 | 井戸水？ | A型ボツリヌス菌（芽胞菌） | 家庭等 | 9 | 1 |
| 2009 | 鳥取県 | 不明（飲料水：簡易水道の可能性あり） | 不明 | 家庭等 | （*1） | 36 |
| 2010 | 千葉県 | 小規模貯水槽水道 | クリプトスポリジウム，ジアルジア | 家庭等 | 43 | 28 |
| 2011 | 長野県 | 専用水道（沢水） | 病原大腸菌（O121） | 宿泊施設 | （*1） | 16 |
| | 山形県 | 湧水 | 病原大腸菌（O157） | 家庭等 | 5 | 2 |
| 2012 | 富山県 | 簡易水道（地下水） | エルシニア・エンテロコリチカ | 家庭等 | （*1） | 3 |
| 2013 | 大阪府 | 簡易専用水道？ | ノロウイルス，カンピロバクター・ジェジュニ | 飲食店 | （*1） | 不明 |
| | 神奈川県 | 簡易専用水道 | 一般細菌，大腸菌 | 家庭等 | 85 | 11（*2） |
| 2014 | 熊本県 | 簡易水道（地下水） | 灯油 | 家庭等 | 128 | 2 |
| 2017 | 京都府 | 上水道（表流水） | 軽油 | 家庭等 | 77 | 2（*3） |
| | 山梨県 | 井戸水 | カンピロバクター・ジェジュニ | 事業所 | 28 | 18 |
| 2019 | 兵庫県 | 簡易専用水道 | ノロウイルス | 事業所 | （*1） | 6（*4） |
| 2019 | 長野県 | 飲料水供給施設（湧水） | カンピロバクター・ジェジュニ | 宿泊施設 | 72 | 41 |
| 2020 | 兵庫県 | 簡易専用水道 | 汚水 | 家庭等 | 200 | 15（*2） |
| 2021 | 神奈川県 | 小規模貯水槽水道 | 一般細菌 | 保育園 | 150 | 5（*2） |
| | 群馬県 | 専用水道（地下水）（*5） | 亜硝酸態窒素 | 病院 | 3 000 | 10 |
| 2022 | 東京都 | 小規模貯水槽水道 | 一般細菌，大腸菌 | 飲食店 | （*1） | 14 |

*1：摂食者数が不明の場合は給水人口．　*2：水道水（受水槽水）が原因であったか不明．
*3：水道水が原因であったかは不明．　*4：推定患者数（行政が探知した疑い患者の人数を示す）35人
*5：原因物質は地下水由来ではなく，給水施設における汚水の混入による．

表1・4のノロウイルスについて，厚生労働省の「ノロウイルスに関するQ＆A」から抜粋して述べることにする．

昭和43年（1968年）に米国のオハイオ州ノーウォークという町の小学校で集団発生した急性胃腸炎の患者のふん便からウイルスが検出され，発見された土地の名前からノーウォークウイルスと呼ばれた．食中毒では食品取扱者を介してウイルスに汚染された食品を原因とする事例が，近年増加傾向にある．ノロウイルスは，冬季の「感染性胃腸炎」の原因となるウイルスであり，主に，細菌，ウイルス，寄生虫が原因の病原体である．

## 問題1 水系感染症の原因

水系感染症の原因となる次の病原微生物のうち，浄水場での塩素消毒が**有効でないもの**はどれか．

（1）病原性大腸菌 O157
（2）レジオネラ属菌
（3）クリプトスポリジウム
（4）ノロウイルス

**解説** (3) 塩素消毒が有効でないものは，クリプトスポリジウムである．　**解答▶(3)**

## 問題2 水系感染症の原因

水系感染症の原因となる次の病原生物のうち，浄水場における塩素消毒に対して，**抵抗性を示すもの**はどれか．

（1）病原性大腸菌 O157
（2）レジオネラ属菌
（3）クリプトスポリジウム
（4）赤痢菌

**解説** (3) 塩素消毒に対して，抵抗性を示すということは，有効でないもの．　**解答▶(3)**

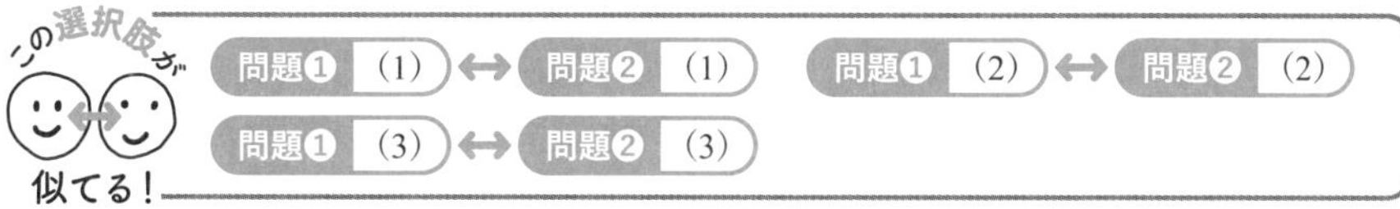

クリプトスポリジウムは，塩素滅菌では死滅しない．
病原性大腸菌 O157 は，遊離残留塩素濃度 0.1 mg/L 以上，又は 75 °C の加熱 1 分の条件下で死滅する．
レジオネラ属菌は，塩素により死滅し，熱にも弱く，55 °C 以上で死滅する．
ノロウイルスは，塩素滅菌で死滅する．
赤痢菌は，グラム陰性通性嫌気性桿菌（かんきん）で腸内細菌の仲間であり，ヒトとサルの腸内に感染する腸内細菌の一種である．塩素消毒（遊離残留塩素濃度 0.1 mg/L 若しくは結合残留塩素濃度 0.4 mg/L）により死滅する．

## 問題❸ 化学物質の飲料水への汚染原因

化学物質の飲料水への汚染原因と影響に関する次の記述のうち，**不適当なもの**はどれか．

(1) 水道原水中の有機物と浄水場で注入される凝集剤とが反応し，浄水処理や給配水の過程で，発がん性物質として疑われるトリハロメタン類が生成する．

(2) ヒ素の飲料水への汚染は，地質，鉱山廃水，工場廃水等に由来する．海外では，飲料用の地下水や河川水がヒ素に汚染されたことによる，慢性中毒症が報告されている．

(3) 鉛製の給水管を使用すると，鉛はpH値やアルカリ度が低い水に溶出しやすく，体内への蓄積により毒性を示す．

(4) 硝酸態窒素及び亜硝酸態窒素は，窒素肥料，家庭排水，下水等に由来する．乳幼児が経口摂取することで，急性影響としてメトヘモグロビン血症によるチアノーゼを引き起こす．

**解説** (1) 水道原水中の有機物と浄水場で注入される物質の**塩素とが反応**し，浄水処理や給配水の過程で，**トリハロメタン類が生成**する．

**解答▶(1)**

## 問題❹ 化学物質の飲料水への汚染原因

水道水に混入するおそれのある化学物質による汚染の原因に関する次の記述のうち，**不適当なもの**はどれか．

(1) フッ素は，地質，工場廃水などに由来する．

(2) 鉛管を使用していると，遊離炭酸の少ない水に鉛が溶出しやすい．

(3) ヒ素は，地質，鉱山廃水，工場廃水などに由来する．

(4) シアンは，メッキ工場，精錬所などの排水に由来する．

**解説** (2) 鉛管を使用していると，**pH値やアルカリ度が低い**（**遊離炭酸が多い**）水に鉛が溶出しやすい．

**解答▶(2)**

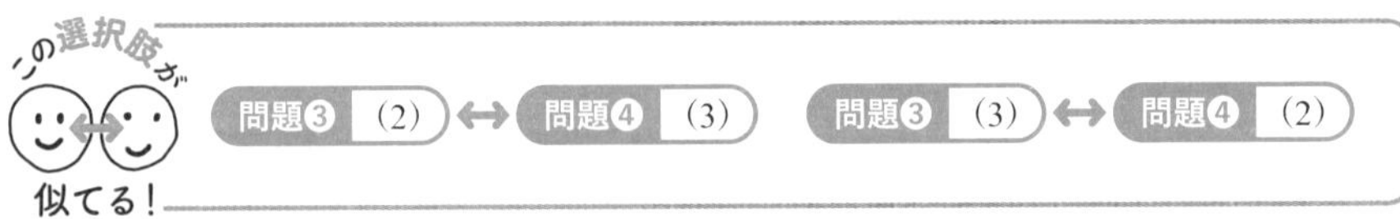

## 問題⑤ 水道の利水障害

水道の利水障害（日常生活での水利用への差し障り）とその原因物質に関する次の組み合わせのうち，**不適当なもの**はどれか．

| | 利水障害 | 原因物質 |
|---|---|---|
| (1) | 泡だち | 界面活性剤 |
| (2) | 味 | 亜鉛，塩素イオン |
| (3) | カビ臭 | アルミニウム，フッ素 |
| (4) | 色 | 鉄，マンガン |

**解説** (3) カビ臭の原因物質は，湖沼の富栄養化（貧栄養状態から富栄養状態へ移行する現象）で，藻類が繁殖し**ジェオスミン**や**2-メチルイソボルネオール**等の有機物が量産され，飲料水に混入すると発生する．

**解答▶(3)**

## 問題⑥ 水道の利水障害

水道の利水障害（日常生活での水利用への差し障り）に関する次の記述のうち，**不適当なもの**はどれか．

(1) 藻類が繁殖するとジェオスミンや2-メチルイソボルネオール等の有機物が産生され，これらが飲料水に混入すると着色の原因となる．

(2) 飲料水の味に関する物質として，塩化物イオン，ナトリウム等があり，これらの飲料水への混入は主に水道原水や工場排水等に由来する．

(3) 生活廃水や工場廃水に由来する界面活性剤が飲料水に混入すると泡立ちにより，不快感をもたらすことがある．

(4) 利水障害の原因となる物質のうち，亜鉛，アルミニウム，鉄，銅は水道原水に由来するが，水道に用いられた薬品や資機材に由来することもある．

**解説** (1) 着色の原因は誤りである．**カビの原因**である．

**解答▶(1)**

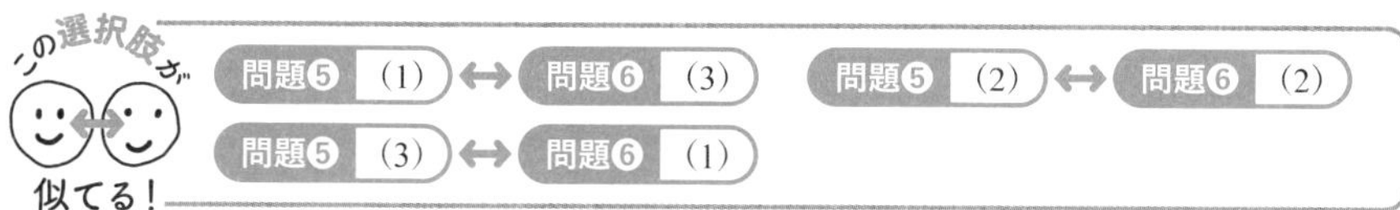

## 問題⑦ 我が国の近代水道の歴史

明治時代における我が国の近代水道の歴史に関する次の記述のうち，**不適当なもの**はどれか.

(1) コレラなどによる水系感染症の発生に対して，衛生的な飲料水を供給し得る近代水道の布設の必要性が議論されるようになった.

(2) 当時の中央衛生会は，コレラの予防などについて審議を行い，その成案をとりまとめて水道布設促進の建議を行った.

(3) 我が国の近代水道の第1号になったのは，横浜水道であった.

(4) 近代水道布設当初から，水系感染症対策のために，塩素消毒が義務付けられた.

**解説** (4) 横浜水道の給水が開始した頃は，まだ塩素消毒はしていなかった. **解答▶(4)**

## 問題⑧ 我が国の近代水道の歴史

我が国の近代水道の創設に至る過程に関する次の記述のうち，**不適当なもの**はどれか.

(1) 安政元年（1854年）の開国によって国外から持ち込まれたものは，西洋文化だけでなく，赤痢，腸チフスの水系感染症であった.

(2) 明治10年（1877年）ごろから大発生したコレラなどによる水系感染症に対して，衛生的な飲料水を供給し得る水道の整備の必要性が議論されるようになった.

(3) 明治20年（1887年）に，当時の中央衛生会は，コレラの予防などについて審議を行い，その成案をとりまとめ，内閣に提出し，水道布設促進の建議を行った.

(4) 我が国の近代水道の第1号になったのは，明治20年（1887年）に給水を開始した横浜水道であった.

**解説** (1) 開国により，ペリー艦隊とともに持ち込まれたのは，コレラである. **解答▶(1)**

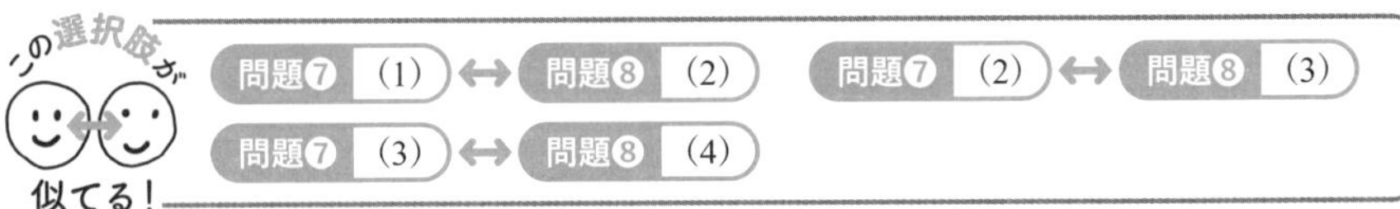

# 1-2 水道の基礎



## 1 水道の定義

### 1. 水道事業について

最初の近代水道は，伝染病予防の見地から衛生的な飲料水の供給を目的に布設されたが，今日では，生活用水の確保や産業活動の維持発展のための基幹的な施設となっている．水道法の目的は，「水道の**布設**及び**管理**を適正かつ**合理的**ならしめるとともに，水道の**基盤を強化**することによって，清浄にして**豊富低廉(ていれん)な水の供給**を図り，もって公衆衛生の向上と生活環境の改善とに寄与すること」と定められている〔**水道法第 1 条**〕.

**国及び地方公共団体の責務**としては，「水道が国民の日常生活に直結し，その健康を守るために欠くことのできないものであり，かつ，水が貴重な資源であることにかんがみ，水源及び水道施設並びにこれらの周辺の**清潔保持**並びに水の適正かつ合理的な使用に関し必要な施策を講じなければならない」と定められている〔**水道法第 2 条第 1 項**〕. また，**国民の責務**としては，「**国及び地方公共団体の施策**に協力するとともに，自らも，**水源**及び**水道施設**並びにこれらの周辺の**清潔保持**並びに水の適正かつ合理的な使用に努めなければならない」と定められている〔**水道法第 2 条第 2 項**〕.

### 2. 水道の基本的な 3 つの要件

水道には，人々に飲用に適合する水を豊富にしかも安い料金で供給することが求められる．すなわち，**水質基準**に適合する衛生的に安全な**水質**，使用者の需要を十分に満たすことができる**水量**を確保し，消火用水としても対応できるだけの**水圧**を保持する必要がある．

図 1・1　水道の 3 つの要件

## 2 用語の定義

水道法第 3 条より「用語の定義」を抜粋する．

① **水道**：導管及びその他の工作物により，水を人の飲用に適する水として供給する施設の総体をいう．ただし，臨時に施設されたものを除く〔第 1 項〕.

② **水道事業**：一般の需要に応じて，水道により水を供給する事業をいう．ただし，給水人口が **100 人以下**である水道によるものを除く〔第 2 項〕.

③ **簡易水道事業**：給水人口が **5 000 人以下**である水道により，水を供給する水道事業をいう〔第 3 項〕.

④ **水道用水供給事業**：水道により，水道事業者に対してその用水を供給する事業をいう．ただし，水道事業者又は専用水道の設置者が他の水道事業者に分水する場合を除く〔第 4 項〕.

⑤ **水道事業者**：第 6 条第 1 項の規定による厚生労働大臣の認可を受けて水道事業を経営する者をいい，「**水道用水供給事業者**」とは，第 26 条の規定による厚生労働大臣の認可を受けて水道用水供給事業を経営する者をいう〔第 5 項〕.

⑥ **専用水道**：寄宿舎，社宅，療養所等における自家用の水道その他水道事業の用に供する水道以外の水道であって，次の（1）（2）のいずれかに該当するものをいう．（1）**100 人を超える**者にその居住に必要な水を供給するもの（2）その水道施設の **1 日最大給水量**が政令で定める基準を超えるもの〔第 6 項〕

⑦ **簡易専用水道**：水道事業の用に供する水道及び専用水道以外の水道であって，水道事業の用に供する水道から供給を受ける水のみを水源とするものをいう〔第 7 項〕.

⑧ **給水装置**：**需要者**に水を供給するために水道事業者の施設した**配水管**から分岐して設けられた**給水管**及びこれに**直結する給水用具**をいう〔第 9 項〕.

⑨ **水道の布設工事**：水道施設の新設又は政令で定めるその増設若しくは改造の工事をいう〔第 10 項〕.

⑩ **給水装置工事**：給水装置の設置又は変更の工事をいう〔第 11 項〕.

## 3 水道施設の構成

水道施設の概要を**図 1・2** に示す．水道施設については水道事業者（公共団体）が布設し，宅地内の給水装置については専門工事業者が行う．

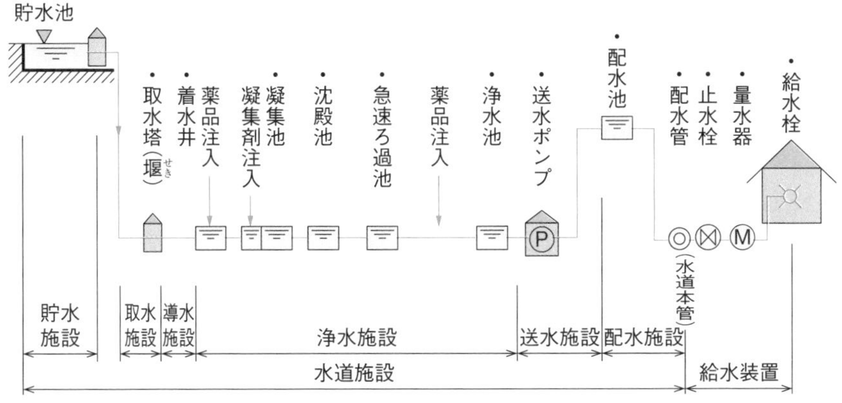


図１・２　上水道施設一般の構成[2)]

① **貯水・取水施設**：河川，湖沼，又は地下水源から水を取り入れ，粗いごみなどを取り除いて導水施設へ送り込む施設である．

② **導水施設**：原水を取水施設（貯水池）より浄水施設（浄水場）まで送る施設である．導水方式には，水源と浄水場の水位関係によって自然流下方式とポンプ加圧方式がある．

③ **浄水施設**：原水の質及び量に応じて，水道基準に適合させるために必要な沈殿池，ろ過池，消毒設備がある施設である．

- **着水井**（ちゃくすいせい）：河川などから原水を導入する際に原水の水位の動揺を安定させるとともに，その水量を調整するために設ける．
- **沈殿池（凝集池）**：急速混和池及びフロック形成池の総称である．
- **急速ろ過池**：急速ろ過方式は，原水に凝集剤を加えて薬品沈殿処理した後，砂ろ過を行う浄水方法である．

  それに対して，凝集剤を加えずに原水を普通沈殿処理した後，砂ろ過を行う緩速ろ過方式がある．日本は急速ろ過方式がほとんどである．

④ **送水施設**：浄水場から配水施設まで浄水を送る施設である．浄水を送るのに必要なポンプ，送水管などの設備から構成される．

⑤ **配水施設**：浄水を配水池から給水区域の配水管まで供給し，需要者に所要の水量を配水するための施設である．

⑥ **給水装置**：配水管から分岐した給水管と，これに直結する給水栓などの給水器具のことである．

## 問題① 水道施設とその機能

水道施設とその機能に関する次の組合せのうち，**不適当なもの**はどれか．

水道施設　　　　　　　　機能

(1) 取水施設………水道の水源から原水を取り入れる．

(2) 浄水施設………原水を人の飲用に適する水に処理する．

(3) 導水施設………浄水施設を経た浄水を配水施設に導く．

(4) 配水施設………一般の需要に応じ，必要な水を供給する．

**解説** 上水道は，取水施設（貯水施設），導水施設，浄水施設，送水施設，配水施設，給水装置のプロセスを経て需要者に供給される．

取水施設 ⇒ 導水施設 ⇒ 浄水施設 ⇒ 送水施設 ⇒ 配水施設 ⇒ 給水装置

**(3)** 導水施設は，取水施設から浄水施設までの水路のことをいう．浄水施設を経た浄水を配水施設に導くのは，送水施設である．

**解答▶(3)**

## 問題② 水道施設とその機能

水道施設とその機能に関する次の組み合わせのうち，**不適当なもの**はどれか．

水道施設　　　　　　　　機能

(1) 浄水施設………原水を人の飲用に適する水に処理する．

(2) 配水施設………一般の需要に応じ，必要な浄水を供給する．

(3) 貯水施設………水道の原水を貯留する．

(4) 導水施設………浄水施設を経た浄水を配水施設に導く．

(5) 取水施設………水道の水源から原水を取り入れる．

**解説** **(4)** この問題は，5肢択一の問題になり，順番を変えた上記問題①とほぼ同じである．導水施設は，取水施設から浄水施設までの水路のことをいう．

**解答▶(4)**

多くの問題は過去問題から出題されているので，過去問題を徹底的に勉強しておくことが合格の秘訣である．

## 問題③ 水道施設のフロー

水道施設に関する下図の［　　］内に入る語句の組み合わせのうち，適当なものはどれか．

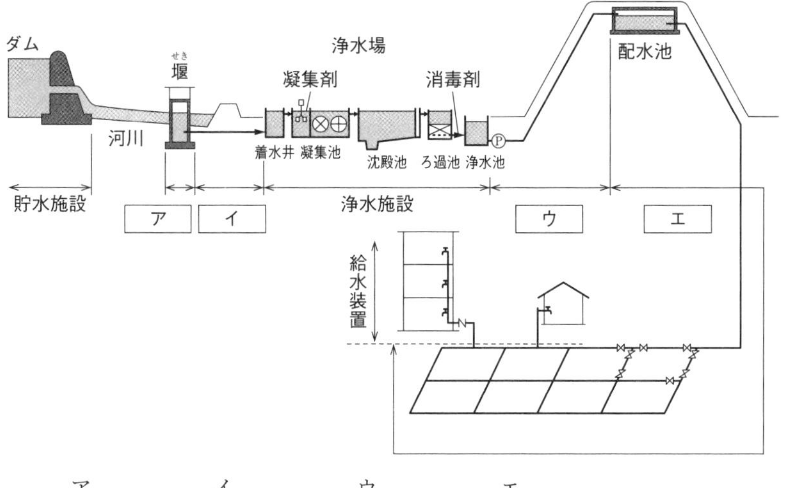


| | ア | イ | ウ | エ |
|---|---|---|---|---|
| (1) | 導水施設 | 取水施設 | 送水施設 | 配水施設 |
| (2) | 取水施設 | 導水施設 | 配水施設 | 送水施設 |
| (3) | 導水施設 | 取水施設 | 配水施設 | 送水施設 |
| (4) | 取水施設 | 導水施設 | 送水施設 | 配水施設 |

**ア**：取水施設，**イ**：導水施設，**ウ**：送水施設，**エ**：配水施設である．

**解答▶(4)**

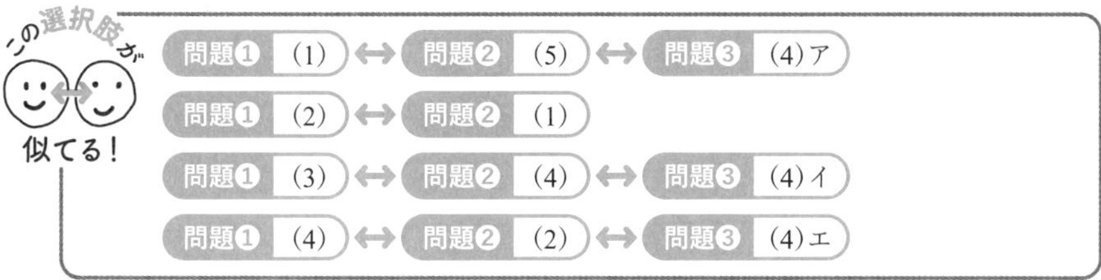

この問題も，平成27年度に出題された問題で，平成30年度にも出題されている．

# 1-3 水質基準

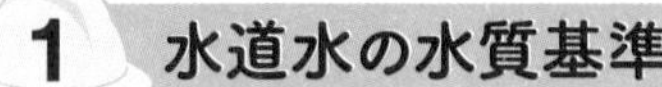

## 1 水道水の水質基準

水道により供給される水は，次の各号に掲げる要件を備えるものでなければならない（**水道法第 4 条**）.

① 病原生物に汚染され，又は病原生物に汚染されたことを疑わせるような生物若しくは物質を含むものでないこと.

② シアン，水銀その他の有毒物質を含まないこと.

③ 銅，鉄，フッ素，フェノールその他の物質をその許容量を超えて含まないこと.

④ 異常な酸性又はアルカリ性を呈しないこと.

⑤ 異常な臭味がないこと．ただし，消毒による臭味を除く.

⑥ 外観はほとんど無色透明であること.

上記の①～⑥については**水質基準**として 51 項目が定められている（**表 1・5**）. そのほかに**水質管理目標設定項目**，**要検討項目**，**農薬類**などが設定されている.

**水質基準**は，地域，水源の種別又は浄水方法により，人の健康の保護又は生活上の支障を生ずるおそれのあるものについて水質基準項目として設定されている.

**水質管理目標設定項目**は，浄水中で一定の検出の実績はあるが，毒性の評価が暫定的であるため水質基準とされなかったもの，又は，現在まで浄水中では水質基準とする必要があるような濃度で検出されていないが，今後，当該濃度を超えて浄水中で検出される可能性があるアンチモン及びその化合物など 26 項目が設定されている.

**要検討項目**は，毒性評価が定まらない，水道水中での検出実態が明らかでないなど，水質基準又は水質管理目標設定項目に位置付けることができなかった項目で，今後，必要な情報・知見の収集に努めていくべき銀やバリウムなど 47 項目が設定されている.

**農薬類**については，「総農薬方式」による検出指標値（検出された農薬濃度をその農薬の目標濃度で除した値．農薬の種類が複数の場合は，それぞれの農薬について計算した値の和をいう）が 1 を超えないこととする考え方で，水質管理目標設定項目に位置付けられている.

表1・5　水質基準

| | 項　目 | 基　準　値 |
|---|---|---|
| 1 | 一般細菌 | 1 mL の検水で形成される集落数が 100 以下であること. |
| 2 | 大腸菌 | 検出されないこと. |
| 3 | カドミウム及びその化合物 | カドミウムの量に関して，0.003 mg/L 以下であること. |
| 4 | 水銀及びその化合物 | 水銀の量に関して，0.0005 mg/L 以下であること. |
| 5 | セレン及びその化合物 | セレンの量に関して，0.01 mg/L 以下であること. |
| 6 | 鉛及びその化合物 | 鉛の量に関して，0.01 mg/L 以下であること. |
| 7 | ヒ素及びその化合物 | ヒ素の量に関して，0.01 mg/L 以下であること. |
| 8 | 六価クロム化合物 | 六価クロムの量に関して，0.02 mg/L 以下であること. |
| 9 | 亜硝酸態窒素 | 0.04 mg/L 以下であること. |
| 10 | シアン化物イオン及び塩化シアン | シアンの量に関して，0.01 mg/L 以下であること. |
| 11 | 硝酸態窒素及び亜硝酸態窒素 | 10 mg/L 以下であること. |
| 12 | フッ素及びその化合物 | フッ素の量に関して，0.8 mg/L 以下であること. |
| 13 | ホウ素及びその化合物 | ホウ素の量に関して，1.0 mg/L 以下であること. |
| 14 | 四塩化炭素 | 0.002 mg/L 以下であること. |
| 15 | 1, 4-ジオキサン | 0.05 mg/L 以下であること. |
| 16 | シス-1, 2-ジクロロエチレン及びトランス-1, 2-ジクロロエチレン | 0.04 mg/L 以下であること. |
| 17 | ジクロロメタン | 0.02 mg/L 以下であること. |
| 18 | テトラクロロエチレン | 0.01 mg/L 以下であること. |
| 19 | トリクロロエチレン | 0.01 mg/L 以下であること. |
| 20 | ベンゼン | 0.01 mg/L 以下であること. |
| 21 | 塩素酸 | 0.6 mg/L 以下であること. |
| 22 | クロロ酢酸 | 0.02 mg/L 以下であること. |
| 23 | クロロホルム | 0.06 mg/L 以下であること. |
| 24 | ジクロロ酢酸 | 0.03 mg/L 以下であること. |
| 25 | ジブロモクロロメタン | 0.1 mg/L 以下であること. |
| 26 | 臭素酸 | 0.01 mg/L 以下であること. |
| 27 | 総トリハロメタン（クロロホルム，ジブロモクロロメタン，ブロモジクロロメタン及びブロモホルムのそれぞれの濃度の総和） | 0.1 mg/L 以下であること. |
| 28 | トリクロロ酢酸 | 0.03 mg/L 以下であること. |
| 29 | ブロモジクロロメタン | 0.03 mg/L 以下であること. |
| 30 | ブロモホルム | 0.09 mg/L 以下であること. |
| 31 | ホルムアルデヒド | 0.08 mg/L 以下であること. |
| 32 | 亜鉛及びその化合物 | 亜鉛の量に関して，1.0 mg/L 以下であること. |
| 33 | アルミニウム及びその化合物 | アルミニウムの量に関して，0.2 mg/L 以下であること. |
| 34 | 鉄及びその化合物 | 鉄の量に関して，0.3 mg/L 以下であること. |
| 35 | 銅及びその化合物 | 銅の量に関して，1.0 mg/L 以下であること. |
| 36 | ナトリウム及びその化合物 | ナトリウムの量に関して，200 mg/L 以下であること. |
| 37 | マンガン及びその化合物 | マンガンの量に関して，0.05 mg/L 以下であること. |
| 38 | 塩化物イオン | 200 mg/L 以下であること. |
| 39 | カルシウム，マグネシウム等（硬度） | 300 mg/L 以下であること. |
| 40 | 蒸発残留物 | 500 mg/L 以下であること. |
| 41 | 陰イオン界面活性剤 | 0.2 mg/L 以下であること. |
| 42 | (4S, 4aS, 8aR)-オクタヒドロ-4, 8a-ジメチルナフタレン-4a(2H)-オール（別名ジェオスミン） | 0.00001 mg/L 以下であること. |
| 43 | 1, 2, 7, 7-テトラメチルビシクロ[2, 2, 1]ヘプタン-2-オール（別名 2-メチルイソボルネオール） | 0.00001 mg/L 以下であること. |
| 44 | 非イオン界面活性剤 | 0.02 mg/L 以下であること. |
| 45 | フェノール類 | フェノールの量に換算して，0.005 mg/L 以下であること. |
| 46 | 有機物（全有機炭素（TOC）の量） | 3 mg/L 以下であること. |
| 47 | pH 値 | 5.8 以上 8.6 以下であること. |
| 48 | 味 | 異常でないこと. |
| 49 | 臭気 | 異常でないこと. |
| 50 | 色度 | 5 度以下であること. |
| 51 | 濁度 | 2 度以下であること. |

前頁の表1・5は，水道法に基づく「水質基準に関する省令」（平成16年4月1日）である．この表の中で，よく出題されているものを次に示す．

一般細菌：1 mL の検水で形成される集落数が100以下
大腸菌：検出されないこと
pH値：5.8以上8.6以下
味・臭気：異常でないこと
色度：5度以下
濁度：2度以下

## 2 水道水の消毒方法

消毒用の塩素剤としては，液化塩素や次亜塩素酸ナトリウムのほか，次亜塩素酸カルシウムが通常使用されている．

① 液化塩素

塩素ガスを高圧で液化したもので，ボンベ（高圧容器）に貯蔵されている．消毒効果は高いが，取扱いが困難となる．

② 次亜塩素酸ナトリウム

液化塩素ほど消毒効果は高くないが，取扱いが容易であるため使用している水道事業者が多い．

③ 次亜塩素酸カルシウム（高度さらし粉を含む）

粉末，顆粒及び錠剤があり，化学的安定性，保存性，取扱いやすさから非常時の対策用に用いられる．

## 3 水道水の残留塩素

水道事業者は，厚生労働省令の定めるところにより，水道施設の管理及び運営に関し，消毒その他衛生上必要な措置を講じなければならないと定められている〔水道法第22条〕．

**給水栓における水が，遊離残留塩素を0.1 mg/L（結合残留塩素の場合は，0.4 mg/L）以上保持するよう塩素消毒をすること**．ただし，供給する水が病原生物に著しく汚染されるおそれがある場合又は病原生物に汚染されたことを疑わせるような生物若しくは物質を多量に含むおそれがある場合の給水栓における水の遊離残留塩素は，0.2 mg/L（結合残留塩素の場合は，1.5 mg/L）以上とする〔**水道法施行規則第17条第1項第三号**〕．

### 1. 残留塩素

消毒効果のある有効塩素が水中の微生物を殺菌消毒したり，有機物を酸化分解した後も水中に残留している塩素のことで，遊離残留塩素類（次亜塩素酸（HOCl），次亜塩素酸イオン（$OCl^-$））と結合残留塩素（クロラミン（$NH_2Cl$，$NHCl_2$，$NCl_3$））がある．滅菌効果は遊離残留塩素のほうが強く，残留効果は結合残留塩素のほうが強い．

### 2. 残留塩素の測定方法

市販の測定機器による簡易測定法（比色（DPD）法）で測定する．残留塩素がジエチル-*p*-フェニレンジアミン（DPD）と反応して生じる桃～桃赤色を標準比色液と比較して残留塩素を測定する．

**必ず覚えよう**

❶ クリプトスポリジウムは，塩素滅菌では死滅しない．

❷ 病原性大腸菌 O157 は，遊離残留塩素濃度 0.1mg/L 以上，75 °C の加熱 1 分の条件下で死滅する．

❸ レジオネラ属菌は，塩素により死滅し，熱にも弱く，55 °C 以上で死滅する．

❹ 水道原水中の有機物と浄水場で注入される物質の塩素とが反応し，浄水処理や給配水の過程で，トリハロメタン類が生成する．

❺ 藻類が繁殖するとジェオスミンや 2-メチルイソボルネオール等の有機物が産生され，これらが飲料水に混入するとカビの原因となる．

❻ 安政元年（1854 年）の開国により，ペリー艦隊とともに持ち込まれたのは，コレラである．

❼ 我が国の近代水道の第 1 号になったのは，横浜水道である．

❽ 導水施設は，取水施設から浄水施設までの水路のことをいう．

❾ 水道法第 4 条（水質基準）第 1 項第三号に，「銅，鉄，フッ素，フェノールその他の物質をその許容量をこえて含まないこと」と定められている．

❿ 水道法第 4 条（水質基準）第 1 項第五号に，「異常な臭味がないこと．ただし，消毒による臭味を除く」と定められている．

⓫ 残留塩素には遊離残留塩素と結合残留塩素がある．

⓬ 消毒効果は，遊離残留塩素の方が強く，残留効果は結合残留塩素の方が持続する．

⓭ 残留塩素が DPD と反応して生じる桃～桃赤色を標準比色液と比較して残留塩素を測定する．

## 問題① 水質基準

水道法第4条に規定する水質基準に関する次の記述のうち，**不適当なもの**はどれか．

(1) 外観は，ほとんど無色透明であること．
(2) 異常な酸性又はアルカリ性を呈しないこと．
(3) 消毒による臭味がないこと．
(4) 病原生物に汚染され，又は病原生物に汚染されたことを疑わせるような生物若しくは物質を含むものでないこと．
(5) 銅，鉄，弗素（ふっそ），フェノールその他の物質をその許容量をこえて含まないこと．

(3) 水道法第4条第1項第五号に，「消毒による臭味を除く」と定められている．

**解答▶(3)**

## 問題② 水質基準

水道法第4条に規定する水質基準に関する次の記述のうち，**不適当なもの**はどれか．

(1) 病原生物に汚染され，又は病原生物に汚染されたことを疑わせるような生物若もしくは物質を含むものでないこと．
(2) シアン，水銀その他の有毒物質を含まないこと．
(3) 外観は，ほとんど無色透明であること．
(4) 消毒による臭味がないこと．

(4) 問題①と同じ．

**解答▶(4)**

水道法第4条（水質基準）第1項第五号に，「異常な臭味がないこと．ただし，消毒による臭味を除く」と定められている．

## 問題③ 水質基準

水道法第 4 条に規定する水質基準に関する次の記述の正誤の組み合わせのうち，**適当なもの**はどれか.

ア　病原生物をその許容量を超えて含まないこと.

イ　シアン，水銀その他の有毒物質を含まないこと.

ウ　消毒による臭味がないこと.

エ　外観は，ほとんど無色透明であること.

| | ア | イ | ウ | エ |
|---|---|---|---|---|
| (1) | 正 | 誤 | 正 | 誤 |
| (2) | 誤 | 正 | 誤 | 正 |
| (3) | 正 | 誤 | 誤 | 正 |
| (4) | 誤 | 正 | 正 | 誤 |

**解説**　**イ・エ**：水道法第 4 条第 1 項第二号, 六号に定められている.

**ア**：同条同項第一号に「病原生物に汚染され，又は病原生物に汚染されたことを疑わせるような生物若しくは物質を含むものでないこと」と定められているので誤りである.

**ウ**：同条同項第五号に「異常な臭味がないこと．ただし，消毒による臭味を除く」と定められているので誤りである.

**解答▶(2)**

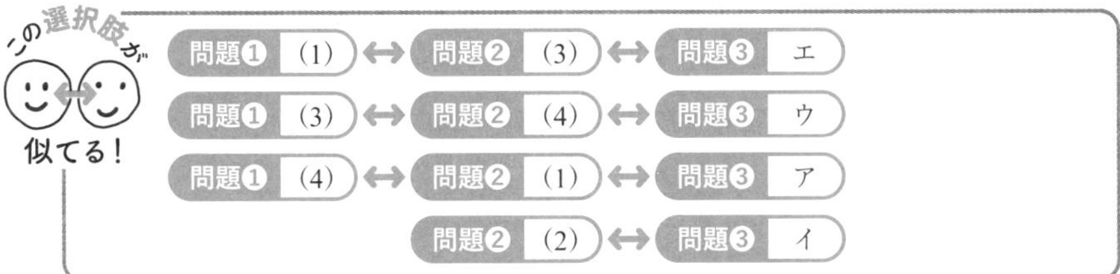

一般細菌と大腸菌の基準を逆にして出題されることが多いので注意しよう！

水質基準 51 項目のうち，「検出されないこと」と定められているのは，大腸菌のみである．また，「異常でないこと」と定められているのは，味と臭気である．その他は，何らかの数値が書かれている.

総トリハロメタンは，クロロホルム，ジブロモクロロメタン，ブロモジクロロメタン及びブロモホルムのそれぞれの濃度の総和を目標値としている.

## 問題④ 残留塩素と消毒効果

残留塩素と消毒効果に関する次の記述のうち，**不適当なもの**はどれか．

(1) 残留塩素とは，消毒効果のある有効塩素が水中の微生物を殺菌消毒したり，有機物を酸化分解した後も水中に残留している塩素のことである．

(2) 給水栓における水は，遊離残留塩素が 0.4 mg/L 以上又は結合残留塩素が 0.1 mg/L 以上を保持していなくてはならない．

(3) 塩素系消毒剤として使用されている次亜塩素酸ナトリウムは，光や温度の影響を受けて徐々に分解し，有効塩素濃度が低下する．

(4) 残留塩素濃度の測定方法の一つとして，ジエチル-*p*-フェニレンジアミン（DPD）と反応して生じる桃～桃赤色を標準比色液と比較して測定する方法がある．

**解説** (2) 給水栓における水は，遊離残留塩素が 0.1 mg/L 以上又は結合残留塩素が 0.4 mg/L 以上を保持していなくてはならない．

**解答▶(2)**

## 問題⑤ 残留塩素と消毒効果

消毒及び残留塩素に関する次の記述のうち，**不適当なもの**はどれか．

(1) 水道水中の残留塩素濃度の保持は，衛生上の措置〔水道法第 22 条，水道法施行規則第 17 条〕において規定されている．

(2) 給水栓における水は，遊離残留塩素 0.1 mg/L 以上（結合残留塩素の場合は 0.4 mg/L 以上）を含まなければならない．

(3) 水道の消毒剤として，次亜塩素酸ナトリウムのほか，液化塩素や次亜塩素酸カルシウムが使用されている．

(4) 残留塩素濃度の簡易測定法として，ジエチル-*p*-フェニレンジアミン（DPD）と反応して生じる青色を標準比色液と比較する方法がある．

**解説** (4) DPD と反応して生じる色は，桃～桃赤色である．

**解答▶(4)**

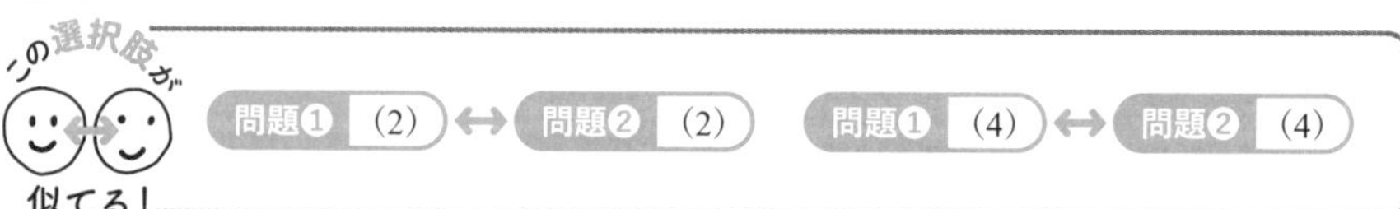

## 問題⑥ 残留塩素と消毒効果

水道水の塩素消毒に関する次の記述のうち，**不適当なもの**はどれか．

(1) 残留塩素とは，消毒効果のある有効塩素が水中の微生物を殺菌消毒したり，有機物を酸化分解した後も水中に残留している塩素のことである．

(2) 一般に水道で使用される消毒剤は，液化塩素（液体塩素），次亜塩素酸ナトリウム及び次亜塩素酸カルシウムの3種類である．

(3) 残留塩素には遊離残留塩素と結合残留塩素があり，殺菌効果は遊離残留塩素の方が強い．

(4) 残留塩素の測定には，ジエチル-*p*-フェニレンジアミン（DPD）と反応して生じる黄色を標準比色液と比較する方法がある．

**解説** (4) 問題④(4)の記述，桃～桃赤色が正しい． **解答▶(4)**

## 問題⑦ 残留塩素と消毒効果

残留塩素に関する次の記述のうち，**不適当なもの**はどれか．

(1) 給水栓における残留塩素濃度は，結合残留塩素の場合は0.1 mg/L以上，遊離残留塩素の場合は，0.4 mg/L以上を保持していなければならない．

(2) 一般に使用されている塩素系消毒剤としては，次亜塩素酸ナトリウム，液化塩素（液体塩素），次亜塩素酸カルシウム（高度さらし粉を含む）がある．

(3) 残留塩素とは，消毒効果のある有効塩素が水中の微生物を殺菌消毒したり，有機物を酸化分解した後も水中に残留している塩素のことである．

(4) 遊離残留塩素には，次亜塩素酸と次亜塩素酸イオンがある．

**解説** (1) 問題④(2)と同じ． **解答▶(1)**

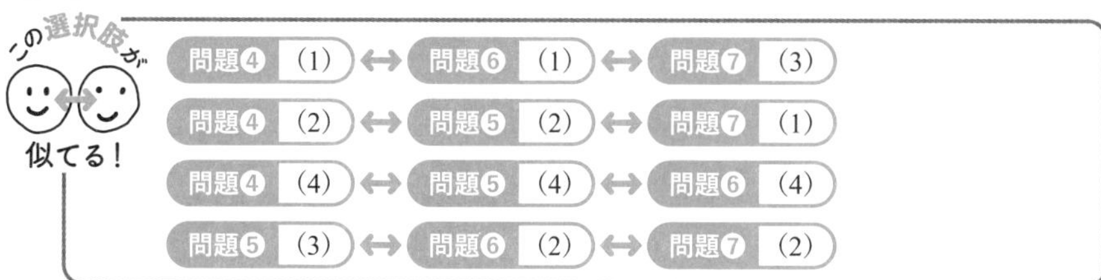

## 章末問題❶ 水質基準

水道の水質基準に関する次の記述のうち，**不適当なもの**はどれか．

(1) クロロホルム，ジブロモクロロメタン，ブロモジクロロメタン及びブロモホルムは，それぞれの基準値に加えて，それぞれの濃度の総和について総トリハロメタンとしての基準値が設定されている．

(2) 硝酸態窒素及び亜硝酸態窒素について，基準値が設定されている．

(3) 蒸発残留物は全有機炭素（TOC）の量として基準値が設定されている．

(4) 界面活性剤は陰イオン界面活性剤と非イオン界面活性剤のそれぞれに基準値が設定されている．

**解説** (3) 蒸発残留物とは，水を蒸発させたときに得られる残留物のことで，主な成分はカルシウム，マグネシウム，ケイ酸などの塩類及び有機物である．全有機炭素（TOC）とは，水中に存在する有機物に含まれる炭素の総量をいう．

**解答▶(3)**

蒸発残留物は，水中に含まれる浮遊物質と溶解物質の合計量をいう．

## 章末問題❷ 水中の有害な化合物

水中の有害な化合物の種類と，それらを長期にわたって摂取したときに起こる慢性的な生体への影響の組合せのうち，**不適当なもの**はどれか．

| | 有害な化合物 | 生体への影響 |
|---|---|---|
| (1) | ヒ素 | 角化症，色素沈着，黒皮症 |
| (2) | 鉛 | ヘム合成阻害，貧血，腎障害 |
| (3) | トリハロメタン | 斑状歯（はんじょうし） |
| (4) | 硝酸性窒素 | メトヘモグロビン血症 |

**解説** (3) トリハロメタンは，原水に含まれる有機化合物（フミン質）と浄水工程で注入される塩素が反応して生成されるもので，発がん性が指摘されている．斑状歯は，水道水にもともと含まれるフッ素の化合物（フッ化物）に起因するもので，歯に褐色の斑点や染みができる．トリハロメタンは斑状歯の原因とはならない．

**解答▶(3)**

# 2章 水道行政

全出題問題の中において「2章　水道行政」の内容からは，6題出題され，最低必要獲得点数は2点（2題）となる．

**過去の出題傾向を分析した出題ランク**

★★★よく出題されている　★★比較的よく出題されている　★出題されることがある

|  |  |
|---|---|
| ★★★ | • 供給規程<br>• 給水義務<br>• 水質管理<br>• 水質技術管理者<br>• 水道法に規定する給水装置の検査<br>• 給水装置工事主任技術者 |
| ★★ | • 給水装置と給水装置工事<br>• 水道事業等の認可<br>• 指定給水装置工事事業者制度<br>• 指定給水装置工事事業者の責務<br>• 指定給水装置工事事業者 |
| ★ | • 水道法の用語の定義<br>• 簡易専用水道の管理 |

# 2-1 水道法

## 1 用語の定義〔法第３条〕

※1-2 水道の基礎（p. 12）参照

① 水道：導管及びその他の工作物により，水を人の飲用に適する水として供給する施設の総体をいい，給水装置も含まれる．

② 水道事業：一般の需要に応じて，水道により水を供給する事業のこと．

③ 簡易水道事業：給水人口が 5 000 人以下である水道により，水を供給する事業のこと．

④ 簡易専用水道：水道事業の用に供する水道及び専用水道以外の水道であって，水道事業の用に供する水道から供給を受ける水のみを水源とするもののこと．「受水槽の有効容量の合計が 10 $m^3$ を超えるもの」をいう．したがって，有効容量の合計が 10 $m^3$ 以下の受水槽を有する水道は，小規模貯水槽水道と呼び，簡易専用水道に準じた管理（規制・指導）となる．

⑤ 給水装置：需要者に水を供給するために水道事業者の施設した配水管から分岐して設けられた給水管及びこれに直結する給水用具のこと．したがって，受水槽以下の給水管や給水用具は給水装置ではない．

⑥ 給水装置工事：給水装置の設置（新設）又は変更（改造，修繕，撤去）の工事のこと．

⑦ 水道の布設工事：水道施設の新設又は政令（水道法施行令（以下「施行令」）第３条）で定めるその増設若しくは改造工事のこと．

⑧ 水道事業者：水道法第６条第１項の規定により厚生労働大臣の認可を受けて水道事業を経営する者のこと．

## 2 水質基準〔法第４条第１項〕

水道により供給される水は，次に掲げる要件を備えるものでなければならない．

① 病原生物に汚染され，又は病原生物に汚染されたことを疑わせるような生物若しくは物質を含むものでないこと．

② シアン，水銀その他の有害物質を含まないこと．

③ 銅，鉄，フッ素，フェノールその他の物質をその許容量を超えて含まないこと．

④ 異常な酸性又はアルカリ性を呈しないこと．

⑤ 異常な臭味がないこと．ただし，消毒による臭味を除く．
⑥ 外観は，ほとんど無色透明であること．

## 3 事業の認可及び経営主体〔法 6 条第 1, 2 項〕

① 水道事業を経営しようとする者は，厚生労働大臣の認可を受けなければならない．
② 水道事業は，原則として市町村が経営するものとし，市町村以外の者は，給水しようとする区域をその区域に含む市町村の同意を得た場合に限り，水道事業を経営することができるものとする．



## 4 認可基準〔法 8 条第 1 項第一～七号〕

水道事業経営の認可は，その申請が次の一～七のいずれにも適合していると認められるときでなければ，与えてはならない．

一 当該水道事業の開始が一般の需要に適合すること．
二 当該水道事業の計画が確実かつ合理的であること．
三 水道施設の工事の設計が第 5 条の規定による施設基準に適合すること．
四 給水区域が他の水道事業の給水区域と重複しないこと．
五 供給条件が第 14 条第 2 項各号に掲げる供給規程の要件に適合すること．
六 地方公共団体以外の者の申請に係る水道事業にあっては，当該事業を遂行するに足りる経理的基礎があること．
七 その他当該水道事業の開始が公益上必要であること．

## 5 技術者による布設工事の監督〔法 12 条第 1, 2 項〕

① 水道事業者は，水道の布設工事（当該水道事業者が地方公共団体である場合にあっては，当該地方公共団体の条例で定める水道の布設工事に限る）を自ら施行し，又は他人に施行させる場合においては，その職員を指名し，又は第三者に委嘱して，その工事の施行に関する技術上の監督業務を行わせなければならない．
② 前項の業務を行う者は，政令で定める資格（当該水道事業者が地方公共団体である場合にあっては，当該資格を参酌して当該地方公共団体の条例で定める資格）を有する者でなければならない．

## 6 供給規程〔法14条第1～6項〕

① 水道事業者は，料金，給水装置工事の費用の負担区分その他の供給条件について，供給規程を定めなければならない．

② 供給規程は，次の一～五の要件に適合するものでなければならない（水道事業の認可審査事項）．

一 料金が，能率的な経営の下における適正な原価に照らし，公正妥当なものであること．

二 料金が，定率又は定額をもって明確に定められていること．

三 水道事業者及び水道の需要者の責任に関する事項並びに給水装置工事の費用の負担区分及びその額の算出方法が，適正かつ明確に定められていること．

四 特定の者に対して不当な差別的取扱いをするものでないこと．

五 貯水槽水道（水道事業の用に供する水道及び専用水道以外の水道であって，水道事業の用に供する水道から供給を受ける水のみを水源とするものをいう）が設置される場合においては，貯水槽水道に関し，水道事業者及び当該貯水槽水道の設置者の責任に関する事項が，適正かつ明確に定められていること．

③ ②の一～五に規定する基準を適用するについて必要な技術的細目は，厚生労働省令で定める．

④ 水道事業者は，供給規程を，その実施の日までに一般に周知させる措置をとらなければならない．

⑤ 水道事業者が地方公共団体である場合にあっては，供給規程に定められた事項のうち料金を変更したときは，厚生労働省令で定めるところにより，その旨を厚生労働大臣に届け出なければならない．

⑥ 水道事業者が地方公共団体以外の者である場合にあっては，供給規程に定められた供給条件を変更しようとするときは，厚生労働大臣の認可を受けなければならない．

## 7 給水義務〔法第15条第1～3項〕

① 水道事業者は，事業計画に定める給水区域内の需要者から給水契約の申込みを受けたときは，正当の理由がなければ，これを拒んではならない．

② 水道事業者は，当該水道により給水を受ける者に対し，常時水を供給しな

ければならない．

③ 水道事業者は，当該水道により給水を受ける者が料金を支払わないとき，正当な理由なしに給水装置の検査を拒んだとき，その他正当な理由があるときは，その理由が継続する間，供給規程の定めるところにより，その者に対する給水を停止することができる．



## 8 給水装置の構造及び材質〔法第16条〕

水道事業者は，当該水道によって水の供給を受ける者の給水装置の構造及び材質が，政令〔施行令第6条〕で定める基準に適合していないときは，供給規程の定めるところにより，その者の給水契約の申込みを拒み，又は，その者が給水装置をその基準に適合させるまでの間その者に対する給水を停止することができる．供給規程で定められている給水装置の構造及び材質の基準は，次のとおり．

① 配水管への取付口の位置は，他の給水装置の取付口から30 cm以上離れていること．

② 配水管への取付口における給水管の口径は，当該給水装置による水の使用量に比し，著しく過大でないこと．

③ 配水管の水圧に影響を及ぼすおそれのあるポンプに直接連結されていないこと．

④ 水圧，土圧その他の荷重に対して十分な耐力を有し，かつ，水が汚染され，又は漏れるおそれがないものであること．

⑤ 凍結，破壊，侵食等を防止するための適当な措置が講ぜられていること．

## 9 給水装置工事〔法第16条の2第1項〕

水道事業者は，当該水道によって水の供給を受ける者の給水装置の構造及び材質が**8**〔法第16条〕の規定に基づく政令〔施行令第6条〕で定める基準に適合することを確保するため，当該水道事業者の給水区域において給水装置工事を適正に施行することができると認められる者の指定をすることができる．

## 10 給水装置の検査〔法第17条第1,2項〕

① 水道事業者は日出後日没前に限り，その職員に，当該水道にて水の供給を受けている者の土地又は建物に入って，給水装置を検査させることができる．ただし，人の住居に使用する建物又は閉鎖された門内に入るときは，その看守者，居住者又はこれらに代わるべき者の同意を得なければならない．

② ①の規定により，給水装置の検査に従事する職員は，その身分を示す証明書を携帯し，関係者の請求があったときには，これを提示しなければならない．

## 11 検査の請求〔法第18条第1,2項〕

① 水道事業によって水の供給を受ける者は，当該水道事業者に対して，給水装置の検査及び供給を受ける水の水質検査を請求することができる．

② ①の規定による請求を受けたときは，速やかに検査を行い，その結果を請求者に通知しなければならない．

## 12 水道技術管理者〔法第19条第1項～3項〕

① 水道事業者は，水道の管理について技術上の業務を担当させるため，水道技術管理者1人を置かなければならない．ただし，自ら水道技術管理者となることを妨げない．

② 水道技術管理者は，次に掲げる事項に関する事務に従事し，及びこれらの事務に従事する他の職員を監督しなければならない．

一 水道施設が施設基準に適合しているかどうかの検査．

二 第13条第1項の規定による水質検査及び施設検査．

三 給水装置の構造及び材質が第16条の政令で定める基準に適合しているかどうかの検査．

四 第20条第1項の規定による水質検査．

五 第21条第1項の規定による健康診断．

六 第22条の規定による衛生上の措置．

七 第22条の3第1項の台帳の作成．

八 第23条第1項の規定による給水の緊急停止．

九 第37条前段の規定による給水停止．

③ 水道技術管理者は，政令で定める資格（当該水道事業者が地方公共団体である場合にあっては，当該資格を参酌して当該地方公共団体の条例で定める資格）を有する者でなければならない．

## 13 水質検査〔法第20条第1項～3項〕

① 水道事業者は，厚生労働省令の定めるところにより，定期及び臨時の水質検査を行わなければならない．

② 水道事業者は，前項の規定による水質検査を行ったときは，これに関する記録を作成し，水質検査を行った日から起算して五年間，これを保存しなければならない．

③ 水道事業者は，①の規定による水質検査を行うため，必要な検査施設を設けなければならない．ただし，当該水質検査を，厚生労働省令の定めるところにより，地方公共団体の機関又は厚生労働大臣の登録を受けた者に委託して行うときは，この限りでない．



## 14 給水の緊急停止〔法第23条第1,2項〕

① 水道事業者は，その供給する水が人の健康を害するおそれがあることを知ったときは，直ちに給水を停止し，かつ，その水を使用することが危険である旨を関係者に周知させる措置を講じなければならない．

② 供給する水が**人の健康を害するおそれがあることを知った者は，直ちにその旨を当該水道事業者に通報しなければならない**．

## 15 簡易専用水道の管理及び検査〔法第34条の2〕

① 簡易専用水道の設置者は，厚生労働省令で定める基準に従い，その水道を管理しなければならない．

② 簡易専用水道の設置者は，当該簡易専用水道の管理について，厚生労働省令の定めるところにより，**定期に，地方公共団体の機関又は厚生労働大臣の登録を受けた者の検査を受けなければならない**．

### 必ず覚えよう

❶ 水道事業を経営しようとする者は，厚生労働大臣の認可を受けなければならない．

❷ 水道事業者は，供給規程を，その実施の日までに速やかに一般に周知させる措置をとらなければならない．

❸ 水道事業者は，事業計画に定める給水区域内の需要者から給水契約の申込みを受けたときは，正当の理由がなければ，これを拒んではならない．

❹ 水道事業者は，水道の管理について技術上の業務を担当させるため，水道技術管理者1人を置かなければならない．ただし，自ら水道技術管理者となることを妨げない．

## 問題❶ 給水装置と給水装置工事

水道法に規定する給水装置及び給水装置工事に関する次の記述のうち，**不適当なもの**はどれか.

(1) 受水槽式で給水する場合は，配水管の分岐から受水槽への注入口（ボールタップ等）までが給水装置である.

(2) 配水管から分岐された給水管路の途中に設けられる弁類や湯沸器等は給水装置であるが，給水管路の末端に設けられる自動食器洗い機等は給水装置に該当しない.

(3) 製造工場内で管，継手，弁等を用いて湯沸器やユニットバス等を組立てる作業は，給水用具の製造工程であり給水装置工事ではない.

(4) 配水管から分岐された給水管に直結する水道メーターは，給水装置に該当する.

**解説** (2) 法第3条第9項より，自動食器洗い機等は給水装置に該当する.

**解答▶(2)**

## 問題❷ 給水装置と給水装置工事

水道法に規定する給水装置及び給水装置工事に関する次の記述のうち，**不適当なもの**はどれか.

(1) 配水管から分岐された給水管に直結する水道メーターは，給水装置に該当する.

(2) 受水槽以降の給水管に設置する給水栓，湯沸器等の給水設備は給水装置に該当しない.

(3) 配水管から分岐された給水管に直結して温水洗浄便座を設置する工事は，給水装置工事に該当する.

(4) 配水管から分岐された給水管に直結して自動販売機を設置する工事は，給水装置工事に該当しない.

**解説** (4) 法第3条第9項より，自動販売機を設置する工事は，給水装置に該当する.

**解答▶(4)**

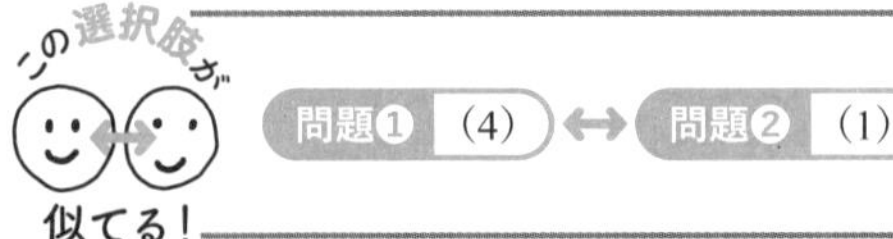

## 問題③ 水道事業等の認可

水道法に規定する水道事業等の認可に関する次の記述のうち，**不適当なもの**はどれか．

(1) 水道法では，水道事業者を保護育成すると同時に需要者の利益を保護するために，水道事業者を監督する仕組みとして，認可制度をとっている．

(2) 水道事業を経営しようとする者は，市町村長の認可を受けなければならない．

(3) 水道事業経営の認可制度によって，複数の水道事業者の給水区域が重複することによる不合理・不経済が回避される．

(4) 専用水道の布設工事をしようとする者は，都道府県知事の確認を受けなければならない．

**解説** **(2)** 厚生労働大臣の認可を受けなければならない〔法第6条第1項〕．
**(4)** は，法第32条に定められている．

**解答▶(2)**

## 問題④ 水道事業等の認可

水道法に規定する水道事業等の認可に関する次の記述のうち，**不適当なもの**はどれか．

(1) 水道法では，水道事業者を保護育成すると同時に需要者の利益を保護するために，水道事業者を監督する仕組みとして，認可制度をとっている．

(2) 水道事業経営の認可制度によって，複数の水道事業者の給水区域が重複することによる不合理・不経済が回避される．

(3) 水道事業を経営しようとする者は，市町村長の認可を受けなければならない．

(4) 水道用水供給事業を経営しようとする者は，厚生労働大臣の認可を受けなければならない．

**解説** **(3)** 問題③(2)と同じ．**(4)** は，法第26条に定められている．

**解答▶(3)**

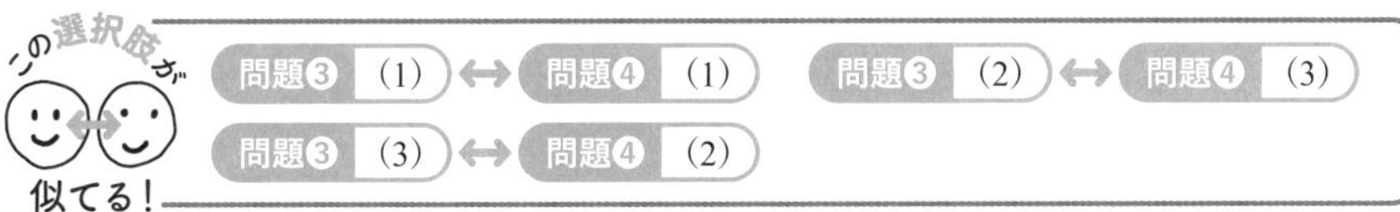

## 問題5 供給規程

水道法第 14 条の供給規程が満たすべき要件に関する次の記述のうち，**不適当なもの**はどれか．

(1) 水道事業者及び指定給水装置工事事業者の責任に関する事項並びに給水装置工事の費用の負担区分及びその額の算出方法が，適正かつ明確に定められていること．

(2) 料金が，能率的な経営の下における適正な原価に照らし，健全な経営を確保することができる公正妥当なものであること．

(3) 特定の者に対して不当な差別的取扱いをするものでないこと．

(4) 貯水槽水道が設置される場合においては，貯水槽水道に関し，水道事業者及び当該貯水槽水道の設置者の責任に関する事項が，適正かつ明確に定められていること．

**解説** (1) 水道事業者の供給規程であり，指定給水装置工事事業者は関係ない〔法第 14 条第 1 項〕．

**解答▶(1)**

## 問題6 供給規程

水道法第 14 条の供給規程に関する次の記述の正誤の組み合わせのうち，**適当なもの**はどれか．

ア　水道事業者は，料金，給水装置工事の費用の負担区分その他の供給条件について，供給規程を定めなければならない．

イ　水道事業者は，供給規程を，その実施の日以降に速やかに一般に周知させる措置をとらなければならない．

ウ　供給規程は，特定の者に対して不当な差別的取扱いをするものであってはならない．

エ　専用水道が設置される場合においては，専用水道に関し，水道事業者及び当該専用水道の設置者の責任に関する事項が，供給規程に適正かつ明確に定められている必要がある．

| | ア | イ | ウ | エ |
|---|---|---|---|---|
| (1) | 正 | 正 | 誤 | 誤 |
| (2) | 誤 | 正 | 正 | 誤 |
| (3) | 誤 | 正 | 誤 | 正 |
| (4) | 正 | 誤 | 正 | 誤 |

**解説** **イ**：その実施の日までに速やかに一般に周知させる措置をとらなければならない.
**エ**：「専用水道」を全て「貯水槽水道」と置き換える（問題⑤(4)参照）. **解答▶(4)**

## 問題⑦ 供給規程

水道法第 14 条の供給規程に関する次の記述のうち，**不適当なもの**はどれか.

(1) 水道事業者には供給規程を制定する義務がある.

(2) 指定給水装置工事事業者及び給水装置工事主任技術者にとって，水道事業者の給水区域で給水装置工事を施行する際に，供給規程は工事を適正に行うための基本となるものである.

(3) 供給規程において，料金が定率又は定額をもって明確に定められている必要がある.

(4) 専用水道が設置されている場合においては，専用水道に関し，水道事業者及び当該専用水道の設置者の責任に関する事項が，適正かつ明確に定められている必要がある.

**解説** **(4)** 問題⑥の設問エと同じ（問題⑤(4)参照）. **解答▶(4)**

## 問題⑧ 供給規程

水道法第 14 条の供給規程に関する次の記述のうち，**不適当なもの**はどれか.

(1) 貯水槽水道が設置される場合においては，貯水槽水道に関し，水道事業者及び当該貯水槽水道の設置者の責任に関する事項が，適正かつ明確に定められていること.

(2) 水道事業者及び水道の需要者の責任に関する事項並びに給水装置工事の費用の負担区分及びその額の算出方法が，適正かつ明確に定められていること.

(3) 水道事業者は，供給規程を，その実施の日以降に一般に周知させる措置をとらなければならない.

(4) 水道料金が，定率又は定額をもって明確に定められていること.

**解説** **(3)** その実施の日までに一般に周知させる措置をとらなければならない. **解答▶(3)**

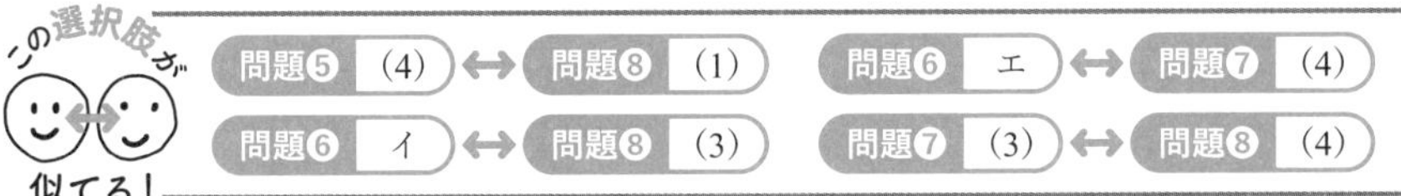

## 問題⑨ 給水義務

水道法第 15 条の給水義務に関する次の記述のうち，**不適当なもの**はどれか．

(1) 水道事業者は，当該水道により給水を受ける者が料金を支払わないときは，供給規程の定めるところにより，その者に対する給水を停止することができる．

(2) 水道事業者は，正当な理由があってやむを得ない場合には，給水区域の全部又は一部につき給水を停止することができる．

(3) 水道事業者は，事業計画に定める給水区域外の需要者から給水契約の申込みを受けたときも，これを拒んではならない．

(4) 水道事業者は，該当水道により給水を受ける者が正当な理由なしに給水装置の検査を拒んだときは，供給規程の定めるところにより，その者に対する給水を停止することができる．

(3) 給水区域外の場合は拒んでよい〔法第 15 条第 1 項〕．

解答▶(3)

## 問題⑩ 給水義務

水道法第 15 条の給水義務に関する次の記述のうち，**不適当なもの**はどれか．

(1) 水道事業者は，当該水道により給水を受ける者が料金を支払わないときは，供給規程の定めるところにより，その者に対する給水を停止することができる．

(2) 水道事業者は，当該水道により給水を受ける者に対し，正当な理由がありやむを得ない場合を除き，常時給水を行う義務がある．

(3) 水道事業者は，事業計画に定める給水区域内の需要者から給水契約の申し込みを受けたときは，いかなる場合であってもこれを拒んではならない．

(4) 水道事業者は，当該水道により給水を受ける者が正当な理由なしに給水装置の検査を拒んだときは，供給規程の定めるところにより，その者に対する給水を停止することができる．

(3) 正当な理由があれば拒んでよい〔法第 15 条第 1 項〕．

解答▶(3)

## 問題⑪ 給水義務

水道法第 15 条の給水義務に関する次の記述のうち，**不適当なもの**はどれか．

(1) 水道事業者は，当該水道により給水を受ける者に対し，災害その他正当な理由がありやむを得ない場合を除き，常時給水を行う義務がある．

(2) 水道事業者の給水区域内で水道水の供給を受けようとする住民には，その水道事業者以外の水道事業者を選択する自由はない．

(3) 水道事業者は，当該水道により給水を受ける者が料金を支払わないときは，供給規程の定めるところにより，その者に対する給水を停止することができる．

(4) 水道事業者は，事業計画に定める給水区域内の需要者から給水契約の申し込みを受けた場合には，いかなる場合であっても，これを拒んではならない．

**解説** (4) 正当な理由がなければ，拒んではならない〔法第 15 条第 1 項〕． **解答▶(4)**

## 問題⑫ 給水義務

水道法に規定する給水義務に関する次の記述のうち，**不適当なもの**はどれか．

(1) 水道事業者は，当該水道により給水を受ける者が正当な理由なしに給水装置の検査を拒んだとしても，その者に対し水を供給しなければならない．

(2) 水道事業者は，事業計画に定める給水区域内の需要者から給水契約の申込みを受けたときは，正当な理由がなければ，これを拒んではならない．

(3) 水道事業者は，当該水道により給水を受ける者に対し，正当な理由がありやむを得ない場合を除き，常時水を供給しなければならない．

(4) 水道事業者は，当該水道により給水を受ける者が料金を支払わないときは，供給規程の定めるところにより，その者に対する給水を停止することができる．

**解説** (1) その者に対する給水を停止することができる〔法第 15 条第 3 項〕． **解答▶(1)**

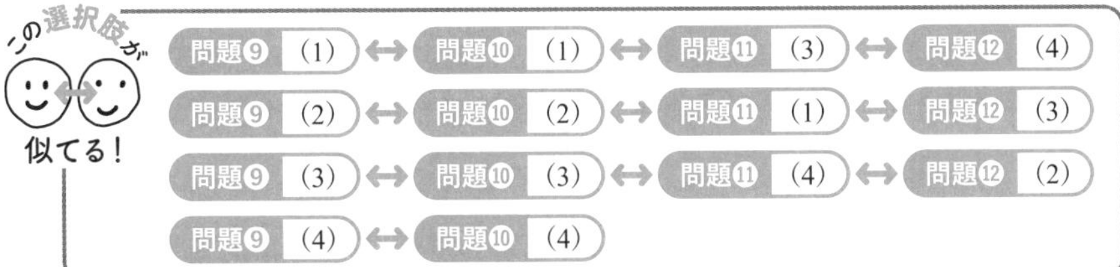

## 問題⑬ 水質管理

水質管理に関する次の記述のうち，**不適当なもの**はどれか．

(1) 水道事業者は，毎事業年度の開始前に水質検査計画を策定する．

(2) 水道事業者は，供給される水の色及び濁り並びに消毒の残留効果に関する検査を，3日に1回以上行わなければならない．

(3) 水道事業者は，水質基準項目に関する検査を，項目によりおおむね1か月に1回以上，又は3か月に1回以上行わなければならない．

(4) 水道事業者は，その供給する水が人の健康を害するおそれのあることを知ったときは，直ちに給水を停止し，かつ，その水を使用することが危険である旨を関係者に周知させる措置を講じなければならない．

(5) 水道事業者は，水道の取水場，浄水場又は配水池において業務に従事している者及びこれらの施設の設置場所の構内に居住している者について，厚生労働省令の定めるところにより，定期及び臨時の健康診断を行わなければならない．

解説 (2) 検査を，1日に1回以上行わなければならない〔規則第15条第1項第一号イ〕．

**解答▶(2)**

## 問題⑭ 水質管理

水質管理に関する次の記述のうち，**不適当なもの**はどれか．

(1) 水道事業者は，水質検査を行うため，必要な検査施設を設けなければならないが，厚生労働省令の定めるところにより，地方公共団体の機関又は厚生労働大臣の登録を受けた者に委託して行うときは，この限りではない．

(2) 水質基準項目のうち，色及び濁り並びに消毒の残留効果については，1日1回以上検査を行わなければならない．

(3) 水質検査に供する水の採取の場所は，給水栓を原則とし，水道施設の構造等を考慮して，水質基準に適合するかどうかを判断することができる場所を選定する．

(4) 水道事業者は，その供給する水が人の健康を害するおそれがあることを知ったときは，直ちに給水を停止し，かつ，その水を使用することが危険である旨を関係者に周知させる措置を講じなければならない．

(2) 色及び濁り，消毒の残留効果は，水質基準項目には入ってない．

**解答▶(2)**

## 問題⑮ 水質管理

水道事業者等の水質管理に関する次の記述のうち，**不適当なもの**はどれか.

(1) 水道により供給される水が水質基準に適合しないおそれがある場合は臨時の検査を行う.

(2) 水質検査に供する水の採取の場所は，給水栓を原則とし，水道施設の構造等を考慮して，当該水道により供給される水が水質基準に適合するかどうかを判断することができる場所を選定する.

(3) 水道法施行規則に規定する衛生上必要な措置として，取水場，貯水池，導水渠(きょ)，浄水場，配水池及びポンプ井(せい)は，常に清潔にし，水の汚染防止を十分にする.

(4) 水質検査を行ったときは，これに関する記録を作成し，水質検査を行った日から起算して1年間，これを保存しなければならない.

**解説** (4) 水質検査を行った日から起算して**5年間**〔法第20条第2項〕. **解答▶(4)**

## 問題⑯ 水質管理

水質管理などにに関する次の記述のうち，**不適当なもの**はどれか.

(1) 水道事業者は，供給される水の色及び濁り並びに消毒の残留効果に関する検査を，3日に1回以上行うこと.

(2) 水道事業者は，水道の取水場，浄水場又は配水池において業務に従事している者及びこれらの施設の設置場所の構内に居住している者について，厚生労働省令の定めるところにより，定期及び臨時の健康診断を行わなければならない.

(3) 衛生上の処置として，取水場，貯水池，導水渠，浄水場，配水池及びポンプ井を常に清潔に保ち，汚染防止を十分にする.

(4) 水道事業者の供給する水が人の健康を害するおそれがあることを知った者は，直ちにその旨を当該水道事業者に通報しなければならない.

**解説** (1) 問題⑬(2)と同じ. (2) 法第21条第1項. (4) 法23条第2項. **解答▶(1)**

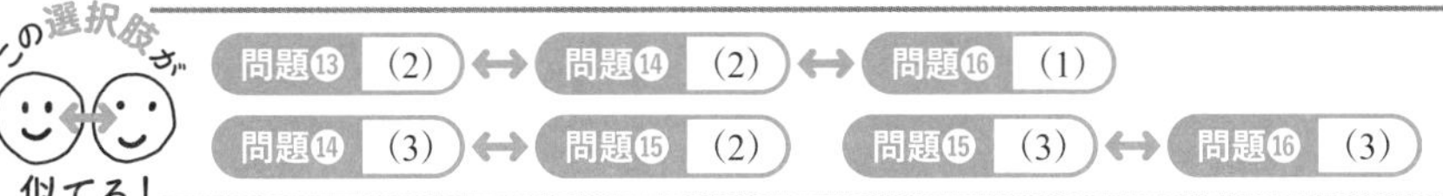

## 問題⑰ 水道技術管理者

水道法第19条に規定する水道技術管理者の事務に関する次の記述のうち，**不適当なもの**はどれか．

(1) 水道施設が水道法第5条の規定による施設基準に適合しているかどうかの検査に関する事務に従事する．
(2) 配水施設以外の水道施設又は配水池を新設し，増設し，又は改造した場合における，使用開始前の水質検査及び施設検査に関する事務に従事する．
(3) 水道により供給される水の水質検査に関する事務に従事する．
(4) 水道事業の予算・決算台帳の作成に関する事務に従事する．
(5) 給水装置が水道法第16条の規定に基づき定められた構造及び材質の基準に適合しているかどうかの検査に関する事務に従事する．

**解説** (4) 水道事業の調書及び図面（水道施設台帳）の作成に関する事務に従事する〔法第19条第2項第七号，法第22条の3第1項，規則第17条の3第1項〕．

**解答▶(4)**

## 問題⑱ 水道技術管理者

水道法第19条の水道技術管理者に関する次の記述のうち，**不適当なもの**はどれか．

(1) 水道事業者は，水道の管理について技術上の業務を担当させるため，水道技術管理者1人を置かなければならない．この場合，水道事業者は，自ら水道技術管理者となることはできない．
(2) 水道技術管理者は，水道により供給される水の水質検査に関する事務に従事し，及びこれらの事務に従事する他の職員を監督しなければならない．
(3) 水道技術管理者は，水道施設が水道法第5条の規定による施設基準に適合しているかどうかの検査に関する事務に従事し，及びこれらの事務に従事する他の職員を監督しなければならない．
(4) 水道技術管理者は，給水装置の構造及び材質が水道法第16条の規定に基づく政令で定める基準に適合しているかどうかの検査に関する事務に従事し，及びこれらの事務に従事する他の職員を監督しなければならない．

**解説** (1) 自ら水道技術管理者となることを妨げない〔法第19条第1項〕．

**解答▶(1)**

## 問題⑲ 水道技術管理者

水道技術管理者の行う技術上の業務に関する次の記述のうち，水道法に**規定されていないもの**はどれか．

(1) 給水の緊急停止．

(2) 給水装置が，給水装置の構造及び材質の基準に適合しているかどうかの検査．

(3) 指定給水装置工事事業者の指定取消し．

(4) 定期及び臨時の水質検査．

**解説** (3) 水道法第19条における水道技術管理者が行う技術上の業務には，指定給水装置工事事業者の指定取消しの規定はない．

**解答▶(3)**



## 問題⑳ 水道技術管理者

水道法に規定されている水道技術管理者の行う技術上の業務に関する次のア～エの記述のうち，**適当なものの数**はどれか．

ア　水道施設の清潔保持，水道により供給されている水の残留塩素の保持，その他の衛生上の措置

イ　供給する水が人の健康を害するおそれがあることを知ったときの給水停止と関係者への周知

ウ　給水装置が給水装置の構造及び材質の基準に適合しているか否かの検査

エ　定期及び臨時の水質検査

(1) 1　　(2) 2　　(3) 3　　(4) 4

**解説** 全て適当である（**ア**：法第19条第2項六号，法第22条．**イ**：法第19条第2項八号，法第23条．**ウ**：法第19条第2項三号．**エ**：法第19条第2項四号）．

**解答▶(4)**

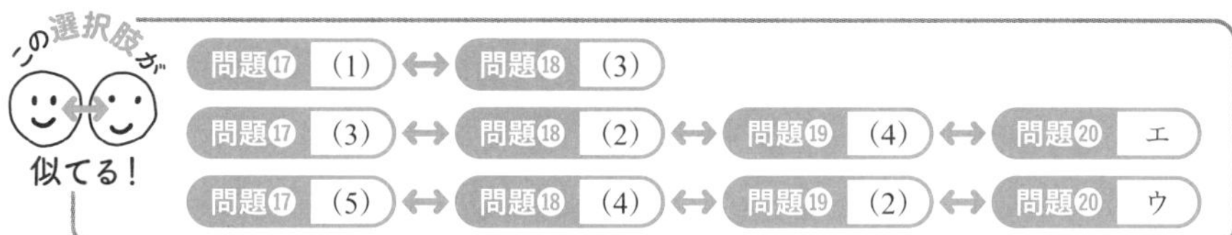

# 2-2 工事事業者に関する制度

## 1 指定給水装置工事事業者制度の概要

指定給水装置工事事業者制度は，1996年の水道法改正により，これまでの水道事業者（市町村長）ごとに制定されていた指定工事店制度を規制緩和の目的で見直し，全国一律の制度として水道法に位置付けたものである．

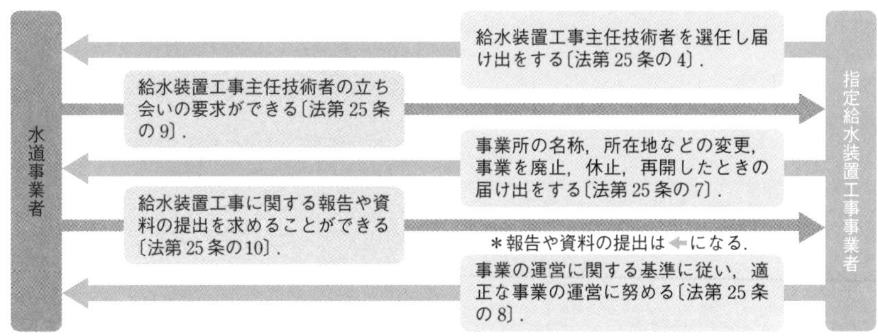


図2・1　指定給水装置工事事業者制度の概要

## 2 給水装置工事事業者の指定〔法第16条の2第1項〕

水道事業者は，当該水道事業者の給水区域において給水装置工事を適正に施行することができると認められる者の指定をすることができる．

## 3 給水装置工事に係る供給条件〔法第16条の2第2項〕

水道事業者は，供給規程の定めるところにより，当該水道によって水の供給を受ける者の給水装置が当該水道事業者又は当該指定を受けた者（以下「**指定給水装置工事事業者**」という）の施行した給水装置工事に係るものであることを供給条件とすることができる．

## 4 水道事業者によって水の供給を受ける者〔法第16条の2第3項〕

**3**の場合において，水道事業者は，当該水道によって水の供給を受ける者の給水装置が当該水道事業者又は指定給水装置工事事業者の施行した給水装置工事に係るものでないときは，供給規程の定めるところにより，その者の給水契約の申込みを拒み，又はその者に対する給水を停止することができる．ただし，厚生労働省令で定める給水装置の軽微な変更であるとき，又は当該給水装置の構造及び材質が施行令第6条の規定に基づく政令で定める基準に適合していることが確認されたときは，この限りでない．

## 5 指定の申請〔法第25条の2第2項〕

**2**の指定を受けようとする者は，厚生労働省令で定めるところにより，次に掲げる事項を記載した申請書を水道事業者に提出しなければならない．

一　氏名又は名称及び住所並びに法人にあっては，その代表者の氏名

二　当該水道事業者の給水区域について給水装置工事の事業を行う事業所（以下この節において単に「事業所」という）の名称及び所在地並びに**8**①の規定によりそれぞれの事業所において選任されることとなる給水装置工事主任技術者の氏名

三　給水装置工事を行うための機械器具の名称，性能及び数

四　その他厚生労働省令で定める事項



## 6 指定の基準〔法第25条の3第1項〕

水道事業者は，指定の申請をした者が次の一～三のいずれにも適合していると認めるときは，指定をしなければならない．

一　事務所ごとに，給水装置工事主任技術者として選任されることとなる者を置く者であること．

二　厚生労働省令で定める機械器具を有する者であること．

三　次のいずれにも該当しない者であること．

イ　心身の故障により給水装置工事の事業を適正に行うことができない者として厚生労働省令で定めるもの

ロ　破産手続開始の決定を受けて復権を得ない者

ハ　この法律に違反して，刑に処せられ，その執行を終わり，又は執行を受けることがなくなった日から2年を経過しない者

ニ　**15**の規定により指定を取り消され，その取消しの日から2年を経過しない者

ホ　その業務に関し不正又は不誠実な行為をするおそれがあると認めるに足りる相当の理由がある者

ヘ　法人であって，その役員のうちにイからホまでのいずれかに該当する者があるもの

## 7 指定の更新〔法第25条の3の2第1項～4項〕

① **2**の指定は，5年ごとにその更新を受けなければ，その期間の経過によって，その効力を失う．

② ①の更新の申請があった場合において，①の期間（以下②及び③において「指定の有効期間」という）の満了の日までにその申請に対する決定がされないときは，従前の指定は，指定の有効期間の満了後もその決定がされるまでの間は，なおその効力を有する．

③ ②の場合において，指定の更新がされたときは，その指定の有効期間は，従前の指定の有効期間の満了の日の翌日から起算するものとする．

④ **5, 6**の規定は，①の指定の更新について準用する．

## 8 給水装置工事主任技術者〔法第25条の4第1～4項〕

① 指定給水装置工事事業者は，事業所ごとに，厚生労働省令で定めるところにより，給水装置工事主任技術者免状の交付を受けている者のうちから，給水装置工事主任技術者を選任しなければならない．

② 指定給水装置工事事業者は，給水装置工事主任技術者を選任したときは，遅滞なくその旨を水道事業者に届け出なければならない．これを解任したときも同様とする．

③ 給水装置工事主任技術者は，次に掲げる職務を誠実に行わなければならない．

一 給水装置工事に関する技術上の管理

二 給水装置工事に従事する者の技術上の指導監督

三 給水装置工事に係る給水装置の構造及び材質が，水道法第16条の規定に基づく政令で定める基準に適合していることの確認

四 その他厚生労働省令で定める職務

④ 給水装置工事に従事する者は，給水装置工事主任技術者がその職務として行う指導に従わなければならない．

## 9 給水装置工事主任技術者免状〔法第25条の5第1項〕

給水装置工事主任技術者免状は，給水装置工事主任技術者試験に合格した者に対し，厚生労働大臣が交付する．

## 10 給水装置工事主任技術者試験〔法第25条の6第1～3項〕

① 給水装置工事主任技術者試験は，給水装置工事主任技術者として必要な知識及び技能について，厚生労働大臣が行う．

② 給水装置工事主任技術者試験は，給水装置工事に関して3年以上の実務の経験を有する者でなければ，受けることができない．

③ 給水装置工事主任技術者試験の試験科目，受験手続その他給水装置工事主任技術者試験の実施細目は，厚生労働省令で定める．



## 11 変更の届出〔法第25条の7〕

指定給水装置工事事業者は，事業所の名称及び所在地その他厚生労働省令で定める事項に変更があったとき，又は給水装置工事の事業を廃止し，休止し，若しくは再開したときは，厚生労働省令で定めるところにより，その旨を水道事業者に届け出なければならない．

## 12 事業の基準〔法第25条の8〕

指定給水装置工事事業者は，厚生労働省令で定める給水装置工事の事業の運営に関する基準に従い，適正な給水装置工事の事業の運営に努めなければならない．

## 13 給水装置工事主任技術者の立会い〔法第25条の9〕

水道事業者は，水道法第17条第1項（給水装置の検査）の規定による給水装置の検査を行うときは，当該給水装置に係る給水装置工事を施行した指定給水装置工事事業者に対し，当該給水装置工事を施行した事業所に係る給水装置工事主任技術者を検査に立ち会わせることを求めることができる．

## 14 報告又は資料の提出〔法第25条の10〕

水道事業者は，指定給水装置工事事業者に対し，当該指定給水装置工事事業者が給水区域において施行した給水装置工事に関し必要な報告又は資料の提出を求めることができる．

## 15 指定の取消し〔法第25条の11第1項〕

水道事業者は，指定給水装置工事事業者が次のいずれかの要件に該当するときは，指定を取り消すことができる．

一　**6** の一～三に適合しなくなったとき.

二　**8** ①又は②の規定に違反したとき.

三　**11** の規定による届出をせず，又は虚偽の届出をしたとき.

四　**12** に規定する給水装置工事の事業の運営に関する基準に従った適正な給水装置工事の事業の運営をすることができないと認められるとき.

五　**13** の規定による水道事業者の求めに対し，正当な理由なくこれに応じないとき.

六　前条の規定による水道事業者の求めに対し，正当な理由なくこれに応じず，又は虚偽の報告若しくは資料の提出をしたとき.

七　その施行する給水装置工事が水道施設の機能に障害を与え，又は与えるおそれが大であるとき.

八　不正の手段により **2** の指定を受けたとき.

## 16 水道用水供給事業　事業の許可〔法第 26 条〕

**水道用水供給事業を経営しようとする者**は，**厚生労働大臣の認可**を受けなければならない.

## 17 専用水道　確認〔法第 32 条〕

専用水道の**布設工事**をしようとする者は，その工事に着手する前に，当該工事の設計が第 5 条の規定による施設基準に適合するものであることについて，**都道府県知事の確認**を受けなければならない.

## 18 関連　水道法施行規則

### 1．衛生上必要な措置〔規則第 17 条第 1 項〕

① 法第 22 条の規定により水道事業者が講じなければならない衛生上必要な措置は，次の一～三に掲げるものとする.

一　取水場，貯水池，導水渠（きょ），浄水場，配水池及びポンプ井（せい）は，常に清潔にし，水の汚染の防止を充分にすること.

二　一の施設には，かぎを掛け，さくを設ける等みだりに人畜が施設に立ち入って水が汚染されるのを防止するのに必要な措置を講ずること.

三　給水栓における水が，**遊離残留塩素**を **0.1 mg/L**（**結合残留塩素**の場合は，**0.4 mg/L**）以上保持するように塩素消毒をすること.

2. 水道施設の維持及び修繕〔施行規則第 17 条の 2 第 1 項第三号〕

三　状況を勘案して，目視その他の方法により行う点検は，コンクリート構造物にあっては，おおむね 5 年に 1 回以上の適切な頻度で行うこと．

3. 厚生労働省令で定める機械器具〔施行規則第 20 条第 1 項〕

6 の二の厚生労働省令で定める機械器具は，次に掲げるものとする．

- 金切りのこ
- やすり
- パイプねじ切り器
- トーチランプ
- パイプレンチ
- 水圧テストポンプ

4. 給水装置工事主任技術者の選任〔施行規則第 21 条第 1 項〕

①　指定給水装置工事事業者は，2 の指定を受けた日から 2 週間以内に給水装置工事主任技術者を選任しなければならない．

5. 給水装置工事主任技術者の職務〔施行規則第 23 条〕

8 ③の四の厚生労働省令で定める給水装置工事主任技術者の職務は，水道事業者の給水区域において施行する給水装置工事に関し，当該水道事業者と次の一～三に掲げる連絡又は調整を行うこととする．

一　配水管から分岐して給水管を設ける工事を施行しようとする場合における配水管の位置の確認に関する連絡調整

二　配水管から分岐して給水管を設ける工事及び給水装置の配水管への取付口から水道メーターまでの工事に係る工法，工期その他の工事上の条件に関する連絡調整

三　給水装置工事を完了した旨の連絡

**必ず覚えよう**

❶　水道事業を経営しようとする者は，厚生労働大臣の認可を受けなければならない．

❷　水道事業者は，日出後日没前に限り，その職員をして，当該水道によって水の供給を受ける者の土地又は建物に立ち入り，給水装置を検査させることができる．

❸　指定給水装置工事事業者は，事業所の名称及び所在地その他厚生労働省令で定める事項に変更があったときは，当該変更のあった日から 30 日以内に届出書を水道事業者に提出しなければならない．

❹　工事事業者の指定の基準は，全国一律である．

❻　水道法施行規則第 55 条に，水槽の掃除を 1 年に 1 回以上定期に行うことと定められている．

2章 水道行政

## 問題❶ 水道法に規定する給水装置の検査

水道法に規定する給水装置の検査に関する次の記述のうち，**不適当なもの**はどれか．

(1) 水道事業者は，日出後日没前に限り，その職員をして，当該水道によって水の供給を受ける者の土地又は建物に立ち入り，給水装置を検査させることができる．

(2) 水道事業によって水の供給を受ける者は，指定給水装置工事事業者に対して，給水装置の検査及び供給を受ける水の水質検査を請求することができる．

(3) 水道技術管理者は，水道技術管理者本人又はその者の監督の下，給水装置工事終了後に当該給水装置が給水装置の構造及び材質の基準に適合しているか否かの竣工検査を実施しなければならない．

(4) 水道事業者は，当該水道によって水の供給を受ける者の給水装置の構造及び材質が水道法の政令の基準に適合していないときは，供給規程の定めるところにより，その者への給水を停止することができる．

**解説** **(2)** 水道事業によって水の供給を受ける者は，水道事業者に対して，給水装置の検査及び供給を受ける水の水質検査を請求することができる〔法第 18 条第 1 項〕．

**(1)** 法第 17 条第 1 項，**(3)** 法第 19 条第 2 項第三号，**(4)** 法第 16 条に定められている．

**解答▶(2)**

## 問題❷ 水道法に規定する給水装置の検査

水道法に規定する給水装置の検査に関する次の記述のうち，**不適当なもの**はどれか．

(1) 水道事業者は，日出後日没前に限り，その職員をして，当該水道によって水の供給を受ける者の土地又は建物に立ち入り，給水装置を検査させることができる．

(2) 水道事業によって水の供給を受ける者は，指定給水装置工事事業者に対して，給水装置の検査及び供給を受ける水の水質検査を請求することができる．

(3) 水道事業者は，供給規程の定めるところにより，水の供給を受ける者の給水装置が指定給水装置工事事業者の施行した給水装置工事に係わるものであることを供給条件とすることができる．

(4) 水道技術管理者は，水道技術管理者本人又はその者の監督の下，給水装置工事終了後に当該給水装置が給水装置の構造及び材質の基準に適合しているか否かの竣工検査を実施しなければならない．

**解説** (**2**) 問題①(2)と同じ.(**1**) 法第 17 条第 1 項,(**3**) 法第 16 条の 2 第 2 項,(**4**) 法第 19 条第 2 項第三号に定められている.

**解答▶(2)**

## 問題③ 水道法に規定する給水装置の検査

水道法に規定する給水装置の検査等に関する次の記述の正誤の組み合わせのうち,**適当なもの**はどれか.

ア　水道事業者は,日出後日没前に限り,指定給水装置工事事業者をして,当該水道によって水の供給を受ける者の土地又は建物に立ち入り,給水装置を検査させることができる〔法第 17 条〕.

イ　水道事業者は,当該水道によって水の供給を受ける者の給水装置の構造及び材質が水道法の政令の基準に適合していないときは,供給規程の定めるところにより,給水装置が基準に適合するまでの間その者への給水を停止することができる〔法第 16 条〕.

ウ　水道事業によって水の供給を受ける者は,指定給水装置工事事業者に対して,給水装置の検査及び供給を受ける水の水質検査を請求することができる〔法第 18 条〕.

エ　水道事業者は,当該水道によって水の供給を受ける者の給水装置の構造及び材質が水道法の政令の基準に適合していないときは,供給規程の定めるところにより,その者の給水契約の申込みを拒むことができる〔法第 16 条〕.

| | ア | イ | ウ | エ | | ア | イ | ウ | エ |
|---|---|---|---|---|---|---|---|---|---|
| (1) | 誤 | 正 | 誤 | 正 | (2) | 誤 | 誤 | 正 | 誤 |
| (3) | 正 | 正 | 誤 | 誤 | (4) | 正 | 誤 | 正 | 正 |

**解説** **ア**:水道事業者は,日出後日没前に限り,その職員をして,当該水道によって水の供給を受ける者の土地又は建物に立ち入り,給水装置を検査させることができる.**ウ**:問題①(2)及び問題②(2)と同じ.

**解答▶(1)**

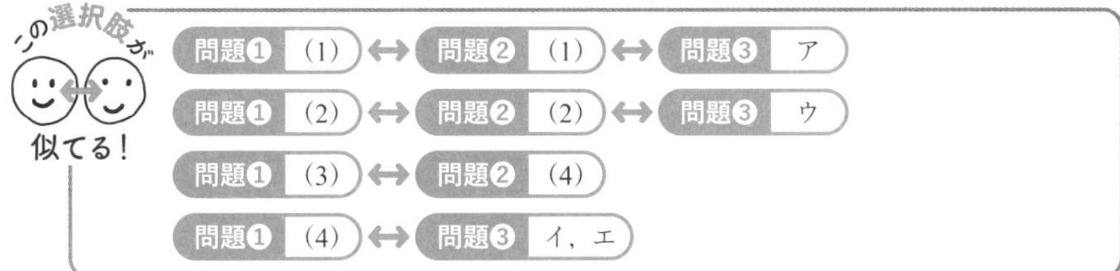

## 問題④ 給水装置工事主任技術者

水道法で規定された給水装置工事主任技術者の職務としての水道事業者との連絡又は調整に関する次のア～エの記述のうち，**適当なものの数**はどれか．

ア　配水管から分岐して給水管を設ける工事を施行しようとする場合における配水管の位置の確認に関する連絡調整．

イ　配水管から分岐して給水管を設ける工事に係る工法，工期その他の工事上の条件に関する連絡調整．

ウ　給水装置工事に着手した旨の連絡．

エ　給水装置工事を完了した旨の連絡．

(1) 1　　(2) 2　　(3) 3　　(4) 4

**解説** **ウ**のみ誤り．**ア**，**イ**，**エ**は規則第23条（給水装置工事主任技術者の職務）に定められている．

**解答▶(3)**

## 問題⑤ 給水装置工事主任技術者

給水装置工事主任技術者の職務に該当する次の記述の正誤の組み合わせのうち，**適当なもの**はどれか．

ア　給水管を配水管から分岐する工事を施行しようとする場合の配水管の布設位置の確認に関する水道事業者との連絡調整．

イ　給水装置工事に関する技術上の管理．

ウ　給水装置工事に従事する者の技術上の指導監督．

エ　給水装置工事を完了した旨の水道事業者への連絡．

| | ア | イ | ウ | エ | | ア | イ | ウ | エ |
|---|---|---|---|---|---|---|---|---|---|
| (1) | 正 | 誤 | 正 | 誤 | (2) | 正 | 正 | 誤 | 正 |
| (3) | 誤 | 正 | 正 | 誤 | (4) | 正 | 正 | 正 | 正 |

**解説** 全て適当である．**ア**：規則第23条第一号，**イ**：法第25条の4第3項第一号，**ウ**：法25条の4第3項第二号，**エ**：規則第23条第三号による．

**解答▶(4)**

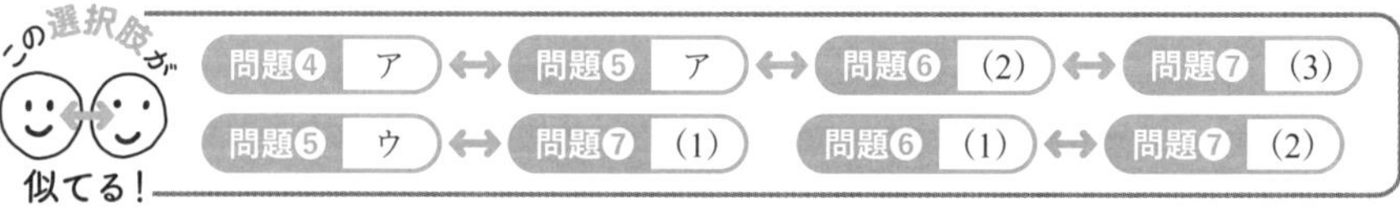

## 問題⑥ 給水装置工事主任技術者

水道法に定められている給水装置工事主任技術者の職務に関する次の記述のうち，**不適当なもの**はどれか．

(1) 給水装置工事に係る給水装置の構造及び材質が構造材質基準に適合していることの確認．

(2) 給水管を配水管から分岐する工事を施行しようとする場合の配水管の布設位置の確認に関する水道事業者との連絡調整．

(3) 水道メーターの下流側から給水栓までの工事を施行しようとする場合の工法，工期その他の工事上の条件に関する水道事業者との連絡調整．

(4) 給水装置工事（給水装置の軽微な変更を除く）を完了した旨の水道事業者への連絡．

**解説** (3) 水道メーターの下流側に給水管及び給水栓を設ける工事は，職務ではない〔規則第23条第二号〕．

**解答▶(3)**

## 問題⑦ 給水装置工事主任技術者

給水装置工事主任技術者の水道法に定められている職務に関する次の記述のうち，**不適当なもの**はどれか．

(1) 給水装置工事に従事する者の技術上の指導監督．

(2) 給水装置工事に係る給水装置の構造及び材質が構造材質基準に適合していることの確認．

(3) 給水管を配水管から分岐する工事を施行しようとする場合の配水管の布設位置の確認に関する水道事業者との連絡調整．

(4) 水道メーターの下流側から給水栓までの工事を施行しようとする場合の工法，工期その他の工事上の条件に関する水道事業者との連絡調整．

**解説** (4) 問題⑥(3)と同じ〔規則第23条第二号〕．(1) 法25条の4第3項第二号，(2) 法第25条の4第3項第三号，(3) 規則第23条第一号による．

**解答▶(4)**

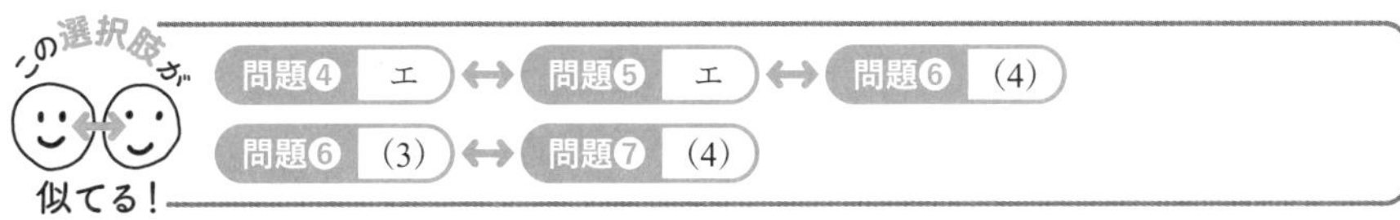

## 問題⑧ 指定給水装置工事事業者制度

指定給水装置工事事業者（以下，本問においては「工事事業者」という）制度に関する次の記述のうち，**不適当なもの**はどれか.

(1) 水道事業者は，指定の基準を満たす者から申請があれば，工事事業者として指定しなければならない.

(2) 工事事業者の指定の基準は，地域の実情に応じて，指定を行う水道事業者ごとに定められている.

(3) 工事事業者は，水道事業者の要求があれば，工事事業者が施行した給水装置工事に関し必要な報告又は資料の提出をしなければならない.

(4) 水道事業者から工事事業者の指定を取り消され，その取消しの日から2年を経過しない者は指定の基準を満たしていない.

**解説** (2) 工事事業者の指定の基準は，全国一律である〔法第25条の3項〕.(1) 法第25条の3第1項，(3) 法第25条の10，(4) 法25条の3第1項第三号ハによる.

**解答▶(2)**

## 問題⑨ 指定給水装置工事事業者制度

指定給水装置工事事業者（以下，本問においては「工事事業者」という）制度に関する次の記述のうち，**不適当なもの**はどれか.

(1) 工事事業者の指定の基準には，「厚生労働省令で定める機械器具を有する者であること」がある.

(2) 工事事業者の指定の基準は，地域の実情に応じて，指定を行う水道事業者ごとに定められている.

(3) 工事事業者は，水道事業者の要求があれば，工事事業者が施行した給水装置工事に関し必要な報告又は資料の提出をしなければならない.

(4) 水道事業者は，工事事業者が指定の基準に適合しなくなったときは，指定を取り消すことができる.

**解説** (2) 問題⑧(2)と同じ.(1) 法25条の3第1項第二号，(3) 法第25条の10，(4) 法第25条の11で定められている.

**解答▶(2)**

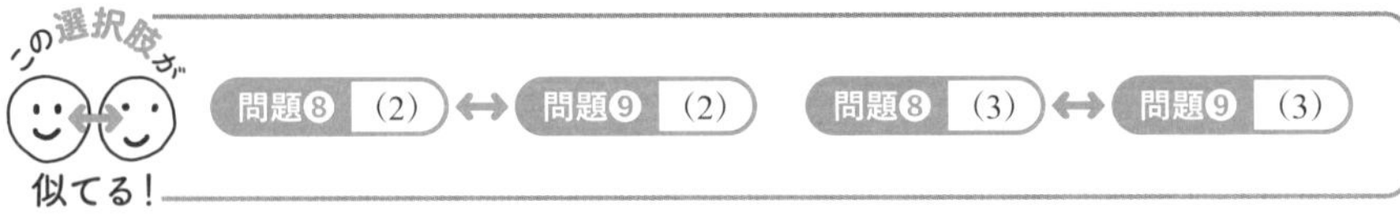

## 問題⑩ 指定給水装置工事事業者の責務

指定給水装置工事事業者の責務に関する次の記述のうち，**不適当なもの**はどれか．

(1) 指定給水装置工事事業者は，水道法第16条の2の指定を受けた日から2週間以内に給水装置工事主任技術者を選任しなければならない．

(2) 指定給水装置工事事業者は，その選任した給水装置工事主任技術者が欠けるに至ったときは，当該事由が発生した日から2週間以内に新たに給水装置工事主任技術者を選任しなければならない．

(3) 指定給水装置工事事業者は，事業所の名称及び所在地その他厚生労働省令で定める事項に変更があったときは，当該変更のあった日から2週間以内に届出書を水道事業者に提出しなければならない．

(4) 指定給水装置工事事業者は，給水装置工事の事業を廃止し又は休止したときは，その日から30日以内に届出書を水道事業者に提出しなければならない．

**解説** (3) 当該変更のあった日から **30日以内**である〔規則第34条の第2項〕． **解答▶(3)**

## 問題⑪ 指定給水装置工事事業者の責務

指定給水装置工事事業者の責務に関する次の記述のうち，**不適当なもの**はどれか．

(1) 指定給水装置工事事業者は，水道事業者から指定を受けた日から30日以内に給水装置工事主任技術者を選任しなければならない．

(2) 指定給水装置工事事業者は，水道事業者の要求があれば，給水装置工事に関する報告又は資料の提出をしなければならないことなど，水道事業者が水道法に基づいて行う監督に服さなければならない．

(3) 指定給水装置工事事業者は，給水装置工事主任技術者及びその他の給水装置工事に従事する者の給水装置工事の施行技術の向上のため，研修の機会を確保するよう努めなければならない．

(4) 指定給水装置工事事業者が，給水装置工事の事業を廃止し又は休止したときは，その日から30日以内に水道事業者に届出書を提出しなければならない．

**解説** (1) 指定を受けた日から **2週間以内**である〔規則第21条第1項〕． **解答▶(1)**

問題⑧ (1) ↔ 問題⑨ (1)　　問題⑧ (4) ↔ 問題⑨ (4)

2章 水道行政●問題&解答

## 問題⑫ 指定給水装置工事事業者

指定給水装置工事事業者の5年ごとの更新時に，水道事業者が確認することが望ましい事項に関する次の記述の正誤の組み合わせのうち，**適当なもの**はどれか．

ア　指定給水装置工事事業者の受注実績
イ　給水装置工事主任技術者等の研修会の受講状況
ウ　適切に作業を行うことができる技能を有する者の従事状況
エ　指定給水装置工事事業者の講習会の受講実績

| | ア | イ | ウ | エ | | ア | イ | ウ | エ |
|---|---|---|---|---|---|---|---|---|---|
| (1) | 正 | 正 | 正 | 正 | (2) | 正 | 誤 | 正 | 正 |
| (3) | 誤 | 誤 | 正 | 誤 | (4) | 誤 | 正 | 誤 | 誤 |
| (5) | 誤 | 正 | 正 | 正 | | | | | |

**解説** **ア**が誤りである．指定給水装置工事事業者の業務内容である．　**解答▶(5)**

## 問題⑬ 指定給水装置工事事業者

指定給水装置工事事業者の5年ごとの更新時に，水道事業者が確認することが望ましい事項に関する次の記述の正誤の組み合わせのうち，**適当なもの**はどれか．

ア　給水装置工事主任技術者等の研修会の受講状況
イ　指定給水装置工事事業者の講習会の受講実績
ウ　適切に作業を行うことができる技能を有する者の従事状況
エ　指定給水装置工事事業者の業務内容（営業時間，漏水修繕，対応工事等）

| | ア | イ | ウ | エ | | ア | イ | ウ | エ |
|---|---|---|---|---|---|---|---|---|---|
| (1) | 誤 | 正 | 正 | 正 | (2) | 正 | 誤 | 正 | 正 |
| (3) | 正 | 正 | 誤 | 正 | (4) | 正 | 正 | 正 | 誤 |
| (5) | 正 | 正 | 正 | 正 | | | | | |

**解説** 設問は，全て適当である．　**解答▶(5)**

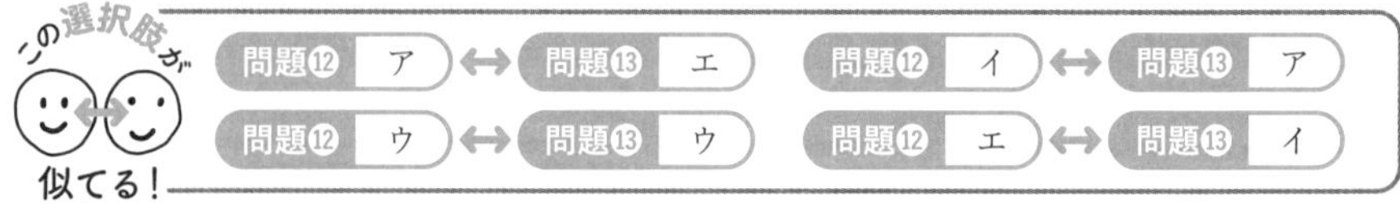

## 問題⑭ 簡易専用水道の管理

簡易専用水道の管理に関する次の記述の［　］内に入る語句の組み合わせのうち，**適当なもの**はどれか．

簡易専用水道の［ア］は，水道法施行規則第55条に定める基準に従い，その水道を管理しなければならない．この基準として，［イ］の掃除を［ウ］以内ごとに1回定期に行うこと，［イ］の点検など，水が汚染されるのを防止するために必要な措置を講じることが定められている．

簡易専用水道の［ア］は，［ウ］以内ごとに1回定期に，その水道の管理について地方公共団体の機関又は厚生労働大臣の［エ］を受けた者の検査を受けなければならない．

| | ア | イ | ウ | エ |
|---|---|---|---|---|
| (1) | 設置者 | 水槽 | 1年 | 登録 |
| (2) | 水道技術管理者 | 給水管 | 1年 | 指定 |
| (3) | 設置者 | 給水管 | 3年 | 指定 |
| (4) | 水道技術管理者 | 水槽 | 3年 | 登録 |

解説 ア：設置者，イ：水槽，ウ：1年，エ：登録

解答▶(1)

## 問題⑮ 簡易専用水道の管理

簡易専用水道の管理基準に関する次の記述のうち，**不適当なもの**はどれか．

(1) 水槽の掃除を2年に1回以上定期に行う．

(2) 有害物や汚水等によって水が汚染されるのを防止するため，水槽の点検等を行う．

(3) 給水栓により供給する水に異常を認めたときは，必要な水質検査を行う．

(4) 供給する水が人の健康を害するおそれがあることを知ったときは，直ちに給水を停止する．

解説 (1) 水道法施行規則第55条一号に，水槽の掃除を1年に1回以上定期に行うと定められている．

解答▶(1)

## 章末問題❶ 指定給水装置工事事業者制度

指定給水装置工事事業者制度に関する次の記述のうち，**不適当なもの**はどれか．

(1) 指定給水装置工事事業者制度は，水道事業者が給水装置工事を適正に施行することができると認められる者の指定をすることができる制度である．
(2) 指定給水装置工事事業者は，給水装置工事主任技術者を選任したときは，遅滞なく，その旨を水道事業者に届け出なければならない．
(3) 水道事業者は，指定給水装置工事事業者の指定をしたときは，遅滞なく，その旨を一般に周知させる措置をとらなければならない．
(4) 指定給水装置工事事業者は，給水装置工事の事業を休止又は再開した場合は水道事業者に届け出る必要はないが，廃止の場合は水道事業者に届け出なければならない．

**解説** (4) 水道法第25条の7に「指定給水装置工事事業者は，給水装置工事の事業を廃止し，休止し，若しくは再開したときは，厚生労働省令で定めるところにより，その旨を水道事業者に届け出なければならない」と定められている．

**解答▶(4)**

## 章末問題❷ 水道事業者

水道事業者に関する次の記述のうち，**不適当なもの**はどれか．

(1) 水道事業者は，給水区域内で水道水の供給を受けようとする者の給水契約の申込みに対して，正当な理由がなければこれを拒んではならない．
(2) 水道事業者の給水区域内で水道水の供給を受けようとする者は，その水道事業者以外の水道事業者も選択することができる．
(3) 水道事業者は，当該水道によって水の供給を受ける者の給水装置が，給水装置の構造及び材質の基準に適合することを確保するため，給水装置工事を適正に施行することができると認められる者の指定をすることができる．
(4) 水道事業者は，水道の管理について技術上の業務を担当させるため，水道技術管理者1人を置かなければならない．ただし，自ら水道技術管理者となることを妨げない．

**解説** (2) 水道事業者の給水区域内で水道水の供給を受けようとする者は，その水道事業者の給水区域内でのみ給水を受けなければならないと定められている．

**解答▶(2)**

# 3章 給水装置工事法

全出題問題の中において「3章　給水装置工事法」の内容からは，10題出題され，最低必要獲得点数は4点（4題）となる．

**過去の出題傾向を分析した出題ランク**

★★★よく出題されている　★★比較的よく出題されている　★出題されることがある

|  |  |
|---|---|
| ★★★ | • 給水管の取り出し<br>• 水道メーターの設置<br>• 配管工事 |
| ★★ | • 給水管の埋設及び明示<br>• 工事検査と維持管理 |
| ★ | • 土工事等 |

# 3-1 給水管の取出し

## 1 給水装置工事の適正な施工

給水装置工事において適切に作業を行うことができる技能を有する者とは，配水管への分水栓の取付け，配水管の穿孔（せんこう），給水管の接合等の配水管から給水管を分岐する工事に係る作業及び当該分岐部から水道メーターまでの配管工事に係る作業について，配水管その他の地下埋設物に変形，破損その他の異常を生じさせることがないよう，適切な資機材，工法，地下埋設物の防護の方法を選択し，正確な作業を実施できる者をいう

## 2 配水管の確認

ガス管，工業用水道管などの水道以外の管と誤分岐接続をしないよう，図面，明示テープ，消火栓，仕切弁などの位置，音聴調査，試験掘削による確認を行う．

## 3 給水管の分岐

① 配水管から給水管を分岐するときは，ほかの給水管の分岐位置から 30 cm 以上離す．これは，穿孔による管体強度の減少防止や，給水装置相互間の流量への影響によるほかの水利用者への支障防止のためである．また，維持管理を考慮して配水管の継手端面からも 30 cm 以上離して分岐する．これらは既設給水管から給水管を分岐する際も同様とする．

② 配水管や既設給水管の異形管及び継手から給水管の分岐は行わず，直管部より分岐する．

③ 給水管の分岐口径は，原則として配水管の口径より小さい口径とする．これも管体強度の減少防止，ほかの水利用者への支障防止という理由に加え，給水管内の水が停滞することによる水質悪化を防止するためである．

④ 給水管の分岐口径については，水道事業者と事前に協議し指示を受ける．

⑤ 不断水による分岐の場合は，サドル付分水栓（**図 3・1**），割 T 字管（**図 3・2**），分水栓などを管種，口径並びに給水管の口径に応じて用い，配水管を切断して断水する場合にはチーズ，T 字管などの給水用具を用いる．

⑥ 不断水工法において，ダクタイル鋳鉄管へはサドル付分水栓，割 T 字管，分水栓のいずれも使用できるが，硬質ポリ塩化ビニル管，ポリエチレン二層

管へは，配水管などの折損防止のためサドル付分水栓を使用し，水道配水用ポリエチレン管には，サドル付分水栓か電気融着式の分水 EF サドル，分水栓付 EF サドルを用いる．また，分水栓を取り付けるときのもみ込むねじ山数は，漏水防止のため 3 山以上必要である．

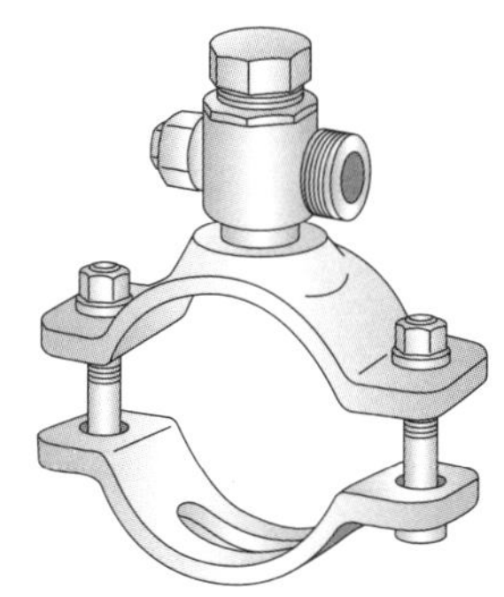

図 3・1　サドル付分水栓

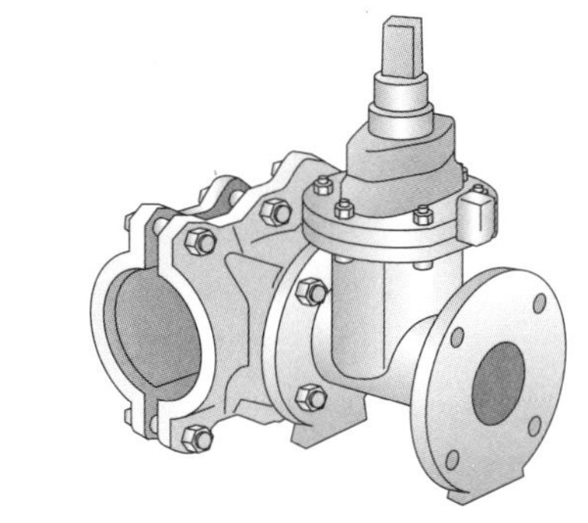

図 3・2　割 T 字管



⑦ 分岐にあたっては配水管などの管外面にキズや異常な凹凸のない箇所からとし，管外面を十分清掃する．サドル付分水栓は分岐部が管頂になるよう垂直に，割 T 字管は支管部が水平となるように取り付け，ボルトナットが片締めにならないよう平均して締め付けトルクレンチを用い確認する．

⑧ サドル付分水栓，割 T 字管で使用する穿孔機は，配水管へ確実に取り付け，その仕様に応じた鋭利なドリルやカッターを使用し，切粉の排出を十分に行いながら，配水

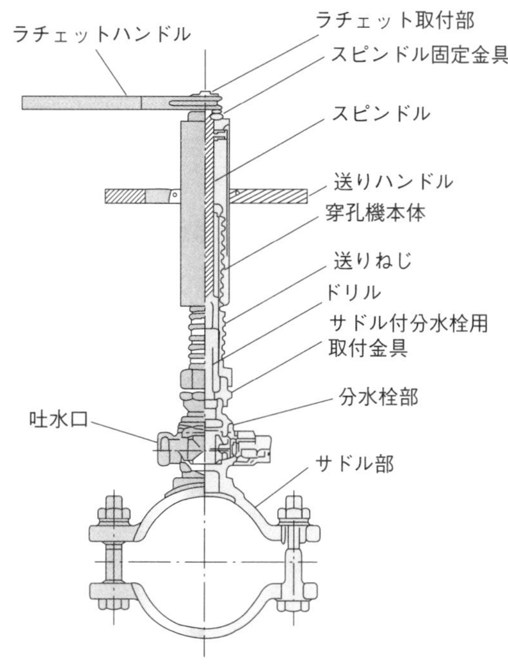


図 3・3　サドル付分水栓用手動式穿孔機

管の内面ライニング材や内面塗膜の剥離(はくり)に注意し穿孔を行う．摩耗したドリルやカッターは施工不良を起こすので使用してはならない．

⑨　サドル付分水栓，割T字管などの穿孔端面には，防食のために水道事業者が指定する適切なコアを装着する．

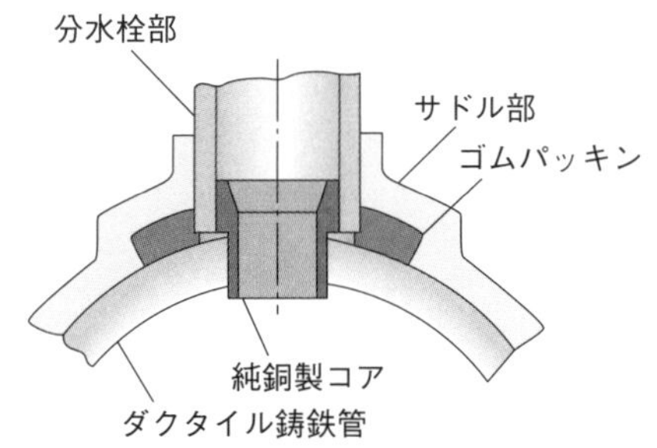


図3・4　サドル付分水栓への非密着形コア取付け例

⑩　不断水分岐作業を行った場合は，分岐作業終了後に水質の確認を行う．確認する項目は，水の匂い，色，濁り，味の確認及び残留塩素測定とする．

⑪　配水管からの分岐以降水道メーターまでの給水装置の仕様は，耐震性，緊急復旧時の効率性から各水道事業者ごとに指定されている．

次にサドル付分水栓からの給水管取出し例を示す．

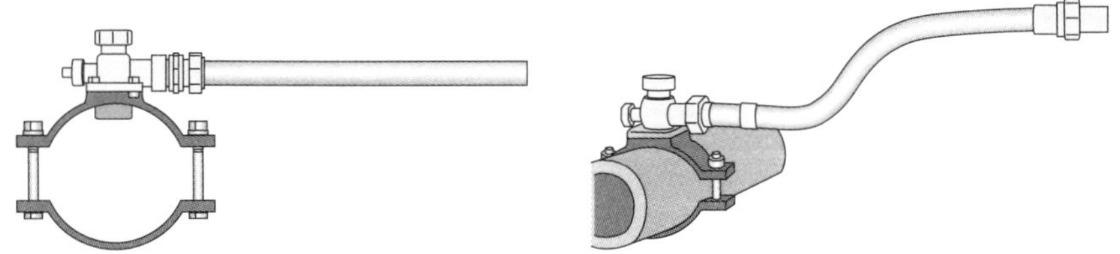

図3・5　サドル付分水栓＋分・止水栓ソケット(回転式)＋ポリエチレン二層管

図3・6　サドル付分水栓＋分水サドル用自在継手＋硬質塩化ビニルライニング鋼管

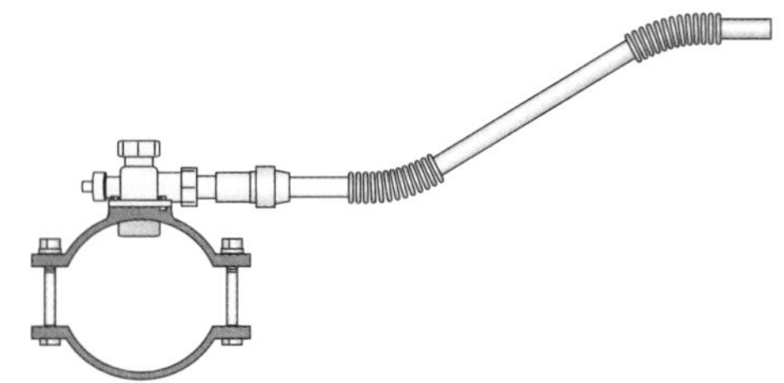

図3・7　サドル付分水栓＋絶縁袋ナット付分・止水栓ソケット(伸縮可とう式)＋波状ステンレス鋼管

# 4 分岐穿孔作業工程（ダクタイル鋳鉄管）

## 1. 分水栓（甲型）

① 配水管外面の清掃

↓

② 穿孔機の取付け

・配水管上面に穿孔機を垂直に乗せる．
・チェーンを穿孔機に取り付けハッカーボルトが片締めにならないよう均等に締め付け固定する．
・排水ホースを穿孔機の排水口に取り付ける．

↓

③ 穿孔作業

・タップを取り付けた分水栓立て込み用スピンドルを穿孔機にセットする．
・穿孔機のコックを開く．
・穿孔機上部に電動機を取り付けゆっくり穿孔する．
・ネジ山数は3山以上となるようにする．

↓

④ 分水栓の取付け

・水圧によりスピンドルが上昇したことを確認しコックを閉める．
・スピンドルに分水栓下胴を取り付けて穿孔機に差し込みコックを開く．
・スピンドルを板スパナで回転させ分水栓下胴をねじ込む．

↓

⑤ 給水管の取出し方向の調整

・分水栓下胴からスピンドルを取り外し，分水栓上胴を取り付ける．
・分水栓から給水管を取り出す方向を調整する．
・止めコマを上に上げて通水の確認をする．

## 2. サドル付分水栓

① 配水管外面の清掃

↓

② サドル付分水栓の取付け

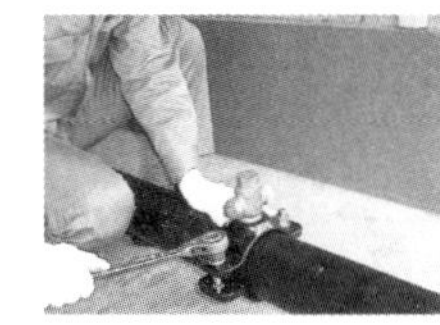

・弁体が全開になっているか確認する．
・管軸頂部に傾きがないよう取り付ける．
・取付ボルトナットの締め付けはトルクレンチで確認する．

↓

③ 穿孔作業

・サドル付分水栓の頂部へ穿孔機を静かに乗せ袋ナットを締め固定する．
・穿孔時の切粉は排水ホースを吐水口へ接続しバケツなどで受ける．

↓

④ コア（非密着形）の取付け

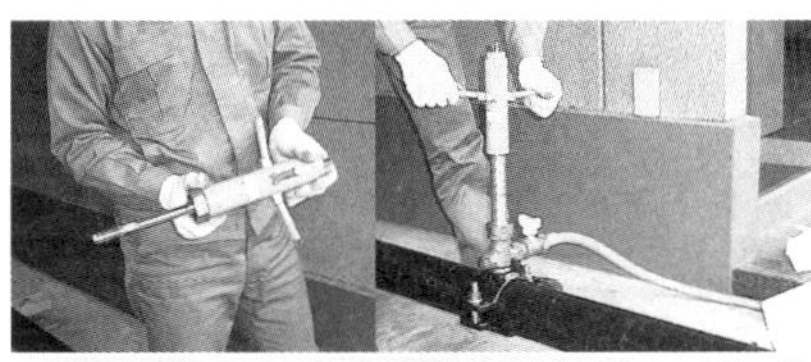

・コアはストレッチャー先端に取り付けたヘッドへ差し込み固定ナットを軽く止め，ロッドを最上部に引き上げサドル付分水栓に装着する．このとき必ず弁体が全開になっているか確認する．
・コアの先端をつぶさないようゆっくりハンドルを回し静かに押し込む．ロッドが管面に当たり進まなくなったら挿入完了．

↓

⑤ 給水管の取出し

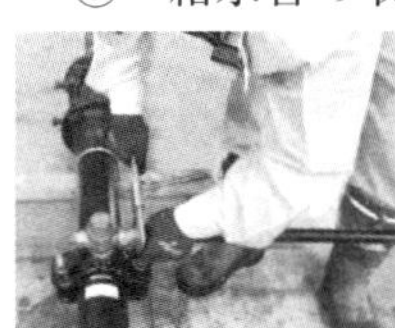

・サドル付分水栓の仕様に合った水道事業者の指定する給水管を接続する．

## 問題1 給水管の取出し

給水管の取出しに関する次の記述の正誤の組み合わせのうち，**適当なもの**はどれか．

ア　配水管を断水してT字管，チーズ等により給水管を取り出す場合は，断水に伴う需要者への広報等に時間を要するので，充分に余裕を持って水道事業者と協議し，断水作業，通水作業等の作業時間，雨天時の対応等を確認する．

イ　ダクタイル鋳鉄管の分岐穿孔に使用するサドル付分水栓用ドリルは，エポキシ樹脂粉体塗装の場合とモルタルライニング管の場合とでは，形状が異なる．

ウ　ダクタイル鋳鉄管のサドル付分水栓等による穿孔箇所には，穿孔部のさびこぶ発生防止のため，水道事業者が指定する防食コアを装着する．

エ　不断水分岐作業の場合には，分岐作業終了後に充分に排水すれば，水質確認を行わなくてもよい．

| | ア | イ | ウ | エ | | ア | イ | ウ | エ |
|---|---|---|---|---|---|---|---|---|---|
| (1) | 正 | 正 | 正 | 誤 | (2) | 誤 | 誤 | 正 | 誤 |
| (3) | 誤 | 正 | 誤 | 正 | (4) | 正 | 正 | 誤 | 正 |
| (5) | 正 | 正 | 誤 | 誤 | | | | | |

**解説** **エ**：不断水分岐作業の場合は，分岐作業終了後に水質確認を行う．水質確認は色，におい，濁り，味の確認及び残留塩素の測定を行う．

**解答▶(1)**

マスターPoint

■断水工法で分岐する際の留意点

① 水道事業者と事前に断水広報，断水日時について協議する．
② 断水をする仕切弁，共用水栓の操作は，現場立会いの水道事業者が行う．
③ 配水管の切断開始は，現場立会いの水道事業者の指示により行う．
④ 切管部分より汚水，土砂などの流入がないように水替工，土留工などを十分に行う．
⑤ T字管やチーズなどを取り付ける前に，配水管の取付口，継手内部をよく清掃し施工する．
⑥ 分岐管が太い場合（75 mm以上）には，施工時に枕木などで管受け台を設け，分岐接合完了後には地山に当て板と切ばりをし，接合箇所のボルトの締め増しを行う．
⑦ 不平均力の働く異形管分岐部には，コンクリートブロックなどで防護工を行うが，通水試験完了後の漏水点検を受けたあとに施工する．

※不平均力：水圧によって管を動かそうとする力で，分岐部の反対側に働く．

## 問題② 配水管からの給水管の取出し

配水管からの給水管の取出しに関する次の記述の正誤の組み合わせのうち，**適当なもの**はどれか．

ア　配水管への取付口の位置は，他の給水装置の取付口から30センチメートル以上離し，また，給水管の口径は，当該給水装置による水の使用量に比し，著しく過大でないこと．

イ　異形管から給水管を取り出す場合は，外面に付着した土砂や外面被覆材を除去し，入念に清掃したのち施工する．

ウ　不断水分岐作業の終了後は，水質確認（残留塩素の測定及び色，におい，濁り，味の確認）を行う．

エ　ダクタイル鋳鉄管の分岐穿孔に使用するサドル付分水栓用ドリルの先端角は，一般的にモルタルライニング管が90°～100°で，エポキシ樹脂粉体塗装管が118°である．

| | ア | イ | ウ | エ |
|---|---|---|---|---|
| (1) | 正 | 正 | 誤 | 正 |
| (2) | 誤 | 誤 | 正 | 誤 |
| (3) | 正 | 誤 | 正 | 誤 |
| (4) | 誤 | 正 | 誤 | 正 |
| (5) | 正 | 誤 | 正 | 正 |

**解説**　**イ**：給水管の取出しは配水管の直管部から行い，異形管や継手からは行わない．**エ**：モルタルライニング管が118°で，エポキシ樹脂粉体塗装管が90°～100°である．　**解答▶(3)**

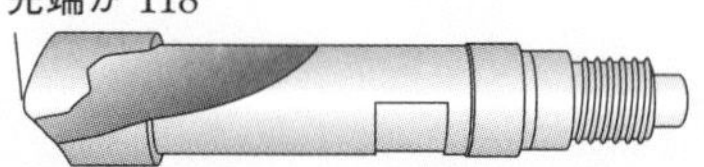


内面モルタルライニング管用
(25 mm 分岐用)

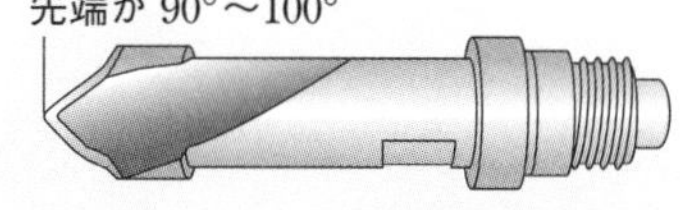


内面エポキシ樹脂粉体塗装管用
(25 mm 分岐用)

モルタルライニング管にはエポキシ樹脂粉体塗装管用のドリルも使用できるが，その逆の使用はできない．逆に使用した場合は，エポキシ樹脂粉体塗装の塗膜の欠けや塗膜の貫通不良などの不具合の原因となる．

## 問題③ サドル付分水栓の穿孔施工

サドル付分水栓の穿孔施工に関する次の記述のうち，**不適当なもの**はどれか．

(1) サドル付分水栓は，配水管の管軸頂部にその中心線がくるように取り付け，給水管の取出し方向及びサドル付分水栓が管軸方向から見て傾きがないか確認する．

(2) サドル付分水栓の取付けに際し，パッキンの離脱を防止するためサドル付分水栓を配水管に沿って前後に移動させてはならない．

(3) ストレッチャー（コア挿入機のコア取付け部）先端にコア取付け用ヘッドを取り付け，そのヘッドに該当口径のコアを差し込み，固定ナットで軽く止める．

(4) サドル付分水栓の穿孔作業に際し，サドル付分水栓の吐水部へ排水ホースを連結させ，ホース先端は下水溝などへ直接接続し確実に排水する．

**解説** (4) サドル付分水栓の吐水部へ接続した排水ホースからは，穿孔時の切粉が流出してくるので，下水溝などへ直接排水してはならない．あらかじめ用意したバケツなどで受け適正に処理をする．

**解答▶(4)**

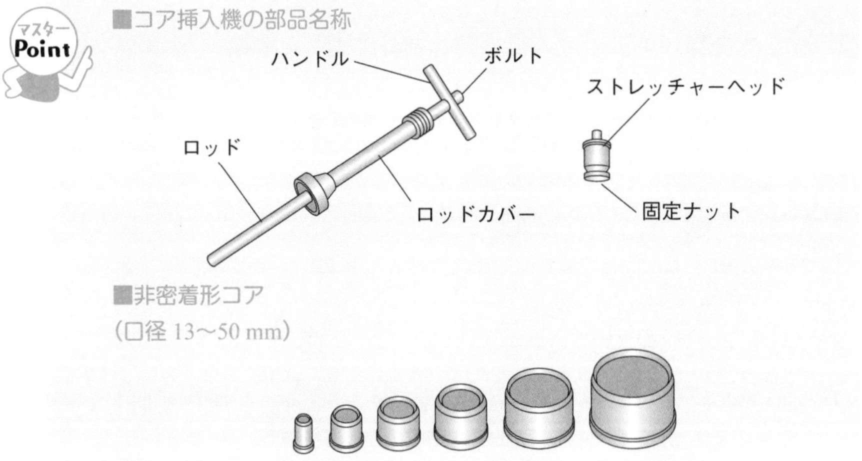

## 問題④ サドル付分水栓を取り付ける場合の穿孔

ダクタイル鋳鉄管にサドル付分水栓を取り付ける場合の穿孔に関する次の記述のうち，**不適当なもの**はどれか．

(1) 配水管のサドル付分水栓取付け位置を確認し，取付け位置の土砂及びさびなどをウエスなどできれいに除去し，配水管の管肌を清掃する．

(2) サドル付分水栓は，配水管の管軸頂部にその中心線がくるように取り付け，給水管の取出し方向及びサドル付分水栓が管軸方向から見て傾きがないことを確認する．

(3) 穿孔作業では，分岐口径及び内面ライニングに応じたカッター又はドリルを穿孔機のスピンドルに取り付ける．

(4) ストレッチャー（コア挿入機のコア取付け部）先端にコア取付け用ヘッドを取り付け，そのヘッドに該当口径のコアを差し込み，密着形コアの場合は固定ナットで軽く止める．



**解説** (4) ストレッチャー（コア挿入機のコア取付け部）先端にコア取付け用ヘッドを取り付け，そのヘッドに該当口径のコアを差し込み，非密着形コアの場合は固定ナットで軽く止める．密着形コアはメーカーごとにコア挿入器具，施工方法が異なるので，それぞれの取扱説明書に従い取り付ける．

**解答▶(4)**

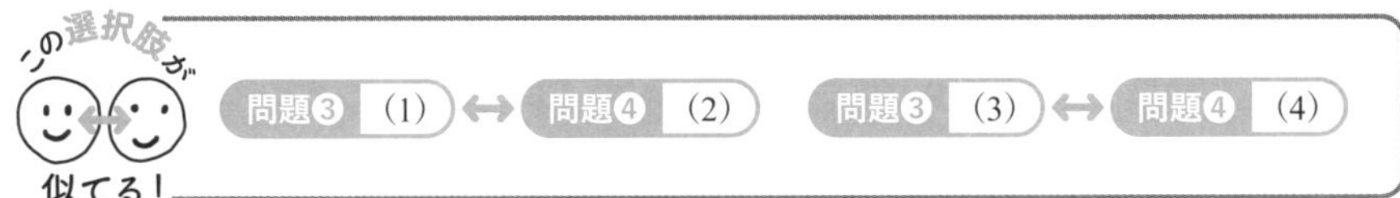

■サドル付分水栓を取り付ける際の留意点

サドル付分水栓を取り付ける前に，弁体が全開状態になっていること，パッキンが正しく取り付けられていること，塗装面やねじ等に傷がないこと等を確認する．

■穿孔作業の際の留意点

穿孔中はハンドルの回転が重く感じるが，ドリル先端が管内面に突出しはじめ穿孔が完了する過程においてハンドルが軽くなるため，特に口径50 mm から取り出す場合にはドリルの先端が管底に接触しないよう注意しながら完全に穿孔する．

# 3-2 給水管の埋設及び明示

## 1 給水管の埋設深さ

① 埋設深さとは，管頂部から路面までの距離のことをいう．

② 道路法施行令第 11 条の 3 第 1 項第二号では，道路部分の埋設深さは，通常 1.2 m を超えていること，工事実施上やむを得ない場合でも 0.6 m を超えていることと規定されている．

③ 宅地内など敷地部分における給水管の埋設深さは，0.3 m 以上を標準とする．

④ 水管橋などの堤防横断箇所やほかの埋設物が障害になる場合など，規定値までの埋設深さが確保できない場合は，河川管理者，道路管理者と協議することとされている．また，この場合は必要に応じて防護措置を施すこと．

⑤ 埋設工事の効率化，工期の短縮コスト縮減等を目的にした浅層埋設の場合，車道部の埋設深さは舗装の厚さに 0.3 m を加えた値で 0.6 m 以下とせず，歩道部にあっては 0.5 m 以下としないこととされた．

⑥ 歩道に切下げ部があって，埋設深さが 0.5 m 以下となってしまう場合は，埋設管に十分な強度の管材を使用するか防護措置を施す．

⑦ 浅層埋設の対象となる管種及び口径

(a) 鋼管　300 mm 以下のもの

(b) ダクタイル鋳鉄管　300 mm 以下のもの

(c) 硬質ポリ塩化ビニル管　300 mm 以下のもの

(d) 水道配水用ポリエチレン管　200 mm 以下で外径 / 厚さ = 11 以上のもの

⑧ 道路部分に給水管を埋設する場合は，ガス管，下水道管，電気ケーブル，電話ケーブルなどの埋設物に十分注意し，道路管理者が許可した占用位置を誤らないように十分注意する．

## 2 給水管の明示

① 道路法施行令第 12 条及び道路法施行規則第 4 条の 3 の 2 に基づき，道路部分に布設する口径 75 mm 以上の給水管には，明示テープ，明示シートなどにより管を明示することが義務付けられている．

② 明示テープは水道管の場合，以下の仕様とする（**図 3・8**）．

(a) テープの色は青地に白文字で示す.

(b) 管理者及び名称（○○市水道管など）を表記.

(c) 埋設年度（西暦）を表記.

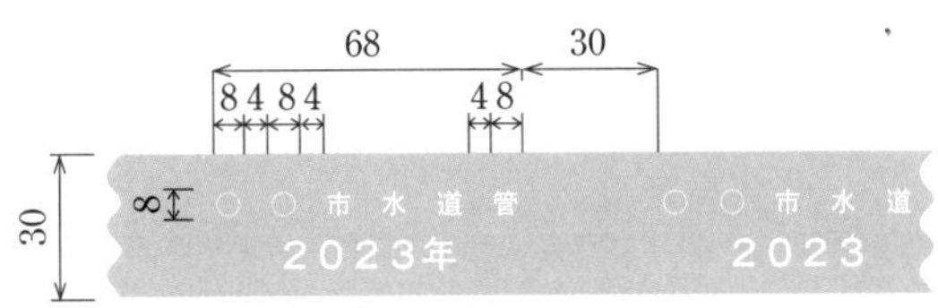


図 3・8　明示テープの寸法などの仕様例（単位：mm）

③　明示テープは基本的に埋設管の胴に巻いて使用し，口径 400 mm 未満の場合は 2 m 未満に 1 箇所の間隔で胴巻きする．水道事業者によっては，口径別に仕様を示したり（**図 3・9**），太い管には管頂の天端部分へ連続して設置する場合がある（**図 3・10**）．

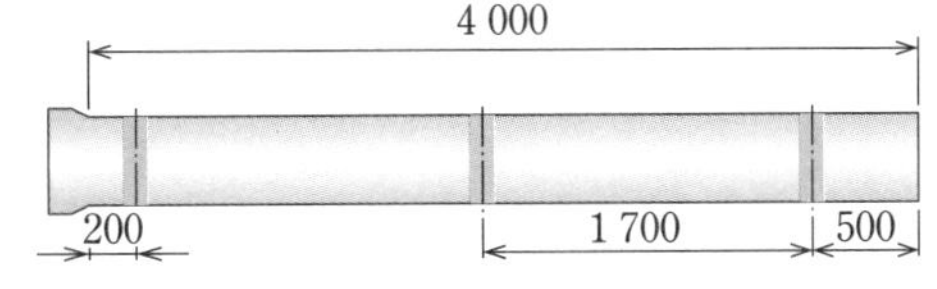


図 3・9　埋設管の明示テープ設置例（口径 75～100）

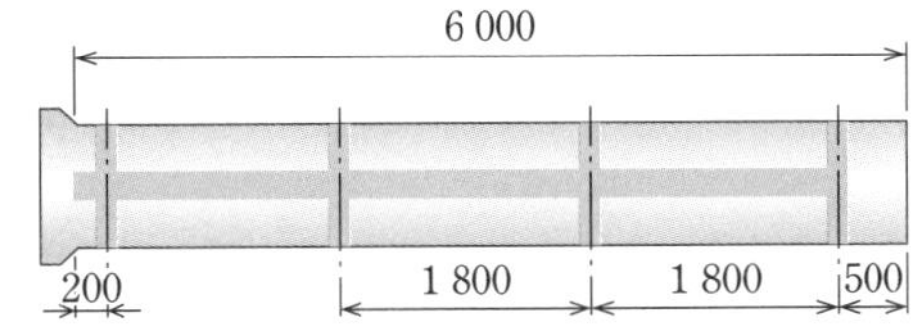


図 3・10　埋設管の明示テープ設置例　口径 400 以上

④　水道事業者により，機械掘削時の埋設物毀損防止のために埋設管の管頂と路面の間に折り込み構造の明示シートを連続して設置させる場合がある．

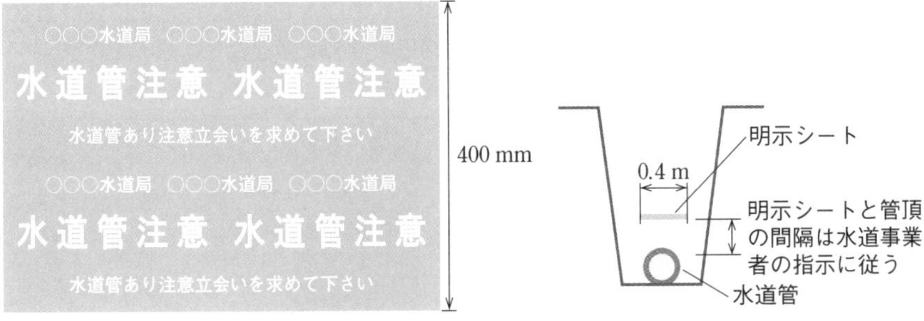


図 3・11　明示シートの仕様例（青地に白文字）

図 3・12　明示シートの設置例

⑤　宅地内など敷地部分に布設する給水管の引き込み位置について，維持管理上明示する必要がある場合は，明示杭（見出杭），明示鋲などによりその位置を明示する．さらに用地境界杭などを基点にして，分岐位置，止水用具，管末の位置のオフセット図を作成し工事完了図などに記録しておく．

## 問題① 給水管の埋設深さと占有位置

給水管の埋設深さ及び占用位置に関する次の記述の［　　］内に入る語句の組み合わせのうち，**正しいもの**はどれか．

道路法施行令第11条の3第1項第二号ロでは，埋設深さについて「水管又はガス管の本線の頂部と路面との距離が［ア］（工事実施上やむを得ない場合にあっては［イ］）を超えていること」と規定されている．しかし，他の埋設物との交差の関係等で，土被りを標準又は規定値まで取れない場合は，［ウ］と協議することとし，必要な防護措置を施す．宅地内における給水管の埋設深さは，荷重，衝撃等を考慮して［エ］以上を標準とする．

| | ア | イ | ウ | エ |
|---|---|---|---|---|
| (1) | 1.5 m | 0.9 m | 道路管理者 | 0.5 m |
| (2) | 1.2 m | 0.9 m | 水道事業者 | 0.5 m |
| (3) | 1.2 m | 0.6 m | 道路管理者 | 0.3 m |
| (4) | 1.5 m | 0.6 m | 水道事業者 | 0.3 m |
| (5) | 1.2 m | 0.9 m | 道路管理者 | 0.5 m |

**解説** 車道での埋設深さは標準で1.2 m以下としない．浅層埋設の場合は0.6 m以下にしない．歩道では原則0.5 m以下にしない．宅地内での埋設深さは0.3 m以上とする．　**解答▶(3)**

■道路法施行令第11条の3で規定する本線

水道施設における基幹的な線（配水管）のことで，道路の地下に設けるにあたっては道路構造の保全の観点から所要の配慮を要するものを指す．

■埋設の深さ

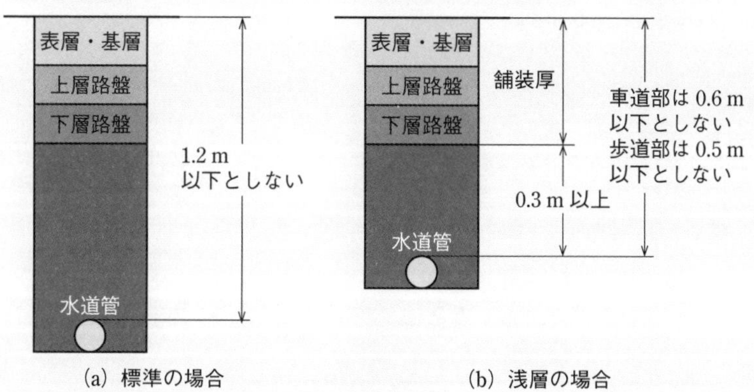


(a) 標準の場合　　(b) 浅層の場合

## 問題② 給水管の埋設深さ及び占有位置

給水管の埋設深さ及び占用位置に関する次の記述のうち，**不適当なもの**はどれか．

(1) 道路を縦断して給水管を埋設する場合は，ガス管，電話ケーブル，電気ケーブル，下水道管等の他の埋設物への影響及び占用離隔に十分注意し，道路管理者が許可した占用位置に配管する．

(2) 浅層埋設は，埋設工事の効率化，工期の短縮及びコスト縮減等の目的のため，運用が開始された．

(3) 浅層埋設が適用される場合，歩道部における水道管の埋設深さは，管路の頂部と路面との距離は 0.3 m 以下としない．

(4) 給水管の埋設深さは，宅地内にあっては 0.3 m 以上を標準とする．

(5) 浅層埋設の適用対象となる管種と管径は，鋼管，ダクタイル鋳鉄管，硬質ポリ塩化ビニル管の場合は 300 mm 以下のものとする．

**解説** (3) 水管の本線以外の線を歩道の地下に設ける場合の埋設深さは，管路の頂部と路面の距離は 0.5 m 以下としない．

**解答▶(3)**

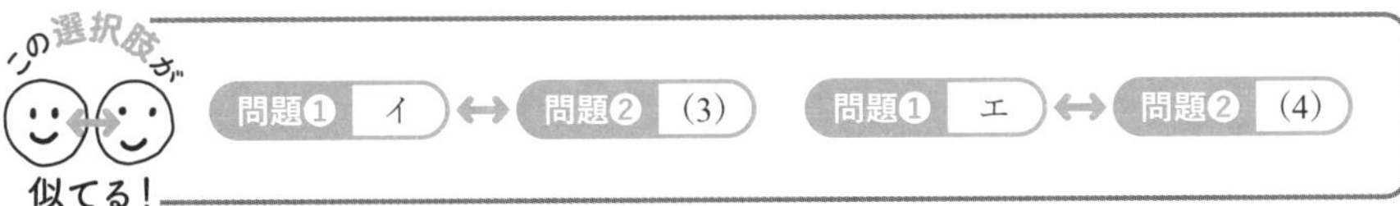

■道路法施行令第 11 条の 3

一 水管又はガス管を地上に設ける場合においては，道路の交差し，接続し，又は屈曲する部分以外の道路の部分であること．

二 水管又はガス管を地下に設ける場合においては，次のいずれにも適合する場所であること．

イ 道路を横断して設ける場合及び歩道以外の部分に当該場所に代わる適当な場所がなく，かつ，公益上やむを得ない事情があると認められるときに水管又はガス管の本線を歩道以外の部分に設ける場合を除き，歩道の部分であること．

ロ 水管又はガス管の本線の頂部と路面との距離が 1.2 メートル（工事実施上やむを得ない場合にあっては，0.6 メートル）を超えていること．

## 問題③ 給水管の明示

給水管の明示に関する次の記述の正誤の組み合わせのうち，**不適当なもの**はどれか.

ア　道路管理者と水道事業者等道路地下占用者の間で協議した結果に基づき，占用物埋設工事の際に埋設物頂部と路面の間に折り込み構造の明示シートを設置している場合がある.

イ　道路部分に布設する口径 75 mm 以上の給水管には，明示テープ等により管を明示しなければならない.

ウ　道路部分に給水管を埋設する際に設置する明示シートは，水道事業者の指示により，指定された仕様のものを任意の位置に設置する.

エ　明示テープの色は，水道管は青色，ガス管は緑色，下水道管は茶色とされている.

| | ア | イ | ウ | エ |
|---|---|---|---|---|
| (1) | 正 | 誤 | 正 | 正 |
| (2) | 誤 | 正 | 誤 | 正 |
| (3) | 正 | 正 | 誤 | 正 |
| (4) | 正 | 誤 | 正 | 誤 |
| (5) | 誤 | 正 | 正 | 誤 |

解説　**ウ**：水道事業者の指示により指定された仕様の明示シートを，指定された位置に設置しなければならない.

**解答▶(3)**

**■明示シートの材質及び折り込み構造**

**材質はポリエチレン製で折り込み構造のものがある．これは折り込んだ状態で布設することで，掘削作業の際に重機のツメなどで引っ掛けて持ち上げてしまった場合でも，折り込んだ部分のミシン目がほどけて約 2 倍に伸びながら引き上げられるので，破断しにくくなり検知しやすくなっている.**

明示シートの折り込み構造

## 問題④ 給水管の明示

給水管の明示に関する次の記述のうち，**不適当なもの**はどれか．

（1）道路部分に布設する口径 75 mm 以上の給水管に明示テープを設置する場合は，明示テープに埋設物の名称，管理者，埋設年度を表示しなければならない．

（2）宅地部分に布設する給水管の位置については，維持管理上必要がある場合には，明示杭等によりその位置を明示することが望ましい．

（3）掘削機械による埋設物の毀損事故を防止するため，道路内に埋設する際は水道事業者の指示により，指定された仕様の明示シートを指示された位置に設置する．

（4）水道事業者によっては，管の天端部に連続して明示テープを設置することを義務付けている場合がある．

（5）明示テープの色は，水道管は青色，ガス管は黄色，下水道管は緑色とされている．

解説 (5) 明示テープの色は，ガス管は緑色，下水道管は茶色である．　**解答▶(5)**

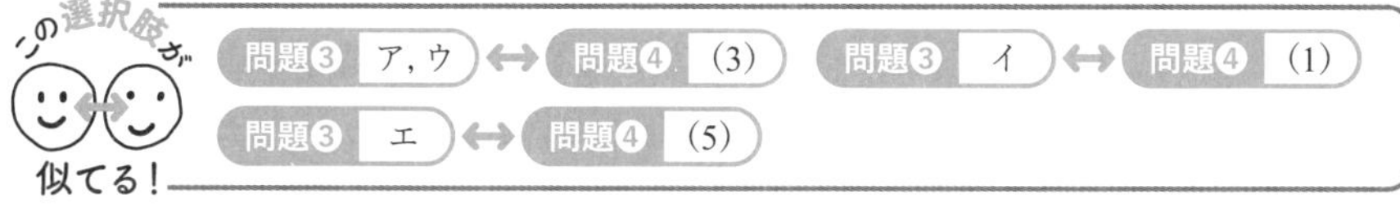

■明示テープの地色

① 水道管：青色

② 工業用水管：白色

③ 下水道管：茶色

④ ガス管：緑色

⑤ 電話線：赤色

⑥ 電力線：オレンジ色

その他，道路管理者が指定した地下埋設物については，その都度色を定めることとする．

# 3-3 水道メーターの設置

## 1 止水栓の設置

① 配水管から分岐後，水道メーターまでの間の給水管に止水栓を設置する．位置は，敷地部分の道路境界線の近くとする．これは，維持管理上，止水栓操作が容易で，止水栓本体及び水道メーター上流側の敷地内給水管の損傷防止のためである．ただし，地形，その他の理由により敷地部分に設置することが適当でない場合は，道路部分に設置する．

② 止水栓は，維持管理上，支障がないよう，メーターます又は専用筐(きょう)内に収納すること．

③ 止水栓筐などの設置にあたっては，その周囲に沈下などが生じないよう十分締固めを行い，堅固な状態にすること．

## 2 給水管の防護

### 1. 地盤沈下，地震（振動）に対する措置

管路の適切な箇所に可とう性のある伸縮継手を取り付け，給水管に対する配水管や地盤との相対変位を吸収させる．特に分岐部分に働く荷重を緩衝させるため，できるだけ可とう性に富んだ管を使用する．

### 2. 露出配管の支持

建築物の柱や壁面などに配管を固定する場合は，クリップなどのつかみ金具を用い，1〜2 m の間隔で建物などに固定する．

### 3. 構造物の基礎及び壁貫通

貫通部には配管スリーブなどを設け，配管とスリーブの間隙(かんげき)を弾性体で充てんし，管の損傷を防止する．

### 4. 給水管とほかの埋設物の間隔

30 cm 以上確保するのが望ましいが，やむを得ず近接して配管する場合は，発泡スチロール，ポリエチレンフォームなどにより防護工を施し，損傷防止を図る．

### 5. 水路などの横断

給水管が水路などを横断する場合は，原則として水路などの下へ設置する．やむを得ず水路などを上越し配管する場合は，水没しないよう高水位以上の高さに配管し，金属製のさや管などで防護措置をとる（p. 76，マスターPoint 参照）．

# 3 水道メーターの設置

## 1. 水道メーターの設置目的

① 住宅などにおける需要者の使用水量を計量し，水道料金の算定基礎となる．

② 水道メーターの下流側における配管からの漏水発生の検知．

## 2. メーターの設置位置

① 原則として給水管分岐部に最も近接した敷地内部分．

② メーターの検針及び取替え作業が容易な場所．

③ メーターの損傷，凍結などのおそれがない場所．寒冷地の場合は，防寒措置や取付け深さを凍結深度より深くするなどの対策が必要である．

④ 汚水や雨水が流入したり，障害物が置かれない場所．

## 3. 建物内にメーターを設置する場合

① 集合住宅などの配管シャフト内にメーターを設置する場合は，外気の影響を受け凍結するおそれがあるので，発泡ポリスチレンなどの保温材でメーターに防寒対策を施す．

② 排水管やガス管などほかの配管設備や計量器と隣接している場合は，点検及び取替え作業の支障にならないよう必要なスペースを確保する．

③ メーター周りは止水栓や弁類，継手類などの接続箇所が多く，漏水の危険性が高いので，メーター設置箇所は床面防水や水抜きなどを考慮した構造として，居室などへの浸水防止を図る．

④ 遠隔指示装置の水道メーターを設置する場合は，パルス発信方式やエンコーダ方式などで正確かつ効率的に検針でき，維持管理が容易なものとする．

## 4. メーターを地中に埋設する場合

① 呼び径 13～40 mm の場合は，鋳鉄製，プラスチック製，コンクリート製などのメーターますに入れ，埋没や外部からの衝撃から防護し，設置した位置を明らかにする．呼び径 50 mm 以上の場合は，鋳鉄製や現場打ちコンクリート，コンクリートブロック製のメーターますに入れ，上部に鉄蓋を設置した強固な構造とする．

② プラスチック製のメーターますは，車両などの荷重がかからない場所に設置する．

③ メーターますは，水道メーターの検針や取替え作業が容易にできる構造及び大きさとする．

④ メーターますは凍結深度より深く設置するか，防寒対策を施す．

⑤ 水道メーター取外し時の戻り水などが，メーターます内に滞留し，給水管内に流れ込む被害を防止するため，適正な措置を講じる．

## 5. メーター取付け時の注意事項

① メーターに表示されている流水方向の矢印を流出側へ向けたことを確認し，間違いのないように取り付ける．逆方向に取り付けると正しい計量値を表示しないので十分注意する．

② 水平に十分注意して取り付ける．傾斜して取り付けると，水道メーター性能，計量精度や耐久性を低下させる原因となるので注意する．

③ 大口径の羽車式メーターなどは，計量を安定させるためメーター前後に所定の直管部を確保する．

④ メーターと管の接続用パッキンは，ずれたり変形したりしないよう注意して取り付ける．

## 6. メーターバイパスユニット

① 集合住宅など複数戸に直結増圧（加圧）式で給水する場合の親メーターや，直結給水方式で給水する商業施設などには，水道メーター取替え時に断水を回避するため，メーターバイパスユニットを設ける．

② メーターバイパスユニットは，水道メーター交換時にユニット内の流路切替弁，仕切弁を操作しバイパス側に通水することで，断水せずにメーター交換が可能になる．

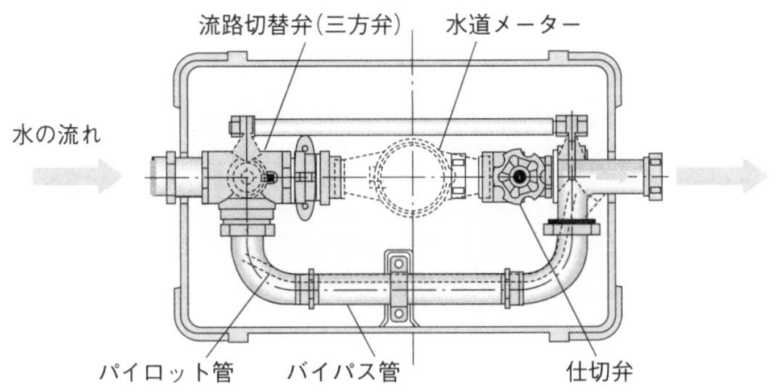


図3・13 メーターバイパスユニット平面図

## 7. メーターユニット

① 新築集合住宅の配管シャフト内へ設置する各戸メーターに使用されることが多くなっている．

② メーターユニットは非常にコンパクトに作られ，止水栓，メーター脱着機

構，逆止弁から構成される．メーター接続部には伸縮機能などがあり，工具を用いずハンドルを回すだけでメーター交換ができる．

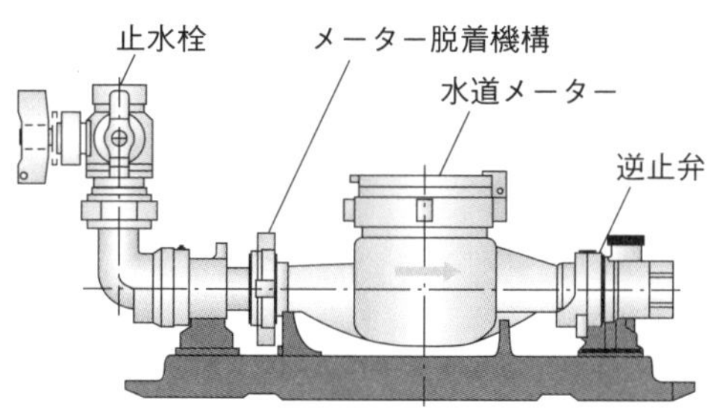


図3・14　メーターユニット側面図

8. メーターの供給規程に基づく取扱い

① 水道メーターは水道事業者の持ち物であるので，使用者はこれを勝手に交換，廃棄してはならない．

② 水道メーターは，計量法によって検定満期である8年ごとの交換が義務付けられているので，水道事業者はこれを越える前に交換しなくてはならない．

## 4 直結加圧形ポンプユニットの設置

### 1. 直結給水の推進

厚生労働省による平成16年度水道ビジョン，平成25年度新水道ビジョンで示されたように，3階建て以上の建築物に対して直結給水（直結直圧式）のできる水道施設の整備を進め，配水管の供給圧力などを向上し，増圧ポンプ方式の活用も含め貯水性水道の安全な水の確保の対策として，直結給水の普及を推進するとされた．

### 2. 直結増圧式給水方式

直結直圧式では水圧が足りない場合に，給水管の途中へ増圧給水設備を設けて給水する方式で，直結加圧形ポンプユニットを用いる．

### 3. 直結加圧形ポンプユニット

① 始動・停止時に配水支管への圧力変動が小さく脈動が生じないもので，配水管の断水などで吸込み側の水圧が異常に低下した場合は自動停止し，水圧が回復した場合は自動復帰するものとする．

② 吸込み側の水圧が吐出し圧力以上に上昇した場合には，自動停止して直圧による給水ができるものとする．

③ 減圧式逆流防止器などの有効な逆流防止対策を施し，配水管への逆流を防ぐものとする．

## 問題❶ 止水栓の設置及び給水管の布設

止水栓の設置及び給水管の布設に関する次の記述のうち，**不適当なもの**はどれか．

(1) 止水栓は，給水装置の維持管理上支障がないよう，メーターます又は専用の止水栓きょう内に収納する．

(2) 給水管が水路を横断する場所にあっては，原則として水路の下に給水管を設置する．やむを得ず水路の上に設置する場合には，高水位（HWL）より下の高さに設置する．

(3) 給水管を建物の柱や壁等に沿わせて配管する場合には，外圧，自重，水圧等による振動やたわみで損傷を受けやすいので，クリップ等のつかみ金具を使用し，管を1～2 m の間隔で建物に固定する．

(4) 給水管は他の埋設物（埋設管，構造物の基礎等）より30 cm 以上の間隔を確保し配管することを原則とする．

(5) 配水管から分岐して最初に設置する止水栓の位置は，原則として宅地内の道路境界線の近くとする．

**解説** (2) やむを得ず水路などを上越し配管する場合は，**水没しないよう高水位（HWL）以上の高さ**に配管し，**金属製のさや管**などで防護措置をとり，適切な凍結防止等の防寒対策を施す．この工法については当該河川管理者の指示に従う．

**解答▶(2)**

■給水管の水路横断

(a) 下越し配管

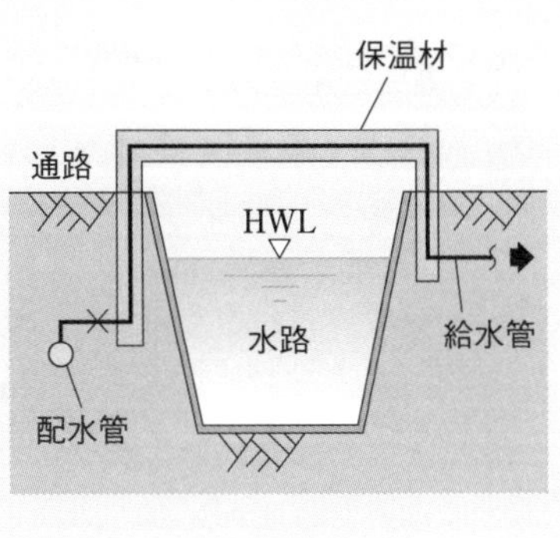


(b) 上越し配管

## 問題② 止水栓の設置及び給水管の防護

止水栓の設置及び給水管の防護に関する次の記述の正誤の組み合わせのうち，**適当なもの**はどれか.

ア　止水栓は，給水装置の維持管理上支障がないよう，メーターボックス（ます）又は専用の止水栓きょう内に収納する.

イ　給水管を建物の柱や壁等に沿わせて配管する場合には，外力，自重，水圧等による振動やたわみで損傷を受けやすいので，クリップ等のつかみ金具を使用し，管を 3～4 m の間隔で建物に固定する.

ウ　給水管を構造物の基礎や壁を貫通させて設置する場合は，構造物の貫通部に配管スリーブ等を設け，スリーブとの間を弾性体で充填し，給水管の損傷を防止する.

エ　給水管が水路を横断する場所にあっては，原則として水路を上越しして設置し，さや管等による防護措置を講じる.

| | ア | イ | ウ | エ |
|---|---|---|---|---|
| (1) | 誤 | 正 | 誤 | 正 |
| (2) | 正 | 誤 | 誤 | 正 |
| (3) | 正 | 誤 | 正 | 誤 |
| (4) | 正 | 正 | 誤 | 誤 |
| (5) | 誤 | 正 | 正 | 誤 |

**解説** **イ**：給水管を建物の柱や壁等に添わせて配管する場合は，管を 1～2 m の間隔で建物に固定する.

**エ**：給水管が水路を横断する場合は，水路の清掃や流下物などの影響で管が損傷しないよう，水路の下に鋼管等のさや管の中を通して設置する.

**解答▶(3)**

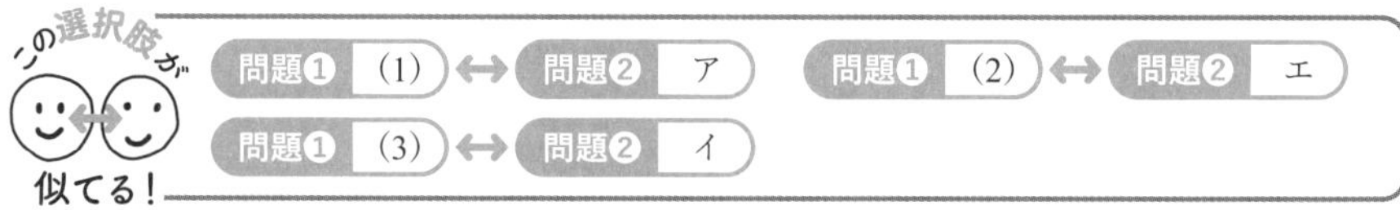

■給水管の損傷防止対策

① 建築物の柱や壁面などに配管を固定する場合，給水栓の取付箇所は特に損傷しやすいので，堅固に取り付ける.

② 給水管を構造物の基礎や壁を貫通させて設置する場合，スリーブとの間を弾性体で充填するが，屋内がピット構造の場合に外部からの水を侵入させないためでもある.

## 問題3 水道メーターの設置

水道メーターの設置に関する次の記述のうち，**不適当なもの**はどれか．

(1) メーターますは，水道メーターの呼び径が 50 mm 以上の場合はコンクリートブロック，現場打ちコンクリート，金属製等で，上部に鉄蓋を設置した構造とするのが一般的である．

(2) 水道メーターの設置は，原則として道路境界線に最も近接した宅地内で，メーターの計量及び取替え作業が容易であり，かつ，メーターの損傷，凍結等のおそれがない位置とする．

(3) 水道メーターの設置にあたっては，メーターに表示されている流水方向の矢印を確認した上で水平に取り付ける．

(4) 集合住宅の配管スペース内の水道メーター回りは弁栓類，継手が多く，漏水が発生しやすいため，万一漏水した場合でも，居室側に浸水しないよう，防水仕上げ，水抜き等を考慮する必要がある．

(5) 集合住宅等の複数戸に直結増圧式等で給水する建物の親メーターにおいては，ウォーターハンマーを回避するため，メーターバイパスユニットを設置する方法がある．

**解説** (5) メーターバイパスユニットは，バイパス側に通水させることで断水せずに水道メーター交換が行えるものである．ウォーターハンマーは水栓や弁類が急閉止することが原因なので，回避するには水撃防止器や無衝撃逆止弁などを使用する．

**解答▶(5)**

### ■メーターバイパスユニット

メーターバイパスユニットは，検定満期時などに水道メーターを断水しないで交換するためのものであるが，様々な工夫がされている．

- メーターユニットと同じように，水道メーターの脱着が工具を使わずにできる．取付けはハンドルを手で回転させ伸縮部をメーターに圧着し，組み込んである O（オー）リングで止水する．
- バイパス管内の水はバイパス管内に設置してある細いパイロット管の水流により停滞水とならない（図 3・13）．
- 弁・継手類と配管は，ます底部に固定されているので，管の接続はますの前後だけでよい．

## 問題④ 水道メーターの設置

水道メーターの設置に関する次の記述の正誤の組み合わせのうち，**適当なもの**はどれか．

ア　水道メーターの呼び径が13～40 mmの場合は，金属製，プラスチック製又はコンクリート製等のメーターボックス（ます）とする．

イ　メーターボックス（ます）及びメーター室は，水道メーター取替え作業が容易にできる大きさとし，交換作業の支障になるため，止水栓を設置してはならない．

ウ　水道メーターの設置にあたっては，メーターに表示されている流水方向の矢印を確認した上で水平に取り付ける．

エ　新築の集合住宅等の各戸メーターの設置には，メーターバイパスユニットを使用する建物が多くなっている．

| | ア | イ | ウ | エ |
|---|---|---|---|---|
| (1) | 誤 | 正 | 誤 | 正 |
| (2) | 正 | 誤 | 正 | 誤 |
| (3) | 誤 | 誤 | 正 | 誤 |
| (4) | 正 | 正 | 誤 | 正 |
| (5) | 正 | 誤 | 正 | 正 |

**解説** **イ**：メーターボックス内には維持管理上メーター用止水栓も収納できることが望ましい．**エ**：各戸メーターには，メーターユニットを使用する建物が多くなってきている．

**解答▶(2)**

■メーターユニット

メーターユニットは，検定満期時に水道メーターを交換する際，水道メーターの脱着ネジがさびなどで固着し外れづらくなっているような場合，メーター前後の老朽化した配管に力が加わり発生する漏水事故の防止や，メーター交換時間の短縮化などの目的で開発された．

材質は青銅製で，口径は 13 mm～25 mm くらいの小口径の水道メーターに使用される．ユニットは止水弁，逆止弁，メーター脱着機構等で構成され，ユニット内に減圧弁やストレーナー，圧力計などが組み込まれているものもある．

# 3-4 土工事など

## 1 土工事

① 道路掘削を伴う工事の場合，関係法令を順守した上で各工種に適した方法で施工し，設備の不備，不完全な施工などによる事故や障害を起こすことがないよう努める．

② 道路交通法に基づき，所轄警察署長から道路使用許可書を，また，道路法に基づき，道路管理者から道路掘削・占有許可書を事前に取得しておく．

③ 掘削断面の決定は，事前調査を行い現場状況を把握し次の点に留意する．

(a) 掘削断面は，道路管理者が指示する場合を除き，道路状況，地下埋設物，土質条件，周辺の環境，埋設後の給水管の土被りなどを総合的に検討し，最小で安全かつ確実な施工ができるような断面及び土留工とする．

(b) 掘削深さが 1.5 m を超える場合，切取り面がその箇所の土質に見合った勾配を保って掘削できる場合を除き土留工を施す．自立性に乏しい地山の場合は掘削深さが 1.5 m 以内の場合でも，施工の安全性を確保するため適切な切取り面の勾配を定め断面を決定するか，土留工を施すこと．

④ 機械掘削，人力掘削などの掘削方法は，次の事項に留意し選定する．

(a) 掘削箇所のガス，下水道，電気，電話などの地下埋設物や建築物の状況

(b) 道路の屈曲，傾斜などの地形や岩，転石，軟弱地盤など地質による作業性

(c) 道路管理者の道路掘削・占有許可や所轄警察署長の道路使用許可の条件

(d) 機械掘削と人力掘削の経済比較及び工事現場への機械輸送の可否

⑤ 掘削は，周辺の環境，交通，他の埋設物などに配慮し，次の点に留意する．

(a) 舗装箇所の掘削は，カッターなどを用い方形で垂直な切り口に切断した後，埋設物に注意しながら所定の深さに掘削する．

(b) 道路を掘削する場合は，1 日の作業範囲として掘り置きはしないこと．

(c) 埋設物近くの掘削の場合は，必要により埋設物の管理者の立会いを求める．

⑥ 掘削跡の埋戻しは将来陥没や沈下などが発生しないよう次の点に留意する．

(a) 道路内における掘削跡の埋戻しは，道路管理者の許可条件で指定された土砂を用いる．原則として厚さ 30 cm を超えない層ごとに十分締め固める．

(b) 道路以外の埋戻しについては，当該土地の管理者の承諾を得て良質な土砂を用いて，原則として厚さ 30 cm を超えない層ごとに十分締め固める．

(c) 締固めは原則としてタンピングランマー, 振動ローラー等の転圧機を用いる.

## 2 道路復旧工事

### 1. 本復旧工事

① 舗装道路の本復旧は, 道路管理者の指示に従って埋戻し完了後, 速やかに行い, 在来舗装と同等以上の強度及び機能を確保しなければならない.

② 舗装構成は道路管理者が定める仕様書, 関係法令などに基づき施工する.

③ 舗装完了後は, 速やかに既設の区画線及び道路標示を溶着式により施工し, 標識類についても原形復旧する.

### 2. 仮復旧工事

① 本復旧工事が間に合わないとき, 道路管理者の承諾を得た後, 仮復旧を行う. 埋戻し後, 直ちに施工し, 舗装構成は道路管理者の指示による.

② 表層材は, 常温又は加熱アスファルト合材を使用する.

③ 路面には, 白線など道路標示のほか, 必要により道路管理者の指示による表示をペイントなどにより表示する.

### 3. 未舗装道路復旧工事

道路管理者の指定方法で路盤築造を行い, 在来路面となじみよく仕上げる.

## 3 現場管理

① 施工にあたり, 道路交通法, 労働安全衛生法などの関係法令や工事に関する諸規定を順守し, 常に交通及び工事の安全に十分留意し現場管理を行う. また, 工事に伴う騒音・振動などをできる限り防止し, 生活環境の保全に努める.

② 工事中の交通保安対策は, 道路管理者, 所轄警察署長と事前相談しておく.

③ 掘削工事では, 工事場所の交通の安全のため保安設備を設置し, 必要に応じ保安要員（交通整理員）を配置する. また, 工事作業員の安全にも留意する.

④ 他の埋設物を損傷した場合, 直ちにその埋設物の管理者へ通報し指示に従う.

⑤ 工事中, 万一不測の事故などが発生した場合は, 応急措置を講じ直ちに所轄警察署長, 道路管理者に通報するとともに, 水道事業者に連絡しなければならない. これらの連絡先は工事従事者に周知徹底しておく.

⑥ 工事中生じた建設発生土, 建設廃棄物は「廃棄物の処理及び清掃に関する法律」に基づき, 工事施工者が責任をもって適正かつ速やかに処理すること.

⑦ 本復旧工事施工までの間は, 常に仮復旧箇所を巡回し, 路盤沈下, 不良箇所が生じたり, 道路管理者から指示を受けたときは, 直ちに修復すること.

## 問題❶ 給水装置工事の現場管理

公道における給水装置工事の現場管理に関する次の記述の正誤の組合せのうち，**適当なもの**はどれか．

ア　道路工事にあたっては，交通の安全などについて道路管理者及び所轄警察署長と事前に相談しておく．

イ　ガス管，電線管などの埋設物の近くを掘削する場合は，道路管理者の立会いを求めなければならない．

ウ　工事の施工によって生じた建設発生土や建設廃棄物などは，「廃棄物の処理及び清掃に関する法律」やその他の規定に基づき，工事施工者が適正かつ速やかに処理する．

エ　本復旧工事施工までの間は，常に仮復旧箇所を巡回し，路盤沈下，その他不良箇所が生じた場合は，その修復を道路管理者に依頼する．

| | ア | イ | ウ | エ |
|---|---|---|---|---|
| (1) | 誤 | 正 | 誤 | 正 |
| (2) | 正 | 誤 | 誤 | 誤 |
| (3) | 正 | 誤 | 正 | 誤 |
| (4) | 誤 | 正 | 正 | 誤 |
| (5) | 誤 | 正 | 正 | 正 |

**解説** **イ**：埋設物近くを掘削する場合は，必要によりそれぞれの埋設物の管理者の立会いを求める．**エ**：工事施工者は本復旧工事施工までの間は，常に仮復旧箇所を巡回し，路盤沈下，不良箇所が生じたり，道路管理者から指示を受けたときは，直ちに修復しなければならない．

**解答▶(3)**

■道路内の他の埋設物の埋戻し

他の埋設物周りの埋戻しにあたっては，埋設物保護の観点から良質な土砂を用い入念に施工する．締固めの際も，原則として転圧機を使用するが，埋設物保護上，特に必要な場合は突き棒等を使用し，人力により入念に施工する．

道路工事中，不測の事故が発生した場合は，応急措置後，所轄警察署長，道路管理者へ通報し，水道事業者に連絡します

## 問題② 公道における工事の現場管理

公道における工事の現場管理に関する次の記述の正誤の組合せのうち，**適当なもの**はどれか．

ア　ガス管，下水道管などの埋設物に近接して掘削する場合は，道路管理者と協議の上，それらの埋設物に損傷を与えないよう防護措置などを講じる．

イ　掘削にあたっては，工事場所の交通安全などを確保するため保安設備を設置し，必要に応じて交通整理員などの保安要員を配置する．

ウ　舗装復旧は，埋戻し後直ちに仮復旧を施工し，本復旧施工までの間は，道路管理者の指示を受けたときに巡回点検する．

エ　他の埋設物を損傷した場合は，直ちにその埋設物の管理者に通報し，その指示に従わなければならない．

| | ア | イ | ウ | エ |
|---|---|---|---|---|
| (1) | 正 | 誤 | 正 | 誤 |
| (2) | 正 | 正 | 誤 | 正 |
| (3) | 誤 | 正 | 正 | 誤 |
| (4) | 誤 | 正 | 誤 | 正 |
| (5) | 誤 | 正 | 正 | 正 |

**解説** **ア**：必要により，それぞれの埋設物の管理者の立会いを求める．

**ウ**：工事施工者は本復旧工事施工までの間は，常に仮復旧箇所を巡回しなければならない．

**解答▶(4)**

■建設発生土の取扱い

道路管理者によって産業廃棄物削減の観点から，掘り上げた土砂のうち産業廃棄物及びその他の雑物を取り除いた良質の土砂は埋戻しに使用する．また，アスファルト舗装塊が多量に発生した場合は，許可を受けた再生プラントに運搬し再生する．

# 3-5 配管工事

## 1 配管工事の基本事項

① 給水管，給水用具は，最終の止水機構の流出側に設置される給水用具を除き，耐圧性能基準に適合したものを用いる．

② 減圧弁，安全弁（逃し弁），逆止弁，空気弁，電磁弁は，耐久性能基準に適合したものを用いる．ただし，耐寒性能が求められるものを除く．

③ 給水装置の接合箇所は，水圧に対し十分な耐力を確保するため，その構造，材質に応じた適切な接合が行われていなければならない．

④ 家屋の主配管（口径，流量が最大の給水管のことで一般的に水道メーターと同口径の部分）の経路は，家屋などの構造物の下の通過を避ける．スペースなどの問題でやむを得ず通過させる場合は，さや管を設置し，配管はその中を通すか，点検・修理口を設けて，給水管の交換や漏水の修理が容易にできるよう十分配慮する必要がある．

## 2 配管工事の留意事項

① 設置場所における水圧や土圧，輪荷重などの荷重条件に応じ，十分な耐力を有する構造及び材質（JIS 規格品，JWWA 規格品など）の給水装置を選定すること．

② 地震時の変位に対応できる伸縮可とう性の高い給水管や継手を使用し，剛性の高い給水管を使用する場合は，変位が予想される適切な箇所に伸縮可とう性のある継手を使用する．また，配水管からの分岐部や埋設深さが変化する部分，埋設配管から地上配管に変わる部分にも伸縮可とう性のある継手を使用する．

③ 地震や災害時における給水の早期復旧のため，止水栓を道路境界線付近に設置することが望ましい．

④ サンドブラスト現象などによる事故防止や維持管理上の修理スペースの確保のため，ほかの埋設物との間隔は 30 cm 以上離すこと．

⑤ 給水管を施工上やむを得ず曲げ加工する場合は，管材質に応じた適正な加工を行うこと．

⑥ 敷地内の配管は，維持管理を考慮しできるだけ直線配管とする．また，地

階又は2階以上に配管する場合は，修理時のため各階ごとに止水栓を取り付けること．

⑦ 水圧，水撃作用などにより給水管が離脱するおそれのある場所は，適切な離脱防止のための措置を講じること．

⑧ 給水装置は，ボイラーや煙道など高温となる場所を避けて設置すること．

⑨ 高水圧を生じるおそれがある場所や貯湯湯沸器には，減圧弁又は逃し弁を設置すること．高水圧を生じるおそれがある場所としては，水撃作用が生じるおそれのある箇所や配水管の位置に対し著しく低い箇所にある給水装置又は直結増圧式給水による低層階部などである．

⑩ 立上り管の最頂部，鳥居配管，水路の上越し部分など空気溜まりを生じやすい場所には，吸排気弁を設置する．

⑪ 給水装置工事は，いかなる場合でも衛生に十分注意して行い，工事の中断時又は1日の工事終了後には，管端を閉止プラグなどで管栓し，汚水やごみなどが流入しないようにすること．



## 3 給水管の工作と接合

① 硬質塩化ビニルライニング鋼管，耐熱性硬質塩化ビニルライニング鋼管，水道用ポリエチレン粉体ライニング鋼管

切断方法：機械（帯のこ盤，弦のこ盤などの自動金のこ盤，ねじ切り機に搭載された自動丸のこ機など）により管軸に対して直角に切断する．

曲げ加工：行ってはならない．

接合方法：専用ねじ切り機などで管用テーパーねじを切り，管端防食継手，外面樹脂被覆継手（埋設の場合）を使用したねじ接合．

② 水道用ステンレス鋼鋼管，水道用波状ステンレス鋼管

切断方法：ロータリー式チューブカッターを使用し，管軸に対して直角に変形がないよう切断し，切断時にできた切断面のバリは完全に除去する．やむを得ずほかの切断機を使用する場合は，内バリ，外バリを取り管外面の面取りを行う．

曲げ加工：水道用ステンレス鋼鋼管の曲げ加工はベンダー加工による．加熱による焼き曲げ加工はしてはならない．最大曲げ角は90°とし，しわやねじれのないようにする．また，曲げ半径は，管軸線上において口径の4倍以上とすること．曲がりの始点又は終点から10 cm以上の直管部分を確保し，楕円化率は5％以下とする．

水道用波状ステンレス鋼管の曲げ配管は波状部で行い，最大曲げ角は90°とし，過度な繰返し曲げは行わない．また，波状部は滑らかなカーブで各山が均等になるように曲げる．

接合方法：ワンタッチ方式の伸縮可とう式継手には，管外面に溝を付けるタイプと溝付けなしのタイプがある．それ以外では専用締付け工具によるプレス式継手などを用いる．

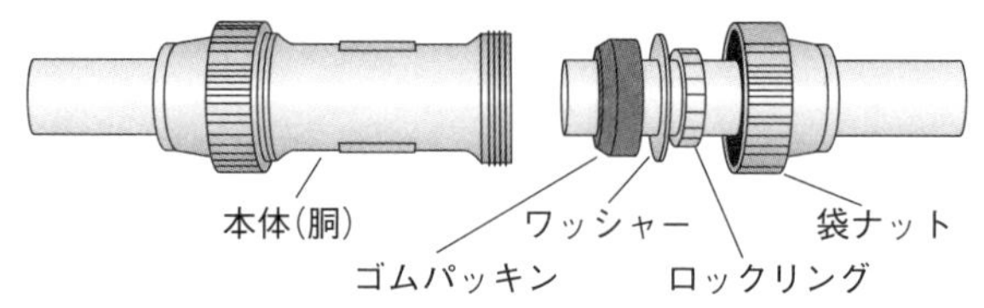


図3・15　伸縮可とう式継手(溝付けなしタイプ)による接続例

③　銅管

切断方法：専用のパイプカッターで管軸に対して直角に切断し，切り口はリーマ又はバリ取り工具でバリやまくれを取り，サイジングツール（管端修正工具）で真円にする．

曲げ加工：硬質銅管は曲げ加工してはならない．軟質コイル銅管は専用のベンダーを用いる．

接合方法：トーチランプ又は電気ヒータによるはんだ接合，ろう接合と専用工具を用いるプレス式接合，機械式接合，フレア式接合がある．

④　硬質ポリ塩化ビニル管，耐衝撃性硬質ポリ塩化ビニル管，耐熱性硬質ポリ塩化ビニル管

切断方法：専用のパイプカッター，電動丸のこなどで管軸に対して直角に切断し，面取りをする．

曲げ加工：曲げ加工は行わない．

接合方法：TS継手，RR継手（ゴム輪形継手），メカニカル継手がある．

⑤　水道用ポリエチレン二層管（1種：厚肉低密度管，2種・3種：肉高密度管）

切断方法：専用のパイプカッターで管軸に直角に切断し，切り口はきれいに仕上げる．

曲げ加工：曲げ半径（1種管）は管の外径の25倍以上とする．

接合方法：金属継手（メカニカル式）による．

以下に金属継手（メカニカル式）を使用した作業手順を示す．

(a) 袋ナットと胴を分解し，ガードプレートを取り外して袋ナット，リングの順で管へ通す．リングは割りのあるほうが先に通した袋ナットのほうを向くようにする．

(b) 管にインコアをプラスチックハンマなどで根元まで十分に打ち込む．インコアが入りにくい場合は，面取器で内面のバリ取りを行い，インコアを打ち込むときには，切断面とリングの間隔を十分に空けておく．

(c) セットされた管端を胴に差し込み，リングを押し込みながら胴のねじ部に袋ナットを十分に手で締め込み，パイプレンチを2個使用して締め付ける．



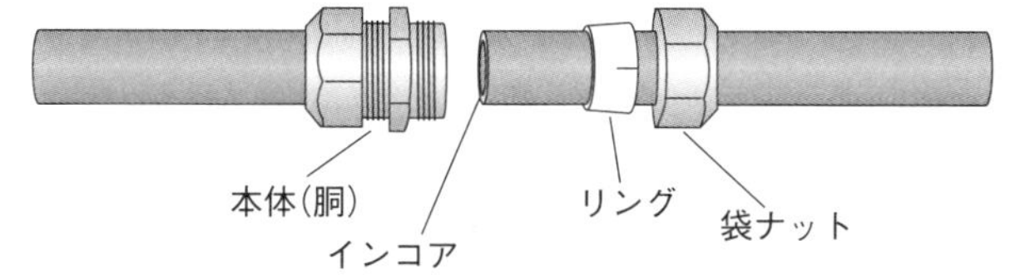


**図3・16 ポリエチレン二層管の金属継手(メカニカル式)による接続例**

⑥ **水道配水用ポリエチレン管**

切断方法：専用のパイプカッターで管軸に対して直角に切断し，切り口はきれいに仕上げる．

曲げ加工：**曲げ半径**は長尺管の場合は**管の外径の30倍以上**，5 m管と継手の組合せでは**管の外径の75倍以上**とする．

接合方法：**EF（エレクトロフュージョン，電気融着）継手**，**金属継手**，**メカニカル継手**がある（EFはp. 95，マスターPoint参照）．

⑦ **架橋ポリエチレン管**

切断方法：専用のパイプカッターで管軸に対して直角に切断し，切り口はきれいに仕上げる．

曲げ加工：**可とう性がある**ので曲げることができる．呼び径により最小曲げ半径は定められている．**呼び径16**で**最小曲げ半径は200 mm**，**呼び径20**では**300 mm**.

接合方法：**メカニカル式継手は白色の単層管**（M種）に用いられ，**袋ナット式**，**スライド式**，**ワンタッチ式**などの継手がある．**電気融着式継手は緑色の二層管**（E種）に使用する．

⑧ **ポリブテン管**

切断方法：専用のパイプカッターで管軸に対して直角に切断し，切り口はきれいに仕上げる.

曲げ加工：可とう性があり，最小曲げ半径は架橋ポリエチレン管と同様.

接合方法：架橋ポリエチレン管と同様にM種管には袋ナット式，スライド式，ワンタッチ式などのメカニカル継手を用い，E種管には電気融着式継手を使用する．ポリブテン管にのみ存在するH種管には熱融着式継手を使用する.

⑨　ダクタイル鋳鉄管

切断方法：専用のエンジン駆動式カッターによる.

曲げ加工：曲げ加工は行わない.

接合方法：一般形のK形（メカニカル継手），T形（プッシュオン継手）や，高機能形のGX形，NS形は共にプッシュオン式で伸縮可とう性及び脱離防止機能を備えている.

## 4 給水装置に設置するスプリンクラー

### 1. 住宅用スプリンクラー

消防法の適用を受けない住宅用スプリンクラー（p. 96，マスターPoint参照）は，常時使用する洗面水栓や台所水栓などの末端給水栓までの配管途中に設置し，停滞水が生じないようにする．ただし，このスプリンクラー設備は断水時には作動しない旨を，需要者に説明しておく必要がある.

### 2. 水道直結式スプリンクラー設備

平成19年の消防法改正で，小規模社会福祉施設へのスプリンクラーの設置が義務付けられ，水道直結式スプリンクラー設備が認められることになった.

以下にその運用方法を示す.

①　水道直結式スプリンクラー設備は水道法の適用を受ける.

②　水道直結式スプリンクラー設備の工事及び整備は，消防法の規定により必要な事項については消防設備士が責任を負うことから，工事事業者等が消防設備士の指導の下で行う.

③　水道直結式スプリンクラー設備の設置にあたり，分岐する配水管からスプリンクラーヘッドまでの水理計算及び給水管，給水用具の選定は，消防設備士が行う.

④　水道直結式スプリンクラー設備の工事は，水道法に定める給水装置工事として工事事業者が施工する.

⑤　水道直結式スプリンクラー設備は，消防法令適合品を使用するとともに，

基準省令に適合した給水管，給水用具であること，また，設置される設備は構造材質基準に適合していること．

⑥ 停滞水及び停滞空気の発生しない構造であること．

⑦ 災害その他正当な理由によって，一時的な断水や水圧低下によりその性能が十分発揮されない状況が生じても，水道事業者に責任はない．

## 3. 水道直結式スプリンクラー設備で停滞水を生じさせない配管方法

以下に示す配管方法はいずれも消防法にも適合した方法で，配管方法は，消防設備士の指示によるものとする．

① 湿式配管：末端給水栓までの配管途中にスプリンクラーを設置し，常時充水されている配管方法である．この配管の停滞水防止は，消防法の適用を受けない住宅用スプリンクラーと同様である．

② 乾式配管（火災感知器作動時のみ配管内に充水する配管）：スプリンクラー配管への分岐部直下流に電動弁を設置して，弁閉止時は自動排水し，電動弁以降の配管を空にできるようにする．火災の熱で火災感知器が反応するとその信号で電動弁が開放され下流の配管内を充水し，その後，スプリンクラーヘッドが作動すると放水が行われる（**図 3・17**）．この配管では，給水管の分岐から電動弁までの間の停滞水をできるだけ少なくするため，給水管分岐部と電動弁との間を短くすることが望ましい．



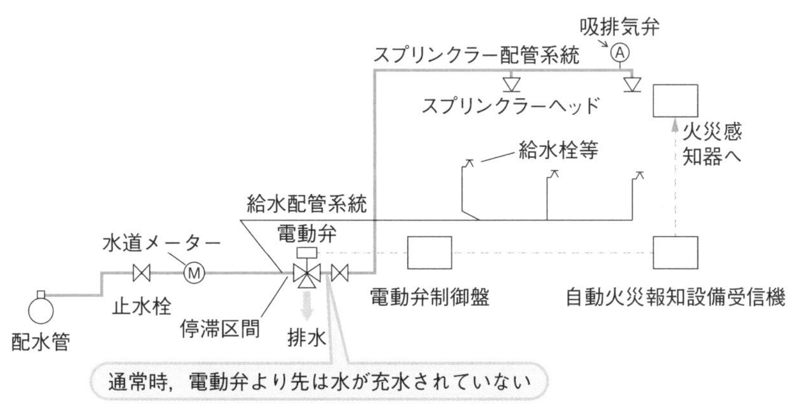


図 3・17 水道直結式スプリンクラー設備 乾式配管系統図

## 問題❶ 給水装置の構造及び材質の基準

「給水装置の構造及び材質の基準に関する省令」に関する次の記述のうち，**不適当なもの**はどれか．

(1) 家屋の主配管とは，口径や流量が最大の給水管を指し，配水管からの取り出し管と同口径の部分の配管がこれに該当する．

(2) 家屋の主配管は，配管の経路について構造物の下の通過を避けること等により，漏水時の修理を容易に行うことができるようにしなければならない．

(3) 給水装置の接合箇所は，水圧に対する充分な耐力を確保するためにその構造及び材質に応じた適切な接合が行われているものでなければならない．

(4) 弁類は，耐久性能試験により10万回の開閉操作を繰り返した後，当該省令に規定する性能を有するものでなければならない．

(5) 熱交換器が給湯及び浴槽内の水等の加熱に兼用する構造の場合，加熱用の水路については，耐圧性能試験により1.75メガパスカルの静水圧を1分間加えたとき，水漏れ，変形，破損その他の異常を生じないこと．

**解説** (1) 家屋の主配管とは，一般的には1階部分に布設された水道メーターと同口径の部分の配管のことをいう．主配管は原則家屋等の構造物の下に布設せず，家屋の基礎の外回りに布設する．

**解答▶(1)**

■給水装置の耐圧に関する基準

**給水装置は，厚生労働大臣が定める耐圧に関する試験により，1.75メガパスカルの静水圧を1分間加えたとき，水漏れ，変形，破損その他の異常を生じないこととされている．**

**また，加圧装置やこの下流側に設置されている給水用具の場合は，耐圧性能試験により当該加圧装置の最大吐出圧力の静水圧を1分間加えたとき，水漏れ，変形，破損その他の異常を生じないこととされている．**

家屋の主配管をやむを得ず構造物の下を通過させる場合は，給水管の交換を容易にするために，さや管の中を通して配管します

## 問題② 給水装置の構造及び材質の基準

給水装置の構造及び材質の基準に関する省令に関する次の記述のうち，**不適当なもの**はどれか．

(1) 給水装置の接合箇所は，水圧に対する充分な耐力を確保するためその構造及び材質に応じた適切な接合が行われたものでなければならない．

(2) 弁類（耐寒性能基準に規定するものを除く）は，耐久性能基準に適合したものを用いる．

(3) 給水管及び給水用具は，最終の止水機構の流出側に設置される給水用具を含め，耐圧性能基準に適合したものを用いる．

(4) 配管工事に当たっては，管種，使用する継手，施工環境及び施工技術等を考慮し，最も適当と考えられる接合方法及び工具を用いる．

(5) 住宅の品質確保の促進等に関する法律に対応した配管には，架橋ポリエチレン管，ポリブテン管を用いた屋内配管がある．

**解説** (3) バキュームブレーカーやシャワーヘッドなどの最終の止水機構の流出側に設置されている給水用具には，高水圧がかからないので耐圧性能基準は適応されない．　**解答▶(3)**

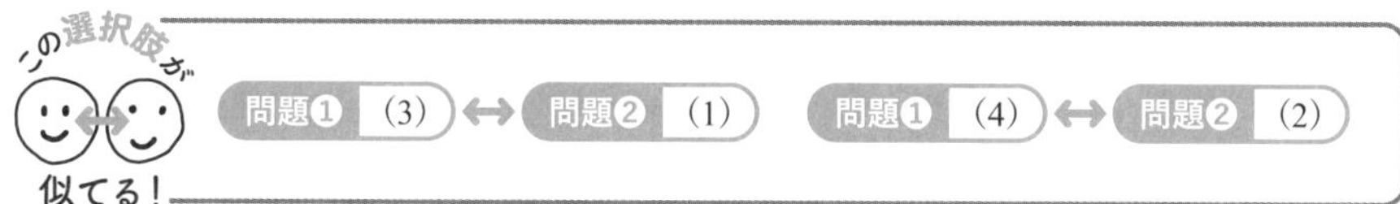

■住宅の品質確保の促進等に関する法律

平成 12 年に住宅の品質確保の促進等に関する法律が施行され，住宅の配管関係は 10 項目の住宅性能表示事項のうち「維持管理への配慮に関すること」に該当することになった．これに対する具体的な対応として，当初屋内配管に架橋ポリエチレン管，ポリブテン管を樹脂製の波状さや管の中に通して配管するさや管ヘッダー工法が主流であったが，最近では樹脂管に緩衝材を巻いたさや管を用いないヘッダー工法や，継手を用いて順次分岐しヘッダーを使用しない先分岐工法が増えてきている．

## 問題③ 配管工事の留意点

配管工事の留意点に関する次の記述のうち，**不適当なもの**はどれか．

(1) 水路の上越し部，鳥居配管となっている箇所等，空気溜まりを生じるおそれがある場所にあっては空気弁を設置する．

(2) 高水圧が生じる場所としては，配水管の位置に対し著しく低い場所にある給水装置などが挙げられるが，そのような場所には逆止弁を設置する．

(3) 給水管は，将来の取替え，漏水修理等の維持管理を考慮して，できるだけ直線に配管する．

(4) 地階又は2階以上に配管する場合は，修理や改造工事に備えて，各階ごとに止水栓を設置する．

(5) 給水管の布設工事が1日で完了しない場合は，工事終了後必ずプラグ等で汚水やごみ等の侵入を防止する措置を講じておく．

解説 (2) 高水圧が生じる場所には減圧弁を設置する．このほかに高水圧が生じる場所としては直結増圧給水を行っている場合の低層階部や水撃作用が生じるおそれのある場所である．

**解答▶(2)**

■配管工事の留意事項

水圧，水撃作用等により，曲管などの異形管部で不平均力が発生し，接合部が離脱するおそれのある継手には，

- ダクタイル鋳鉄管K形，T形
- 硬質ポリ塩化ビニル管のRR継手，

があり，これらの抜け出し防止対策としてダクタイル鋳鉄管K形，T形の場合，離脱防止金具を用い，硬質ポリ塩化ビニル管のRR継手の場合は離脱防止金具やコンクリートブロックを用いて防護する．

また離脱防止金具の取付方法は，各製造業者の取付指導要領に基づいて行うこと．

## 問題④ 給水管の配管工事

給水管の配管工事に関する次の記述のうち，**不適当なもの**はどれか．

(1) 水圧，水撃作用等により給水管が離脱するおそれのある場所には，適切な離脱防止のための措置を講じる．

(2) 宅地内の主配管は，家屋の基礎の外回りに布設することを原則とし，スペースなどの問題でやむを得ず構造物の下を通過させる場合は，さや管を設置しその中に配管する．

(3) 配管工事に当たっては，漏水によるサンドブラスト現象などにより他企業埋設物への損傷を防止するため，他の埋設物との離隔は原則として 30 cm 以上確保する．

(4) 地階あるいは 2 階以上に配管する場合は，原則として階ごとに止水栓を設置する．

(5) 給水管を施工上やむを得ず曲げ加工して配管する場合，曲げ配管が可能な材料としては，ライニング鋼管，銅管，ポリエチレン二層管がある．

**解説** (5) 硬質塩化ビニルライニング鋼管，耐熱性硬質塩化ビニルライニング鋼管，水道用ポリエチレン粉体ライニング鋼管は曲げ加工を行ってはならない．銅管のうち硬質銅管も曲げ加工を行ってはならない．

**解答▶(5)**

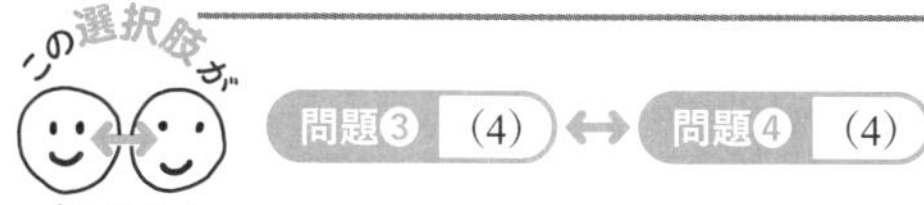


問題③ (4) ↔ 問題④ (4)

■サンドブラスト現象

サンドブラスト現象（サンドエロージョン）とは，水道管にピンホールのような穴が開き漏水した場合，その水圧により周囲の土砂を巻き込んで近接している他の企業の埋設管（ガス管，下水道管，電力管，電線管）などの埋設物に対して，1 点へ集中して当たって研磨し，穴をあけて損傷させてしまう現象のこと．対策としては，埋設する給水管を他の企業の埋設管から原則 30 cm 以上離して配管する．

またやむを得ず 30 cm 以上の距離が保てない場合は，給水管にゴム板などを巻き付けて防護する．

## 問題⑤ 各種の水道管の継手及び接合方法

各種の水道管の継手及び接合方法に関する次の記述のうち，**不適当なもの**はどれか．

(1) ステンレス鋼鋼管のプレス式継手による接合は，専用締付け工具を使用するもので，短時間に接合ができ，高度な技術を必要としない方法である．

(2) ダクタイル鋳鉄管のNS形及びGX形継手は，大きな伸縮余裕，曲げ余裕をとっているため，管体に無理な力がかかることなく継手の動きで地盤の変動に適応することができる．

(3) 水道給水用ポリエチレン管のEF継手による接合は，融着作業中のEF接続部に水が付着しないように，ポンプによる充分な排水を行う．

(4) 硬質塩化ビニルライニング鋼管のねじ接合において，管の切断はパイプカッター，チップソーカッター，ガス切断等を使用して，管軸に対して直角に切断する．

(5) 銅管の接合には継手を使用するが，25 mm以下の給水管の直管部は，胴接ぎとすることができる．

**解説** (4) 硬質塩化ビニルライニング鋼管の切断には，**自動金のこ盤（バンドソー）**やねじ切り機に搭載されている**自動丸のこ機**などを使用する．パイプカッター，チップソーカッター，ガス切断，高速砥石，アーク切断は管に悪影響を及ぼすので使用してはならない．

**解答▶(4)**

■硬質ポリ塩化ビニル管のRR継手による接合手順と注意事項

① 管の切断面を面取りし，ゴム輪とゴム輪溝，管挿し口を清掃する．

② ゴム輪の向きを確認し，ねじれないよう正確に装着する．

③ 挿し込みやすくするため，ゴム輪と挿し口の標線まで専用の滑剤を塗布する．

④ 管軸を合わせ標線まで挿入する．

⑤ 接合後，ゴム輪にねじれや離脱がないかチェックゲージで全円周を確認する．

⑥ 曲管に働く不平均力により離脱のおそれがあるので，離脱防止金具やコンクリートブロックなどで防護対策を施す．

## 問題❻ 給水管の接合

給水管の接合に関する次の記述の正誤の組み合わせのうち，**不適当なもの**はどれか．

(1) 水道用ポリエチレン二層管の金属継手による接合においては，管種（1～3種）に適合したものを使用し，接合に際しては，金属継手を分解して，袋ナット，樹脂製リングの順序で管に部品を通し，樹脂製リングは割りのないほうを袋ナット側に向ける．

(2) 硬質塩化ビニルライニング鋼管のねじ継手に外面樹脂被覆継手を使用する場合は，埋設の際，防食テープを巻く等の防食処理等を施す必要がある．

(3) ダクタイル鋳鉄管の接合に使用する滑剤は，継手用滑剤に適合するものを使用し，グリース等の油剤類は使用しない．

(4) 水道配水用ポリエチレン管のEF継手による接合は，長尺の陸継ぎが可能であり，異形管部分の離脱防止対策が不要である．

(5) ステンレス鋼鋼管の伸縮可とう式継手はワンタッチ方式で接合し，プレス継手は専用締め付け工具を用い短時間で接合できる．

**解説** (1) 水道用ポリエチレン二層管の金属継手による接合は，金属継手を分解し，袋ナット，樹脂製リングの順序で管に通し，樹脂製リングは割りのあるほうを袋ナット側に向けて管に通す．またインコアをプラスチックハンマで打ち込む際は，打ち込み面から樹脂製リングを袋ナットごと十分に離してから打ち込むこと．

**解答▶(1)**

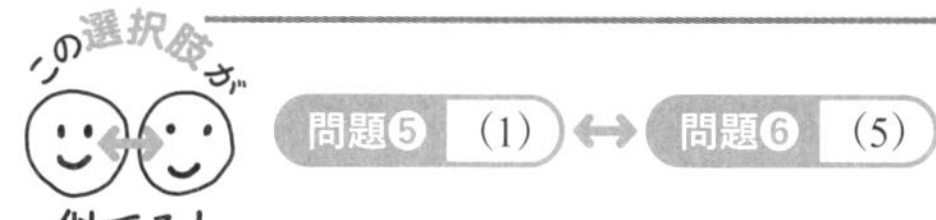

■EF（エレクトロフュージョン）接合

EF接合とは電気融着式接合のことで，内面に電熱線を埋め込んだ継手に管を挿入したのち，コントローラから通電し電熱線を発熱させ，継手内面と管外面の樹脂を加熱溶融して融着し一体化させる方法．接合部が管体部と同等以上の強度がある．

## 問題⑦ スプリンクラー

スプリンクラーに関する次の記述の正誤の組み合わせのうち，**適当なもの**はどれか．

ア　消防法の適用を受ける水道直結式スプリンクラー設備の設置に当たり，分岐する配水管からスプリンクラーヘッドまでの水理計算及び給水管，給水用具の選定は，給水装置工事主任技術者が行う．

イ　消防法の適用を受けない住宅用スプリンクラーは，停滞水が生じないよう日常生活において常時使用する水洗便器や台所水栓等の末端給水栓までの配管途中に設置する．

ウ　消防法の適用を受ける乾式配管方式の水道直結式スプリンクラー設備は，消火時の水量をできるだけ多くするため，給水管分岐部と電動弁との間を長くすることが望ましい．

エ　平成19年の消防法改正により，一定規模以上のグループホーム等の小規模社会福祉施設にスプリンクラーの設置が義務付けられた．

| | ア | イ | ウ | エ |
|---|---|---|---|---|
| (1) | 正 | 誤 | 正 | 誤 |
| (2) | 誤 | 正 | 誤 | 正 |
| (3) | 正 | 正 | 誤 | 正 |
| (4) | 正 | 誤 | 誤 | 正 |
| (5) | 誤 | 正 | 正 | 誤 |

**解説** **ア**：消防法の適用を受ける水道直結式スプリンクラー設備の分岐する配水管からスプリンクラーヘッドまでの水理計算及び給水管，給水用具の選定は消防設備士が行う．また，工事は消防設備士の指導のもと指定給水装置工事事業者が行う．

**ウ**：乾式配管方式の水道直結式スプリンクラー設備は，給水管分岐部から電動弁までの間の停滞水をできるだけ少なくするため，給水管分岐部から電動弁の長さは短くする．　**解答▶(2)**

■消防法の適用を受けない住宅用スプリンクラー

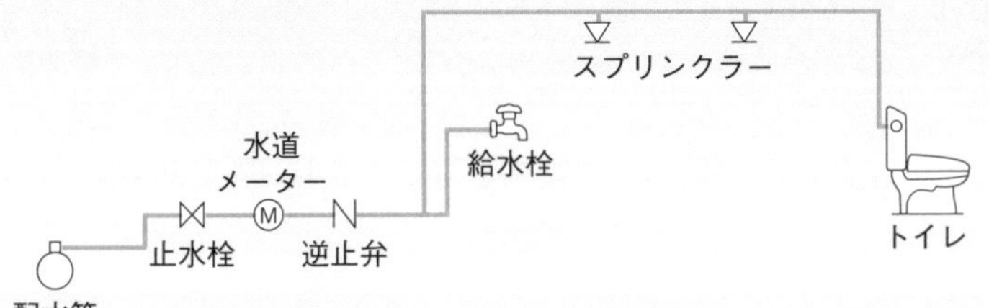


住宅用スプリンクラーは，停滞水が発生しないよう常時使用するトイレや水栓までの給水管の途中に設置する

## 問題❽ 消防法の適用を受けるスプリンクラー

消防法の適用を受けるスプリンクラーに関する次の記述のうち，**不適当なもの**はどれか.

(1) 平成19年の消防法改正により，一定規模以上のグループホーム等の小規模社会福祉施設にスプリンクラーの設置が義務付けられた.

(2) 水道直結式スプリンクラー設備の工事は，水道法に定める給水装置工事として指定給水装置工事事業者が施工する.

(3) 水道直結式スプリンクラー設備の設置で，分岐する配水管からスプリンクラーヘッドまでの水理計算及び給水管，給水用具の選定は，消防設備士が行う.

(4) 水道直結式スプリンクラー設備は，消防法令適合品を使用するとともに，給水装置の構造及び材質の基準に関する省令に適合した給水管，給水用具を用いる.

(5) 水道直結式スプリンクラー設備の配管は，消火用水をできるだけ確保するために十分な水を貯留することのできる構造とする.



**解説** (5) 水道直結式スプリンクラー設備の配管は，停滞水，停滞空気が発生しない構造とする.

**解答▶(5)**

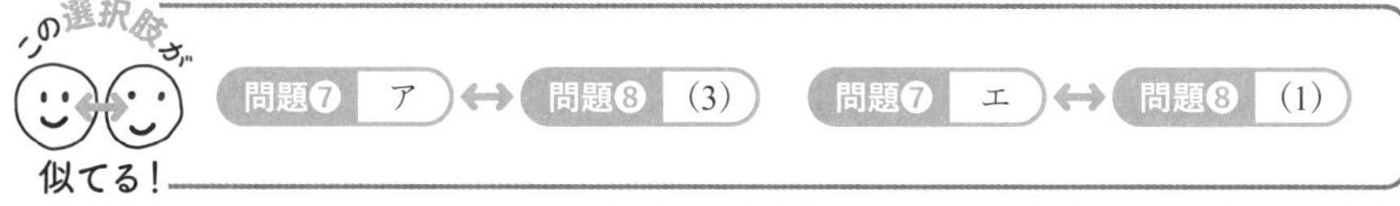

■水道直結式スプリンクラー設備の留意点

水道直結式スプリンクラー設備設置後に，災害その他正当な理由によって，一時的な断水や水圧低下等により水道直結式スプリンクラー設備の性能が十分発揮されない状況が生じても水道事業者に責任はない.

また，水道直結式スプリンクラー設備が，火災時以外に作動して生じた影響に関する責任や，前述の非作動などによって生じた影響に関する責任についても，水道事業者は負わないとされている.

# 3-6 工事検査と維持管理

## 1 書類検査と現地検査

主任技術者は，竣工図などの書類検査又は現地検査により，給水装置が構造及び材質基準に適合していることを確認しなければならない．

表 3・1　書類検査の内容

| 検査項目 | 検査の内容 |
|---|---|
| 位置図 | 道路及び主要な建物などが記入され，工事箇所が明記されているか． |
| 平面図及び立体図 | • 方位が記入され，建物の位置，構造がわかりやすく記入されているか．<br>• 道路種別など付近の状況がわかりやすく記載されているか．<br>• 隣家家屋の水道番号及び境界が記入されているか．<br>• 分岐部にはオフセットが記入されているか．<br>• 平面図と立体図が整合しているか．<br>• 建物内及び地中部分の配管部分が明記されているか．<br>• 各部の材料，口径及び延長が記入されているか．<br>• 給水管及び給水用具に性能基準適合品が使用されているか．<br>• 構造・材質基準に適合した適切な施工方法がとられ，水の汚染・破壊・侵食・逆流・凍結防止などの対策について明記されているか． |

また，現地検査では給水装置の使用開始前には管内を洗浄するとともに，通水試験，耐圧試験及び水質試験（残留塩素測定など）を行わなければならない．

① 配管工事後の耐圧試験に関しては，基準省令に「給水装置の接合箇所は，十分な耐力を確保する適切な接合が行われているものでなければならない」とされていて，定量的な基準はない．各水道事業者が給水区域内の実情を考慮し試験水圧を指定する．

以下に水道メーターから下流側の耐圧試験の手順を示す．

(a) テストポンプを水道メーター下流側に接続する．

(b) 水道メーター下流側の水栓等をすべて閉め，テストポンプ付属のタンクへ水を入れ給水装置内に充水する．

(c) 充水中，水栓等を少し開き給水装置内に溜まっている空気を抜く．空気は高い場所の配管内に溜まりやすいので注意して抜く．

(d) 空気が完全に抜けてから水栓等を閉める．

(e) 充水を続け所定の水圧に達したら，テストポンプのバルブを閉め 1 分間以上保持し，水圧の低下の有無を確認する．

(f) 試験終了後，水栓等を開き十分に圧力を下げてからテストポンプを取り

表3・2　現地検査の内容

| 検査種別 | 検査項目 | 検査の内容 |
|---|---|---|
| 屋外検査 | 分岐部オフセット | 正確に測定されているか. |
| | 水道メーター | 水道メーターは，方向，水平が正しく，片寄りなく取り付けられ，止水栓の操作や検針，交換の際に支障がないか. |
| | メーター用止水栓 | 取付方向が正しく傾きがないか. |
| | 埋設深さ | 所定の探さが確保されているか. |
| | 給水管布設位置 | 竣工図面どおりになっているか. |
| | 筐・ます類 | 傾きがないか. 設置基準に適合しているか. |
| | 止水栓 | スピンドルの位置がボックスの中心にあるか. |
| 配　管 | 配管 | 延長，給水用具などの位置が竣工図面どおりとなっているか. |
| | | 配管の口径，経路，構造などが適切であるか. |
| | | 水の汚染，破壊，侵食，凍結などを防止するための適切な措置がされているか. |
| | | 逆流防止のための給水用具の設置及び適切な吐水口空間が確保されているか. |
| | | クロスコネクションがないか. |
| | 接合 | 適切な接合が行われているか. |
| | 管種 | 性能基準適合品が使用されているか. |
| 給水用具 | 給水用具 | 性能基準適合品が使用されているか. |
| | 接続 | 適切な接合が行われているか. |
| 受水槽 | 吐水口空間の測定 | 吐水口と越流面などとの位置関係が適切であるか. |
| 全般 | 通水試験 | 配管通水後，各給水用具から放流し，水道メーターの経由，給水用具の吐水量，作動状態が適切か確認する. |
| | 耐圧試験 | 一定の水圧により耐圧試験を行い，漏水及び管の離脱やその他の異常がないことを確認する. |
| | 水質試験 | 残留塩素の確認を行う. |

外す.

水道メーターから上流側についても，同様に耐圧試験を行う.

② 以下の項目について**水質試験**を行う.

**残留塩素（遊離）：0.1 mg/L 以上**

**臭気**：観察により異常でないこと

**味**：観察により異常でないこと

**色**：観察により異常でないこと

**濁り**：観察により異常でないこと

水質試験は，工事検査時のほか，不断水分岐工事施工後も必ず行う. これは，配水管以外から誤分岐接続し，水道水以外の水を飲料水として供給してしまうという重大な間違いを避けるため，必ず行わなければならない.

## 2 配水管からの分岐以降水道メーターまでの維持管理

基本的にこの間の維持管理は，水道事業者が行い漏水などは無料修繕するが，水道事業者によりその範囲は異なる場合があるので注意する．主任技術者は需要者に対し，水道事業者の維持管理方法を必要の都度，情報提供する．

## 3 水道メーターから末端給水用具までの維持管理

この間の維持管理はすべて需要者の責任となるが，需要者はその知識をほとんど持っていないので，主任技術者は漏水，給水用具の故障と修理，異常現象などについて依頼された場合は，調査・原因究明を行い改善対策を施す．ただし，水質の異常の場合は水道事業者の責任の範疇(はんちゅう)となるので，水道事業者へ速やかに連絡し水質検査を依頼するなど，直ちに原因を究明するとともに，適切な対策を講じなければならない．

## 4 異常現象とその対策

### 1. 異常な臭味

水道水から消毒用に添加している塩素以外の臭味を感じたときは，水道事業者へ連絡し，必要に応じ水質検査を依頼する．臭味の種類により，発生原因には次のようなものがある．

① 油臭・薬品臭・シンナー臭：給水装置で使用する硬質ポリ塩化ビニル管の接着剤，硬質塩化ビニルライニング鋼管のねじ切りに使用する水溶性切削油や水道用液状シール剤などの使用が適切でない場合，又は，ガソリン，灯油，殺虫剤，除草剤，塗料，有機溶剤などの漏れ・投棄・散布などによって，これらが給水管（硬質ポリ塩化ビニル管，ポリエチレン二層管，水道配水用ポリエチレン管，架橋ポリエチレン管，ポリブテン管）内に浸透し，臭味が発生する場合がある．それ以外に，薬液などとのクロスコネクションによる場合もある．

② かび臭・墨汁臭：河川の水温上昇などにより藍藻類(らんそう)などの微生物が異常繁殖し，臭味が発生する場合がある．多くは浄水過程での消毒，殺菌，吸着などの問題で，給水装置に起因する問題ではない．

③ 金気味，渋味：鉄・銅・亜鉛などを使用した給水管の水道水に金気味，渋味を感じることがある．滞留時間が長くなる朝などの使い始めの水はすぐに飲用には使わず，なるべく雑用水などに使用する．

④ その他普段と異なる味がする場合：塩辛い味，苦い味，渋い味，酸味，甘味などが感じられる場合は，工場排水，下水，薬品などの混入が考えられ，クロスコネクションのおそれがあるので，直ちに飲用を中止する．

## 2. 異常な色

① 白濁色：数分で清澄化する白濁は，空気混入が原因で問題はない．

② 赤褐色又は黒褐色：水道水が赤褐色，黒褐色になる場合は，鋳鉄管，鋼管のさびの流出が原因で，一定時間排水すれば回復する．常時発生する場合は管種変更などが必要である．

③ 青色：衛生陶器が青く染まっているように見えるのは，銅管などから出る銅イオンが脂肪酸と結びついてできる不溶性の銅石鹸（せっけん）の付着によるものである．これは，一定期間の使用で，銅管の内面に亜酸化銅の皮膜が生成し起こらなくなる．

## 3. 異物の流出

① 砂，鉄粉：配水管や給水装置の工事の際の混入が原因であることが多い．給水用具を損傷することもあるので，水道メーターを取り外して，管内から除去する．

② 黒色，白色，緑色の微細片が出る場合：止水栓，給水栓に使用するパッキンゴムやフレキシブル管（継手）の内層部の樹脂などが劣化し，栓の開閉操作の際に細かく砕け流出すると考えられる．

## 4. 出水不良

配水管の水圧が低い，給水管の口径が小さい，給水管内に付着した赤さびなどのスケール，断水による水圧変化に伴うスケールなどの流出，給水管のつぶれ，地下漏水，各種給水用具の故障などが原因として考えられる．

## 5. 水撃

原因となる給水用具の取替え，水撃防止器具の取付け，給水装置の改造により発生を防止する．給水装置内に発生原因がなく，外部の原因による場合もある．

## 6. 異常音

水栓のこまパッキン摩耗によるこまの振動，水栓開閉時の立上がり管などの振動以外の異常音は，水撃に起因することが多い．

## 問題❶ 給水装置の異常現象

給水装置の異常現象に関する次の記述のうち，**不適当なもの**はどれか．

(1) 配水管工事の際に水道水に砂や鉄粉が混入した場合，給水用具を損傷することもあるので，給水栓を取り外して，管内からこれらを除去しなければならない．

(2) 既設給水管に亜鉛めっき鋼管を使用していると，内部にスケール（赤さび）が発生しやすく，水道水が赤褐色となったり，年月を経るとともに給水管断面が小さくなり出水不良を起こすことがある．

(3) 配水管の工事などにより断水した場合，通水の際の水圧によりスケールなどが水道メーターのストレーナーに付着し出水不良となることがあるので，このような場合はストレーナーを清掃する．

(4) 埋設管が外力によってつぶれ，小さな孔が空いてしまった場合，給水時にエジェクタ作用によりこの孔から外部の汚水や異物を吸引することがある．

(5) 水道水から黒色の微細片が出る場合，止水栓や給水栓に使われているパッキンのゴムやフレキシブル管の内層部の樹脂等が劣化し，栓の開閉を行った際に細かく砕けて出てくるのが原因だと考えられる．

(1) 給水栓ではなく，水道メーターを取り外して管内から除去する． **解答▶(1)**

**■給水装置と汚染事故**

**給水装置は，配水管から分岐し接続され機構的に一体をなしており，給水装置の異常などにより汚染された水が配水管内へ逆流すると，配水管を通じてほかの需要者にまでも衛生上の危害を及ぼすおそれがある．このため事故の原因をよく究明し適切な対策を講じるとともに，細心の注意を払って給水装置の維持管理を行う必要がある．**

## 問題❷ 水道水の異常現象と対策

水道水の異常現象と対策に関する次の記述のうち，**不適当なもの**はどれか．

(1) 水道水は，無味無臭に近いものであるが，塩辛い味，苦い味，酸味などを感じる場合は，クロスコネクションのおそれがあるので，飲用前に一定時間管内の水を排水しなければならない．

(2) 水道水が赤褐色又は黒褐色になる場合は，鋳鉄管，亜鉛めっき鋼管などのさびが，流速の変化，流水の方向変化などにより流出したもので，使用時に一定時間排水すれば回復する．常時発生する場合は，管種変更などの措置が必要である．

(3) 衛生陶器で青い色に染まるような場合は，銅管などから出る銅イオンが脂肪酸と結びついてできる不溶性の銅石鹸が付着している状況で起こるものである．この現象は，通常，一定期間の使用で銅管の内面に亜酸化銅の被膜が生成し起こらなくなる．

(4) 水道水が白濁色に見え，数分間で清澄化する場合は，空気の混入によるもので一般に問題はない．

(1) 直ちに飲用を中止し，水道事業者へ連絡して水質検査を依頼する．　**解答▶(1)**

問題❶ (2) ↔ 問題❷ (2)

■給水装置の汚染事故の原因

① クロスコネクション

② サイホン作用による逆流

(a) 水栓に取り付けられたホースが汚水につかっている場合

(b) 浴槽などへ給水している水栓の吐水口空間の不足

(c) 散水栓が汚水に水没している場合

③ 埋設管が外力などによりつぶれてピンホールなどの小さな穴が開いてしまった場合，給水時につぶれた箇所の流速が大きくなることでエジェクタ作用が生じ，この穴から外部の汚水や異物などを吸引することがある．

## 章末問題❶ 給水管及び給水用具の選定

給水管及び給水用具の選定に関する次の記述の［　　］内に入る語句の組み合わせのうち，**適当なもの**はどれか．

給水管及び給水用具は，配管場所の施工条件や設置環境，将来の維持管理等を考慮して選定する．配水管の取付口から［ア］までの使用材料等については，地震対策並びに漏水時及び災害時等の［イ］を円滑かつ効率的に行う観点から，［ウ］が指定している場合が多いので確認する．

| | ア | イ | ウ |
|---|---|---|---|
| (1) | 水道メーター | 応急給水 | 厚生労働省 |
| (2) | 止水栓 | 緊急工事 | 厚生労働省 |
| (3) | 止水栓 | 応急給水 | 水道事業者 |
| (4) | 水道メーター | 緊急工事 | 水道事業者 |

**解説** (4) 地震力に対応するには伸縮可とう性に富んだ材質のものを使用する．　**解答▶(4)**

## 章末問題❷ 給水装置の維持管理

給水装置の維持管理に関する次の記述のうち，**不適当なもの**はどれか．

(1) 給水装置工事主任技術者は，需要者が水道水の供給を受ける水道事業者の配水管からの分岐以降水道メーターまでの間の維持管理方法に関して，必要の都度需要者に情報提供する．

(2) 配水管からの分岐以降水道メーターまでの間で，水道事業者の負担で漏水修繕する範囲は，水道事業者ごとに定められている．

(3) 水道メーターの下流側から末端給水用具までの間の維持管理は，すべて需要者の責任である．

(4) 給水装置工事主任技術者は，需要者から給水装置の異常を告げられたときには，漏水の見つけ方や漏水の予防方法などの情報を提供する．

(5) 指定給水装置工事事業者は，末端給水装置から供給された水道水の水質に関して異常があった場合には，まず給水用具等に異常がないか確認した後に水道事業者に報告しなければならない．

**解説** (5) 指定給水装置工事事業者は水質に異常があった場合は直ちに水道事業者に連絡し水質検査を依頼するなど原因を究明するとともに適切な対策を講じる．　**解答▶(5)**

# 4章 給水装置の構造及び性能

全出題問題の中において「4章　給水装置の構造及び性能」の内容からは，10題出題され，最低必要獲得点数は4点（4題）となる．

**過去の出題傾向を分析した出題ランク**

★★★よく出題されている　★★比較的よく出題されている　★出題されることがある

|  |  |
|---|---|
| ★★★ | • 浸出性能基準<br>• 水撃限界性能基準<br>• 耐圧性能基準<br>• 逆流防止性能基準<br>• 負圧破壊性能基準<br>• 耐寒性能基準 |
| ★★ | • 各性能基準の定義<br>• 給水管給水用具の性能基準<br>• 耐久性能基準 |
| ★ | • 防食の基準<br>• 水の汚染防食<br>• 逆流防止 |

# 4-1 給水装置の構造及び性能

## 1 給水装置の構造及び材質

給水装置の構造及び材質の基準は，水道法第16条によって，水道事業者による給水契約の拒否，給水停止の権限を発動するかどうかの判断をするための規定で，給水装置の必要最小限の要件を基準化したものである.

## 2 水道法に規定する構造・材質基準

〈水道法施行令による給水装置の構造及び材質〉

① 配水管からの取付口の位置は，他の取付口から30 cm以上離れていること.

② 取付口の給水管の口径は，給水装置の水の使用量と比べ過大でないこと.

③ 配水管の水圧に影響があるポンプと直接連結しないこと.

④ 水圧，土圧その他の荷重に十分な耐力があって，水が汚染され，又は漏れるおそれがないものであること.

⑤ 凍結，破壊，侵食を防止するための措置がされていること.

⑥ 当該給水装置以外の設備に直接連結されていないこと.

⑦ 水槽，プール，流し，その他水受け器具，施設などに給水する給水装置は，逆流防止措置が設けられていること.

## 3 各性能基準の概要

① 耐圧性能基準：水圧により給水装置に水漏れ，破壊が生じるのを防止するための基準.

② 浸出性能基準：給水装置から金属などが浸出し，飲用水が汚染されることを防止するための基準.

③ 水撃限界性能基準：給水用具の止水機構が急閉止する際に生じる水撃作用により，給水装置に破壊等が生じることを防止するための基準.

④ 逆流防止性能基準，⑤ 負圧破壊性能基準：給水装置に汚水が逆流して，水道の汚染や公衆衛生上の問題が起きることを防止するための基準.

⑥ 耐寒性能基準：給水用具内の水が凍結し，給水用具に破壊が起きることを防止するための基準.

⑦ 耐久性能基準：頻繁な作動によって，弁類が故障し給水装置の耐圧性，逆

流防止に支障が起きることを防止するための基準.

> ※性能とは,「機械や道具の性質と能力」「機械などが仕事をなしうる能力」のこと.

## 1. 耐圧性能基準

水道の水圧によって給水装置に水漏れや変形破壊などが生ずることを防止するための基準である. 給水装置は, 耐圧のための性能を有するものをいう.

① 1.75 MPa の静水圧を 1 分間加えたとき, 水漏れ, 変形, 破損その他の異常が生じないこと.

② 貯湯式湯沸器の下流側に設置されている給水用具は, 耐圧性能試験により 0.3 MPa の静水圧を 1 分間加えたとき, 水漏れ, 変形, 破損その他の異常が生じないこと.

③ O(オー) リングなどを水圧で圧縮することにより水密性を確保する構造の給水用具は, 耐圧性能試験により 20 kPa の静水圧を 1 分間加えたとき, 水漏れ, 変形, 破損その他の異常が生じないこと (※ 20 kPa の静水圧は, 低水圧時に密着力が無くなり外部にもれるおそれがあるため, 低水圧にしている).

## 2. 浸出性能基準

給水装置から金属などが浸出し, 飲用水が汚染されることを防止するための基準である. この基準は, NSF (米国衛生財団) の規格をもとに水道水質, 給水装置の使用実態, 試験の簡便性などを考慮して定めたものである.

① 浸出性能基準の適用対象となる器具例

- 給水管及び末端給水用具以外の給水用具：給水管, 継手類, バルブ類, 受水槽用ボールタップ, 先止め式瞬間湯沸器, 貯湯式湯沸器.
- 末端給水用具：台所用, 洗面所用の水栓, 元止め式瞬間湯沸器, 貯蔵式湯沸器, 浄水器, 自動販売機, ウォータークーラー.

② 浸出性能基準の適用対象外となる器具例

- 末端給水用具：風呂用, 洗髪用, 食器洗浄用等の水栓, 洗浄弁, 洗浄便座, 散水栓, 水洗便器のロータンク用ボールタップ, 風呂給湯専用の給湯機及び風呂釜, 自動食器洗い機.

③ 給水装置は, 厚生労働大臣が定める浸出に関する試験 (浸出性能試験) により供試品について浸出させたとき, その浸出液は, **表 4・1** に掲げる基準に適合しなければならない. なお, 給水栓等給水装置の末端に設置されている給水用具の基準は, おおむね水質基準の 1/10 を基準値としている.

表4・1 浸出性能基準[3)]

| 事 項 | 水栓その他給水装置の末端に設置されている給水用具の浸出液に係る基準 | 給水装置の末端以外に設置されている給水用具の浸出液，又は給水管の浸出液に係る基準 |
|---|---|---|
| カドミウム | 0.0003 mg/L 以下 | 0.003 mg/L 以下 |
| 水銀 | 0.00005 mg/L 以下 | 0.0005 mg/L 以下 |
| 鉛 | 0.001 mg/L 以下 | 0.01 mg/L 以下 |
| ヒ素 | 0.001 mg/L 以下 | 0.01 mg/L 以下 |
| 六価クロム | 0.005 mg/L 以下 | 0.05 mg/L 以下 |
| シアン | 0.001 mg/L 以下 | 0.01 mg/L 以下 |
| フッ素 | 0.08 mg/L 以下 | 0.8 mg/L 以下 |
| 亜鉛 | 0.1 mg/L 以下 | 1.0 mg/L 以下 |
| 鉄 | 0.03 mg/L 以下 | 0.3 mg/L 以下 |
| 銅 | 0.1 mg/L 以下 | 1.0 mg/L 以下 |
| ナトリウム | 20 mg/L 以下 | 200 mg/L 以下 |
| マンガン | 0.005 mg/L 以下 | 0.05 mg/L 以下 |
| 塩素イオン | 20 mg/L 以下 | 200 mg/L 以下 |
| 蒸発残留物 | 50 mg/L 以下 | 500 mg/L 以下 |
| 有機物<br>(過マンガン酸カリウム消費量) | 0.5 mg/L 以下 | 3.0 mg/L 以下 |
| 味 | 異常でないこと | 異常でないこと |
| 臭気 | 異常でないこと | 異常でないこと |
| 色度 | 0.5 度以下 | 5 度以下 |
| 濁度 | 0.2 度以下 | 2 度以下 |
| ホルムアルデヒド | 0.008 mg/L 以下 | 0.08 mg/L 以下 |

④ 給水装置は，末端部が行き止まりとなっていることなどにより，水が停滞する構造であってはならない．ただし，当該末端部に排水機構が設置されているものにあっては，この限りではない．

⑤ 給水装置は，シアン，六価クロムその他水を汚染するおそれのあるものを貯留し，又は取り扱う施設に近接して設置してはならない．

⑥ 鉱油類，有機溶剤その他の油類が浸透するおそれのある場所に設置している給水装置は，当該油類が浸透するおそれのない材質，又はさや管（**図4・1**）などにより適切な防護のための処置が講じられているものでなければならない．

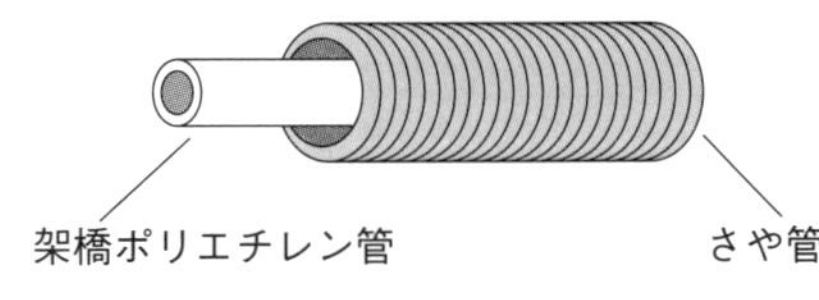


図4・1 さや管

⑦　浄水器

- 水栓の流入側に取り付けて常時水圧が加わるもの（先止め式又はI型）.
- 水栓の流出側に取り付けて常時水圧が加わらないもの(元止め式又はII型).

⑧　自動販売機や製氷機

- 内部に吐水口空間がある給水用具は，吐水口以降の部分も含めた給水用具全体を一体として評価する.
- 自動販売機や製氷機は，水道水として飲用されることがなく，吐水口以降は食品衛生法に基づく規制も行われているので，給水管との接続口から給水用具内の水受け部への吐水口までの間の部分について評価を行う.
- 安全弁（逃し弁），水抜き栓などの内部で，給水装置以外に排水される水のみが接触する部分は，浸出性能の評価から除外してもよい.



### 3. 水撃限界性能基準

給水用具の止水機構が急閉止するときに起きる水撃作用（ウォータハンマー）により，給水装置に破壊などが起きるのを防ぐためのものである.

①　水撃作用が発生するおそれのある給水用具は，厚生労働大臣が定める水撃限界の試験により，給水用具内の流速を 2 m/秒又は給水用具内の動水圧を 0.15 MPa とする条件で給水用具の止水機構を急閉止したとき，水撃作用で上昇する圧力が 1.5 MPa 以下である性能のものとする.

②　適用対象は，水撃作用が発生するおそれのある給水用具で，水栓，ボールタップ，電磁弁，元止め式瞬間湯沸器などが該当する.

③　水撃発生防止仕様の給水用具かどうかを判断する基準で，水撃作用を発生する可能性がある給水用具のすべてがこの基準を満たしていなくてもよい.

④　水撃作用を発生するおそれがあって，この基準を満たしていない給水用具を設ける場合は，別途に水撃防止器具を設けるなどの措置を行う.

⑤　ウォータハンマーの発生防止

- 給水管の水圧が高いときには，減圧弁，定流量弁などを設置し給水圧又は流速を下げる.
- 受水槽や貯水槽などにボールタップを使用する場合は，必要に応じて波立ち防止板などを取付ける（図 4・2）.

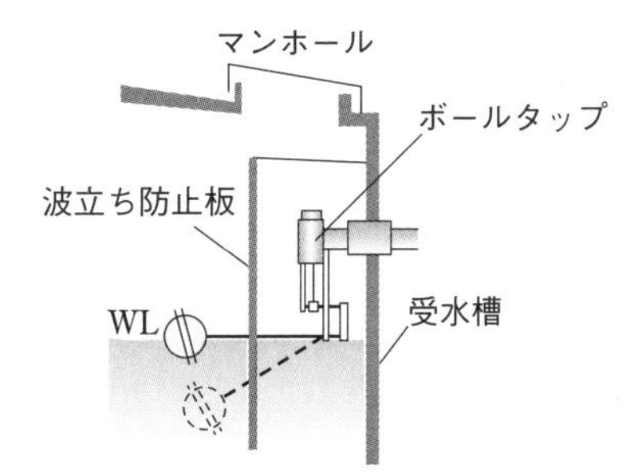


図 4・2　波立ち防止板

## 4. 逆流防止性能基準

給水装置の吐水口からの汚水の逆流で，水道水の汚染や公衆衛生上の問題が発生することを防止するための基準である．

① 逆流防止の性能（逆流防止性能又は負圧破壊性能）がある給水用具は，水の逆流を防止できる位置に配置されていること．

② 減圧式逆流防止器（**図4・3**）は，厚生労働大臣が定める逆流防止に関する試験（逆流防止性能試験）で，3 kPa及び1.5 MPaの静水圧を1分間加えたとき，水漏れ，変形，破損その他の異常が発生しないこと．

③ 厚生労働大臣が定める負圧破壊に関する試験（負圧破壊性能試験）により流入側から −54 kPaの圧力を加えたとき，減圧式逆流防止器に接続した透明管内の水位上昇が3 mmを超えないこと．

④ 逆止弁（減圧式逆流防止器を除く）や逆流防止装置を組み込んだ給水用具は，逆流防止性能試験により，3 kPa及び1.5 MPaの静水圧を1分間加えたとき，水漏れ，変形，破損その他の異常が発生しないこと．

⑤ バキュームブレーカーは負圧破壊性能試験で，流入側から −54 kPaの圧力を加えたとき，バキュームブレーカーに接続した透明管内の水位上昇が75 mmを超えないこと（**図4・4**）.

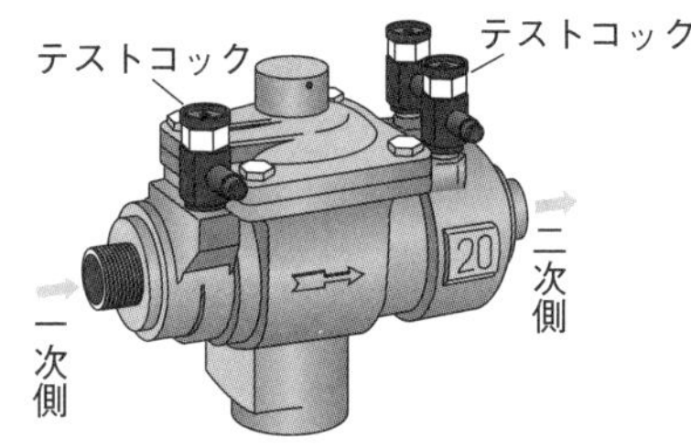


**図4・3　減圧式逆流防止器図**

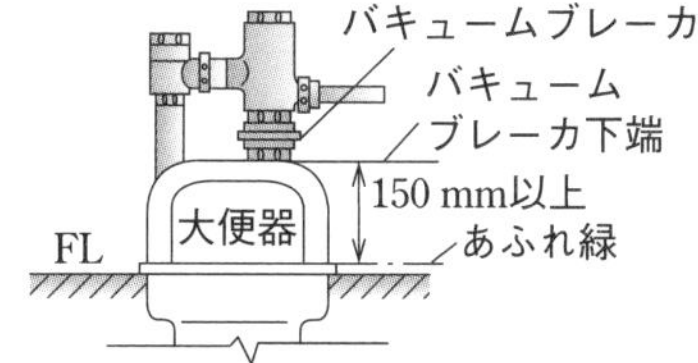


**図4·4　大気圧式バキュームブレーカー**

⑥ 逆流防止性能基準の適用対象

- 逆流防止性能基準の適用対象は，逆止弁，減圧式逆流防止器，逆流防止装置を内蔵した給水用具である．
- 構造・材質基準で水が逆流する可能性のある場所では，逆流防止性能基準に適合する給水用具の設置，負圧破壊性能基準に適合する給水用具の設置，規定の吐水口空間の確保のどれか1つを確実に行うことを要求しているもので，この要求を満たしていれば，安全性を向上させるため，本基準の試験を行っていない逆止弁等を付加的に設置することを妨げるものでない．

## 5. 負圧破壊性能基準

断水時に生じる負圧による給水装置の吐水口からの汚水の逆流で，水道水の汚染や公衆衛生上の問題が発生することを防止するものである．

### ① 負圧破壊性能基準の適用対象

- バキュームブレーカーは，器具単独で販売され，水受け容器からの取付け高さが施工時に変更可能なものをいう．
- 負圧破壊装置を組み込んだ給水用具とは，吐水口水没型のボールタップ，大便器洗浄弁のように，製品の仕様として負圧破壊装置の位置が一定に固定されているものをいう．
- 水の逆流を防止する構造の給水用具は，水受け部と吐水口が一体の構造で，水受部の越流面と吐水口の間が分離されている．ボールタップ付ロータンク，冷水機，自動販売機，貯蔵湯沸器等は，製品の内部で縁切りを行い水の逆流を防止する構造となっている（**図 4・5〜7**）．

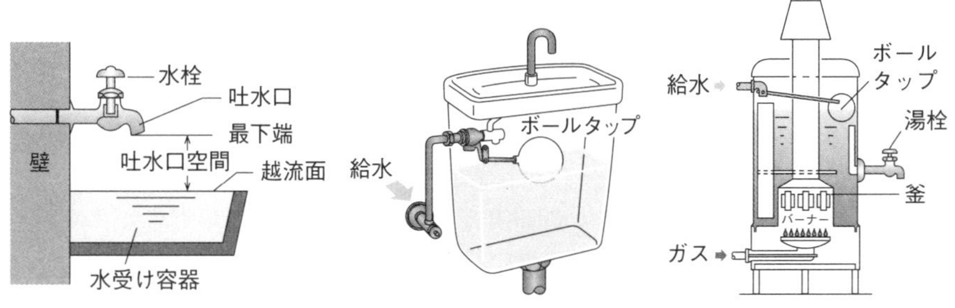


図 4・5　越流面と吐水口空間　　図 4・6　ロータンク　　図 4・7　貯蔵湯沸器（置台型）

## 6. 耐寒性能基準

給水用具内の水の凍結による給水用具の破壊等の発生を防止するものである．

### ① 耐寒に関する基準

- 凍結のおそれのある場所に設けられている，減圧弁，逃し弁，逆止弁，空気弁及び電磁弁（給水用具に内蔵されているものは除く）については，次の試験を行う．
- 厚生労働大臣が定める耐久に関する試験（耐久性能試験）により，10 万回の開閉操作の繰り返しを行い，かつ，厚生労働大臣が定める耐寒に関する試験（耐寒性能試験）により，−20 °C ± 2 °C の温度で 1 時間保持した後，通水したとき，給水装置に係る耐圧性能，水撃限界性能，逆流防止性能，負圧破壊性能があるものでなければならない．

- 弁類以外の給水装置は，耐寒性能試験により −20 ℃ ± 2 ℃の温度で1時間保持した後，通水したとき，給水装置に係る耐圧性能，水撃限界性能，逆流防止性能，負圧破壊性能を有するものでなければならない．ただし，断熱材で被覆し適切な凍結のための措置が講じられてある物にあってはこの限りでない．

② 耐寒性能基準の適用対象

- 耐寒性能基準は，寒冷地仕様の給水用具かどうかを判断する基準で，凍結のしやすい場所に設置される給水用具が，すべてこの基準を満たしていなければならないわけではない．
- 凍結のしやすい場所で，この基準を満たしていない給水用具を設ける場合は，別途に断熱材で被覆するなどの凍結防止措置を行う．
- 構造が複雑で，水抜きが容易でない給水用具は，例えば通水時にヒーターで加熱するなどの凍結防止方法があるので，耐寒性能基準での凍結防止の方法は水抜きに限定していない．

③ 耐寒性能

耐寒性能は，給水装置が寒冷地でさらされた後も，耐圧性能の他に，給水用具の種類によって水撃限界，逆流防止の性能を保持することである．

〈凍結のおそれがある場所〉

- 給水管が維持管理上や他の埋設管などの影響で，凍結深度以下に埋設できない場所．
- 公道などで除雪が常時おこなわれ，積雪による保温が期待できない場所．
- 路盤改良工事や地下埋設物工事で，給水管周りが砂や砕石などに変った場所．
- 既設排水管が凍結深度内にあるところでの分岐箇所．
- 給水管が擁壁（ようへき）や開渠（かいきょ）などの法面（のりめん），下水ますの近くに並行，埋設している場所（**図4・8**）．
- 給水管が水路などを上越し配管で横断する場所（**図4・9**）．
- 家屋の外壁面，屋外や床下に露出で配管されている場所（**図4・10**）．

**※凍結防止対策**

- 凍結深度は，地中温度が 0 ℃ になるまでの地表からの深さとされている．
- 屋外配管は，土中埋設とし埋設深度は凍結深度より深くして，外部露出管は，保温材で防寒措置を行うか，水抜き用の給水用具を設ける．

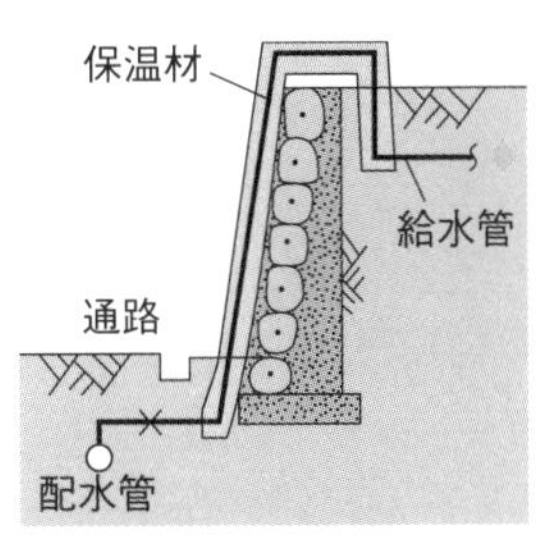

図4・8 擁壁配管

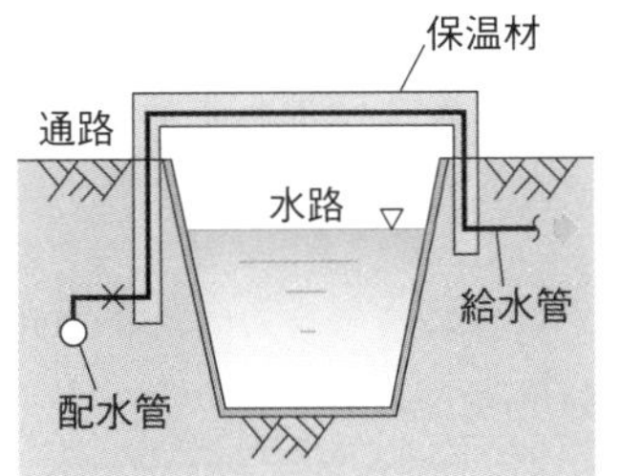

図4・9 上越し配管

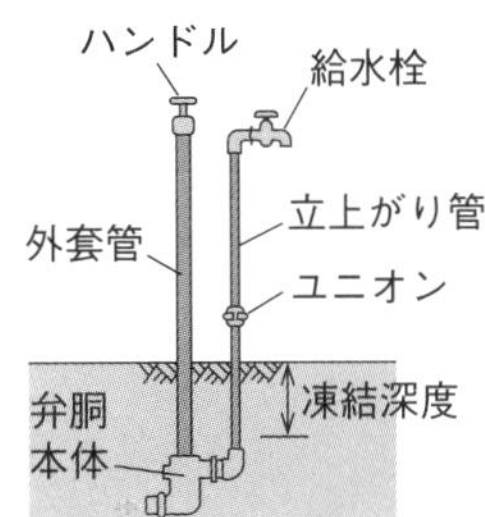

図4・10 水抜き栓



## 7. 耐久性能基準

弁類（耐寒性能に規定するものを除く）は，耐久性能試験により**10万回の開閉操作を繰り返した後**，当該給水装置に係る**耐圧性能**，**水撃限界性能**，**逆流防止性能及び負圧破壊性能**（浸出性能を除くすべての性能）を有するものでなければならない．

### ① 耐久性能基準の適用対象

- 制御弁類では，**機械的，自動的に頻繁に作動し，消費者が自ら選択し，又は設置，交換しないような弁類**に適用する．
- **弁類の開閉回数**は，型式承認基準に準じて**10万回**（弁の開・閉の動作で1回と数える）とする．
- 適用対象は，弁類単体で製造・販売され，**施行時に取り付けられるもの**とする．
- 水栓やボールタップ（型式承認基準で耐久性能が求められている）は，故障が発見しやすい場所に設置されているので，**基準の適用対象にしない**．

### ② 給水管及び給水用具の性能基準

給水管及び給水用具の性能基準は，基準省令に定められている個々の給水管及び給水用具が満たすべき性能基準である．

表4・2 給水管及び給水用具の種類により適用される性能基準 [4)]

| 性能基準 | 給水管 | ボールタップ・給水栓 | 弁 | 浄水器 | 湯沸器 | 逆止弁 | 自動食器洗い機 |
|---|---|---|---|---|---|---|---|
| ①耐圧 | ■ | ■ | ■ | ◎ | ◎ | ■ | ■ |
| ②浸出 | ■ | ◎ | ◎ | ■ | ◎ | ◎ | ◎ |
| ③水撃限界 | — | ◎ | ◎ | — | ◎ | — | ◎ |
| ④逆流防止 | — | ◎ | — | ◎ | ◎ | ■ | ◎ |
| ⑤負圧破壊 | — | ◎ | — | — | ◎ | ◎ | ◎ |
| ⑥耐寒 | — | ◎ | ◎ | — | ◎ | — | ◎ |
| ⑦耐久 | — | — | ◎ | — | ◎ | ■ | — |

■：適用される性能基準
—：適用外
◎：給水用具の種類，用途(飲用に使う場合，浸出性能基準が適用となる)，設置場所により適応される性能基準

## 8. 浸食防止

### ① 構造・材質基準の規定

構造・材質基準に係る事項として，防食に関して次の規定がある.

- 酸又はアルカリによって侵食されるおそれのある場所では，酸又はアルカリに対する耐食性を有する材質のもの，又は防食材で被覆すること等により，適切な侵食の防止のための措置を講じる.
- 漏洩(ろうえい)電流により侵食されるおそれのある場所に設置されている給水装置は，非金属製の材質のものを設置する．又は絶縁材で被覆すること等により適切な電気防食のための措置を講じる.

### ② 侵食の種類

(a) 漏洩電流による電食

- 金属管が鉄道（電車線等）や変電所等に近接して埋設されていると，漏洩電流が流入し，電流が金属管から流出する部分に侵食が起きる．これを，漏洩電流による電気侵食（電食）と言う.

(b) 干渉による電食

- 橋脚，通信・電力ケーブルやガス管等他の埋設金属体に外部電源装置や排流器などの電気防食を実施している箇所に近接して配管すると，これらから防食電の一部が流入し，流出するところが侵食されることを言う.

(c) コンクリート・土壌系の自然侵食

- 埋設鋼管等が土壌部分とコンクリート部分の両方に接しているとき，アルカリ性のコンクリートの部分が陰極となり，土壌の部分が陽極となって，土壌部分の埋設管が侵食されることを言う（**図 4・11**).

(d) 通気差による自然侵食

- 通気が容易な土壌（砂，質土）と，空気が通りにくい土壌（粘性土）とにまたがっての配管は，腐食電池が形成され，電位の低い方（陽極的部分，粘性土などの配管部分）が侵食することを言う．この他に埋設深さ，湿潤状態の差や地表の遮蔽物による通気差侵食がある

> ※**絶縁材料**：固体では無機系で雲母，石綿，大理石，磁器，ガラス．有機系では木材，紙，糸，各種樹脂，ゴムなどがある.
>
> ※**排流器**：鉄道から漏れた迷走電流はガス管等を侵食するので，排流器を設置して電鉄レールに電流を戻す回路を作ることで電食防止を行う.

(e) 異種金属接触腐食

- 埋設された金属管が異種金属の管や継手，ボルト等と接触していると，卑な金属（電位の低い金属）と貴な金属（自然電位の高い金属）との間に電池が形成され，卑な金属が侵食される（**図4・12**）.
- 鉄とステンレス鋼では，鉄が卑，ステンレス鋼が貴な金属となり，鉄が侵食される.
- 異なった二つの金属の電位差が大きいほど，又は卑な金属に比べ貴な金属の表面積が大きいほど侵食が促進される.

**表4・3 異種金属接触腐食**

| | 電位が正⬅ | | | ➡電位が負 | | | | | | | |
|---|---|---|---|---|---|---|---|---|---|---|---|
| イオン化傾向 | 小 → 大 | | | | | | | | | | |
| 金属の呼び名 | 貴 ↔ 卑 | | | | | | | | | | |
| 金属名 | 金 | 銀 | 銅 | 鉛 | ニッケル | カドミウム | 鉄 | 亜鉛 | アルミニウム | カリウム | リチウム |
| 元素記号 | Au | Ag | Cu | Pb | Ni | Cd | Fe | Zn | Al | K | Li |

※イオン化傾向の大（卑）の方が腐食が起きやすい.

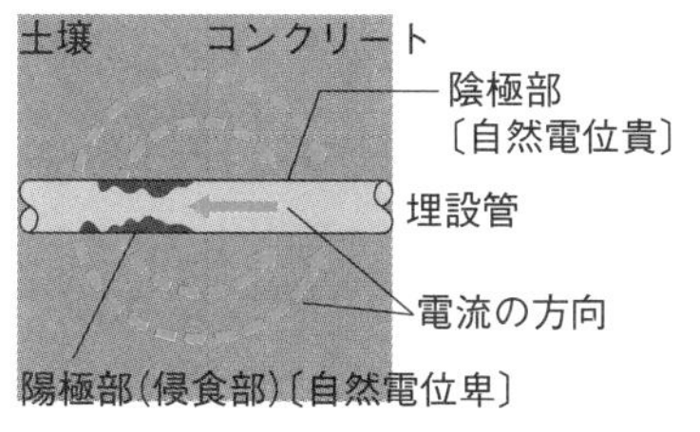


図4・11 コンクリート・土壌による浸食

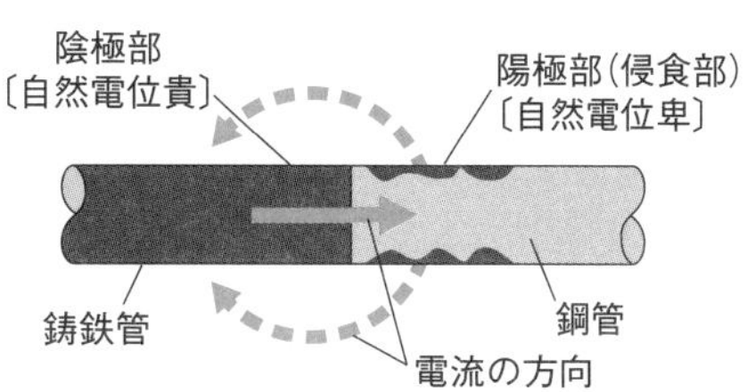


図4・12 異種金属接触による浸食

**必ず覚えよう**

❶ 耐圧性能の試験条件：流出側を開止し，流入側から1.75 MPaの静水圧を1分間加えた時，水漏れ変形破損がないこと.

- パッキンを水圧で圧縮する構造の給水用具は，1.75 MPaに加えて，20 kPaの静水圧（1分間）でも試験を行う.

❷ 水撃限界の試験：流速2 m/秒又は動水圧0.15 MPaで止水機構の急閉止を行う.

- 湯水混合水栓はいずれか一方の止水機構について試験を行う.

❸ 逆流防止の試験条件：逆止弁は，流出側より3 kPa及び1.5 MPaの静水圧を1分間加えたとき，水漏れ，変形，破損がないこと.

## 問題① 給水装置の水撃限界性能基準

給水装置の水撃限界性能基準に関する次の記述のうち，**不適当なもの**はどれか．

(1) 水撃限界性能基準は，水撃作用により給水装置に破壊等が生じることを防止するためのものである．

(2) 水撃作用とは，止水機構を急に閉止した際に管路内に生じる圧力の急激な変動作用をいう．

(3) 水撃限界性能基準は，水撃発生防止仕様の給水用具であるか否かを判断する基準であり，水撃作用を生じるおそれのある給水用具はすべてこの基準を満たしていなければならない．

(4) 水撃限界性能基準の適用対象の給水用具には，シングルレバー式水栓，ボールタップ，電磁弁（電磁弁内蔵の全自動洗濯機，食器洗い機等），元止め式瞬間湯沸器がある．

(5) 水撃限界に関する試験により，流速2メートル毎秒又は動水圧を0.15メガパスカルとする条件において給水用具の止水機構の急閉止をしたとき，その水撃作用により上昇する圧力が1.5メガパスカル以下である性能を有する必要がある．

**解説** (3) 水撃限界性能基準は，**水撃発生防止仕様の給水用具であるか否かの判断基準**であり，水撃作用を生じるおそれのある給水用具は**すべてこの基準を満たしていなければならないわけではない**．

**解答▶(3)**

■水撃限界性能基準

給水用具の止水機構が急閉止する際に生じる水撃作用（ウォーターハンマー）により，給水装置に破壊等が生じることを防止するものである．

〈防止対策〉

流速を2 m/秒以下にとる．発生の原因となる弁などの近くにエアチャンバ（水撃防止器具）を設ける．

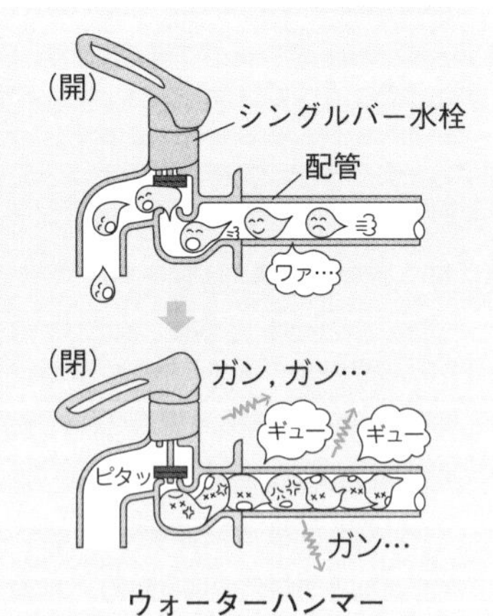


ウォーターハンマー

## 問題❷ 給水装置の水撃限界性能基準

給水装置の水撃限界性能基準に関する次の記述のうち，**不適当なもの**はどれか．

(1) 水撃限界性能基準は，水撃発生防止仕様の給水用具であるか否かの判断基準であるので，水撃作用を生じるおそれのある給水用具はすべてこの基準を満たしていなければならない．

(2) 水撃限界性能基準は，水撃作用により給水装置に破壊等が生じることを防止するためのものである．

(3) 水撃作用とは，止水機構を急に閉止した際に管路内に生じる圧力の急激な変動作用をいう．

(4) 水撃限界性能基準では，湯水混合水栓等において同一の仕様の止水機構が水側と湯側についているような場合は，いずれか一方の止水機構について試験を行えばよい．

**解説** (1) 水撃限界性能基準は，水撃発生防止仕様の給水用具であるか否かの判断基準であり，水撃作用を生じるおそれのある給水用具はすべてこの基準を満たしていなければならないわけではない．

**解答▶(1)**

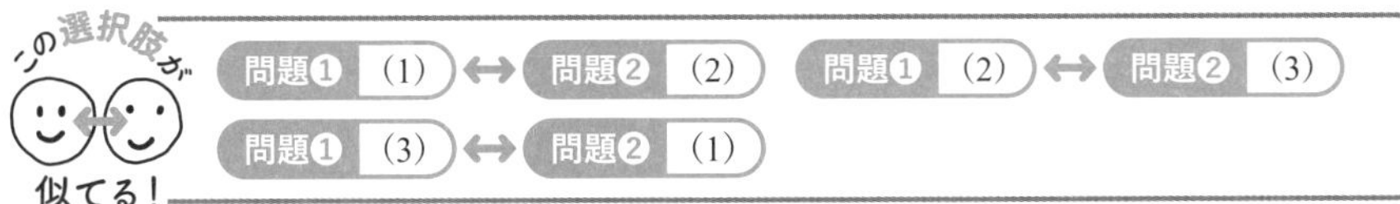

水撃作用（ウォーターハンマー）を防止するために，給水配管系統に次のようなウォーターハンマー防止器を設ける．

① ベローズ型ウォーターハンマー防止器：容器内に窒素ガスを封入したベローズを設け，このベローズ部分で水撃圧力を吸収させるものである．

② エアバッグ型ウォーターハンマー防止器：容器内に空気で膨らませたゴム袋を内蔵し，これで水撃圧力を吸収させるものである．

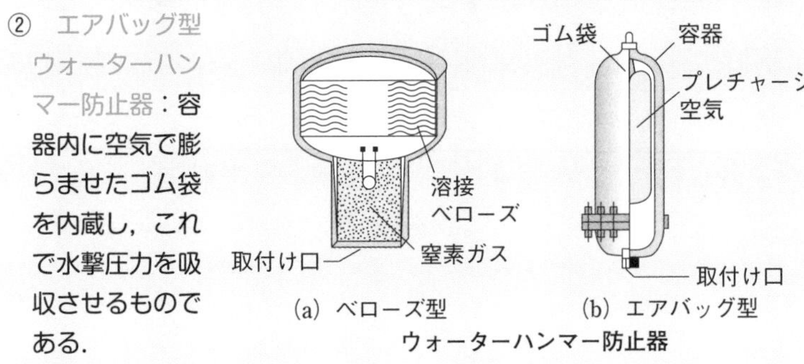


ウォーターハンマー防止器

## 問題③ 給水装置の逆流防止性能基準

給水装置の構造及び材質の基準に定める逆流防止に関する基準に関する次の記述の正誤の組み合わせのうち，**適当なもの**はどれか

ア　減圧式逆流防止器は，厚生労働大臣が定める逆流防止に関する試験（以下，「逆流防止性能試験」という）により3キロパスカル及び1.5メガパスカルの静水圧を1分間加えたとき，水漏れ，変形，破損その他の異常を生じないことが必要である．

イ　逆止弁及び逆流防止装置を内部に備えた給水用具は，逆流防止性能試験により3キロパスカル及び1.5メガパスカルの静水圧を1分間加えたとき，水漏れ，変形，破損その他の異常を生じないこと．

ウ　減圧式逆流防止器は，厚生労働大臣が定める負圧破壊に関する試験（以下，「負圧破壊性能試験」という）により流出側からマイナス54キロパスカルの圧力を加えたとき，減圧式逆流防止器に接続した透明管内の水位の上昇が75ミリメートルを超えないことが必要である．

エ　バキュームブレーカーは，負圧破壊性能試験により流出側からマイナス54キロパスカルの圧力を加えたとき，バキュームブレーカーに接続した透明管内の水位の上昇が3ミリメートルを超えないこととされている．

| | ア | イ | ウ | エ |
|---|---|---|---|---|
| (1) | 正 | 正 | 誤 | 誤 |
| (2) | 誤 | 誤 | 正 | 正 |
| (3) | 誤 | 正 | 正 | 誤 |
| (4) | 正 | 誤 | 誤 | 正 |

**解説** **ウ**：厚生労働大臣が定める負圧破壊に関する試験により流入側からマイナス54キロパスカルの圧力を加えたとき，減圧式逆流防止器に接続した透明管内の水位の上昇が3ミリメートルを超えないことが必要である．

**エ**：バキュームブレーカは，負圧破壊性能試験により流入側からマイナス54キロパスカルの圧力を加えたとき，バキュームブレーカに接続した透明管内の水位の上昇が75ミリメートルを超えないこととされている．

**解答▶(1)**

## 問題④ 給水装置の逆流防止性能基準

給水用具の逆流防止性能基準に関する次の記述の［　］内に入る数値の組み合わせのうち，**適当なもの**はどれか．

減圧式逆流防止器の逆流防止性能基準は，厚生労働大臣が定める逆流防止に関する試験により［ア］キロパスカル及び［イ］メガパスカルの静水圧を［ウ］分間加えたとき，水漏れ，変形，破損その他の異常を生じないとともに，厚生労働大臣が定める負圧破壊に関する試験により流入側からマイナス［エ］キロパスカルの圧力を加えたとき，減圧式逆流防止器に接続した透明管内の水位の上昇が3ミリメートルを超えないこととされている．

| | ア | イ | ウ | エ |
|---|---|---|---|---|
| (1) | 3 | 1.5 | 5 | 54 |
| (2) | 5 | 3 | 5 | 5 |
| (3) | 3 | 1.5 | 1 | 54 |
| (4) | 5 | 1.5 | 5 | 5 |
| (5) | 3 | 3 | 1 | 54 |

**解説** **ア～ウ**：厚生労働大臣が定める逆流防止に関する試験により3キロパスカル及び1.5メガパスカルの静水圧を1分間加えたとき，水漏れ，変形，破損その他の異常を生じないこと．
**エ**：厚生労働大臣が定める負圧破壊に関する試験により流入側からマイナス54キロパスカルの圧力を加えたとき，減圧式逆流防止器に接続した透明管内の水位の上昇が3ミリメートルを超えないこととされている．

**解答▶(3)**

■逆流防止性能基準

給水装置の吐水口を通じて汚水の逆流により，水道水の汚染や公衆衛生上の問題が生じることを防止するためのもの．

## 問題5 クロスコネクションと水の汚染防止

クロスコネクション及び水の汚染防止に関する次の記述の正誤の組み合わせのうち，**適当なもの**はどれか．

ア　給水装置と受水槽以下の配管との接続はクロスコネクションではない．

イ　給水装置と当該給水装置以外の水管，その他の設備とは，仕切弁や逆止弁が介在しても，また，一時的な仮設であってもこれらを直接連結してはならない．

ウ　シアンを扱う施設に近接した場所があったため，鋼管を使用して配管した．

エ　合成樹脂管は有機溶剤などに侵されやすいので，そのおそれがある箇所には使用しないこととし，やむを得ず使用する場合は，さや管などで適切な防護措置を施す．

| | ア | イ | ウ | エ |
|---|---|---|---|---|
| (1) | 誤 | 正 | 誤 | 正 |
| (2) | 誤 | 正 | 正 | 誤 |
| (3) | 正 | 正 | 誤 | 誤 |
| (4) | 誤 | 誤 | 正 | 正 |
| (5) | 正 | 誤 | 誤 | 正 |

**解説** **ア**：クロスコネクションとは，水道の給水管（給水装置）と井戸水，工業用水，受水槽以下の配管，事業活動で使われる液体の管などの給水装置以外の配管を直接連結することを言う．

**ウ**：シアン，六価クロム等のように，水を汚染する恐れのある物を貯留し，又は取扱う施設に，近接して設置してはならない．影響のないところまで離して配管をする．

**解答▶(1)**

シアン化合物には，強い毒性があり，口から入ると急速に粘膜から吸収され，血液中で呼吸酸素を阻害し，頭痛，吐き気，痙攣（けいれん），失神を起こして死に至る．

令和4年6月に，日本製鉄東日本製鉄所の排水口からシアン等が流出し，近くの川から河口付近まで広がったというニュースがあった．

## 問題⑥ クロスコネクションと水の汚染防止

クロスコネクションに関する次の記述の正誤の組み合わせのうち，**適当なもの**はどれか.

ア　クロスコネクションは，水圧状況によって給水装置内に工業用水，排水，ガス等が逆流するとともに，配水管を経由して他の需要者にまでその汚染が拡大する非常に危険な配管である.

イ　給水管と井戸水配管の間に逆流を防止するための逆止弁を設置すれば直接連結してもよい.

ウ　給水装置と受水槽以下の配管との接続はクロスコネクションではない.

エ　一時的な仮設であれば，給水装置とそれ以外の水管を直接連結することができる.

| | ア | イ | ウ | エ |
|---|---|---|---|---|
| (1) | 正 | 誤 | 誤 | 正 |
| (2) | 誤 | 正 | 正 | 正 |
| (3) | 正 | 誤 | 正 | 誤 |
| (4) | 誤 | 正 | 正 | 誤 |
| (5) | 正 | 誤 | 誤 | 誤 |

**解説** **イ，エ**：給水管と井戸水配管の間に逆流を防止するための逆止弁や仕切弁を設置しても，また一時的な仮設でも，給水装置と直接連結は絶対に行ってはならない.

**ウ**：クロスコネクションは，給水装置と井戸水，工業用水，受水槽以下の配管，事業活動で使われる液体の管などの給水装置以外の配管を直接連結することを言う.

**解答▶(5)**

■クロスコネクション(誤接合)の事故例

↷は，この配管を接続するとクロスコネクションとなる.

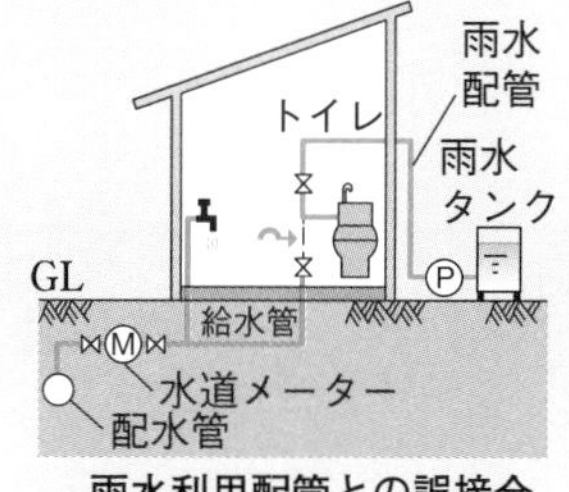

雨水利用配管との誤接合

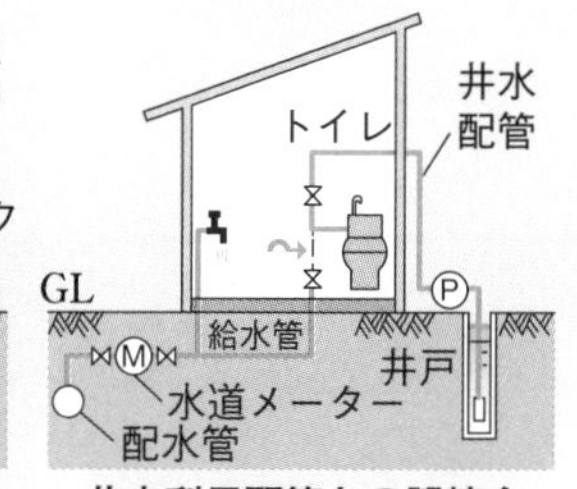

井水利用配管との誤接合

## 問題⑦ 給水装置の構造及び材質の基準に関する省令

「給水装置の構造及び材質の基準に関する省令」に関する次の記述のうち，**不適当なもの**はどれか．

(1) 家屋の主配管とは，口径や流量が最大の給水管を指し，配水管からの取り出し管と同口径の部分の配管がこれに該当する．

(2) 家屋の主配管は，配管の経路について構造物の下の通過を避けること等により，漏水時の修理を容易に行うことができるようにしなければならない．

(3) 給水装置の接合箇所は，水圧に対する充分な耐力を確保するためにその構造及び材質に応じた適切な接合が行われているものでなければならない．

(4) 弁類は，耐久性能試験により10万回の開閉操作を繰り返した後，当該省令に規定する性能を有するものでなければならない．

(5) 熱交換器が給湯及び浴槽内の水等の加熱に兼用する構造の場合，加熱用の水路については，耐圧性能試験により1.75メガパスカルの静水圧を1分間加えたとき，水漏れ，変形，破損その他の異常を生じないこと．

**解説** **(1)** 家屋の主配管とは，口径や流量が最大の給水管を指し，1階に布設された水道メータと同口径の部分の配管がこれに該当する．

**解答▶(1)**

### ■給水装置に関する水道法令

| 法令 | | 水道法令 |
|---|---|---|
| 国 | 法律 | 水道法（3条，16条）<br>・給水装置の定義（3条）<br>・給水装置の構造及び材質に関する規定（16条） |
| | 政令 | 水道法施行令（6条）<br>・給水装置の構造及び材質の基準<br>（配水管への取付口の位置等の7項目） |
| | 省令 | 給水装置の構造及び材質の基準に関する省令（平成9年厚生省令第14号）<br>・給水装置の構造及び材質の基準の技術的細目<br>（耐圧，浸出等，水撃限界，防食，逆流防止，耐寒及び耐久の7項目の基準）<br>水質基準に関する省令（平成15年厚生労働省令第101号）<br>水道施設の技術的基準を定める省令（平成12年厚生省令第15号） |
| | 告示 | 給水装置の構造及び材質の基準に係る試験（平成9年厚生省告示第111号）<br>・耐圧，浸出，水撃限界，逆流防止，負圧破壊，耐久及び耐寒に関する試験の方法 |
| 地方公共団体 | 供給規程 | 地方公共団体では「給水条例」，「水道条例」等として制定<br>・水道法第14条に基づき制定<br>・給水装置工事に関わる事項等に関する規定 |

## 問題⑧ 給水装置の構造及び材質の基準に関する省令

給水装置の構造及び材質の基準に関する次の記述のうち，**不適当なもの**はどれか.

(1) 最終の止水機構の流出側に設置される給水用具は，高水圧が加わらないことなどから耐圧性能基準の適用対象から除外されている.

(2) パッキンを水圧で圧縮することにより水密性を確保する構造の給水用具は，耐圧性能試験により0.74メガパスカルの静水圧を1分間加えて異常が生じないこととされている.

(3) 給水装置は，厚生労働大臣が定める耐圧に関する試験により1.75メガパスカルの静水圧を1分間加えたとき，水漏れ，変形，破損その他の異常を生じないこととされている.

(4) 家屋の主配管は，配管の経路について構造物の下の通過を避けること等により漏水時の修理を容易に行うことができるようにしなければならない.

**解説** (2) ①水密性を確保する構造の給水用具は，耐圧性能試験により1.75メガパスカルの静水圧を1分間加えたとき，水漏れ，変形，破損その他の異常を生じないこと.
②また，20キロパスカルの静水圧を1分間加えたとき，水漏れ，変形，破損その他の異常を生じないこと.

**解答▶(2)**

■配管工事後の耐圧試験に定量的な基準はない

基準省令では，「給水装置の接合箇所は，水圧に対する十分な耐力を確保する適切な接合が，行われているものでなければならない」となっているだけで，定量的な基準はない.

したがって，水道事業者が給水区域内の実情を考慮して，試験給水圧を決めることができる.

## 問題⑨ 金属管の浸食

金属管の侵食に関する次の記述のうち，**不適当なもの**はどれか．

(1) マクロセル侵食とは，埋設状態にある金属材質，土壌，乾湿，通気性，pH 値，溶解成分の違い等の異種環境での電池作用による侵食をいう．

(2) 金属管が鉄道，変電所等に近接して埋設されている場合に，漏洩電流による電気分解作用により侵食を受ける．このとき，電流が金属管から流出する部分に侵食が起きる．

(3) 通気差侵食は，土壌の空気の通りやすさの違いにより発生するものの他に，埋設深さの差，湿潤状態の差，地表の遮断物による通気差が起因して発生するものがある．

(4) 地中に埋設した鋼管が部分的にコンクリートと接触している場合，アルカリ性のコンクリートに接していない部分の電位が，コンクリートと接触している部分より高くなって腐食電池が形成され，コンクリートと接触している部分が侵食される．

(5) 埋設された金属管が異種金属の管や継手，ボルト等と接触していると，自然電位の低い金属と自然電位の高い金属との間に電池が形成され，自然電位の低い金属が侵食される．

**解説** (4) 地中に埋設した鋼管が部分的にコンクリートと接触している場合，コンクリートに接触している部分の電位が，アルカリ性により接していない部分の電位より高くなって腐食電池が形成され，土壌と接触している部分が侵食される．

**解答▶(4)**

■マクロセル侵食

埋設配管が鉄筋コンクリート壁などを貫通する部分では，陽極となる土中埋設配管が腐食するので，絶縁継手，絶縁支持金具を使って土中配管を塗覆装して腐食を防止する．

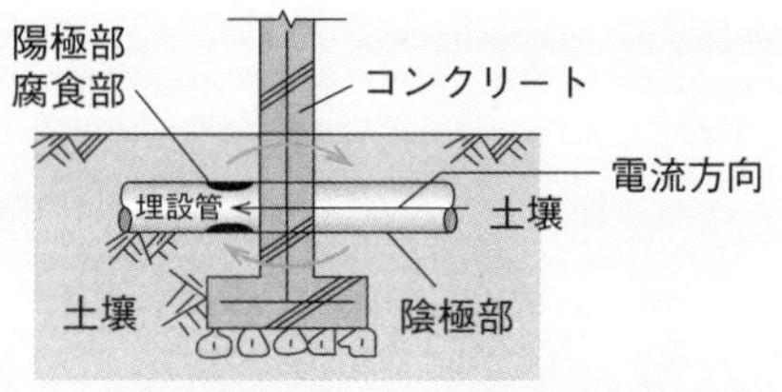


コンクリート／土壌系侵食

## 問題⑩ 金属管の浸食

金属管の侵食防止のための防食工に関する次の記述の正誤の組み合わせのうち，**適当なもの**はどれか．

ア　ミクロセル侵食とは，埋設状態にある金属材質，土壌，乾湿，通気性，pH 値，溶解成分の違い等の異種環境での電池作用による侵食をいう．

イ　管外面の防食工には，ポリエチレンスリーブ，防食テープ，防食塗料を用いる方法の他，外面被覆管を使用する方法がある．

ウ　鋳鉄管からサドル付分水栓により穿孔，分岐した通水口には，ダクタイル管補修用塗料を塗装する．

エ　軌条からの漏洩電流の通路を遮蔽し，漏洩電流の流出入を防ぐには，軌条と管との間にアスファルトコンクリート板その他の絶縁物を介在させる方法がある．

| | ア | イ | ウ | エ | | ア | イ | ウ | エ |
|---|---|---|---|---|---|---|---|---|---|
| (1) | 正 | 誤 | 正 | 誤 | (2) | 正 | 誤 | 誤 | 正 |
| (3) | 誤 | 正 | 誤 | 正 | (4) | 誤 | 正 | 正 | 誤 |

**解説** **ア**：埋設状態にある金属材質，土壌，乾湿，通気性，pH 値，溶解成分の違い等の異種環境での電池作用による侵食は**マクロセル侵食**という．**ミクロセル浸食**とは，腐食性の高い土壌，バクテリアによる浸食のこと．**ウ**：鋳鉄管からサドル付分水栓により穿孔，分岐した通水口には，**防食コアを挿入**するなどして防護措置を施す．

**解答▶(3)**

■金属腐食は「イオン化傾向」から始まる

鋼材（鉄）にステンレス製ボルトを使った場合，イオン化傾向の大きい陽極の鋼材に，小さい陰極のステンレスボルトを接触させると，電流が陽極のほうに流れ**鋼材に腐食**が起こる．

| 物質名 | 記号 | イオン化電位 | |
|---|---|---|---|
| カリウム | K | −2.93 V | さびやすい |
| アルミニウム | Al | −1.66 V | ↑(大) |
| 亜鉛 | Zn | −0.76 V | |
| 鉄 | Fe | −0.44 V | |
| 鉛 | Pb | −0.13 V | |
| 銅 | Cu | +0.34 V | ↓(小) |
| 銀 | Ag | +0.80 V | さびにくい |

腐食　ステンレスボルト　水　鋼材

ステンレスのイオン化傾向は銅と同じくらい．

## 問題⑪ 耐寒性能基準及び耐寒性能試験

給水装置の凍結防止対策に関する次の記述のうち，**不適当なもの**はどれか．

(1) 水抜き用の給水用具以降の配管は，配管が長い場合には，万一凍結した際に，解氷作業の便を図るため，取外し可能なユニオン，フランジ等を適切な箇所に設置する．

(2) 水抜き用の給水用具以降の配管は，管内水の排水が容易な構造とし，できるだけ鳥居配管やU字形の配管を避ける．

(3) 水抜き用の給水用具は，水道メーター下流で屋内立上り管の間に設置する．

(4) 内部貯留式不凍給水栓は，閉止時（水抜き操作）にその都度，揚水管内（立上り管）の水を貯留部に流下させる構造であり，水圧に関係なく設置場所を選ばない．

**解説** (4) 内部貯留式不凍給水栓は，水圧が0.1 MPa以下の箇所では，栓の中に水がたまって上から漏れたり、凍結したりするので**設置場所が限定**される．

**解答▶(4)**

## 問題⑫ 耐寒性能基準

給水装置の耐寒性能基準に関する次の記述のうち，**不適当なもの**はどれか．

(1) 耐寒性能基準は，寒冷地仕様の給水用具か否かの判断基準であり，凍結のおそれがある場所において設置される給水用具はすべてこの基準を満たしていなければならない．

(2) 耐寒性能基準は，凍結防止の方法は水抜きに限定しないこととしている．

(3) 耐寒性能試験の −20 °C ± 2 °C という試験温度は，寒冷地における冬季の最低気温を想定したものである．

(4) 低温に暴露した後確認すべき性能基準項目から浸出性能が除かれているのは，低温暴露により材質等が変化することは考えられず，浸出性能に変化が生じることはないと考えられることによる．

**解説** (1) 寒冷地仕様の給水用具か否かの判断基準であり，凍結のおそれがある場所に，設置する給水用具は**すべてこの基準を満たしていなければならないわけではない**．

**解答▶(1)**

## 問題⑬ 耐寒性能基準及び耐寒性能試験

給水装置の構造及び材質の基準に定める耐寒性能基準及び耐寒性能試験に関する次の記述の正誤の組み合わせのうち，**適当なもの**はどれか．

ア　耐寒性能基準は，寒冷地仕様の給水用具か否かの判断基準であり，凍結のおそれがある場所において設置される給水用具はすべてこの基準を満たしていなければならない．

イ　凍結のおそれがある場所に設置されている給水装置のうち弁類の耐寒性能試験では，零下 20 ℃プラスマイナス 2 ℃の温度で 1 時間保持した後に通水したとき，当該給水装置に係る耐圧性能，水撃限界性能，逆流防止性能及び負圧破壊性能を有するものであることを確認する必要がある．

ウ　低温に暴露した後確認すべき性能基準項目から浸出性能を除いたのは，低温暴露により材質等が変化することは考えられず，浸出性能に変化が生じることはないと考えられることによる

エ　耐寒性能基準においては，凍結防止の方法は水抜きに限定している．

| | ア | イ | ウ | エ |
|---|---|---|---|---|
| (1) | 正 | 正 | 誤 | 誤 |
| (2) | 誤 | 誤 | 正 | 正 |
| (3) | 誤 | 誤 | 正 | 誤 |
| (4) | 正 | 誤 | 誤 | 正 |
| (5) | 誤 | 正 | 正 | 誤 |

**解説** **ア**：寒冷地仕様の給水用具か否かの判断基準であり，凍結のおそれがある場所において設置される給水用具はすべてこの基準を満たしていなければならないわけではない．

**エ**：給水用具の通水時に，ヒーターで加熱する凍結防止方法もあるので，凍結防止の方法は水抜きに限定していない．

**解答▶(5)**

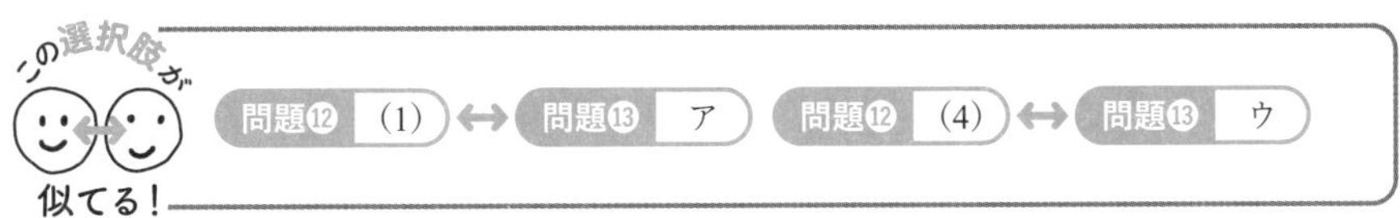

## 問題⑭ 耐寒性能基準

給水装置の耐寒性能基準に関する次の記述のうち，**不適当なもの**はどれか.

(1) 耐寒性能基準は，寒冷地仕様の給水用具か否かの判断基準であり，凍結のおそれがある場所において設置される給水用具はすべてこの基準を満たしていなければならない.

(2) 耐寒性能基準は，凍結防止の方法は水抜きに限定しないこととしている.

(3) 耐寒性能試験の −20 °C ± 2 °C という試験温度は，寒冷地における冬季の最低気温を想定したものである.

(4) 低温に暴露した後確認すべき性能基準項目から浸出性能が除かれているのは，低温暴露により材質等が変化することは考えられず，浸出性能に変化が生じることはないと考えられることによる.

**解説** (1) 寒冷地仕様の給水用具か否かの判断基準であり，凍結のおそれがある場所に，設置する給水用具はすべてこの基準を満たしていなければならないわけではない. **解答▶(1)**

■水抜き栓の設置・操作方法

(a) 屋外操作型水抜栓：水抜栓本体を屋外に設置し，屋外のハンドルで水抜き操作を行うもの.

(b) 屋内操作型水抜栓：水抜栓本体を屋外に設置し，屋内のハンドルで水抜き操作を行うもの.

(c) 電動式水抜栓：ハンドルに変わり電動式の駆動部（モーター）を取付け，操作盤により水抜き操作を行うもの.

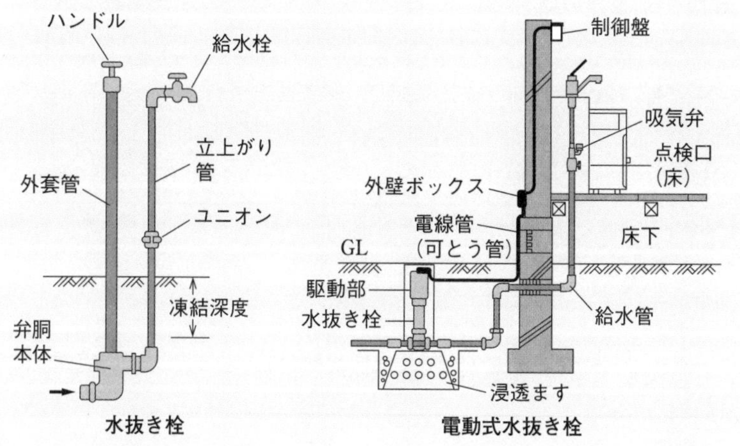

## 問題⑮ 耐寒性能基準

給水装置の構造及び材質の基準に定める耐寒に関する基準（以下，本問においては「耐寒性能基準」という）及び厚生労働大臣が定める耐寒に関する試験（以下，本問においては「耐寒性能試験」という）に関する次の記述のうち，**不適当なもの**はどれか．

(1) 耐寒性能基準は，寒冷地仕様の給水用具か否かの判断基準であり，凍結のおそれがある場所において設置される給水用具はすべてこの基準を満たしていなければならないわけではない．

(2) 凍結のおそれがある場所に設置されている給水装置のうち弁類にあっては，耐寒性能試験により零下20度プラスマイナス2度の温度で24時間保持したのちに通水したとき，当該給水装置に係る耐圧性能，水撃限界性能，逆流防止性能及び負圧破壊性能を有するものでなければならない．

(3) 低温に暴露した後確認すべき性能基準項目から浸出性能を除いたのは，低温暴露により材質等が変化することは考えられず，浸出性能に変化が生じることはないと考えられることによる．

(4) 耐寒性能基準においては，凍結防止の方法は水抜きに限定しないこととしている．

**解説** (2) 凍結のおそれがある場所に設置されている給水装置のうち弁類は，耐寒性能試験により−20 ℃ ± 2 ℃ の温度で1時間保持したのち，当該給水装置に係る耐圧性能，水撃限界性能，逆流防止性能及び負圧破壊性能を有するものでなければならない．

**解答▶(2)**

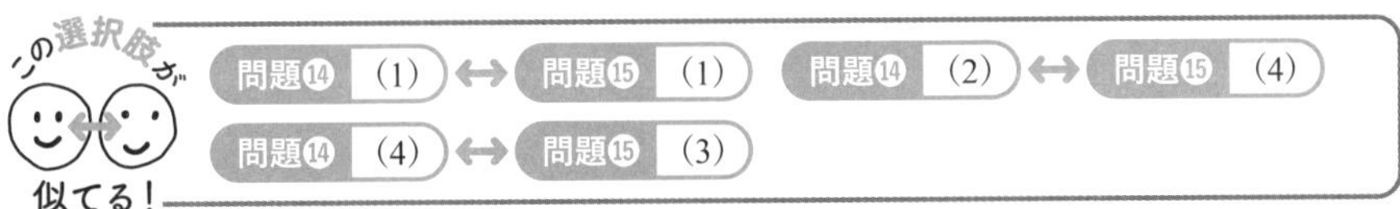

■水道メーターの凍結防止

① 耐寒性のメーターボックス（桝（ます））を使用する．

② メーターボックス（桝）内外に保温材で凍結防止の処置をする．

## 問題⑯ 水撃限界性能基準

給水装置の水撃限界性能基準に関する次の記述のうち，**不適当なもの**はどれか．

(1) 水撃限界性能基準は，水撃作用により給水装置に破壊等が生じることを防止するためのものである．

(2) 水撃作用とは，止水機構を急に閉止した際に管路内に生じる圧力の急激な変動作用をいう．

(3) 水撃限界性能基準は，水撃発生防止仕様の給水用具であるか否かを判断する基準であり，水撃作用を生じるおそれのある給水用具はすべてこの基準を満たしていなければならない．

(4) 水撃限界性能基準の適用対象の給水用具には，シングルレバー式水栓，ボールタップ，電磁弁（電磁弁内蔵の全自動洗濯機，食器洗い機等），元止め式瞬間湯沸器がある．

(5) 水撃限界に関する試験により，流速2メートル毎秒又は動水圧を0.15メガパスカルとする条件において給水用具の止水機構の急閉止をしたとき，その水撃作用により上昇する圧力が1.5メガパスカル以下である性能を有する必要がある．

**解説** (3) 水撃限界性能基準は，水撃発生防止仕様の給水用具であるか否かを判断する基準であり，水撃作用を生じるおそれのある給水用具はすべてこの基準を満たしていなければならないわけではない．

**解答▶(3)**

■Pa（パスカル）とは？

圧力の単位．N/m$^2$（ニュートン・パー・平方メートル）を意味します．
1 m$^2$ に何N（ニュートン）の力がかかっているかという圧力を表すのに，Pa（パスカル）を使います． 圧力＝力/面積＝N/m$^2$＝Pa
Mpaは，Pa（パスカル）を × $10^6$（× 1 000 000）した値となり，水圧の単位として，一般的にMpaが使われています．

- 1 Mpaは，1 000 000 Pa
- 1 Paは，0.000 001 Mpa

## 問題⑰ 水撃限界性能基準

給水装置の水撃限界性能基準に関する次の記述のうち，**不適当なもの**はどれか．

(1) 水撃限界性能基準は，水撃発生防止仕様の給水用具であるか否かの判断基準であるので，水撃作用を生じるおそれのある給水用具はすべてこの基準を満たしていなければならない．

(2) 水撃限界性能基準は，水撃作用により給水装置に破壊等が生じることを防止するためのものである．

(3) 水撃作用とは，止水機構を急に閉止した際に管路内に生じる圧力の急激な変動作用をいう．

(4) 水撃限界性能基準では，湯水混合水栓等において同一の仕様の止水機構が水側と湯側についているような場合は，いずれか一方の止水機構について試験を行えばよい．

解説 (1) 水撃限界性能基準は，水撃発生防止仕様の給水用具であるか否かを判断する基準であり，水撃作用を生じるおそれのある給水用具はすべてこの基準を満たしていなければならないわけではない．

解答▶(1)

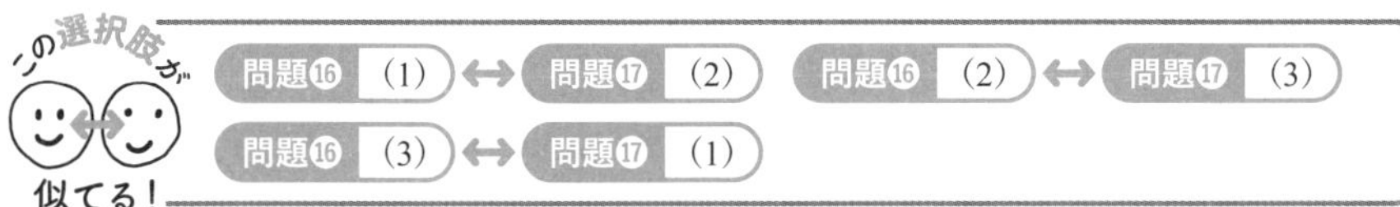

■水激防止用逆止弁

水撃による衝撃波をスプリングで吸収し，被害を防ぐために設けるもので，給水などの揚水ポンプに取り付けて水撃防止をする逆止弁です．

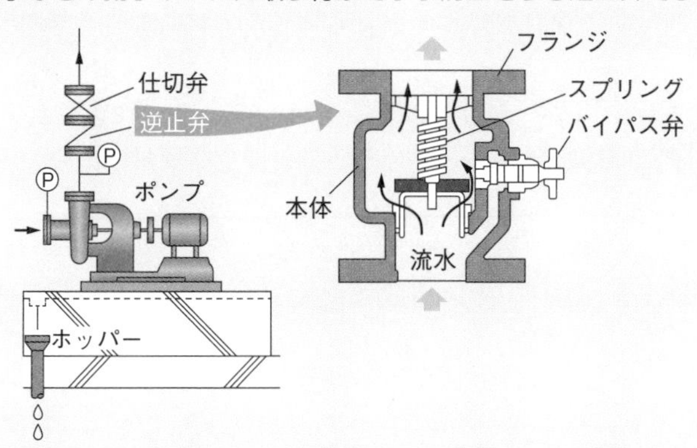

## 問題⑱ 水の汚染防止

水道水の汚染防止に関する次の記述のうち，**不適当なもの**はどれか．

(1) 鉛製給水管が残存している給水装置において変更工事を行ったとき，需要者の承諾を得て，併せて鉛製給水管の布設替えを行った．

(2) 末端部が行き止まりの給水装置は，停滞水が生じ，水質が悪化するおそれがあるので避けた．

(3) 配管接合用シール材又は接着剤は，これらの物質が水道水に混入し，油臭，薬品臭等が発生する場合があるので，使用量を必要最小限とした．

(4) 給水管路を敷設するルート上に有毒薬品置場，有害物の取扱場等の汚染源があるので，さや管などで適切な防護措置を施した．

**解説** (4) 給水管路を敷設するルート上に有毒薬品置場，有害物の取扱場等の汚染源がある場合，その影響がないところまで離して配管する．

**解答▶(4)**

## 問題⑲ 水の汚染防止

水道水の汚染防止に関する次の記述のうち，**不適当なもの**はどれか．

(1) 末端部が行き止まりとなる給水管は，停滞水が生じ，水質が悪化するおそれがあるため極力避ける．

(2) 給水管路に近接してシアン，六価クロム等の有毒薬品置場，有害物の取扱場，汚水槽等の汚染源がある場合は，給水管をさや管などにより適切に保護する．

(3) 合成樹脂管をガソリンスタンド，自動車整備工場等に埋設配管する場合は，油分などの浸透を防止するため，さや管などにより適切な防護措置を施す．

(4) 配管接合用シール材又は接着剤は，これらの物質が水道水に混入し，油臭，薬品臭等が発生する場合があるので，必要最小限の使用量とする．

**解説** (2) 給水管路に近接してシアン，六価クロム等の有毒薬品置場，有害物の取扱場，汚水槽等の汚染源がある場合は，給水管を影響のないところまで離し，施設に近接して設置してはならない．

**解答▶(2)**

## 問題⑳ 水の汚染防止

水の汚染防止に関する次の記述のうち，**不適当なもの**はどれか．

(1) 配管接合用シール材又は接着剤等は水道用途に適したものを使用し，接合作業において接着剤，切削油，シール材等の使用量が不適当な場合，これらの物質が水道水に混入し，油臭，薬品臭等が発生する場合があるので必要最小限の材料を使用する．

(2) 末端部が行き止まりの給水装置は，停滞水が生じ，水質が悪化するおそれがあるため極力避ける．やむを得ず行き止まり管となる場合は，末端部に排水機構を設置する．

(3) 洗浄弁，洗浄装置付便座，水洗便器のロータンク用ボールタップは，浸出性能基準の適用対象となる給水用具である．

(4) 一時的，季節的に使用されない給水装置には，給水管内に長期間水の停滞を生じることがあるため，まず適量の水を飲用以外で使用することにより，その水の衛生性を確保する．

(5) 分岐工事や漏水修理等で鉛製給水管を発見した時は，速やかに水道事業者に報告する．

4章 給水装置の構造及び性能●問題&解答

**解説** (3) 浸出性能基準の適用対象外の給水用具には，洗浄弁，洗浄装置付便座，水洗便器のロータンク用ボールタップがある．浸出性能基準に適用する給水用具には，止水栓，逆止弁などがある．

**解答▶(3)**

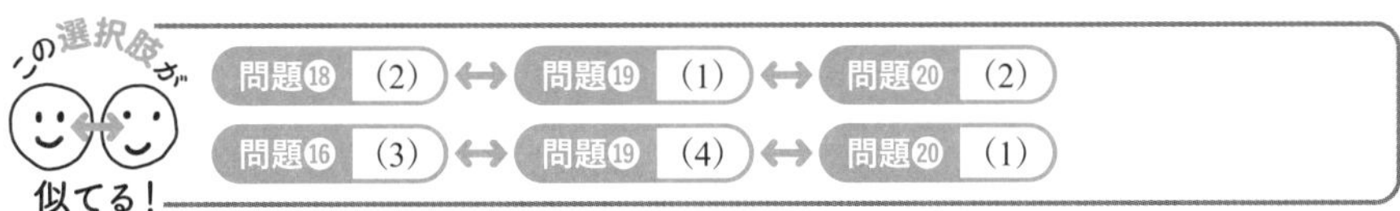

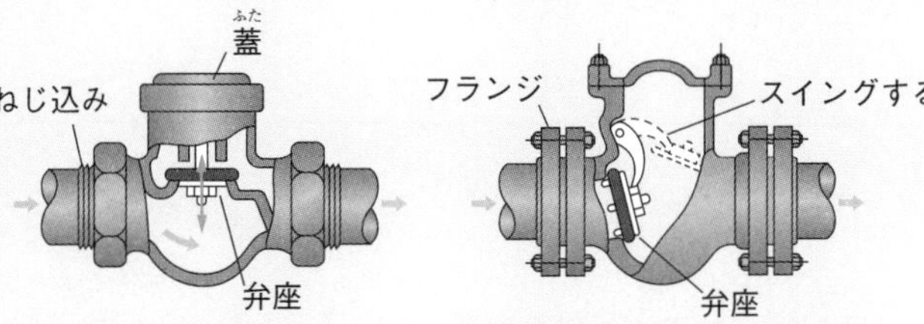


流体の流れで弁座が上下する
(a) リフト式逆止弁

流体の流れで弁座がスイングする
(b) スイング式逆止弁

## 問題㉑ 給水装置の検査

水道法に規定する給水装置の検査等に関する次の記述の正誤の組み合わせのうち，**適当なもの**はどれか．

ア　水道事業者は，日出後日没前に限り，指定給水装置工事事業者をして，当該水道によって水の供給を受ける者の土地又は建物に立ち入り，給水装置を検査させることができる．

イ　水道事業者は，当該水道によって水の供給を受ける者の給水装置の構造及び材質が水道法の政令の基準に適合していないときは，供給規程の定めるところにより，給水装置が基準に適合するまでの間その者への給水を停止することができる．

ウ　水道事業によって水の供給を受ける者は，指定給水装置工事事業者に対して，給水装置の検査及び供給を受ける水の水質検査を請求することができる．

エ　水道事業者は，当該水道によって水の供給を受ける者の給水装置の構造及び材質が水道法の政令の基準に適合していないときは，供給規程の定めるところにより，その者の給水契約の申込みを拒むことができる．

| | ア | イ | ウ | エ |
|---|---|---|---|---|
| (1) | 誤 | 正 | 誤 | 正 |
| (2) | 誤 | 誤 | 正 | 誤 |
| (3) | 正 | 正 | 誤 | 誤 |
| (4) | 正 | 誤 | 正 | 正 |

**解説** **ア**：水道事業者は，日出後日没前に限り，その職員をして，当該水道に水の供給を受ける者の土地又は建物に立ち入り，給水装置を検査させること
ができる．

**ウ**：水道事業によって水の供給を受ける者は，当該水道事業者に対して，給水装置の検査及び供給を受ける水の水質検査を請求することができる．

**解答▶(1)**

**水道事業者は，給水装置工事が指定給水装置工事事業者以外の者の施行であった場合は，給水契約の拒否又は給水停止ができる．ただし，給水装置の構造材質が基準省令に適合していることが確認された場合この限りでない．**

# 5章 給水装置計画論

全出題問題の中において「5 章　給水装置計画論」の内容からは，6 題出題され，最低必要獲得点数は 2 点（2 題）となる．

過去の出題傾向を分析した出題ランク

★★★よく出題されている　★★比較的よく出題されている　★出題されることがある

| | |
|---|---|
| ★★★ | • 口径決定計算法（損失水頭・余裕水頭・流量・口径決定） |
| ★★ | • 口径決定の手順<br>• 各給水方式の比較と長所，短所<br>• 受水槽容量の算定 |
| ★ | • 直結給水システムの計画と設計<br>• 計画使用水量の決定（用語の定義・受水槽以下の設備）<br>• 同時使用水量 |

# 5-1 給水装置工事の基本調査

## 1 基本調査

給水装置の工事の依頼を受けた場合は，現場の状況を把握するために必要な調査を行う．基本調査は，計画・施工の基礎となるものであり，調査の結果は計画の策定，施工，さらには給水装置の機能にも影響する重要な作業である．

## 2 基本調査の調査項目と調査内容

**表 5・1** に標準的な調査項目と内容及び確認場所を示す．

**表 5・1　調査項目と内容及び確認場所** [4)]

| 調査項目 | 調査内容 | 調査（確認場所） | | | |
|---|---|---|---|---|---|
| | | 工事申込者 | 水道事業者 | 現地 | その他 |
| 1. 工事場所 | 住居表示番号（町名，丁，番地等） | ○ | | ○ | |
| 2. 使用水量 | 使用目的（事業・住居），使用人員，延床面積，取付栓数，住居個数，計画居住人口 | ○ | | ○ | |
| 3. 既設給水装置の有無 | 所有者，布設年月，形態（単独栓・連合栓），口径，管種，布設位置，使用水量，水栓番号 | ○ | ○ | ○ | 所有者 |
| 4. 屋外配管 | 水道メーター，止水栓（仕切弁）の位置，布設位置 | ○ | ○ | ○ | |
| 5. 供給条件 | 給水条件，給水区域，3 階以上の直結給水対象地区，配水管への取付口から水道メーターまでの工法，工期，その他工事上の条件等 | | ○ | | |
| 6. 屋内配管 | 給水栓の位置（種類と個数），給水用具 | ○ | | ○ | |
| 7. 配水管の布設状況 | 口径，管種，布設位置，仕切弁，配水管の水圧，消火栓の位置 | | ○ | ○ | |
| 8. 道路の状況 | 種別（公道・私道等），幅員，舗装別，舗装年次 | | | ○ | 道路管理者 |
| 9. 各種埋設物の有無 | 種類（水道・下水道・ガス・電気・電話等），口径，布設位置 | | | ○ | 埋設物管理者 |
| 10. 現場の施工環境 | 施工期間（昼・夜），関連工事 | | ○ | ○ | 埋設物管理者<br>所轄警察署 |
| 11. 既設給水装置から分岐する場合 | 所有者，給水戸数，布設年月，口径，布設位置，既設建物との関連 | ○ | ○ | ○ | 所有者 |
| 12. 受水槽式の場合 | 受水槽の構造，有効容量，位置，点検口の位置，配管ルート | | | ○ | |
| 13. 工事に関する同意承諾の取得確認 | 分岐の同意，私有地内に給水装置埋設の同意，その他権利の所有者の承諾 | ○ | | | 権利の所有者 |
| 14. 建築確認 | 建築確認通知（番号） | ○ | | | |

## 問題❶ 給水装置工事の基本調査

給水装置工事の基本調査に関する次の記述の正誤の組み合わせのうち，**適当なもの**はどれか．

ア　基本調査は，計画・施工の基礎となるものであり，調査の結果は計画の策定，施工，さらには給水装置の機能にも影響する重要な作業である．

イ　水道事業者への調査項目は，既設給水装置の有無，屋外配管，供給条件，配水管の布設状況などがある．

ウ　現地調査確認作業は，道路管理者への埋設物及び道路状況の調査や，所轄警察署への現場施工環境の確認が含まれる．

エ　工事申込者への調査項目は，工事場所，使用水量，既設給水装置の有無，工事に関する同意承諾の取得確認などがある．

| | ア | イ | ウ | エ |
|---|---|---|---|---|
| (1) | 正 | 誤 | 誤 | 正 |
| (2) | 誤 | 正 | 誤 | 正 |
| (3) | 正 | 誤 | 正 | 正 |
| (4) | 正 | 正 | 誤 | 正 |
| (5) | 誤 | 正 | 正 | 誤 |

**解説** **ウ**：現地調査の確認作業は，道路状況の調査は道路管理者への確認が必要であるが，各種埋設物は埋設物管理者，現場施工環境の確認は埋設物管理者と所轄警察署に確認する．**ア**，**イ**，**エ**は正しい．

**解答▶(4)**

基本調査の調査項目については，表5・1を参照のこと．特に，次の項目についてはしっかり覚えておくとよい．

**表5・1より抜粋**

| 調査項目 | 調査内容 | 確認先 |
|---|---|---|
| 既設給水装置の有無 | 所有者，布設年月，形態（単独栓・連合栓），口径，管種，布設位置，使用水量，水栓番号 | 所有者 |
| 道路の状況 | 種別（公道・私道等），幅員，舗装別，舗装年次 | 道路管理者 |
| 各種埋設物の有無 | 種類（水道・下水道・ガス・電気・電話等），口径，布設位置 | 埋設物管理者 |
| 現場の施工環境 | 施工期間（昼・夜），関連工事 | 埋設物管理者<br>所轄警察署 |
| 既設給水装置から分岐する場合 | 所有者，給水戸数，布設年月，口径，布設位置，既設建物との関連 | 所有者 |
| 工事に関する同意承諾の取得確認 | 分岐の同意，私有地内に給水装置埋設の同意，その他権利の所有者の承諾 | 権利の所有者 |

## 問題② 給水装置工事の基本調査

給水装置工事の基本計画に関する次の記述の正誤の組み合わせのうち，**適当なもの**はどれか．

ア　給水装置の基本計画は，基本調査，給水方式の決定，計画使用水量及び給水管口径等の決定からなっており，極めて重要である．

イ　給水装置工事の依頼を受けた場合は，現場の状況を把握するために必要な調査を行う．

ウ　基本調査のうち，下水道管，ガス管，電気ケーブル，電話ケーブルの口径，布設位置については，水道事業者への確認が必要である．

エ　基本調査は，計画・施工の基礎となるものであり，調査の結果は計画の策定，施工，さらには給水装置の機能にも影響する重要な作業である．

| | ア | イ | ウ | エ |
|---|---|---|---|---|
| (1) | 誤 | 正 | 正 | 誤 |
| (2) | 正 | 誤 | 誤 | 正 |
| (3) | 正 | 正 | 誤 | 正 |
| (4) | 正 | 正 | 誤 | 誤 |
| (5) | 誤 | 誤 | 正 | 正 |

**解説** **ウ**：基本調査のうち，下水道管，ガス管，電気ケーブル，電話ケーブルの口径，布設位置については，水道事業者への確認ではなく，現地での確認と埋設物管理者への確認が必要．**解答▶(3)**

この選択肢が似てる！

調査項目のうち，水道事業者への確認は下表の通りである．

表5・1より抜粋

| 調査項目 | 調査内容 |
|---|---|
| 既設給水装置の有無 | 所有者，布設年月，形態（単独栓・連合栓），口径，管種，布設位置，使用水量，水栓番号 |
| 屋外配管 | 水道メーター，止水栓（仕切弁）の位置，布設位置 |
| 供給条件 | 給水条件，給水区域，3階以上の直結給水対象地区，配水管への取付口から水道メーターまでの工法，工期，その他工事上の条件等 |
| 配水管の布設状況 | 口径，管種，布設位置，仕切弁，配水管の水圧，消火栓の位置 |
| 現場の施工環境 | 施工期間（昼・夜），関連工事 |
| 既設給水装置から分岐する場合 | 所有者，給水戸数，布設年月，口径，布設位置，既設建物との関連 |

# 5-2 給水方式の決定

## 1 給水方式

給水方式は**図 5・1** のように分類される.

### 1. 直結式

配水管の水圧を直接利用する直結直圧式と，給水管途中に増圧ポンプ（直結加圧形ポンプユニット）を設置して給水を行う直結増圧式がある（**図 5・2**）.

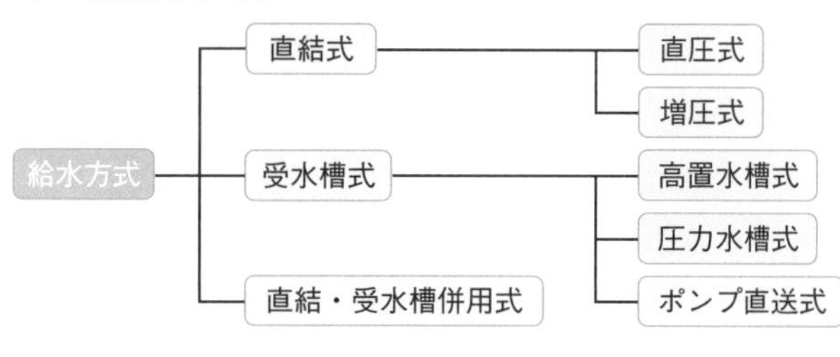


**図 5・1　給水方式の分類**

① **直結直圧式**：配水管から直接給水管を引込み，配水管の動水圧により直接給水する方式である．各水道事業者において，逐次その対象範囲の拡大を図っており，5 階を超える建物をその対象としている水道事業者もある．

② **直結増圧式**：給水管に直結加圧形ポンプユニットを設置し，水圧の不足分を加圧して高位置まで直結給水するものである．配水管が断水したときに給水装置からの逆圧が大きいことから，直結加圧形ポンプユニットに近接して有効な逆止弁を設置する．

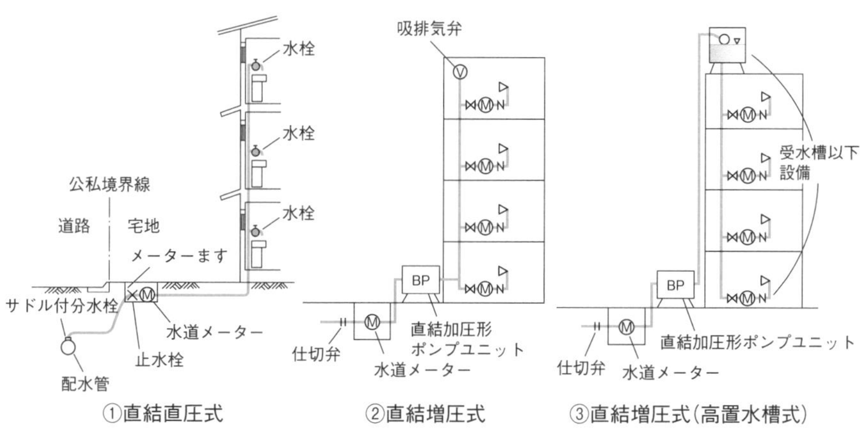


**図 5・2　直結式**

## 2. 受水槽式

配水管からの給水を受水槽に受水してから給水する方式で，受水槽入口で配水系統と縁が切れる．この給水方式には，高置水槽式，圧力水槽式，ポンプ直送式がある（**図5・3**）．

① **高置水槽式**：受水槽に受水した後，ポンプで高置水槽へ汲み上げ，自然流下により給水する方式である．高層建物で高置水槽式を採用する場合は，1つの高置水槽から適当な水圧で給水できる範囲は10階程度となる．これを超える場合は中間階などに高置水槽を設けたり，減圧弁などを設置する．

② **圧力水槽式**：受水槽に受水した後，ポンプで圧力水槽に貯え，その内部圧力によって給水する方式である．

③ **ポンプ直送式**：受水槽に受水した後，使用水量に応じてポンプの運転台数の変更や回転数制御によって給水する方式である．

※受水槽式で配水管の水圧が高いときは，受水槽への流入時に給水管を流れる流量が過大となるため定流量弁や減圧弁などを設ける．

## 3. 直結・受水槽併用式

1つの建築物内で直結式と受水槽式を併用し給水するものである．

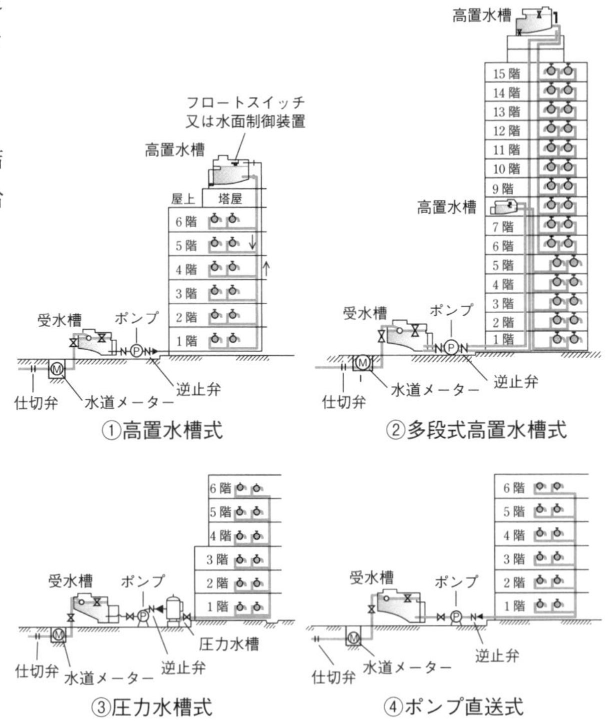


図5・3 受水槽式

## 問題1 給水方式

給水方式に関する次の記述の正誤の組み合わせのうち，**適当なもの**はどれか．

ア　直結式給水は，配水管の水圧で直結給水する方式（直結直圧式）と，給水管の途中に圧力水槽を設置して給水する方式（直結増圧式）がある．

イ　直結式給水は，配水管から給水装置の末端まで水質管理がなされた安全な水を需要者に直接供給することができる．

ウ　受水槽式給水は，配水管から分岐し受水槽に受け，この受水槽から給水する方式であり，受水槽流出口までが給水装置である．

エ　直結・受水槽併用式給水は，1つの建築物内で直結式，受水槽式の両方の給水方式を併用するものである．

| | ア | イ | ウ | エ |
|---|---|---|---|---|
| (1) | 正 | 正 | 誤 | 誤 |
| (2) | 正 | 誤 | 誤 | 正 |
| (3) | 正 | 誤 | 正 | 誤 |
| (4) | 誤 | 誤 | 正 | 正 |
| (5) | 誤 | 正 | 誤 | 正 |

**解説** **ア**：直結式給水には，直結直圧式と直結増圧式があり，直結直圧式は配水管の水圧で直結給水するもので，直結増圧式は給水管の途中に直結加圧形ポンプユニットを設置して給水するものである．直結増圧式では，圧力水槽は用いない．**ウ**：受水槽式給水は，配水管から分岐し，いったん受水槽に貯留し，この受水槽から給水する方式である．給水装置は受水槽入口までとなる．**イ**，**エ**は正しい．

**解答▶(5)**

給水方式は末端給水用具の必要給水圧を確保することを目的として次のように分類される．

| 給水方式 | | 給水圧の確保 |
|---|---|---|
| 直結式 | 直圧式 | 配水管の動水圧による． |
| | 増圧式 | 直結加圧ポンプユニットの増圧による．<br>※高置水槽（増圧揚水）式もある． |
| 受水槽式 | 高置水槽式 | 重力（自然流下）による． |
| | 圧力水槽式 | 圧力水槽の内部圧力による． |
| | ポンプ直送式 | ポンプの台数制御や回転数制御による． |
| 直結・受水槽併用式 | | 直結式と受水槽式の併用による． |

## 問題❷ 給水方式

給水方式に関する次の記述の正誤の組み合わせのうち，**適当なもの**はどれか．

ア　受水槽式は，配水管の水圧が変動しても受水槽以下の設備は給水圧，給水量を一定の変動幅に保持できる．

イ　圧力水槽式は，小規模の中層建物に多く使用されている方式で，受水槽を設置せずに，ポンプで圧力水槽に蓄え，その内部圧力によって給水する方式である．

ウ　高置水槽式は，1つの高置水槽から適切な水圧で給水できる高さの範囲は10階程度なので，それを超える高層建物では高置水槽や減圧弁をその高さに応じて多段に設置する必要がある．

エ　直結増圧式は，給水管の途中に直結加圧形ポンプユニットを設置し，圧力を増して直結給水する方法である．

| | ア | イ | ウ | エ |
|---|---|---|---|---|
| (1) | 正 | 正 | 誤 | 誤 |
| (2) | 正 | 誤 | 正 | 正 |
| (3) | 誤 | 誤 | 正 | 誤 |
| (4) | 誤 | 正 | 誤 | 正 |
| (5) | 正 | 正 | 正 | 誤 |

**解説** **イ**：圧力水槽式は，小規模の中層建物に多く使用されている方式で，受水槽を設置し，ポンプで圧力水槽に貯え，その内部圧力によって給水する方式である．**ア**，**ウ**，**エ**は正しい．

**解答▶(2)**

給水方式は末端給水用具の必要給水圧を確保することを目的として次のように分類される．

| 給水方式 | | 建物用途 |
|---|---|---|
| 直結式 | 直圧式 | 戸建て住宅　※低層建物(5階程度) |
| | 増圧式 | 低・中層建物(3〜10階程度) |
| 受水槽式 | 高置水槽式 | 中・高層建物 |
| | 圧力水槽式 | 小規模中層建物 |
| | ポンプ直送式 | 小規模中層建物 |
| 直結・受水槽併用式 | | 中高層建物 |

※水道事業者による．

## 問題❸ 給水方式

給水方式の決定に関する次の記述のうち，**不適当なもの**はどれか．

(1) 水道事業者ごとに，水圧状況，配水管整備状況等により給水方式の取扱いが異なるため，その決定にあたっては，計画に先立ち，水道事業者に確認する必要がある．

(2) 一時に多量の水を使用するとき等に，配水管の水圧低下を引き起こすおそれがある場合は，直結・受水槽併用式給水とする．

(3) 配水管の水圧変動にかかわらず，常時一定の水量，水圧を必要とする場合は受水槽式とする．

(4) 直結給水システムの給水形態は，階高が4階程度以上の建築物の場合は基本的には直結増圧式給水であるが，配水管の水圧等に余力がある場合は，特例として直結直圧式で給水することができる．

(5) 有毒薬品を使用する工場等事業活動に伴い，水を汚染するおそれのある場所に給水する場合は受水槽式とする．

**解説** (2) 一時に多量の水を使用するとき等に，配水管の水圧低下を引き起こすおそれがある場合は，受水槽式給水とする．

**解答▶(2)**

一般に，次の場合は受水槽式とする．

① 災害時の断水時にも給水確保が必要なとき（病院，行政機関の庁舎やデパート等，コンピュータ室など冷却水が必要となる場合など）．

② 一時的に多量の水を使用するときや，使用水量の変動が大きいとき．

③ 配水管の圧力変動に影響されずに，常時一定の水量，水圧を必要とするとき．

④ 工場（事業場）などで有毒薬品などにより水が汚染されるおそれのあるとき．

また，受水槽式の短所（留意点）は次の通りである．

- 夏期の水温上昇，滞留時間の長時間化などによる水質悪化が生じる場合がある．
- 受水槽でいったん水を受け，水道管の圧力が開放されるため，エネルギーを有効に活用できない．
- 貯水槽の定期的な点検や清掃などの維持管理が適正に行われていることが必要である．

# 5-3 計画使用水量の決定

## 1 用語の定義

① 計画使用水量：給水装置に給水される水量をいい，給水管口径などの主要諸元を計画する際の基礎となるものである．建物の用途及び水の使用用途，使用人数，給水用具の数などを考慮した上で決定される．

② 同時使用水量：給水装置に設置されている末端給水用具のうち，いくつかの末端給水用具を同時に使用することによってその給水装置を流れる水量をいい，一般に，計画使用水量は同時使用水量から求められる．

③ 計画 1 日使用水量：給水装置工事の対象となる給水装置に給水される 1 日当たりの水量であって，受水槽式の場合の受水槽容量の決定などの基礎となるものである．

## 2 直結式給水における計画使用水量

### 1. 一戸建て住宅などの場合

#### ① 同時に使用する末端給水用具数による算出

［例］湯沸器 32 L/min が 1 台，浴槽 20 L/min が 1 台，洗面器 17 L/min が 2 台，台所流し 17 L/min が 1 台，大便器 17 L/min が 2 台設置してある場合の同時使用水量はいくらか．

**算出方法** 総給水用具数が 7 なので，**表 5・2** より同時に使用する給水用具数は 3 となる．同時に使用する末端給水用具については，使用水量の多いものや使用頻度の高いものを含める．ここでは，使用水量の多いほうから 3 個分の給水量を合計し，同時使用水量を求める．

同時使用水量 = 32 + 20 + 17 = 69 L/min

※一般的な末端給水用具の吐水量については，給水用具種類別や呼び径により決める方法もある（**表 5・3**，**表 5・4**）．

表 5・2 同時使用率を考慮した末端給水用具数

| 総給水用具数 | 同時に使用する給水用具数 | 総給水用具数 | 同時に使用する給水用具数 |
|---|---|---|---|
| 1 | 1 | 11～15 | 4 |
| 2～4 | 2 | 16～20 | 5 |
| 5～10 | 3 | 21～30 | 6 |

表 5・3 末端給水用具の標準使用水量

| 給水栓口径〔mm〕 | 13 | 20 | 25 |
|---|---|---|---|
| 標準流量〔L/min〕 | 17 | 40 | 65 |

表５・４　種類別吐水量と対応する末端給水用具の呼び径

| 用途 | 使用水量〔L/min〕 | 対応する給水用具の口径〔mm〕 | 用途 | 使用水量〔L/min〕 | 対応する給水用具の口径〔mm〕 |
|---|---|---|---|---|---|
| 台所流し | 12～40 | 13～20 | 小便器（洗浄タンク） | 12～20 | 13 |
| 洗濯流し | 12～40 | 13～20 | 小便器（洗浄弁）＊1 | 15～30 | 13 |
| 洗面器 | 8～15 | 13 | 大便器（洗浄タンク） | 12～20 | 13 |
| 浴槽（和式） | 20～40 | 13～20 | 大便器（洗浄弁）＊2 | 70～130 | 25 |
| 浴槽（洋式） | 30～60 | 20～25 | 消火栓（小形） | 130～260 | 40～50 |
| シャワー | 8～15 | 13 | 散水 | 15～40 | 13～20 |
| 手洗器 | 5～10 | 13 | 洗車＊3 | 35～65 | 20～25 |

＊1：1回（4～6 s）の吐水量 2～3 L　＊2：1回（8～12 s）の吐水量 13.5～16.5 L　＊3：業務用

② 同時使用水量比による算出

同時使用水量＝（給水用具の全使用水量÷総給水用具数）×同時使用水量比

［例］公衆便所において，大便器 20 L/min が 2 台，小便器 20 L/min が 4 台，洗面器 17 L/min が 2 台の給水用具へ給水を行う場合の同時使用水量はいくらか．

**算出方法** 上式により求める．

- 給水用具の全使用水量：$20 \times 2 + 20 \times 4 + 17 \times 2 = 154$ L/min
- 総給水用具数：$2 + 4 + 2 = 8$
- 同時使用水量比：**表 5・5** より求めると 2.8 となる．

∴ 同時使用水量＝$(154 \div 8) \times 2.8 = 53.9 \fallingdotseq 54$ L/min

表５・５　給水用具数と同時使用水量比

| 総給水用具数 | 1 | 2 | 3 | 4 | 5 | 6 | 7 | 8 | 9 | 10 | 15 | 20 | 30 |
|---|---|---|---|---|---|---|---|---|---|---|---|---|---|
| 同時使用水量比 | 1 | 1.4 | 1.7 | 2.0 | 2.2 | 2.4 | 2.6 | 2.8 | 2.9 | 3.0 | 3.5 | 4.0 | 5.0 |

## 2. 集合住宅などの場合

① 各戸使用水量と同時使用戸数率による算出

同時使用水量＝1 戸当たりの給水量×戸数×同時使用戸数率

［例］20 戸の集合住宅がある．1 戸当たりの給水量を 80 L/min とした場合の同時使用水量はいくらか．

**算出方法** 上式より求める．

- 1 戸当たりの給水量：80 L/min　• 戸数：20 戸
- 同時使用戸数率：**表 5・6** より求めると 80 %（0.8）となる．

∴ 同時使用水量＝$80 \times 20 \times 0.8 = 1280$ L/min（1.28 $m^3$/min）．

表５・６　給水戸数と同時使用戸数率

| 戸数 | 1～3 | 4～10 | 11～20 | 21～30 | 31～40 | 41～60 | 61～80 | 81～100 |
|---|---|---|---|---|---|---|---|---|
| 同時使用戸数率〔%〕 | 100 | 90 | 80 | 70 | 65 | 60 | 55 | 50 |

② その他として，戸数から同時使用水量を予測する式による方法や，居住人員から同時使用水量を予測する式による方法もある．

## 3. 事務所ビルなどの場合

### ① 給水用具給水負荷単位による方法

[例] **図5・4**に示す事務所ビル全体の同時使用水量を給水用具給水負荷単位により算定しなさい．ただし，4つの事務所には，それぞれ大便器（洗浄タンク），小便器（洗浄タンク），洗面器，事務室用流し，掃除用流しが1栓ずつ設置されているものとし，各給水用具の給水負荷単位及び同時使用水量との関係は，**表5・7**及び**図5・5**を用いるものとする．

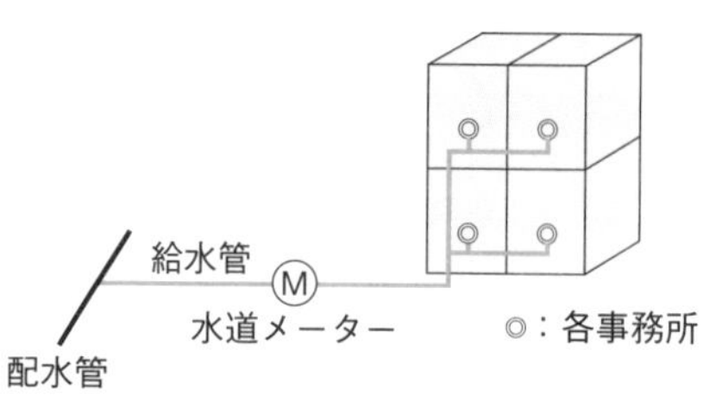


図5・4

表5・7 給水用具給水負荷単位

| 給水用具名 | 水栓 | 給水用具給水負荷単位（公衆用） |
|---|---|---|
| 大便器 | 洗浄タンク | 5 |
| 小便器 | 洗浄タンク | 3 |
| 洗面器 | 給水栓 | 2 |
| 事務室用流し | 給水栓 | 3 |
| 掃除用流し | 給水栓 | 4 |

**算出方法**

- 1つの事務室のそれぞれの給水用具給水負荷単位を表5・7から求める．
  大便器（洗浄タンク）：5単位，小便器（洗浄タンク）：3単位，洗面器：2単位，事務室用流し：3単位，掃除用流し：4単位
- 1つの事務室の給水用具給水負荷単位の合計＝5＋3＋2＋3＋4＝17単位
- 事務室が4つあるので，全体の給水用具給水負荷単位＝17×4＝68単位
- 同時使用水量は図5・5より求める．大便器が洗浄タンクなので曲線②を使用する．
- 給水用具給水負荷単位（横軸）の68単位と，曲線②の交点から同時使用水量（縦軸）を読み取ると125 L/minとなる．

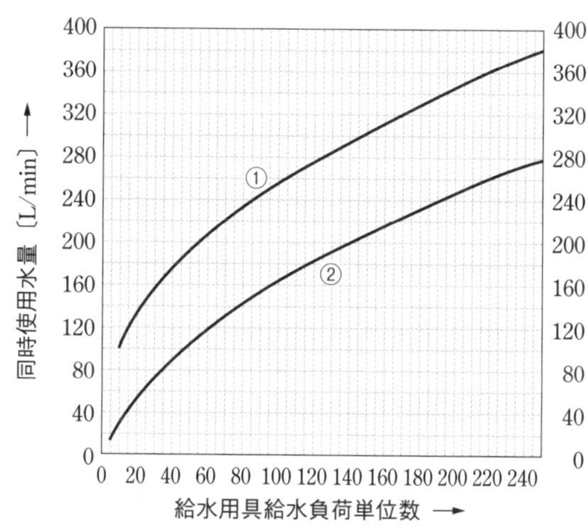


図5・5 給水用具給水負荷単位による同時使用水量

# 3 受水槽式給水における計画使用水量

## 1. 計画 1 日使用水量

受水槽式給水の計画 1 日使用水量は，**表 5・8** の値を用いて算定する．

① 使用人数がわかっている場合

計画 1 日使用水量 = 1 日 1 人当たり使用水量 × 使用人員

② 使用人員がわからない場合

計画 1 日使用水量 = 単位床面積当たり使用水量 × 延べ床面積

③ 使用水量の実績調査などにより求める．

## 2. 受水槽の容量

受水槽容量は，計画 1 日使用水量の 4/10〜6/10 程度が標準である．



表 5・8 建物種類別単位給水量・使用時間・人員 [5)]

| 建物種類 | 単位給水量（1 日当たり） | 使用時間〔h/日〕 | 注記 | 有効面積当たりの人員など | 備考 |
|---|---|---|---|---|---|
| 戸建て住宅<br>集合住宅<br>独身寮 | 200〜400 L/人<br>200〜350 L/人<br>400〜600 L/人 | 10<br>15<br>10 | 居住者 1 人当たり<br>居住者 1 人当たり<br>居住者 1 人当たり | 0.16 人/m²<br>0.16 人/m² | |
| 官公庁・事務所 | 60〜100 L/人 | 9 | 在勤者 1 人当たり | 0.2 人/m² | 男子 50 L/人，女子 100 L/人，社員食堂・テナントなどは別途加算 |
| 工　場 | 60〜100 L/人 | 残業時間 + 1 | 在勤者 1 人当たり | 座り作業 0.3 人/m²<br>立ち作業 0.1 人/m² | 男子 50 L/人，女子 100 L/人，社員食堂・シャワーなどは別途加算 |
| 総合病院 | 1 500〜3 500 L/床<br>30〜60 L/m² | 16 | 延べ面積 1 m² 当たり | | 設備内容などにより詳細に検討する |
| ホテル全体 | 500〜6 000 L/床 | 12 | | | 同上 |
| ホテル客室部 | 350〜450 L/床 | 12 | | | 各室部のみ |
| 保養所 | 500〜800 L/人 | 10 | | | |
| 喫茶店 | 20〜35 L/客<br>55〜130 L/店舗 m² | 10 | | 床面積にはちゅう房面積を含む | ちゅう房で使用される水量のみ<br>便所洗浄水などは別途加算 |
| 飲食店 | 55〜130 L/客<br>110〜530 L/店舗 m² | 10 | | 同上 | 同上<br>定性的には，軽食・そば・和食・洋食・中華の順に多い |
| 社員食堂 | 25〜50 L/食<br>80〜140 L/食堂 m² | 10 | | 同上 | 同上 |
| 給食センター | 20〜30 L/食 | 10 | | | 同上 |
| デパート・スーパーマーケット | 15〜30 L/m² | 10 | 延べ面積 1 m² 当たり | | 従業員分・空調用水を含む |
| 小・中・普通高等学校 | 70〜100 L/人 | 9 | (生徒 + 職員)<br>1 人当たり | | 教師・職員分を含む．プール用水（40〜100 L/人）は別途加算 |
| 大学講義棟 | 2〜4 L/m² | 9 | 延べ面積 1 m² 当たり | | 実験・研究用水は別途加算 |
| 劇場・映画館 | 25〜40 L/m²<br>0.2〜0.3 L/人 | 14 | 延べ面積 1 m² 当たり<br>入場者 1 人当たり | | 従業員分・空調用水を含む |
| ターミナル駅 | 10 L/1 000 人 | 16 | 乗降客 1 000 人当たり | | 列車給水・洗車用水は別途加算 |
| 普通駅 | 3 L/1 000 人 | 16 | 乗降客 1 000 人当たり | | 従業員分・多少のテナント分を含む |
| 寺院・教会 | 10 L/人 | 2 | 参会者 1 人当たり | | 常住者・常勤者分は別途加算 |
| 図書館 | 25 L/人 | 6 | 閲覧者 1 人当たり | 0.4 人/m² | 常勤者分は別途加算 |

注 1：単位給水量は設計対象給水量であり，年間 1 日平均水量ではない．
注 2：備考欄に付記のないかぎり，空調用水，冷凍機冷却水，実験・研究用水，プロセス用水，プール・サウナ用水などは別途加算する．

## 問題❶ 計画使用水量・同時使用水量

計画使用水量に関する次の記述の正誤の組み合わせのうち，**適当なもの**はどれか．

ア　計画使用水量は，給水管口径等の給水装置系統の主要諸元を計画する際の基礎となるものであり，建物の用途及び水の使用用途，使用人数，給水栓の数等を考慮した上で決定する．

イ　直結増圧式給水を行うにあたっては，1日当たりの計画使用水量を適正に設定することが，適切な配管口径の決定及び直結加圧形ポンプユニットの適正容量の決定に不可欠である．

ウ　受水槽式給水における受水槽への給水量は，受水槽の容量と使用水量の時間的変化を考慮して定める．

エ　同時使用水量とは，給水装置に設置されている末端給水用具のうち，いくつかの末端給水用具を同時に使用することによってその給水装置を流れる水量をいう．

| | ア | イ | ウ | エ |
|---|---|---|---|---|
| (1) | 正 | 誤 | 正 | 誤 |
| (2) | 誤 | 正 | 誤 | 正 |
| (3) | 正 | 誤 | 誤 | 正 |
| (4) | 正 | 誤 | 正 | 正 |
| (5) | 誤 | 正 | 誤 | 誤 |

**解説** **イ**：直結増圧式給水を行うにあたっては，同時使用水量を適正に設定することが，適切な配管口径の決定及び直結加圧形ポンプユニットの適正容量の決定に不可欠である．1日当たりの計画使用水量ではない．**ア**，**ウ**，**エ**は正しい．

**解答▶(4)**

計画使用水量とは，給水装置に給水される水量で，同時使用水量から求められ，給水管口径などの主要諸元を計画する際の基礎となるものである．同時使用水量は，給水装置に設置されている末端給水用具のうち，いくつかの末端給水用具を同時に使用することによってその給水装置を流れる水量をいう．建物の用途及び水の使用用途，使用人数，給水用具の数などを考慮したうえで決定される．

## 問題② 計画使用水量・同時使用水量

直結式給水による15戸の集合住宅での同時使用水量として，次のうち，**最も近い値**はどれか．

ただし，同時使用水量は，標準化した同時使用水量により計算する方法によるものとし，1戸当たりの末端給水用具の個数と使用水量，同時使用率を考慮した末端給水用具数，並びに集合住宅の給水戸数と同時使用戸数率は，それぞれ表-1から表-3までのとおりとする．

表-1　1戸当たりの末端給水用具の個数と使用水量

| 給水用具 | 個数 | 使用水量〔L/min〕 |
|---|---|---|
| 台所流し | 1 | 25 |
| 洗濯流し | 1 | 25 |
| 洗面器 | 1 | 10 |
| 浴槽（洋式） | 1 | 40 |
| 大便器（洗浄タンク） | 1 | 15 |
| 手洗器 | 1 | 5 |

表-2　総末端給水用具数と同時使用水量比

| 総末端給水用具数 | 1 | 2 | 3 | 4 | 5 | 6 | 7 | 8 | 9 | 10 | 15 | 20 | 30 |
|---|---|---|---|---|---|---|---|---|---|---|---|---|---|
| 同時使用水量比 | 1.0 | 1.4 | 1.7 | 2.0 | 2.2 | 2.4 | 2.6 | 2.8 | 2.9 | 3.0 | 3.5 | 4.0 | 5.0 |

表-3　給水戸数と同時使用戸数率

| 戸　数 | 1～3 | 4～10 | 11～20 | 21～30 | 31～40 | 41～60 | 61～80 | 81～100 |
|---|---|---|---|---|---|---|---|---|
| 同時使用戸数率〔%〕 | 100 | 90 | 80 | 70 | 65 | 60 | 55 | 50 |

（1）580 L/min　（2）610 L/min
（3）640 L/min　（4）670 L/min
（5）700 L/min

**解説** 同時使用水量は次式で求める．

同時使用水量＝①末端給水用具の全使用水量÷②末端給水用具総数×③同時使用水量比×④戸数×⑤同時使用戸数率

① 末端給水用具の全使用水量〔L/min〕（**表-1** 参照）
　1×25＋1×25＋1×10＋1×40＋1×15＋1×5＝120 L/min

② 末端給水用具総数（**表-1** 参照）　1＋1＋1＋1＋1＋1＝6個

③ 同時使用水量比（**表-2** 参照）　総末端給水用具が6個のとき→2.4

④ 戸数→15戸

⑤ 同時使用戸数率〔%〕（**表-3** 参照）　戸数15戸のとき→80%

以上の①～⑤で求めた値を代入すると，

同時使用水量＝120÷6×2.4×15×0.8＝576〔L/min〕

**解答▶(1)**

## 問題③ 計画使用水量・同時使用水量

図-1 に示す事務所ビル全体（6 事務所）の同時使用水量を給水用具給水負荷単位により算定した場合，次のうち，**適当なもの**はどれか.

ここで，6 つの事務所には，それぞれ大便器（洗浄弁），小便器（洗浄弁），洗面器，事務室用流し，掃除用流しが 1 栓ずつ設置されているものとし，各給水用具の給水負荷単位及び同時使用水量との関係は，表-1 及び図-2 を用いるものとする.

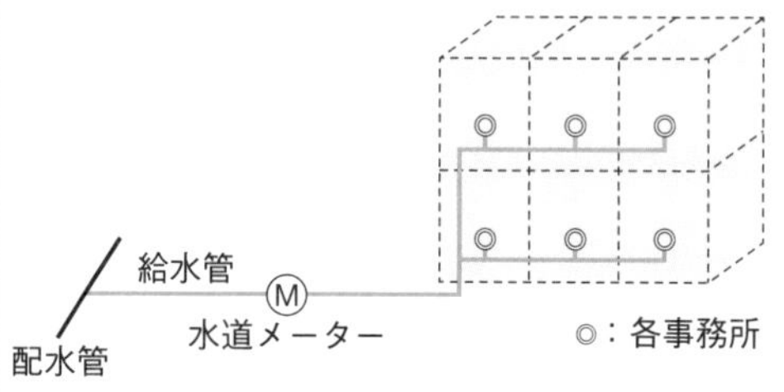


図-1

表-1　給水用具給水負荷単位

| 器具名 | 水栓 | 器具給水負荷単位 |
|---|---|---|
| 大便器 | 洗浄弁 | 10 |
| 小便器 | 洗浄弁 | 5 |
| 洗面器 | 給水栓 | 2 |
| 事務室用流し | 給水栓 | 3 |
| 掃除用流し | 給水栓 | 4 |

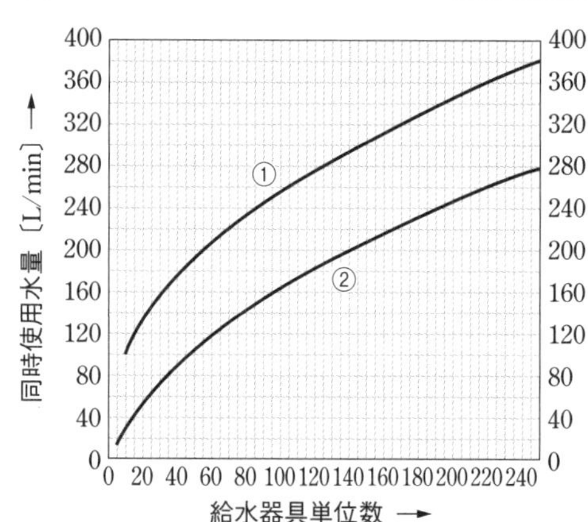


注）この図の曲線①は大便器洗浄弁の多い場合，曲線②は大便器洗浄タンク（ロータンク便器等）の多い場合に用いる.

図-2　給水用具給水負荷単位による同時使用水量

（1）約 60 L/min　（2）約 150 L/min
（3）約 200 L/min　（4）約 250 L/min
（5）約 300 L/min

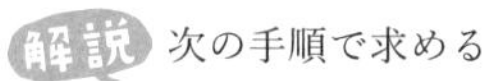

次の手順で求める.

① 1つの事務室のそれぞれの給水用具給水負荷単位は表-1より

大便器（洗浄弁）：10単位，小便器（洗浄弁）：5単位，洗面器（給水栓）：2単位，事務所用流し（給水栓）：3単位，掃除用流し（給水栓）：4単位である.

② 1つの事務室の給水用具給水負荷単位の合計を求める.

10 + 5 + 2 + 3 + 4 = 24 単位

③ 事務所ビル全体（事務室6つ）の給水用具給水負荷単位の合計を求める.

24 × 6 = 144 単位

④ 同時使用水量は図-2より求める.

大便器が洗浄弁なので曲線①を使用し，給水用具給水負荷単位（横軸）の合計144単位と曲線①の交点から同時使用水量（縦軸）を読みとる.

→ 約 300 L/min

解答▶(5)

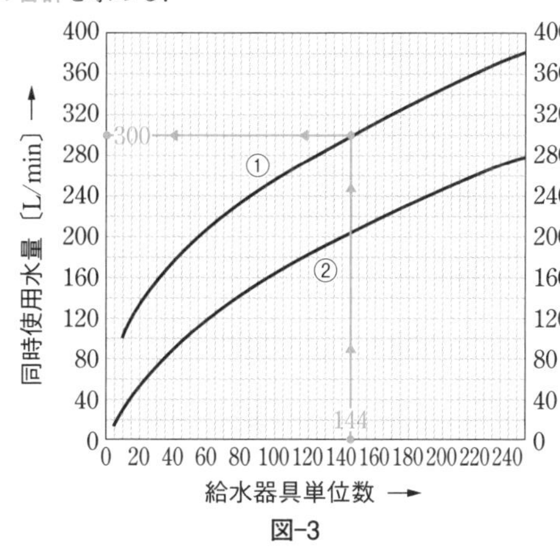

図-3

一定規模以上の末端給水用具を有する集合住宅，事務所ビル等における同時使用水量は給水用具給水負荷単位（下表）と図-2を利用して求める．なお，給水用具給水負荷単位とは，末端給水用具の種類による使用頻度，使用時間及び多数の末端給水用具の負荷率（同時使用を考慮したもの）を見込んで給水量を単位化したものである.

**給水用具給水負荷単位** 5)6)

| 器具名 | 水栓 | 器具給水負荷単位 公衆用 | 器具給水負荷単位 私室用 |
|---|---|---|---|
| 大便器 | 洗浄弁 | 10 | 6 |
| 大便器 | 洗浄タンク | 5 | 3 |
| 小便器 | 洗浄弁 | 5 | |
| 小便器 | 洗浄タンク | 3 | |
| 洗面器 | 給水栓 | 2 | 1 |
| 手洗器 | 給水栓 | 1 | 0.5 |
| 医療用洗面器 | 給水栓 | 3 | |
| 事務室用流し | 給水栓 | 3 | |
| 台所流し | 給水栓 | | 3 |
| 料理場流し | 給水栓 | 4 | 2 |
| 料理場流し | 混合栓 | 3 | |
| 食器流し | 給水栓 | 5 | |

| 器具名 | 水栓 | 器具給水負荷単位 公衆用 | 器具給水負荷単位 私室用 |
|---|---|---|---|
| 連合流し | 給水栓 | | 3 |
| 洗面流し | 給水栓 | 2 | |
| 掃除用流し | 給水栓 | 4 | 3 |
| 浴槽 | 給水栓 | 4 | 2 |
| シャワー | 混合栓 | 4 | 2 |
| 浴室ひとそろい | 大便器が洗浄弁による場合 | | 8 |
| 浴室ひとそろい | 大便器が洗浄タンクによる場合 | | 6 |
| 水飲み器 | 水飲み水栓 | 2 | 1 |
| 湯沸かし器 | ボールタップ | 2 | |
| 散水・車庫 | 給水栓 | 5 | |

備考：給水栓併用の場合は，1個の水栓に対する器具給水負荷単位は上記の数値の3/4とする.

5章 給水装置計画論●問題&解答

## 問題④ 受水槽容量の算定（集合住宅）

受水槽式による総戸数 100 戸（2LDK が 40 戸，3LDK が 60 戸）の集合住宅 1 棟の標準的な受水槽容量の範囲として，次のうち，**最も適当なもの**はどれか．

ただし，2LDK 1 戸当たりの居住人員は 3 人，3LDK 1 戸当たりの居住人員は 4 人とし，1 人 1 日当たりの使用水量は 250 L とする．

（1）24 $m^3$～42 $m^3$

（2）27 $m^3$～45 $m^3$

（3）32 $m^3$～48 $m^3$

（4）36 $m^3$～54 $m^3$

（5）45 $m^3$～63 $m^3$

**解説** 次の手順で求める．

① **2LDK の 40 戸の使用水量**

3 人/戸 × 40 戸 × 250 L/(人・日) = 30000 L/日 = 30 $m^3$/日

② **3LDK の 60 戸の使用量水量**

4 人/戸 × 60 戸 × 250 L/(人・日) = 60000 L/日 = 60 $m^3$/日

③ **集合住宅全体の 1 日の使用水量**

① + ② = 30 $m^3$/日 + 60 $m^3$/日 = 90 $m^3$/日

④ **受水槽容量の標準範囲**は，1 日の使用水量の 4/10～6/10 としているので，

(90 $m^3$ × 4/10)～(90 $m^3$ × 6/10) = 36～54 $m^3$

**解答▶(4)**

**受水槽容量**は，**計画 1 日使用水量の 4/10～6/10 程度**である．必要以上に貯めておくと，消毒の効果が減少し，細菌等による汚染の危険が高くなる．なお，計画 1 日水量は表 5・8 の建物種類別単位給水量・使用時間・人員を参考にし，建物規模と内容，給水区域内における他の使用形態を考慮して決定される．

## 問題⑤ 受水槽容量の算定（事務所）

受水槽式給水による従業員数 140 人（男子 80 人，女子 60 人）の事務所における標準的な受水槽容量の範囲として，次のうち，**適当なもの**はどれか．

ただし，1 人 1 日当たりの使用水量は，男子 50 L，女子 100 L とする．

（1）4 $m^3$～6 $m^3$

（2）6 $m^3$～8 $m^3$

（3）8 $m^3$～10 $m^3$

（4）10 $m^3$～12 $m^3$

**解説** 次の手順で求める．

① **男子従業員の使用水量**

80 人 × 50 L/(人・日) = 4000 L/日 = 4 $m^3$/日

② **女子従業員の使用水量**

60 人 × 100 L/(人・日) = 6000 L/日 = 6 $m^3$/日

③ **事務所全体の 1 日の使用水量**

① + ② = 4 $m^3$/日 + 6 $m^3$/日 = 10 $m^3$/日

④ **受水槽容量の標準範囲**は，1 日の使用水量の 4/10～6/10 としているので，

(10 $m^3$ × 4/10)～(10 $m^3$ × 6/10) = 4～6 $m^3$

解答▶(1)

受水槽容量とは有効容量のことで，受水槽の最高水位と最低水位の間に貯留され，適正に利用可能な水量のことである．また，受水槽を建物内に設置する場合は下図のように保守管理用のスペースを設ける必要がある．

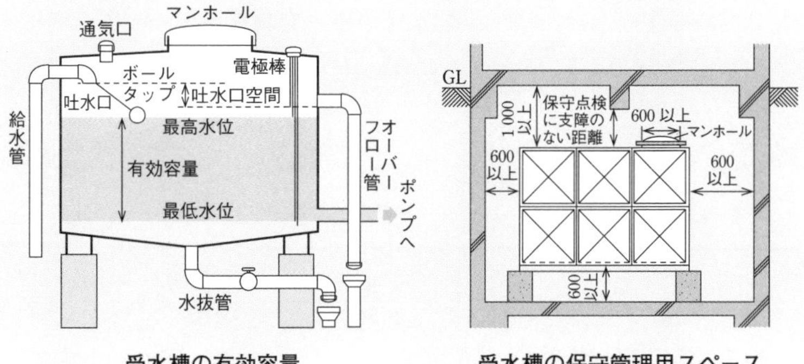


受水槽の有効容量

受水槽の保守管理用スペース
（単位：mm）

# 5-4 給水管の口径

## 1 給水管の口径決定

### 1. 給水管の口径決定の手順

給水管の口径決定の手順は，**図 5・6** に示すとおりである．

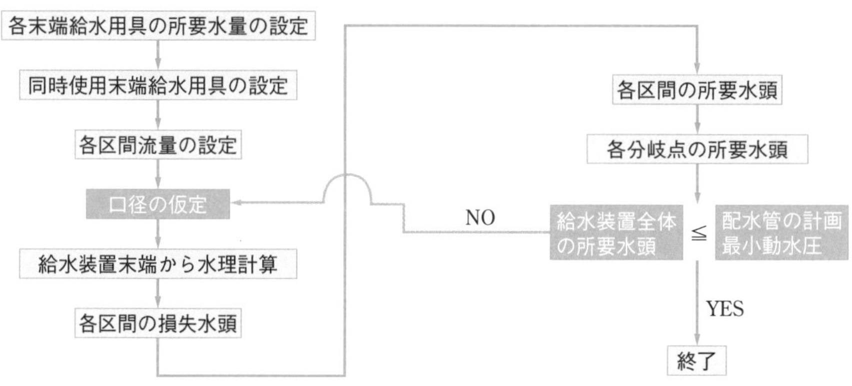


**図 5・6　給水管の口径決定の手順**

① 口径は，水道事業者が定める配水管の水圧において，計画使用水量を供給できる大きさにする．

② 口径は，給水栓の立ち上り高さに総損失水頭を加えたものが，配水管の取出し部分の水圧（計画最小動水圧）の水頭以下になることを確かめて決定する．

③ 将来の使用水量の増加，配水管の圧力変動を考慮し，ある程度余裕を見込

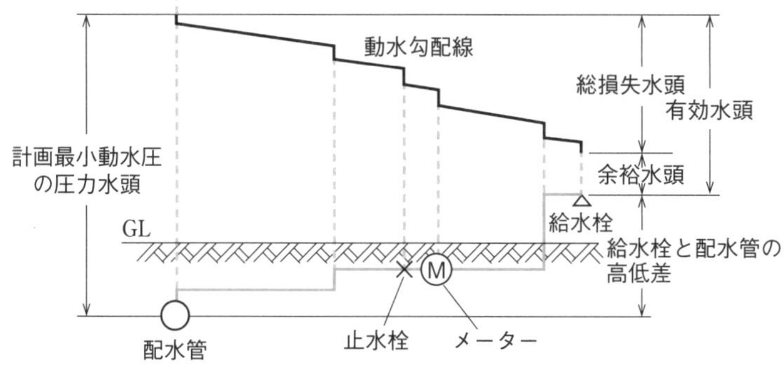


**図 5・7　動水勾配線図**

む（**図 5・7**）.

④ 最低必要圧力を確保しなければならない給水用具がある場合は，その水頭もきちんと確保する．水道メーターは，呼び径により適正使用流量範囲，瞬時使用の許容流量があり，口径決定の大きな要因となる．

⑤ 給水管内の流速は過大にならないようにする（2.0 m/s 以下）.

## 2. 損失水頭

**給水管（直管）の摩擦損失水頭**は，口径が 50 mm 以下の場合はウエストン公式，口径が 75 mm 以上の場合はヘーゼン・ウィリアムス公式により求めることができる．実用的に**ウエストン公式による流量図**（**図 5・8**）が用いられる．

**■ウエストン公式（口径 50 mm 以下の場合）**

$$h=\left(0.0126+\frac{0.01739-0.1087D}{\sqrt{V}}\right)\cdot\frac{L}{D}\cdot\frac{V^2}{2g}$$

$$I=\frac{h}{L}\times 1000$$

$$Q=\frac{\pi D^2}{4}\cdot V$$

ここに，$h$：管の摩擦損失水頭〔m〕，$D$：管の口径〔m〕，
$V$：管内の平均流速〔m/s〕，$g$：重力の加速度〔9.8 m/s²〕，
$L$：管の長さ〔m〕，$Q$：流量〔m³/s〕，$I$：動水勾配〔‰〕

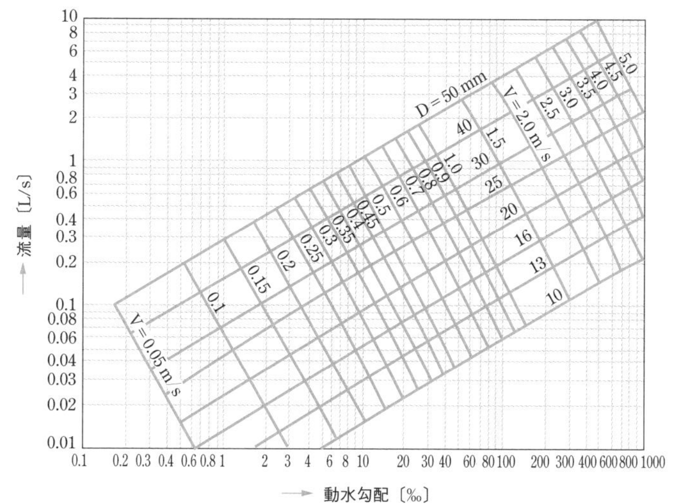


図 5・8 ウエストン公式による流量図

■ヘーゼン・ウィリアムスの公式（口径 75 mm 以上）

$$h = 10.666 \cdot C^{-1.85} \cdot D^{-4.87} \cdot Q^{1.85} \cdot L$$

$$V = 0.35464 \cdot C \cdot D^{0.63} \cdot I^{0.54}$$

$$Q = 0.27853 \cdot C \cdot D^{2.63} \cdot I^{0.54}$$

$C$：流速係数

## 3. 各種給水用具の損失水頭

### ① 図表から求める方法

水栓類，水道メーターの損失水頭について**図 5・9**，**図 5・10** に示す．

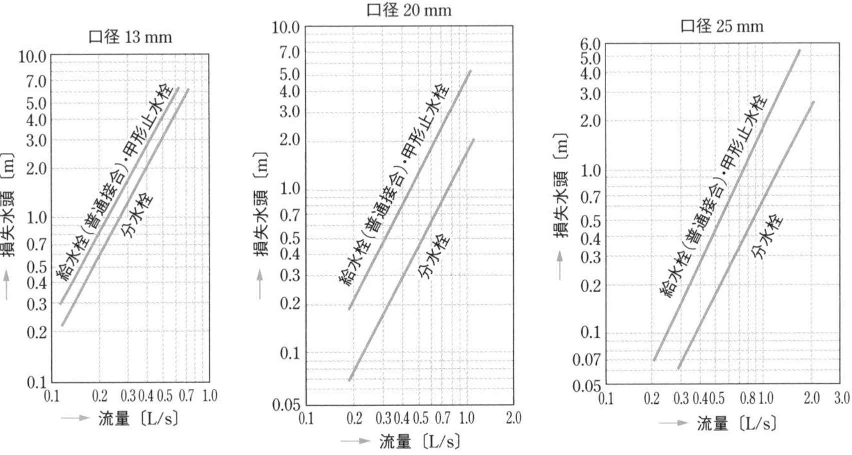


図 5・9　水栓類の損失水頭（給水栓，止水栓，分水栓）

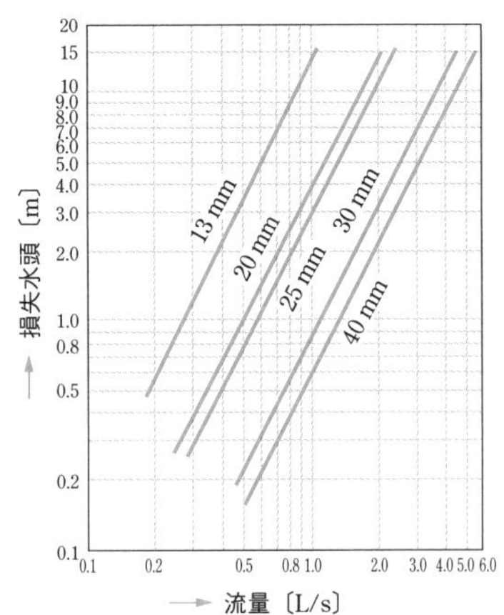


図 5・10　水道メーターの損失水頭

② **直管換算長による方法**

直管換算長は，水栓類，管継手，水道メーターなどの損失水頭が，同径の直管のどれだけの長さ〔m〕に相当するかを示したものである．

## 4. 直結増圧式給水における口径決定

直結増圧式給水における口径の決定を行う場合は，建物内の使用水量の変動が直結加圧形ポンプユニットや取出し給水管の給水能力に直接影響するため，**使用実態などに合った同時使用水量を用いて適正に設定する**ことが必要である．

直結増圧式給水における口径決定の主な手順は，

① 建物内の同時使用水量を適正に設定する．

② 必要な水量が給水できる性能の直結加圧形ポンプユニットを選定する．

③ 必要な水量に応じた取出し給水管の口径を決定する．

**■直結加圧形ポンプユニットの吐水圧（圧力水頭）の設定**

直結加圧形ポンプユニットの吐水圧（圧力水頭）の設定値は，直結加圧形ポンプユニットの下流側の給水管及び用具の損失水頭，末端最高位の給水用具を使用するために必要な圧力（圧力水頭），及び直結加圧形ポンプユニットと末端最高位の給水用具との高低差の合計で求める．

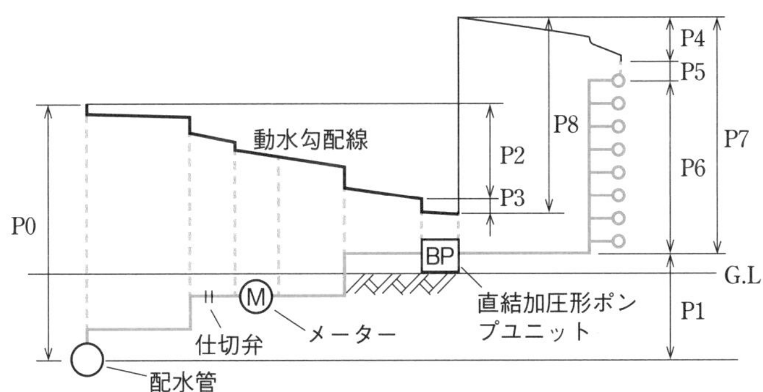


P0：配水管の水圧
P1：配水管と直結加圧形ポンプユニットとの高低差
P2：直結加圧形ポンプユニットの上流側の給水管及び給水用具の損失水頭
P3：直結加圧形ポンプユニットの損失水頭
P4：直結加圧形ポンプユニットの下流側の給水管及び給水用具の損失水頭
P5：末端最高位の給水用具を使用するために必要な圧力
P6：直結加圧形ポンプユニットと末端最高位の給水用具との高低差
P7：直結加圧形ポンプユニット圧力水頭
P8：直結加圧形ポンプユニットの加圧ポンプの全揚程

図5・11　直結加圧形ポンプユニットの吐水圧（圧力水頭）

## 問題❶ 給水管の口径決定の手順

給水管の口径決定の手順に関する次の［　　］内に入る語句の組み合わせのうち，**適当なもの**はどれか．

口径決定の手順は，まず給水用具の［ア］を設定し，次に同時に使用する給水用具を設定し，管路の各区間に流れる［イ］を求める．次に［ウ］を仮定し，その［ウ］で給水装置全体の［エ］が，配水管の［オ］以下であるかどうかを確かめる．

| | ア | イ | ウ | エ | オ |
|---|---|---|---|---|---|
| (1) | 所要水量 | 流量 | 損失水頭 | 所要水頭 | 計画最小動水圧の水頭 |
| (2) | 所要水頭 | 流速 | 口径 | 所要水量 | 計画流量 |
| (3) | 所要水量 | 流量 | 口径 | 所要水頭 | 計画最小動水圧の水頭 |
| (4) | 所要水量 | 流速 | 損失水頭 | 所要水量 | 計画流量 |

**解説** 給水管の口径決定の手順は，まず給水用具の**所要水量**を設定し，次に同時に使用する給水用具を設定し，管路の各区間に流れる**流量**を求める．次に**口径**を仮定し，その**口径**で給水装置全体の**所要水頭**が，配水管の**計画最小動水圧の水頭**以下であるかどうかを確かめる．

**解答▶(3)**

給水管口径の決定においては以下のことをチェックする．

計画最小動水圧の圧力水頭 ≧ 給水栓と配水管の高低差 ＋ 総損失水頭 ＋ 余裕水頭

なお，計画最小動水圧の圧力水頭と配水管以降の所要水頭の関係は下図の通りである．

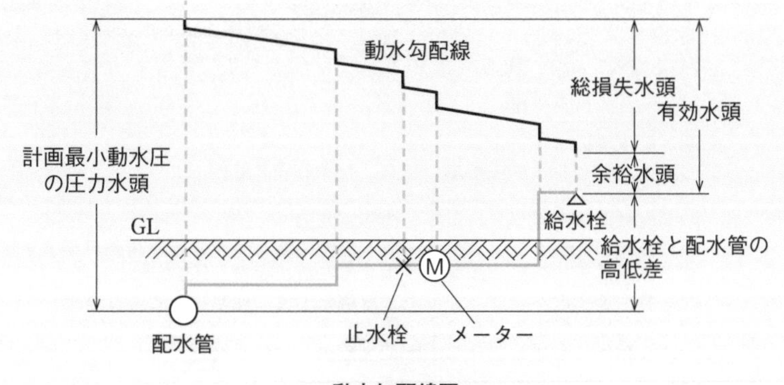


動水勾配線図

## 問題❷ 給水管の口径決定と吐水量

図-1 に示す給水装置における C 点の吐水量として，次のうち，**最も近い値**はどれか．なお，計算に用いる数値条件は次のとおりとし，給水管の流量と動水勾配の関係は，図-2 を用いて求めるものとする．

① 給水管の口径 20 mm
② A～B 間の水平距離 30 m
③ B～C 間の鉛直距離 2 m
④ 水道メーター，給水用具類による損失水頭の直管換算長 6 m
⑤ A 地点における配水管の水圧水頭として 25 m

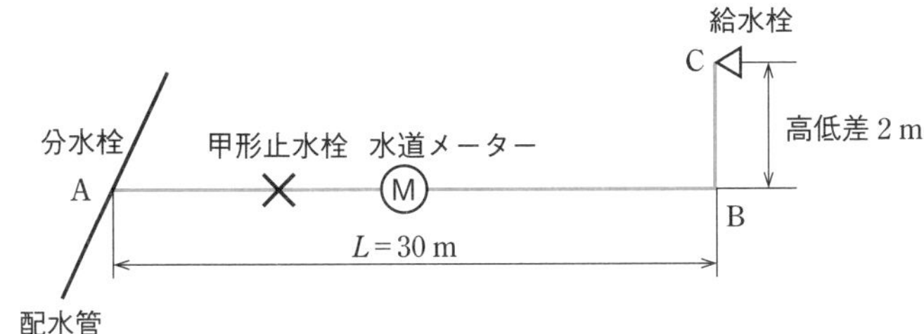


図-1

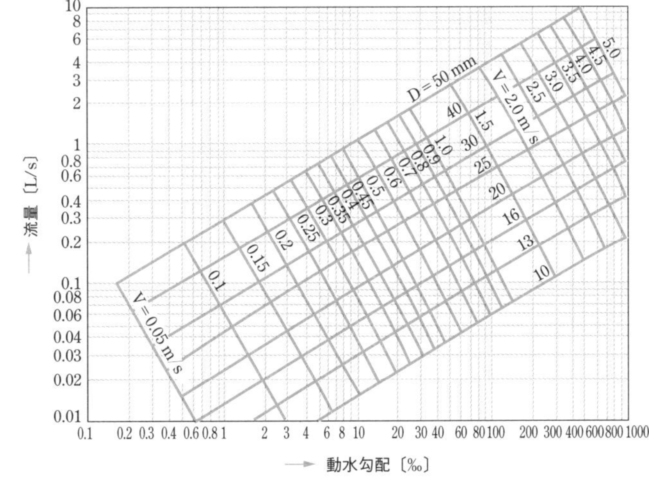


図-2 ウエストン公式による給水管の流量図

（1）20 L/min
（2）40 L/min
（3）60 L/min
（4）80 L/min

解説 次の手順で求める．

① 動水勾配を求める．

a. 総直管長を求める

給水装置の総直管長を求めると，30 m + 2 m = 32 m となる．

水道メーター，給水用具類による損失水頭の直管換算長は 6 m なので，総直管長は

32 m + 6 m = 38 m

b. 損失水頭を求める

損失水頭 = 配水管の水圧水頭 − 高低差 = 25 m − 2 m = 23 m

c. 動水勾配を求める

動水勾配 = 損失水頭 ÷ 総直管長 × 1000 = 23 ÷ 38 × 1000 ≒ 600 ‰

② 流量図より流量（吐水量）を求める

流量図より横軸の動水勾配が 600 ‰の目盛上に線を立ち上げて，口径 20 mm の目盛上の線との交点を求める．次に交点から流量（縦軸）を求めると 1.0 L/s を求めることができる．

求める吐水量は毎分なので，1.0 L/s × 60 = 60 L/min となる．

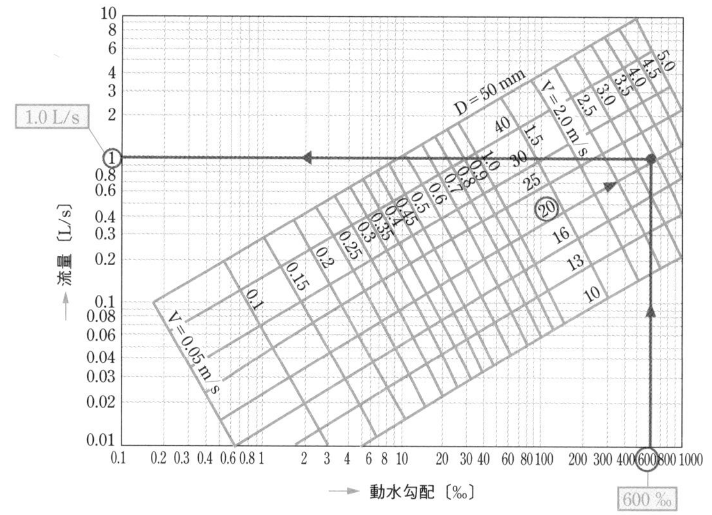


図-3 ウエストン公式による給水管の流量図

解答▶(3)

動水勾配とは，管水路の 2 点間における水頭の差（損失水頭）をその距離（総直管長）で除したものである．つまり，単位長さ当たりの損失水頭のことで，一般的に千分率（‰：パーミル）で表される．

## 問題❸ 給水管の口径決定と総損失水頭

図-1 に示す給水管（口径 25 mm）において，A から F に向かって 48 L/min の水を流した場合，管路 A～F 間の総損失水頭として，次のうち，**最も近い値**はどれか．

ただし，総損失水頭は管の摩擦損失水頭と高低差のみの合計とし，水道メーター，給水用具類は配管内に無く，管の曲がりによる損失水頭は考慮しない．また，給水管の水量と動水勾配の関係は，図-2 を用いて求めるものとする．なお，A～B，C～D，E～F は水平方向に，B～C，D～E は鉛直方向に配管されている．

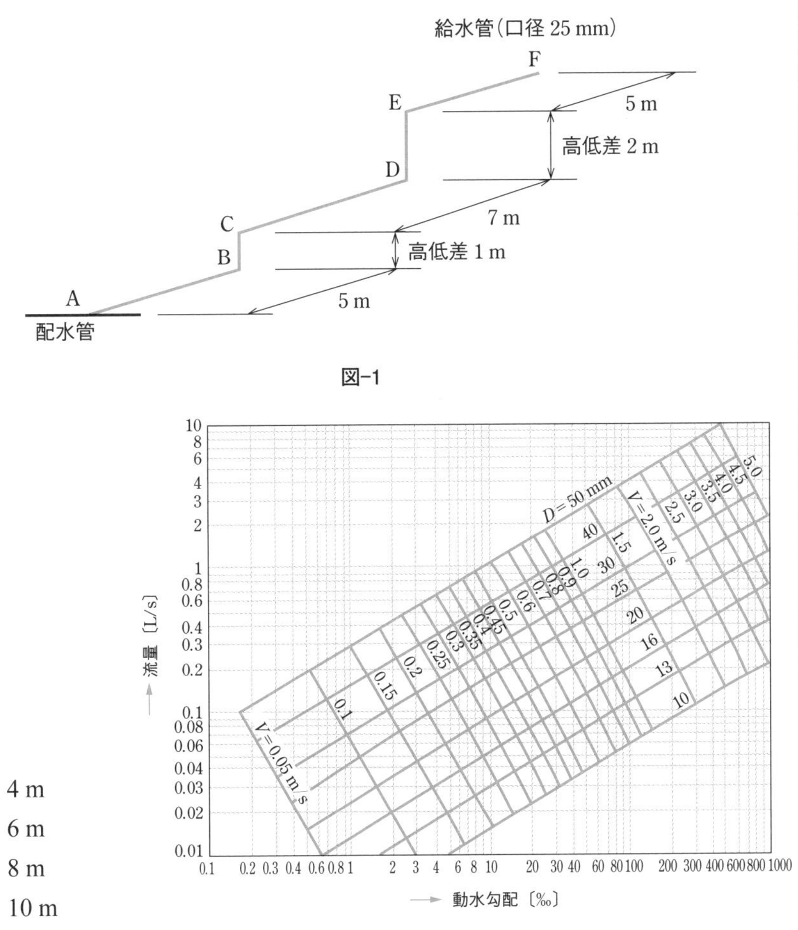


図-2 ウエストン公式による給水管の流量図

（1） 4 m
（2） 6 m
（3） 8 m
（4） 10 m
（5） 12 m

**解説** 次の手順で求める.

① **直管部の摩擦損失水頭〔m〕**を求める.

- A～F 間の全長　5 m + 1 m + 7 m + 2 m + 5 m = 20 m
- 流量 48 L/min = 0.8 L/s，給水管口径 D = 25 mm の 1 m 当たりの**動水勾配〔‰〕**を**図-2** より求める．→約 140 ‰

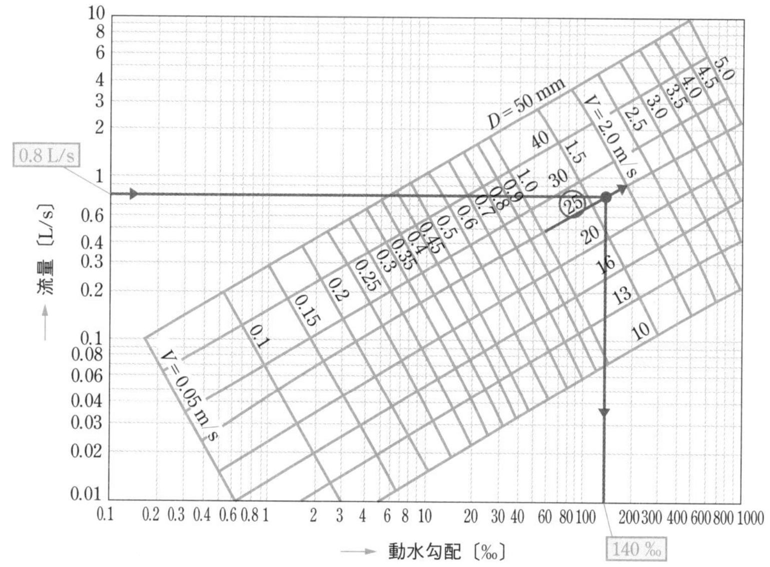


**図-3　ウエストン公式による給水管の流量図**

- 直管部の摩擦損失水頭〔m〕　20 m × 140 ÷ 1000 = <u>2.8 m</u>

② **高低差による水頭〔m〕**を求める　1 m + 2 m = <u>3 m</u>

③ **管路 A～F 間の総損失水頭〔m〕**を求める　2.8 m + 3 m = <u>5.8 m</u>

（設問では余裕水頭は考慮しない）

**解答▶(2)**

よって，(2) の 6 m が適当である．

**管内流速は 0.6～2.0 m/s 以下（平均 1.5 m/s）にするのが望ましい．給水圧力および流速が大きいと，給水用具類や食器類が破損しやすくなる．また，ウォーターハンマーの原因となりやすい．**

## 問題④ 給水管の口径決定（余裕水頭）

図-1 に示す給水装置における B 点の余裕水頭として，次のうち，**最も適当なもの**はどれか.

ただし，計算に当たって A〜B 間の給水管の摩擦損失水頭，分水栓，甲形止水栓，水道メーター及び給水栓の損失水頭は考慮するが，曲がりによる損失水頭は考慮しないものとする．また，損失水頭等は，図-2 から図-4 を使用して求めるものとし，計算に用いる数値条件は次のとおりとする.

① A 点における配水管の水圧水頭として 20 m

② 給水栓の使用水量　0.6 L/s

③ A〜B 間の給水管，分水栓，甲形止水栓，水道メーター及び給水栓の口径 20 mm

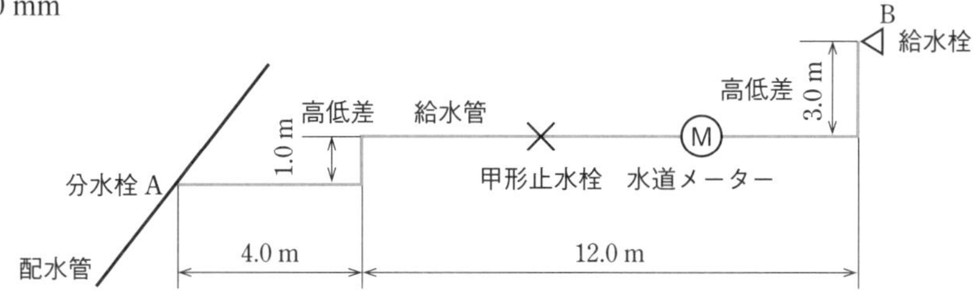


図-1　給水装置図

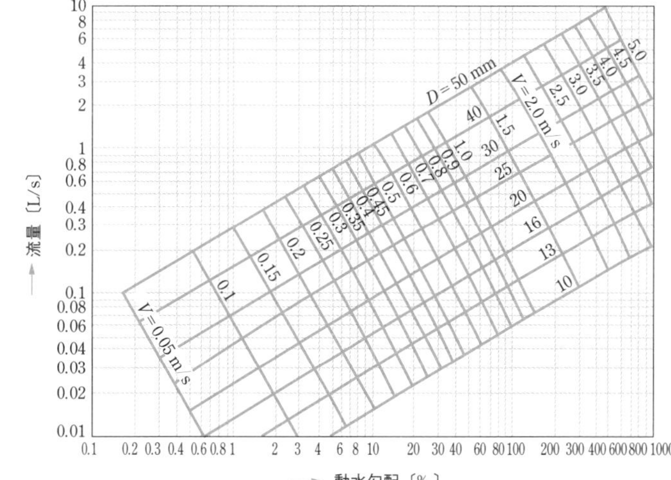


図-2　ウエストン公式による給水管の流量図

（1）3.6 m

（2）5.4 m

（3）7.4 m

（4）9.6 m

（5）10.6 m

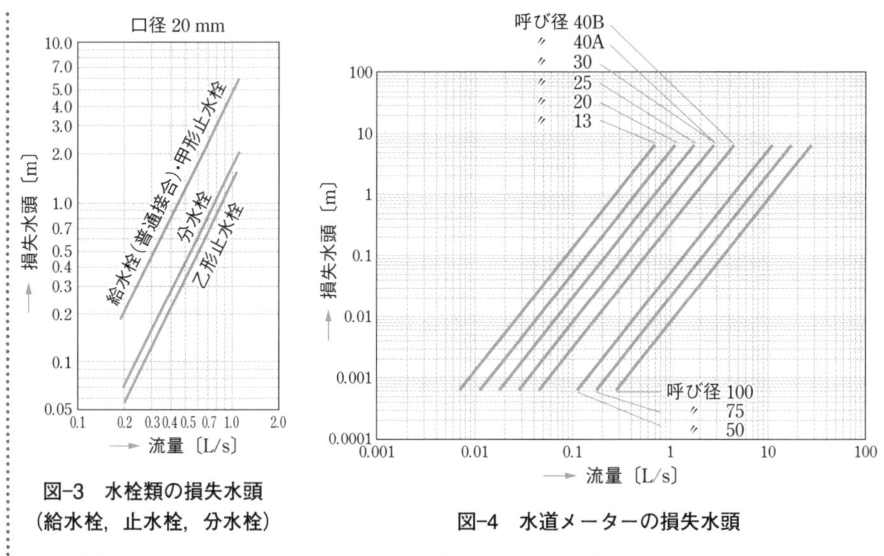


図-3　水栓類の損失水頭（給水栓，止水栓，分水栓）

図-4　水道メーターの損失水頭

**解説** 次の手順で求める．

① **各損失水頭〔m〕**を求める

a. **給水管（直管）の損失水頭**を求める

- **図-2** より流量 0.6 L/s で，口径 20 mm の交点より相当する**動水勾配〔‰〕**を求めると 240 ‰となり，直管の損失水頭は，
- **直管の損失水頭** = (4 m + 1 m + 12 m + 3 m) × 240 ÷ 1000 = 4.8 m

b. **給水用具等の損失水頭〔m〕**を求める（管径 20 mm，流量 0.6 L/s）

- **分水栓** → **図-3** より 0.6 m
- **給水栓及び甲形止水栓** → 図-3 よりそれぞれ 1.8 m
- **水道メーター** → **図-4** より 1.6 m

c. **高低差による損失水頭〔m〕**を求める　1 m + 3 m = 4 m

② **上記の値から余裕水頭**を求める

余裕水頭 = 配水管の水圧 −（直管の損失水頭＋給水用具等の損失水頭＋高低差による損失水頭）
= 20 m −（4.8 m + 0.6 m + 1.8 m + 1.8 m + 1.6 m + 4 m）
= 5.4 m

**解答▶(2)**

## 問題⑤ 給水管の口径決定と全所要水頭

図-1 に示す直結式給水による 2 階建て戸建て住宅で，全所要水頭として**適当なもの**はどれか.

なお，計画使用水量は同時使用率を考慮して表-1 により算出するものとし，器具の損失水頭は器具ごとの使用水量において表-2 により，給水管の動水勾配は表-3 によるものとする.

(1) 9.9 m
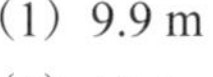

(2) 12.6 m

(3) 14.4 m

(4) 15.1 m

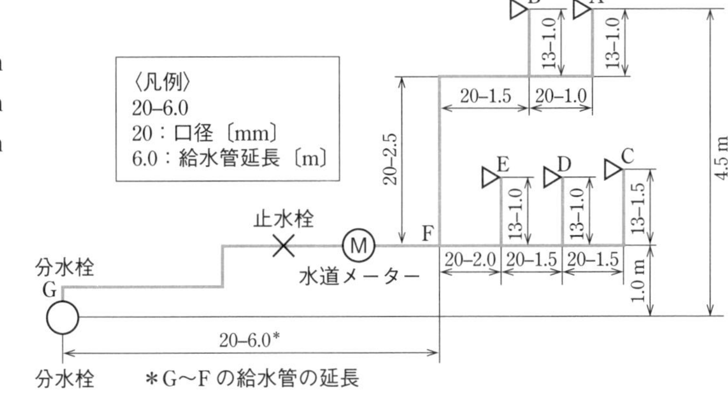


図-1

表-1 計画使用水量

| 給水用具名 | 同時使用の有無 | 計画使用水量〔L/min〕 |
|---|---|---|
| A 台所流し | 使用 | 12 |
| B 洗面器 | — | 8 |
| C 浴槽 | 使用 | 20 |
| D 洗面器 | — | 8 |
| E 大便器 | 使用 | 12 |

表-2 器具の損失水頭

| 給水用具等 | 損失水頭〔m〕 |
|---|---|
| 給水栓 A（台所流し） | 0.8 |
| 給水栓 C（浴槽） | 2.3 |
| 給水栓 E（大便器） | 0.8 |
| 水道メーター | 3.0 |
| 止水栓 | 2.7 |
| 分水栓 | 0.9 |

表-3 給水戸数と同時使用戸数率

| 〔L/min〕 | 13 mm | 20 mm |
|---|---|---|
| 12 | 200 ‰ | 40 ‰ |
| 20 | 600 ‰ | 100 ‰ |
| 32 | 1 300 ‰ | 200 ‰ |
| 44 | 2 300 ‰ | 350 ‰ |
| 60 | 4 000 ‰ | 600 ‰ |

**解説** 図-1の給水栓A，給水栓C，給水栓Eの立ち上がり部分をそれぞれA′，C′，E′とすると（図-2参照），A～F間，C～F間，E～F間，F～G管の所要水頭は下表のように求めることができる．分岐F点からのA～F間の所要水頭が4.7 m，C～F間の所要水頭が5.4 mとなり，**所要水頭は大きいほうの経路C～F間の5.4 m**を用いる．次に，**F～G間の所要水頭は9.7 m**なので，**全所要水頭は5.4 m + 9.7 m = 15.1 m**となる．

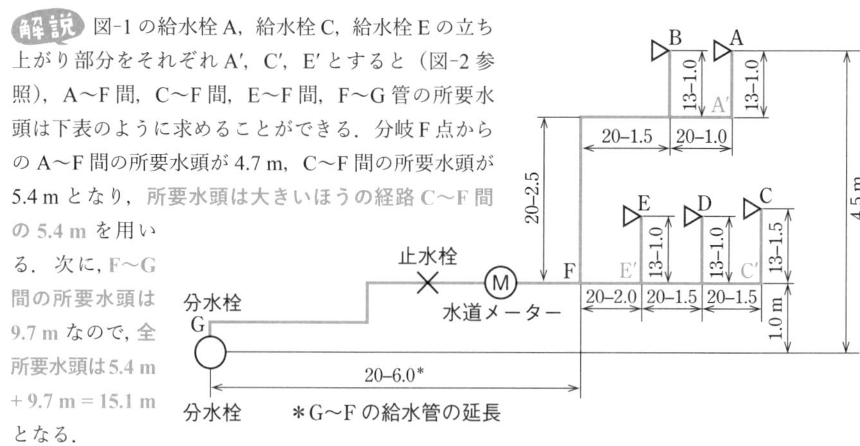


図-2

**表-4　各区間の所要水頭**

| 区間 | | 流量〔L/min〕 | 口径 | 動水勾配〔‰〕① | 管延長〔m〕② | 損失水頭〔m〕③＝①×② | 立上げ高さ〔m〕④ | 所要水頭〔m〕⑤＝③＋④ | 備考 |
|---|---|---|---|---|---|---|---|---|---|
| A～F間の所要水頭 | 給水栓A | 12 | 13 | — | — | 0.8 | — | 0.8 | 表-2より |
| | 給水管A～A′間 | 12 | 13 | 200 | 1.0 | 0.2 | 1.0 | 1.2 | 表-3より |
| | 給水管A′～F間 | 12 | 20 | 40 | 5.0 | 0.2 | 2.5 | 2.7 | 表-3より |
| | | | | | | | 計 | 4.7 | |
| C～F間の所要水頭 | 給水栓C | 20 | 13 | — | — | 2.3 | — | 2.3 | 表-2より |
| | 給水管C～C′間 | 20 | 13 | 600 | 1.5 | 0.9 | 1.5 | 2.4 | 表-3より |
| | 給水管C′～E′間 | 20 | 20 | 100 | 3.0 | 0.3 | — | 0.3 | 表-3より |
| | 給水管E′～F間 | 32 | 20 | 200 | 2.0 | 0.4 | — | 0.4 | 表-3より |
| | | | | | | | 計 | 5.4 | |
| E～E′間の所要水頭 | 給水栓E | 12 | 13 | — | — | 0.8 | — | 0.8 | 表-2より |
| | 給水管E～E′間 | 12 | 13 | 200 | 1.0 | 0.2 | 1.0 | 1.2 | 表-3より |
| | | | | | | | 計 | 2.0 | |
| F～G間の所要水頭 | 給水管F～G間 | 44 | 20 | 350 | 6.0 | 2.1 | 1.0 | 3.1 | 表-3より |
| | | 44 | 20 | 水道メーター | | 3 | — | 3 | 表-2より |
| | | 44 | 20 | 止水栓 | | 2.7 | — | 2.7 | |
| | | 44 | 20 | 分水栓 | | 0.9 | — | 0.9 | |
| | | | | | | | 計 | 9.7 | |

解答▶(4)

## 問題⑥ 直結加圧形ポンプユニットの吐水圧（圧力水頭）

直結加圧形ポンプユニットに関する次の記述の［　］内に入る語句の組合せのうち，**適当なもの**はどれか．

直結加圧形ポンプユニットの［ア］の設定値は，直結加圧形ポンプユニットの下流側の給水管及び用具の［イ］，［ウ］の給水用具を使用するために必要な［エ］，及び直結加圧形ポンプユニットと［ウ］の給水用具との高低差の合計となる．

| | ア | イ | ウ | エ |
|---|---|---|---|---|
| (1) | 吐水圧 | 圧力損失 | 末端最高位 | 水圧 |
| (2) | 吐水量 | 摩擦損失 | 直近最高位 | 流量 |
| (3) | 吐水圧 | 圧力損失 | 直近最低位 | 水圧 |
| (4) | 吐水量 | 摩擦損失 | 末端最低位 | 流量 |

**解説** 直結加圧形ポンプユニットの吐水圧（圧力水頭）の設定値は，直結加圧形ポンプユニットの下流側の給水管及び用具の圧力損失，末端最高位の給水用具を使用するために必要な水圧（圧力水頭），及び直結加圧形ポンプユニットと末端最高位の給水用具との高低差の合計で求める．

**解答▶(1)**

下図は給水管の動水勾配と直結加圧形ポンプユニット吐水圧について示したものである．

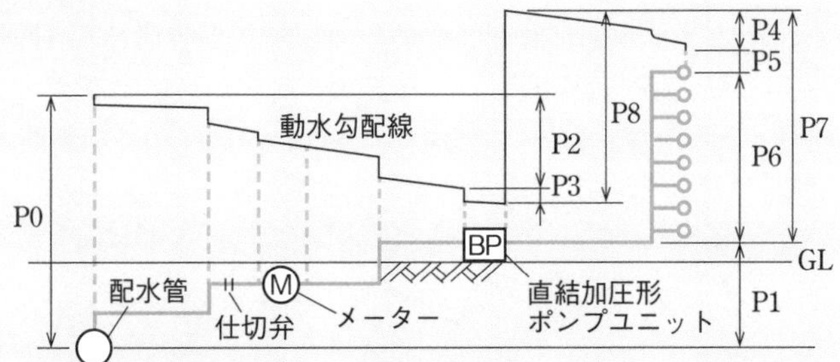


P0：配水管の水圧
P1：配水管と直結加圧形ポンプユニットとの高低差
P2：直結加圧形ポンプユニットの上流側の給水管及び給水用具の圧力損失
P3：直結加圧形ポンプユニットの圧力損失
P4：直結加圧形ポンプユニットの下流側の給水管及び給水用具の圧力損失
P5：末端最高位の給水用具を使用するために必要な圧力
P6：直結加圧形ポンプユニットと末端最高位の給水用具との高低差
P7：直結加圧形ポンプユニット吐水圧
P8：直結加圧形ポンプユニットの加圧ポンプの全揚程

## 問題⑦ 直結加圧形ポンプユニットの吐水圧（圧力水頭）

図-1 に示す給水装置における直結加圧形ポンプユニットの吐水圧（圧力水頭）として，次のうち，**最も近い値**はどれか．

ただし，給水管の摩擦損失水頭と逆止弁による損失水頭は考慮するが，管の曲がりによる損失水頭は考慮しないものとし，給水管の流量と動水勾配の関係は，図-2 を用いるものとする．また，計算に用いる数値条件は次の通りとする．

① 給水栓の使用水量 120 L/min

② 給水管及び給水用具の口径 40 mm

③ 給水栓を使用するために必要な圧力 5 m

④ 逆止弁の損失水頭 10 m

(1) 30 m

(2) 32 m

(3) 34 m

(4) 36 m

(5) 40 m

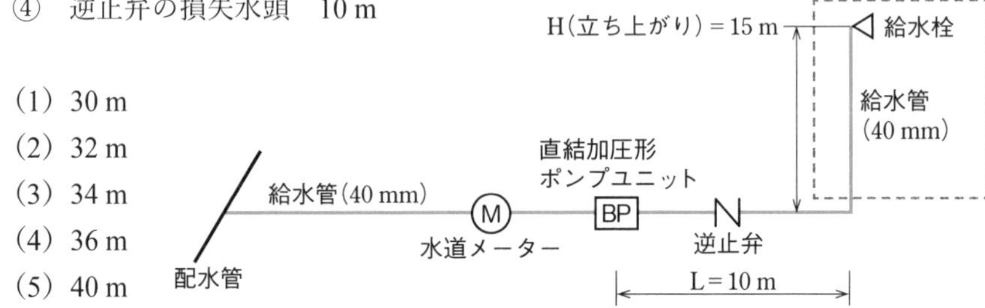


図-1 給水装置図

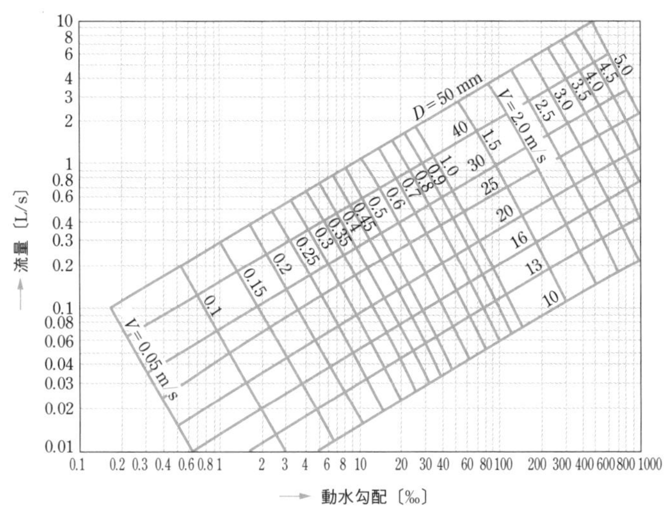


図-2 ウエストン公式による給水管の流量図

直結加圧形ポンプユニットの吐水圧は次式で求めることができる．

直結加圧形ポンプユニットの吐水圧＝①管の摩擦損失水頭＋②逆止弁の損失水頭＋③給水栓の必要圧力＋④管の立ち上がり高さ

ここで，それぞれの値を求めると，

① 管の摩擦損失水頭

- 直結加圧形ポンプユニット吐水口から給水栓までの直管延長〔m〕
  10 + 15 = 25 m
- 流量 120 L/min = 2 L/s，給水管口径 $D$ = 40 mm のときの動水勾配を図-2 より求める．
  → 85 ‰

したがって，管の摩擦損失水頭 = 25 × 85 ÷ 1000 = 2.125 m

② 逆止弁の損失水頭 → 10 m

③ 給水栓の必要圧力 → 5 m

④ 管の立ち上がり高さ → 15 m

したがって，それぞれの値を代入すると，

直結加圧形ポンプユニットの吐水圧 = 2.125 + 10 + 5 + 15 = 32.125 m ≒ 32 m

**解答▶(2)**

**直管延長の摩擦損失水頭は，まず，流量図を用い，流量〔L/s〕と給水管口径〔mm〕から動水勾配〔‰〕を求める．流量図から求めた動水勾配は直管 1 m 当たりの値で，単位の ‰（パーミル）は 1/1000 を表している．**

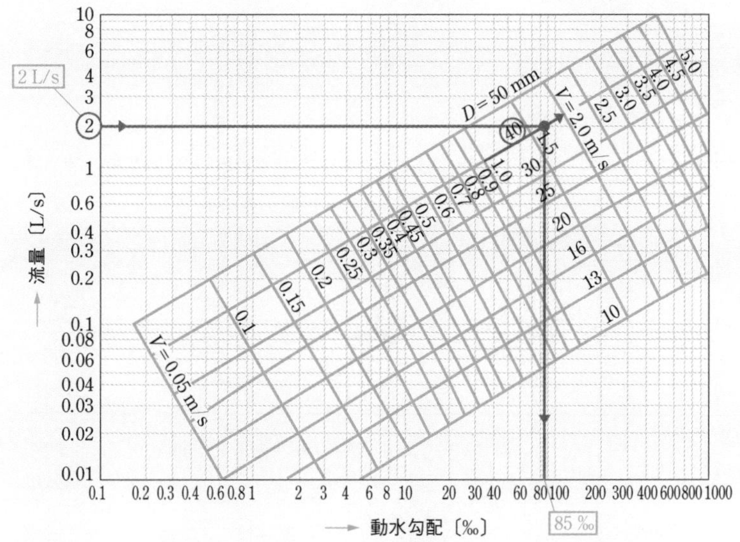


図-3 ウエストン公式による給水管の流量図

# 5-5 給水装置の図面と記入方法

## 1 図面の作図

図面は配水管から給水管がどのように建物内などへ布設されるかを表したもので，工事施工の基本となり，維持管理する上でも技術的基礎資料として大切な役割を果たす．作図する際は，だれにでも容易に理解できるように表現することが必要である．

図面の記入方法のポイントとして表示記号と図面の種類を押さえたい．

### 1．表示記号

図面を作図するときに用いられる表示記号を**表 5・9**～**表 5・14** に示す．

表 5・9　給水管の管種の表示記号

| 管種 | 表示記号 | 管種 | 表示記号 | 管種 | 表示記号 |
|---|---|---|---|---|---|
| 硬質塩化ビニルライニング鋼管 | SGP-V | 硬質ポリ塩化ビニル管 | VP | ダクタイル鋳鉄管 | DCIP |
| 耐熱性硬質塩化ビニルライニング鋼管 | SGP-HV | 耐衝撃性硬質ポリ塩化ビニル管 | HIVP | 鋳鉄管 | CIP |
| ポリエチレン粉体ライニング鋼管 | SGP-P | 耐熱性硬質ポリ塩化ビニル管 | HTVP | 鉛管 | LP |
| 塗覆装鋼管 | STWP | ポリエチレン二層管 | PP | 亜鉛めっき鋼管 | GP |
| ステンレス鋼鋼管 | SSP | 架橋ポリエチレン管 | XPEP | ポリエチレン複合鉛管 | PEPb |
| 銅管 | CP | ポリブテン管 | PBP | 石綿セメント管 | ACP |

表 5・10　弁類その他の表示記号

| 名称 | 表示記号 | 名称 | 表示記号 | 名称 | 表示記号 |
|---|---|---|---|---|---|
| 仕切弁 | | 消火栓 | | 管の交差 | |
| 止水栓 | | 防護管（さや管） | | メーター | M |
| 逆止弁 | | 口径変更 | | ヘッダー | |

表 5・11　給水栓類の表示記号（平面図）

| 種別 | 表示記号 | 種別 | 表示記号 | 種別 | 表示記号 |
|---|---|---|---|---|---|
| 給水栓類 | | 湯水混合水栓 | 湯側　水側 | 特殊器具 | |

注）特殊器具とは，特別な目的に使用されるもので，例えば，湯沸器，ウォータークーラー，電子式自動給水栓などをいう．

表5・12 給水栓類の表示記号（立面図）

| 種別 | 表示記号 | 種別 | 表示記号 | 種別 | 表示記号 |
|---|---|---|---|---|---|
| 給水栓類 | | シャワーヘッド | | フラッシュバルブ | |
| ボールタップ | | 湯水混合水栓 | 湯側 水側 | 特殊器具 | |

表5・13 受水槽その他の表示記号

| 名称 | 受水槽 | 高置水槽 | ポンプ | 加圧ポンプ |
|---|---|---|---|---|
| 表示記号 | | | Ⓟ | BP |

表5・14 工事別表示方法

| 名称 | 給水管 | | 給湯管 | | 撤去 | 廃止 |
|---|---|---|---|---|---|---|
| | 新設 | 既設 | 新設 | 既設 | | |
| 線別 | 実線 | 破線 | 一点鎖線 | 二点鎖線 | 実線を斜線で消す | |
| 記入例 | ———— | - - - - - - | —·—·— | —··—··— | -/////////- | |

## 2. 図面の種類

① 平面図：道路及び建築平面図に給水装置及び配水管の位置を図示したもの.

② 詳細図：平面図で表すことのできない部分を詳細に図示したもの.

③ 立面図：建物や給水管の布設状況などを図示したもの.

## 3. その他の注意事項

① 文字は明確に記入し，日本語は楷書，ローマ字は活字体とする.

② 文章は左横書きとする.

③ 縮尺は，平面図では1/100～1/500の範囲で作成し，図面ごとに記入する.

④ 単位は，給水管及び配水管の口径はmmとし，単位記号は付けない.

⑤ 給水管の延長の単位はmとし，単位記号は付けない（小数点第2位を四捨五入）.

## 問題❶ 図面の作図

給水工事の平面図（図-1）に配管する給水装置を立体的に図示したものが図-2である．このうち，次の**条件をすべて満たす立面図**はどれか．ただし，給水管の種類，口径及び延長は省略している．

〈条件〉

① 水洗便所内にロータンクから出る手洗いとは別に，手洗い用給水栓を設ける．

② その他の給水栓は，洗面所・洗濯場・風呂場・台所及び屋外にそれぞれ1栓設ける．

③ シャワーはシャワールームに設ける．

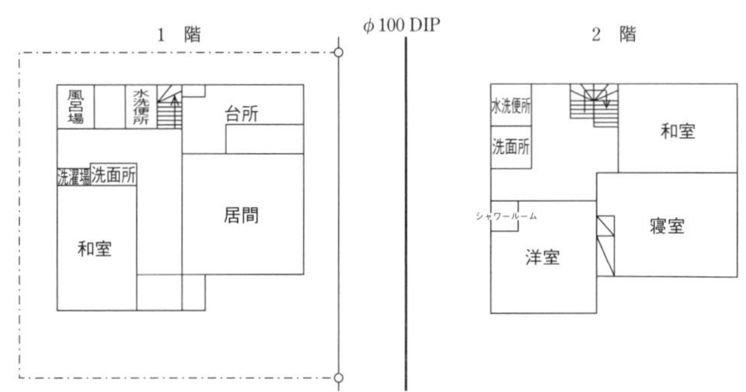


図-1　平面図

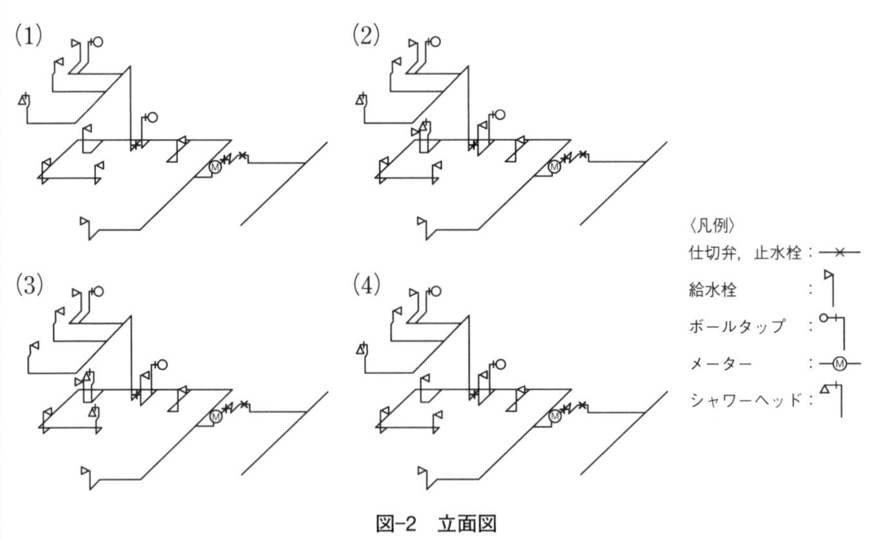


図-2　立面図

(1) (2) (3) について誤っている箇所を下図に示す.

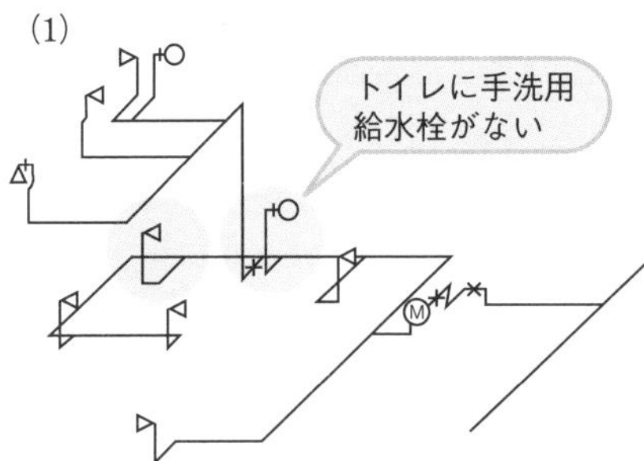


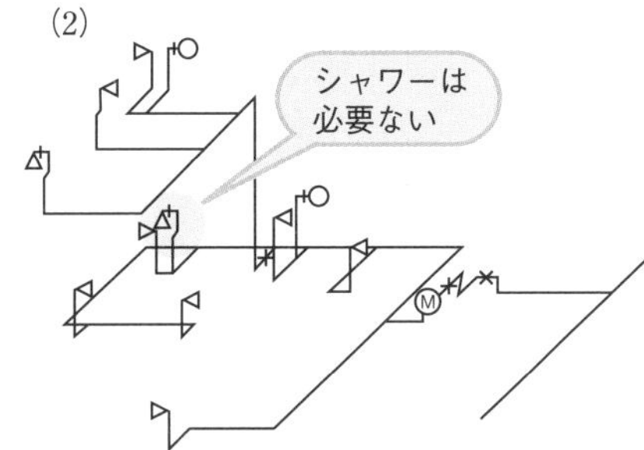


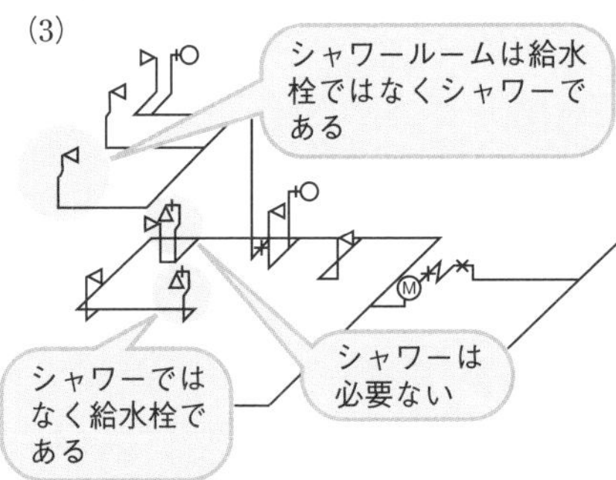


解答▶(4)

図面については，特に次のことについて把握しておくことが大切である.

① 給水栓，メーター，弁類などの図記号を理解する.

② 平面図の見方を理解する.

③ 平面図から立体図が描けるようにする.

近年，図面に関する問題は出題されていないが，正しく図面を読み取ることは，工事施工をする上で必要なことである.

## 章末問題❶ 同時使用水量

直結給水による10戸の集合住宅での同時使用水量として，**適当なもの**はどれか．

ただし，同時使用水量は，標準化した同時使用水量により計算する方法によるものとし，1戸当たりの末端給水用具の個数と使用水量，同時使用水量比と末端給水用具数，並びに集合住宅の給水戸数と同時使用戸数率は，それぞれ表-1から表-3のとおりとする．

(1) 100〔L/min〕
(2) 150〔L/min〕
(3) 200〔L/min〕
(4) 250〔L/min〕

表-1 1戸当たりの給水用具の個数と使用水量

| 給水用具 | 個数 | 使用水量〔L/min〕 |
|---|---|---|
| 台所流し | 1 | 12 |
| 洗濯流し | 1 | 12 |
| 洗面器 | 1 | 8 |
| 浴槽（和式） | 1 | 20 |
| 大便器（洗浄タンク） | 1 | 12 |
| 手洗い器 | 1 | 5 |

表-2 末端給水用具数と同時使用水量比

| 総末端給水用具数 | 1 | 2 | 3 | 4 | 5 | 6 | 7 | 8 | 9 | 10 | 15 | 20 | 30 |
|---|---|---|---|---|---|---|---|---|---|---|---|---|---|
| 同時使用水量比 | 1.0 | 1.4 | 1.7 | 2.0 | 2.2 | 2.4 | 2.6 | 2.8 | 2.9 | 3.0 | 3.5 | 4.0 | 5.0 |

表-3 給水戸数と同時使用戸数率

| 給水戸数 | 1～3 | 4～10 | 11～20 | 21～30 | 31～40 | 41～60 | 61～80 | 81～100 |
|---|---|---|---|---|---|---|---|---|
| 同時使用戸数率〔%〕 | 100 | 90 | 80 | 70 | 65 | 60 | 55 | 50 |

**解説** 標準化した同時使用水量により計算する場合は，次式で求める．

$$\text{同時使用水量} = \frac{\text{末端給水用具の全使用水量}}{\text{末端給水用具数}} \times \text{同時使用水量比} \times \text{同時使用戸数率}$$

したがって，

$$\text{同時使用水量} = \frac{(12+12+8+20+12+5)\times 10}{6} \times 2.4 \times 0.9 = 248.4 \fallingdotseq 250 \text{〔L/min〕}$$

となる．

**解答▶(4)**

## 章末問題❷ 連続の式（流体の質量保存則）

図-1 に示す管路において，流速 $V_2$ の値として，**最も適当なもの**はどれか．
ただし，口径 $D_1 = 40$ mm，$D_2 = 25$ mm，流速 $V_1 = 1.0$ m/s とする．

（1） 1.6 m/s
（2） 2.1 m/s
（3） 2.6 m/s
（4） 3.1 m/s
（5） 3.6 m/s

$V_1 = 1.0$ m/s　　$V_2$
口径 $D_1 = 40$ mm　　口径 $D_2 = 25$ mm

**図-1　管路図**

**解説** 次の手順で求めるとよい．

① 流量 $Q$〔m³/s〕，管断面積 $A$〔m²〕，流速 $V$〔m/s〕とした場合，次の連続の式（質量保存則）が成立する．

$$Q = A_1 \cdot V_1 = A_2 \cdot V_2 = \text{一定}$$

$$\therefore V_2 = A_1 \cdot V_1 / A_2$$

② ここで，管径 $D_1$〔m〕の断面積 $A_1$〔m²〕，管径 $D_2$〔m〕の断面積 $A_2$〔m²〕を求めると，

$$A_1 = D_1{}^2 \cdot \pi/4 = 0.040^2 \times \pi/4$$

$$A_2 = D_2{}^2 \cdot \pi/4 = 0.025^2 \times \pi/4$$

③ $V_2 = A_1 \cdot V_1 / A_2$ に代入すると，

$$V_2 = (0.040^2 \times \cancel{\pi/4}) \times 1.0 \div (0.025^2 \times \cancel{\pi/4})$$

$$= 0.0016 \div 0.000625 = 2.56 \fallingdotseq 2.6 \text{〔m/s〕}$$

**解答 ▶ (3)**

下図において，断面積 $A$〔m²〕，平均流速 $v$〔m/s〕，密度 $\rho$〔kg/m³〕とすると次の連続の式が成り立つ（質量保存則）．

$$\rho_1 \cdot A_1 \cdot v_1 = \rho_2 \cdot A_2 \cdot v_2 = \text{一定}$$

流体が非圧縮性で等温の場合は $\rho_1 = \rho_2$ であるから，

$$A_1 \cdot v_1 = A_2 \cdot v_2 = \text{一定}$$

となる．$A_1 \cdot v_1$ 及び $A_2 \cdot v_2$ は単位時間にある断面を通過する体積流量 $Q$〔m³/s〕で，これを単に流量という．

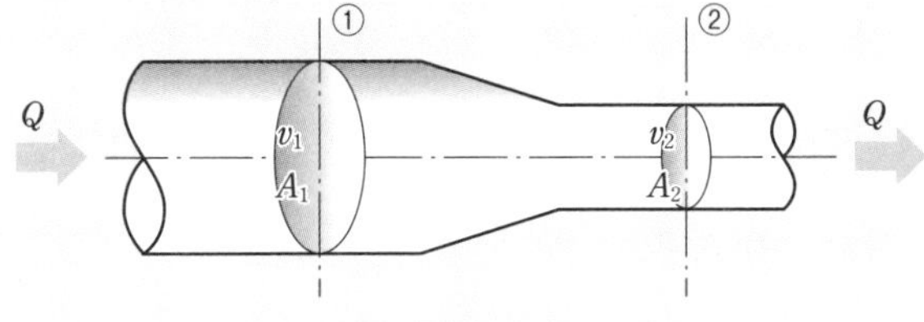


連続の式

## 章末問題③ 口径決定と損失水頭

下図の［　　］内に入る語句の組合せのうち，適当なものはどれか．

動水勾配線
ア
イ
ウ
給水栓
給水栓の立上り高さ
止水栓
Ⓜ
給水管
水道メーター
配水管

| | ア | イ | ウ |
|---|---|---|---|
| (1) | 計画最大動水圧の水頭 | 摩擦損失水頭 | 余裕水頭 |
| (2) | 計画最小動水圧の水頭 | 総損失水頭 | 余裕水頭 |
| (3) | 計画最小動水圧の水頭 | 摩擦損失水頭 | 有効水頭 |
| (4) | 計画最大動水圧の水頭 | 総損失水頭 | 有効水頭 |

**解説** 下図に示すとおりである．

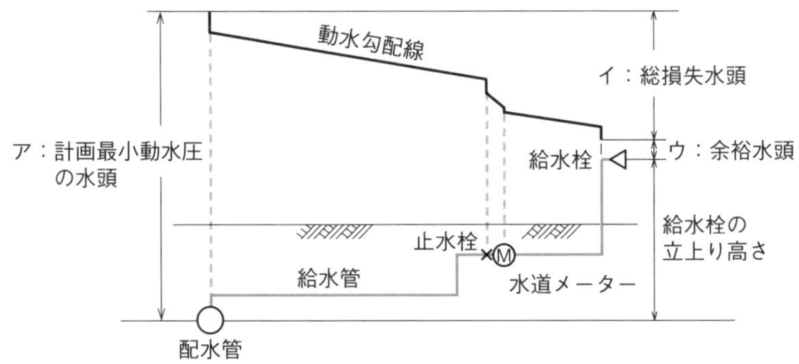


解答▶(2)

給水管口径の決定においては以下のことをチェックする．

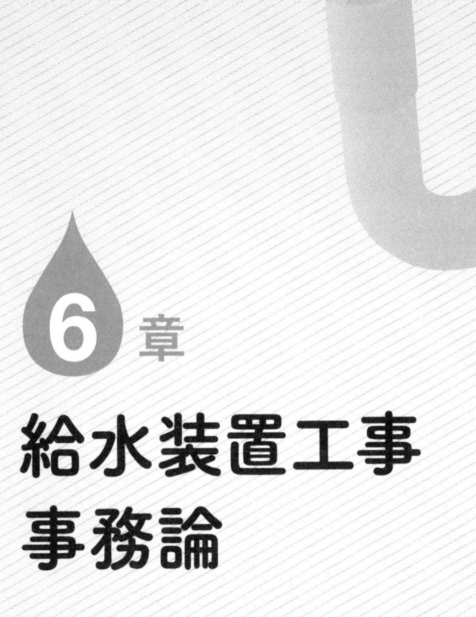

# 6章 給水装置工事事務論

全出題問題の中において「6章　給水装置工事事務論」の内容からは，5題出題され，最低必要獲得点数は2点（2題）となる．

**過去の出題傾向を分析した出題ランク**

★★★よく出題されている　★★比較的よく出題されている

| | |
|---|---|
| ★★★ | • 給水装置工事主任技術者に求められる知識と技能<br>• 指定給水装置工事事業者の事業運営 |
| ★★ | • 構造，材質基準の認証制度<br>• 自己認証<br>• 建設業法<br>• 建設業の許可<br>• 作業主任者の選任作業<br>• 酸素欠乏場所での作業<br>• 飲料水の配管設備の基準，給水タンクの構造規定 |

# 6-1 工事事務論

## 1 給水装置工事主任技術者の職務

厚生労働省令で定める給水装置工事主任技術者（以降，主任技術者とする）の職務は，水道事業者の給水区域で施行する給水装置工事に関し，当該水道事業者と連絡又は調整を行う．

① 給水装置工事主任技術者は，指定給水装置工事事業者（以降，工事事業者とする）の事業活動の事業所ごとに選任される．

② 個別の給水装置工事ごとに工事事業者から指名され，調査，計画，施工，検査の一連の給水装置工事業務の技術上の管理等を行う．

③ 主任技術者は，配管技能者等，給水装置工事に従事する者の指導監督を十分に行い，それら関係者間のチームワークと相互信頼関係の要にならなければならない．

④ 主任技術者は，給水装置工事の調査，計画，施工，検査の一連の工事業務のうち技術上の管理，工事従事者の技術上の指導監督及び給水装置の構造及び材質が構造材質基準に適合していることを確認する．

⑤ 水道事業者との連絡調整に関する職務を行う．

⑥ 水道事業者検査を的確に行うため，需要者の給水装置に係る工事を施行した事業所に対し，施行を担当した主任技術者の立会いを求めることができる．

## 2 主任技術者に求められる知識と技能

### 1．基本事項

① 現場の事前調査，施工計画の策定，施工段階の工程管理，品質管理，工事の竣工検査などにおいて，技術的知識・技能はもとより，水道事業者が定めている供給規程に基づく工事着手までの手続き，工事後の竣工検査の手続きなどが求められる．

② 新技術，新材料の知識，関係法令，条例などの制定，改廃についての知識の習得が求められる．

## 2. 各段階で求められる知識と技術

主任技術者には，調査段階から検査段階に至るまでの段階に応じて，以下のような職務を確実に実施できる**専門的な知識及び技術**が求められる．

① 工事現場は，事前調査を行い，状況に応じて施工計画を立て，工事の難易度に合わせて**熟練した配管技術者を配置，指導**して工程管理，品質管理，安全管理を行う．

② 地形，地質，既存の地下埋設物の事前調査を行い，得られた情報を施工計画書に記載し，給水装置工事の施行に反映させる．

③ **事前調査**は，官公署手続きを確実に行うことができるように，水道事業者の供給規程や関係法令を調べ，基準省令の**油類の浸透防止，酸，アルカリに対する防食，凍結防止**などの工事が必要であるかどうかの調査を行う．

## 3. 水道事業者と調整

① 水道事業者は，給水条例，供給規程を定めており，この供給規程やそれに基づく各種規則には，給水区域内の給水装置工事の申込み手続き等が定められているので，それらに従って調整を行う必要がある．

② 給水装置工事の施行は，水道事業者は，工事の施行の内容，計画について，事前打合せを行うことが必要である．

③ **道路下**の配管工事は，**工事の時期，時間帯，工事方法**について，事前に**水道事業者から確認を受け，道路管理者から道路掘削・占用許可，所轄の警察署長から道路使用許可**を受けることが必要となる．

## 4. 給水装置工事の機材選定

① 工事には，基準省令の性能基準に適合する給水管や給水用具を使用する．

② 主任技術者は，基準省令に適合している給水管や給水用具から，現場の状況に合ったものを選ぶ．

③ 施主から，給水管，給水用具を指定され，それらが**基準省令に合っていない場合，使用できない理由を施主に説明**しなければならない．

④ 配水管に給水管を接続する工事では，**使用機材や工法**について**水道事業者の指示に従う**．

⑤ 水道事業者が供給規程で，配水管からの分岐以降の止水栓又は水道メーターまでの給水管や給水用具を指定している場合，**指定されたものを使用**する．

### 5. 工事方法の決定

給水管や給水用具からの汚水の吸引，逆流や外部からの圧力による破壊，酸，アルカリからの侵食，電食，凍結が起きないように，**基準省令**にある**給水装置のシステム基準**に合うように施行する．

### 6. 機械器具の手配

使用材料には，金属製品，樹脂製品があるが，工種や使用材料に合った機械器具を判断し，施工計画に反映し，現場の施行に使用できるように手配を行う．

### 7. 施工計画書，施工図の作成

① 給水装置工事は，**建築との工程調整**が必要となるので，無駄や無理のない工程で施行する．

② 給水装置工事の**工程に制約**が起きるようであれば，**建築工程に反映する**ように**協議調整**を行う．

③ 工事を予定の期間内で行うため，現場作業の前に詳細な施工計画を立て，事前に**施工図**（設計図）を作成しておき，**工事従事者に周知徹底**しておく必要がある．

### 8. 設計審査

① **給水管の取出し箇所**，取出し口径の適否，分岐から**水道メーターまでの工法の適否**について水道事業者の審査を受ける．

② 所要水量，使用形態，受水槽容量などの**使用状況**について水道事業者の審査を受ける．

③ **止水栓，水道メーターの設置位置**について水道事業者の審査を受ける．

④ 給水管，給水用具の管種，口径，配管位置，配管構造，管の防護や，**基準省令適合の確認**について水道事業者の審査を受ける．

⑤ 逆流防止装置の設置位置，吐水口空間の確保について水道事業者の審査を受ける．

⑥ **直結加圧型ポンプユニットの口径**，**揚程**，**出力**，**逆流防止措置**，及び**設置場所**について水道事業者の審査を受ける．

⑦ **集合住宅の水道メーターの設置位置**ついて水道事業者の審査を受ける．

⑧ 受水槽の**設置場所**について水道事業者の審査を受ける．

### 9. 工事従事者への技術上の指導監督

① 主任技術者は，工種と現場の状況に応じて，工事品質を確保するため，配管技能者の配置計画を立て，工事従事者の役割分担と責任範囲を明確にし，随時工事従事者に対する技術指導を行う．

② 配水管，給水管接続工事，道路下の配管工事は適切に工事ができないと，水道施設の損傷，汚水の流入による水質汚染事故，漏水による道路陥没事故を引き起す．

③ 水道施設の損傷等の事故を未然に防ぐには，主任技術者が自ら工事を施行するか又は，適切に作業を実施できる技能のある者を工事に従事させるか，又は実地に監督させる．

### 10. 工程・品質・安全管理

① 主任技術者は工程管理について，調査段階，計画段階での情報や，計画段階で関係者と調整した施工計画書で，工程を決めて管理しなければならない．

② 主任技術者は品質管理について，工事で使用する給水管，給水用具が基準省令に適合しているかを確認する．

③ 主任技術者は竣工時の検査で自ら，または信頼できる現場の工事従事者に指示を出して，工程ごとの品質確認を励行する．

④ 竣工後の工事では確認するのが難しい工事目的物の品質を，施工過程でチェックしながら品質管理を行う．

⑤ 主任技術者は安全管理について，工事従事者の安全の確保（労働災害の防止），工事中の公衆への安全確保（公衆災害の防止）を行う．

⑥ 道路下の配管工事については，通行者や通行車両の安全確保，ガス管，電力線，電話線などについての保安を万全に行う．

### 11. 検査

① 主任技術者は，自らの責任の下で信頼できる現場の従事者に指示し，適正な竣工検査の実施を行う．

② 竣工検査は，新設，改造後の給水装置が，基準省令に適合していることを確認し，施主に給水装置を引き渡すための最終の工事品質確認となる．

③ 工事事業者は，施主の信頼を確保することで発展する．適正な竣工検査の実施は，重要な工程である．

④ 工事事業者は，竣工検査終了後，水道事業者に竣工図を添えて工事完了の届出を行い，水道事業者の検査を受けなければならない．

⑤　水道事業者は，工事竣工後に給水装置の検査をしなければならない．

⑥　水道事業者は，給水装置工事を施行した工事事業者に，工事を施行した主任技術者を検査に立ち会わせることを求めることができる．

## 3 給水装置工事記録の保存

### 1．事業の運営

施行した給水装置工事ごとに，指名した給水装置工事主任技術者に次に掲げる事項に関する記録を作成させ，当該記録をその作成の日から3年間保存すること．

①　施主の氏名又は名称

②　施行の場所

③　施行完了年月日

④　給水装置工事主任技術者の氏名

⑤　竣工図

⑥　給水装置工事に使用した給水管及び給水用具に関する事項

⑦　この記録については，特に様式が定められていないので，水道事業者に給水装置工事の申請したときの申請書に，記録として残す事項が記載されていれば，その写しを記録として保存することもできる．

⑧　電子記録の活用もできるので，事務の遂行に最も都合がよい方法で，記録を作成して保存してよい．

⑨　この記録は，指名された給水装置工事主任技術者が作成するが，主任技術者の指導，監督の下で他の従業員が行ってもよい．

## 4 給水装置の構造及び材質の基準

### 1．給水装置の構造及び材質の基準に係る認証制度

構造・材質基準は，「構造・材質基準を適用するために必要な技術的細目は厚生労働省令に定める」として，基準省令にその技術的細目である7項目の基準（**表6・1**，A欄）を定めている．

この基準省令は，個々の給水管及び給水用具の性能及びその定量的な判断基準（以下「性能基準」という）及び給水装置工事が適正に施行された給水装置であるか否かの判断基準を明確化したもので，性能基準は7項目の基準（表6・1，B欄）からなっている．

表6・1　基準省令に示す基準及び基準省令に定める性能基準

| A．基準省令に示す基準 | B．基準省令に定める性能基準 |
|---|---|
| 第1条　耐圧に関する基準 | 耐圧性能基準 |
| 第2条　浸出等に関する基準 | 浸出性能基準 |
| 第3条　水撃限界に関する基準 | 水撃限界性能基準 |
| 第4条　防食に関する基準 | — |
| 第5条　逆流防止に関する基準 | 逆流防止性能基準 |
| | 負圧破壊性能基準 |
| 第6条　耐寒に関する基準 | 耐寒性能基準 |
| 第7条　耐久に関する基準 | 耐久性能基準 |

## 2. 基準適合品であることの証明方法

① 製造者等が，給水管及び給水用具が基準適合品であることを**自らの責任で証明**する「**自己認証**」で，証明方法の基本となるものである（**表6・2**）．

② 製造者等が，**第三者機関に依頼**して，給水管及び給水用具が基準適合品であることを証明してもらう「**第三者認証**」がある．

③ この他に，日本産業規格による**JIS認証（JISマーク表示品）**，公益社団法人日本水道協会による**団体規格（JWWA）**等の検査合格品がある．

## 3. 認証の基準

① 基準省令に定めている性能基準は，給水管及び給水用具ごとに，その性能と設置場所に応じて適用される．**給水管**は，**耐圧性能**と**浸出性能**が必要であり，飲用に用いる**給水栓**は，**耐圧性能**，**浸出性能**，**水撃限界性能**が必要となる．

表6・2　給水管及び給水用具の性能基準適合の証明表示方法

| 性能基準適合証明方法 | 規格等 | 製品への適合証明表示方法 | 基準適合証明方法の概要 |
|---|---|---|---|
| 自己認証 | JIS規格（JISマークの表示なし） | 製造者等による | 自己認証（自己適合宣言）で性能基準適合を証明 |
| | JWWA規格等の団体規格 | | |
| | 規格品でない製品 | | |
| 第三者認証 | JWWA規格等の団体規格 | 第三者認証機関の認証シール，押印等 | 第三者認証機関（4団体）が性能基準適合を証明 |
| | 規格品でない製品 | | |

# 5 基準適合性の証明方法

## 1. 自己認証

① 給水管，給水用具の製造者等は，自らの責任の下で性能基準適合品を製造し，あるいは輸入する．

② 性能基準適合品であることを証明できなければ，消費者や指定給水装置工事事業者，水道事業者等の理解を得て販売することは困難となる．

③ この証明を，製造者等が自ら又は製品試験機関等に委託して得たデータや作成した資料等によって行うことを自己認証という．

## 2. 自己認証の方法

① 自己認証の基準適合性の証明は，各製品が設計段階で基準省令に定める性能基準に適合していること．

② 当該製品が製造段階で品質の安定性が確保されていることの証明が必要となる．

③ 設計段階での基準適合性は，自らが得た検査データや資料によって証明してもよく，第三者の製品検査機関に依頼しての証明でもよい．

④ 設計段階での基準適合性が証明されたから，すべての製品が安全といえるものではなく，製品品質の安定性の証明が重要となる．

⑤ 製品品質の安定性は，ISO（国際標準化機構）9000 シリーズの認証取得や活用等によって，品質管理を確実に行っている工場で製造された製品であることによって証明される．

⑥ 製品の基準適合性や品質の安定性を示す証明書等は，製品の種類ごとに，消費者や指定給水装置工事事業者，水道事業者等に提出される．

## 3. 第三者認証

① 中立的な第三者機関が製品試験や工場検査等を行い，基準に適合しているものは，基準適合品として登録して，認証製品であることを示すマークの表示を認める方法である．

② 第三者認証を行う機関の要件，業務実施方法は，国際整合化等の観点から，ISO のガイドラインに準拠したものが望ましい．

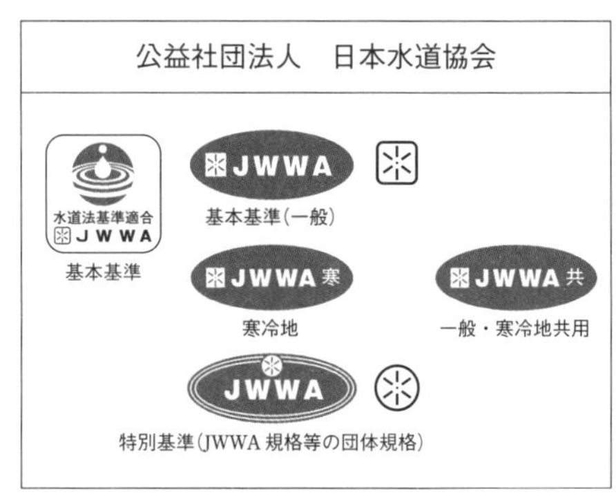


図 6・1　第三者認証機関の認証マーク（参考）

## 4. 第三者認証の方法

① 自己認証が困難な製造業者や，第三者認証の客観性に着目して第三者認証による証明を望む製造業者などが活用する制度をいう．

② 第三者認証機関が基準に適合するかどうかを製品サンプル試験で行い，性能基準に適合しているかを判定する．

③ 基準適合製品が安定継続して製造されているかの検査を行って，基準適合性を認証した上で当該認証機関の認証マークを製品に表示することを認めている．

## 5. 基準適合品の確認方法（給水装置データベース）

基準適合品のデータベースの目的と機能

① 給水装置用材料が使用可能かどうかは，基準省令に適合しているかであり，これを消費者，指定給水装置工事事業者，水道事業者等が判断することになる．

② この判断のために製品等に表示している認証マークがある（**図6・1**）．

③ この制度を実施するために，厚生労働省では製品ごとの性能基準への適合性に関する情報が全国的に利用できるよう，給水装置データベースを作成し，消費者，指定給水装置工事事業者，水道事業者等が利用できるようにしている．

④ 給水装置データベースの内容

- 基準に適合した製品名，製造者名，基準適合の内容，基準適合性の証明方法及び基準適合性を証明したものに関する情報の集積
- 製品類型別，製造者別等に検索を行うことができる機能が備わっている．
- インターネットを介してデータベースに接続可能
- データベースに掲載されている情報は，製造者等の自主情報に基づくものなので，その内容については情報提供者が一切の責任を負う．

⑤ 厚生労働省の給水装置データベースの他に，第三者認証機関のホームページにも情報提供サービスが行われている．

⑥ 個々の給水管及び給水用具がどの項目について基準に適合しているかの情報は，これらを活用することによって入手することができる．

※**データベース**：整理・管理された情報を複数集め，後で使いやすい形に整理した情報を「データ」といい，特にコンピュータ上で管理するデータをデータベースと呼ぶことが多い．紙の上で管理する「電話帳」や「住所録」などもデータベースです．

## 問題❶ 給水装置工事主任技術者の職務

水道法に定める給水装置工事主任技術者に関する次の記述のうち，**不適当なもの**はどれか.

(1) 給水装置工事主任技術者試験の受験資格である「給水装置工事の実務の経験」とは，給水装置の工事計画の立案，現場における監督，施行の計画，調整，指揮監督又は管理する職務に従事した経験，及び給水管の配管，給水用具の設置その他給水装置工事の施行を実地に行う職務に従事した経験のことをいい，これらの職務に従事するための見習い期間中の技術的な経験は対象とならない.

(2) 給水装置工事主任技術者の職務のうち「給水装置工事に関する技術上の管理」とは，事前調査，水道事業者等との事前調整，給水装置の材料及び機材の選定，工事方法の決定，施工計画の立案，必要な機械器具の手配，施工管理及び工程ごとの仕上がり検査等の管理をいう.

(3) 給水装置工事主任技術者の職務のうち「給水装置工事に従事する者の技術上の指導監督」とは，工事品質の確保に必要な，工事に従事する者の技能に応じた役割分担の指示，分担させた従事者に対する品質目標，工期その他施工管理上の目標に適合した工事の実施のための随時の技術的事項の指導及び監督をいう.

(4) 給水装置工事主任技術者の職務のうち「水道事業者の給水区域において施行する給水装置工事に関し，当該水道事業者と行う連絡又は調整」とは，配水管から給水管を分岐する工事を施行しようとする場合における配水管の位置の確認に関する連絡調整，工事に係る工法，工期その他の工事上の条件に関する連絡調整，及び軽微な変更を除く給水装置工事を完了した旨の連絡のことをいう.

**解説** (1) ①受験資格の「給水装置工事の実務の経験」は，給水装置工事に関して3年以上の実務経験を有すること．②実務経験は，給水装置工事の施行を実地に行う経験が該当する．③実務経験には，技術を習得するための見習い期間中の技術経験も含まれる.

**解答▶(1)**

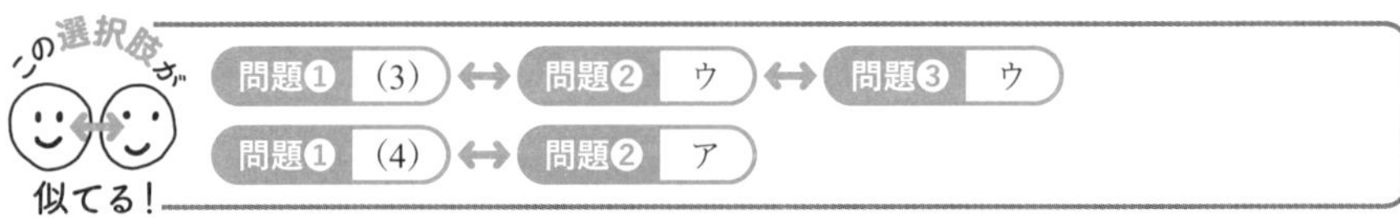

## 問題② 給水装置工事主任技術者の職務

給水装置工事主任技術者の職務に該当する次の記述の正誤の組み合わせのうち，**適当なもの**はどれか．

ア　給水管を配水管から分岐する工事を施行しようとする場合の配水管の布設位置の確認に関する水道事業者との連絡調整

イ　給水装置工事に関する技術上の管理

ウ　給水装置工事に従事する者の技術上の指導監督

エ　給水装置工事を完了した旨の水道事業者への連絡

| | ア | イ | ウ | エ | | ア | イ | ウ | エ |
|---|---|---|---|---|---|---|---|---|---|
| (1) | 正 | 誤 | 正 | 誤 | (2) | 正 | 正 | 誤 | 正 |
| (3) | 誤 | 正 | 正 | 誤 | (4) | 正 | 正 | 正 | 正 |

**解説** **ア**，**イ**，**ウ**，**エ**のすべてが正しい記述となる．

**解答▶(4)**

## 問題③ 給水装置工事主任技術者の職務

給水装置工事主任技術者について水道法に定められた次の記述の正誤の組み合わせのうち，**適当なもの**はどれか．

ア　指定給水装置工事事業者は，工事ごとに，給水装置工事主任技術者を選任しなければならない．

イ　指定給水装置工事事業者は，給水装置工事主任技術者を選任した時は，遅滞なくその旨を国に届け出なければならない．これを解任した時も同様．

ウ　給水装置工事主任技術者は，給水装置工事に従事する者の技術上の指導監督を行わなければならない．

エ　給水装置工事主任技術者は，給水装置工事に係る給水装置が構造及び材質の基準に適合していることの確認を行わなければならない．

| | ア | イ | ウ | エ | | ア | イ | ウ | エ |
|---|---|---|---|---|---|---|---|---|---|
| (1) | 正 | 正 | 誤 | 誤 | (2) | 正 | 誤 | 正 | 誤 |
| (3) | 誤 | 正 | 誤 | 正 | (4) | 誤 | 誤 | 正 | 正 |
| (5) | 誤 | 正 | 誤 | 誤 | | | | | |

**解説** **ア**：指定給水装置工事事業者は，事務所ごとに主任技術者を選任する．**イ**：主任技術者を選任した時は，水道事業者に届け出なければならない．

**解答▶(4)**

## 問題④ 給水装置工事主任技術者の職務

労働安全衛生法上，酸素欠乏危険場所で作業する場合の事業者の措置に関する次の記述のうち，**誤っているもの**はどれか．

(1) 事業者は，酸素欠乏危険作業主任者を選任しなければならない．

(2) 事業者は，作業環境測定の記録を3年間保存しなければならない．

(3) 事業者は，労働者を作業場所に入場及び退場させるときは，人員を点検しなければならない．

(4) 事業者は，作業場所の空気中の酸素濃度を16％以上に保つように換気しなければならない．

(5) 事業者は，酸素欠乏症等にかかった労働者に，直ちに医師の診察又は処置を受けさせなければならない．

**解説** (4) 酸素欠乏危険場所で作業する場合，作業場所の空気中の酸素濃度を**18％以上**に保つように換気しなければならない．

**解答▶(4)**

## 問題⑤ 給水装置工事主任技術者の職務

労働安全衛生に関する次の記述のうち，**不適当なもの**はどれか．

(1) 作業主任者の主な職務は，作業の方法を決定し作業を直接指揮すること，器具及び工具を点検し不良品を取り除くこと，保護帽及び安全靴等の使用状況を監視することである．

(2) 掘削面の高さが1.5m以上となる地山の掘削（ずい道及びたて坑以外の坑の掘削を除く）作業については，地山の掘削作業主任者を選任する．

(3) 事業者は，爆発，酸化等を防止するため換気することができない場合又は作業の性質上換気することが著しく困難な場合を除き，酸素欠乏危険作業を行う場所の空気中の酸素濃度を18％以上に保つように換気しなければならない．

(4) 事業者は，酸素欠乏危険作業を行う場所において酸素欠乏のおそれが生じたときは，直ちに作業を中止し，労働者をその場所から退避させなければならない．

**解説** (2) 掘削面の高さが**2m以上**となる地山の掘削作業は，地山の掘削及び土止め支保工作業主任者技能講習を修了した者のうちから掘削作業主任者を選任する．

**解答▶(2)**

## 問題❻ 給水装置工事主任技術者の職務

労働安全衛生法施行令に規定する作業主任者を選任しなければならない作業に関する次の記述の正誤の組み合わせのうち，**適当なもの**はどれか.

ア　掘削面の高さが 1.5 m 以上となる地山の掘削の作業

イ　土止め支保工の切りばり又は腹おこしの取付け又は取外しの作業

ウ　酸素欠乏危険場所における作業

エ　つり足場，張り出し足場又は高さが 5 m 以上の構造の足場の組み立て，解体又は変更作業

| | ア | イ | ウ | エ |
|---|---|---|---|---|
| (1) | 誤 | 正 | 正 | 正 |
| (2) | 正 | 誤 | 誤 | 正 |
| (3) | 誤 | 正 | 正 | 誤 |
| (4) | 正 | 誤 | 正 | 誤 |
| (5) | 誤 | 誤 | 誤 | 正 |

**解説** **ア**：掘削面の高さが 2.0 m 以上となる地山の掘削の作業（地山の掘削作業主任者）.

**イ**：土止め支保工の切りばり又は腹おこしの取付け又は取外しの作業（土止め支保工作業主任者）.

**ウ**：酸素欠乏症，硫化水素中毒にかかるおそれのある場所での作業（酸素欠乏危険作業主任者）.

**エ**：高さが 5 m 以上の足場の組み立て，解体又は変更作業（足場の組立て等作業主任者）.

**解答▶(1)**

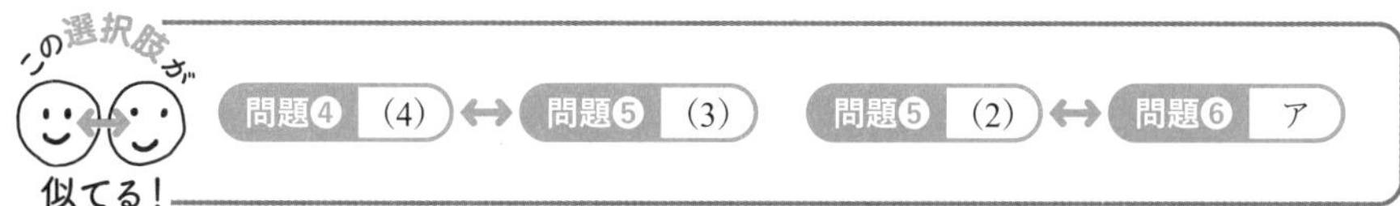

■土止め支保工の構造

## 問題⑦ 給水装置工事の構造及び材質基準

給水装置工事の構造及び材質の基準に関する省令に関する次の記述のうち，**不適当なもの**はどれか．

(1) 厚生労働省の給水装置データベースのほかに，第三者認証機関のホームページにおいても，基準適合品の情報提供サービスが行われている．

(2) 給水管及び給水用具が基準適合品であることを証明する方法としては，製造業者等が自らの責任で証明する自己認証と製造業者等が第三者機関に証明を依頼する第三者認証がある．

(3) 自己認証とは，製造業者が自ら又は製品試験機関等に委託して得たデータや作成した資料によって行うもので，基準適合性の証明には，各製品が設計段階で基準省令に定める性能基準に適合していることの証明で足りる．

(4) 性能基準には，耐圧性能，浸出性能，水撃限界性能，逆流防止性能，負圧破壊性能，耐寒性能及び耐久性能の7項目がある

**解説** (3) 自己認証の証明は，製品が「設計段階で基準省令に定める性能基準に適合していることの証明」と「製造段階で品質の安定性が確保されていることの証明」が必要となる．

**解答▶(3)**

## 問題⑧ 給水装置工事の構造・材質基準

給水管及び給水用具の性能基準適合性の自己認証に関する次の記述のうち，**適当なもの**はどれか．

(1) 需要者が給水用具を設置するに当たり，自ら希望する製品を自らの責任で設置することをいう．

(2) 製造者等が自ら又は製品試験機関等に委託して得たデータや作成した資料等によって，性能基準適合品であることを証明することをいう．

(3) 水道事業者自らが性能基準適合品であることを証明することをいう．

(4) 指定給水装置工事事業者が工事で使用する前に性能基準適合性を証明することをいう．

**解説** (1) 給水用具の設置は指定給水装置工事事業者が行う．

(3) 製造者等が性能基準適合品であることを証明する．

(4) (3)と同様で製造者等が性能基準適合品であることを証明する．

**解答▶(2)**

## 問題⑨ 給水装置工事の構造・材質基準

給水装置の構造及び材質の基準に関する省令（以下，「基準省令」という）に定める性能基準の適合に関する次の正誤の組み合わせのうち，**適当なもの**はどれか.

ア　自己認証は，給水管，給水用具の製造業者等が自ら又は製品試験機関などに委託して得たデータや作成した資料等に基づいて，性能基準適合品であることを証明するものである.

イ　第三者認証とは，中立的な第三者機関が製品試験や工場検査等を行い，基準に適合しているものについては基準適合品として登録して認証製品であることを示すマークの表示を認める方法である.

ウ　自己認証において，設計段階での基準適合性が証明されたことによりすべての製品が安全であるといえる.

エ　給水装置に使用する給水管で，基準省令を包含する日本産業規格（JIS 規格）や日本水道協会規格（JWWA 規格）等の団体規格の製品は，JIS マークや JWWA マーク等によって規格適合が表示されていれば性能基準適合品として使用することができる.

| | ア | イ | ウ | エ |
|---|---|---|---|---|
| (1) | 正 | 正 | 誤 | 正 |
| (2) | 誤 | 正 | 正 | 誤 |
| (3) | 正 | 正 | 誤 | 誤 |
| (4) | 誤 | 誤 | 正 | 正 |

**解説** **ウ**：設計段階での基準適合性の証明だけでなく給水装置に用いる製品には，①自己認証により証明された製品，②認証済マークが表示されている製品，③日本産業規格や日本水道協会規格の製品に該当するものがある.

**解答▶(1)**

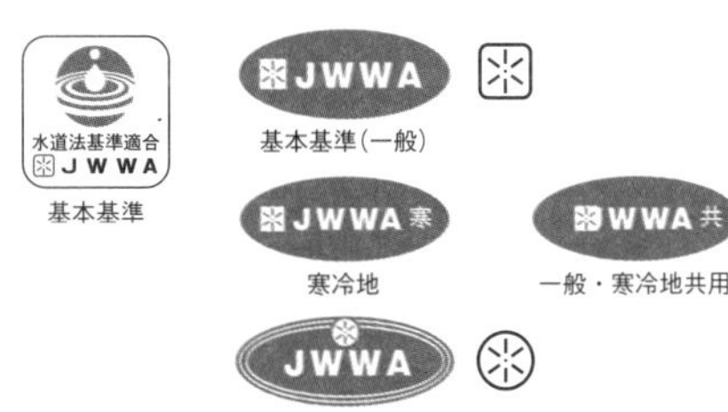


第三者認証機関の認証マーク

## 問題⑩ 給水装置工事の構造・材質基準

給水装置用材料の基準適合品の確認方法に関する次の記述の □ 内に入る語句の組み合わせのうち，**適当なもの**はどれか．

給水装置用材料が使用可能か否かは，給水装置の構造及び材質の基準に関する省令に適合しているか否かであり，これを消費者，指定給水装置工事事業者，水道事業者等が判断することとなる．この判断のために製品等に表示している［ア］マークがある．

また,制度の円滑な実施のために［イ］では製品ごとの［ウ］基準への適性に関する情報が全国的に利用できるよう［エ］データベースを構築している．

| | ア | イ | ウ | エ |
|---|---|---|---|---|
| (1) | 認証 | 経済産業省 | 性能 | 水道施設 |
| (2) | 適合 | 厚生労働省 | システム | 給水装置 |
| (3) | 適合 | 経済産業省 | システム | 水道施設 |
| (4) | 認証 | 厚生労働省 | 性能 | 給水装置 |

**解説** (4) 製品の基準適合性や品質の安定性を示す証明書などは，製品の種類ごとに消費者や指定給水装置工事事業者，水道事業者などに提出されることになる．

**解答▶(4)**

## 問題⑪ 給水装置工事の構造・材質基準

給水装置の構造及び材質の基準（以下，本問においては「構造・材質基準」という）に関する次の記述のうち，**不適当なもの**はどれか．

(1) 構造・材質基準に関する省令には，浸出等，水撃限界，防食，逆流防止などの技術的細目である7項目の基準が定められている．

(2) 厚生労働省では，製品ごとの性能基準への適合性に関する情報が全国的に利用できるよう給水装置データベースを構築している．

(3) 第三者認証は，自己認証が困難な製造業者や第三者認証の客観性に着目して第三者による証明を望む製造業者等が活用する制度である．

(4) 構造・材質基準に関する省令で定められている性能基準として，給水管は，耐久性能と浸出性能が必要であり，飲用に用いる給水栓は，耐久性能，浸出性能及び水撃限界性能が必要となる．

**解説** (4) 性能基準として，給水管やバルブ類は，耐圧性能，浸出性能が必要であり，飲用給水栓は，耐久性能，浸出性能，水撃限界性能が必要となる．

**解答▶(4)**

## 問題⑫ 給水装置工事の構造・材質基準

給水装置の構造及び材質の基準に関する省令（以下，本問においては「基準省令」という）に関する次の記述のうち，**適当なもの**はどれか．

(1) 基準省令は，個々の給水管及び給水用具が満たすべき性能及びその定量的な判断基準（「性能基準」という）及び給水装置工事が適正に施行された給水装置であるか否かの判断基準を明確化したものであるが，このうち性能基準は6項目の基準からなっている．

(2) 基準適合性の証明方法は，「自己認証」及び「第三者認証」であり，また，JIS 規格等に適合している製品は，すべて基準適合品である．

(3) 基準省令に定められている性能基準は，給水管及び給水用具ごとのその性能と使用場所に応じて適用される．例えば，給水管は，耐圧性能と浸出性能及び耐久性能が必要であり，飲用に用いる給水栓は，耐圧性能，浸出性能，耐久性能及び水撃限界性能が必要である．

(4) 給水装置用材料が基準省令に適合しているか否かの判断資料として，制度の円滑な実施のために，厚生労働省では製品ごとの性能基準への適合性に関する情報が全国的に利用できるよう給水装置データベースを構築している．

**解説** (1) 性能基準は7項目の基準からなっている．(2) JIS 規格等に適合している製品が，すべて基準適合品とは言えない．(3) 飲用に用いる給水栓は，耐圧性能，浸出性能，水撃限界性能が必要で，給水管は，耐久性能，浸出性能が必要となる．

**解答▶(4)**

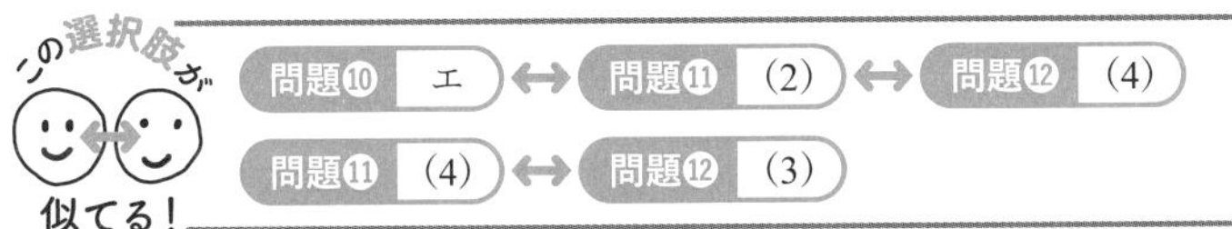

■性能基準の7項目

基準省令に示す基準及び基準省令に定める性能基準

| (1) 基準省令に示す基準 | (2) 基準省令に定める性能基準 |
|---|---|
| ①耐圧に関する基準 | ①耐圧性能基準 |
| ②浸出等に関する基準 | ②浸出性能基準 |
| ③水撃限界に関する基準 | ③水撃限界性能基準 |
| ④防食に関する基準 | — |
| ⑤逆流防止に関する基準 | ④逆流防止性能基準 |
| | ⑤負圧破壊性能基準 |
| ⑥耐寒に関する基準 | ⑥耐寒性能基準 |
| ⑦耐久に関する基準 | ⑦耐久性能基準 |

# 6-2 建設業法

建設業を営む場合には，建設業の許可が必要で，許可要件として，建設業を営もうとするすべての営業所ごとに，一定の資格又は実務経験を持つ専任の技術者を置かなければならないと規定している．

給水装置工事主任技術者は，水道法による給水装置工事主任技術者免状の交付を受けた後，管工事に関し1年以上の実務経験を有する者が，管工事業に係る営業所専任技術者となることができる．

## 1 建設業法と主任技術者

① 建設業を営む場合，建設業の許可が必要であり，許可要件として，建設業を営もうとするすべての営業所ごとに，一定の資格又は実務経験を持つ専任の技術者を置かなければならない．

② 主任技術者は，主任技術者免状の交付を受けた後，管工事に関し1年以上の実務経験がある者が，管工事業に係る営業所専任技術者となる．

③ 公共性のある施設，工作物の建設工事を，発注者から直接請負う建設業者は，経営に関する客観的事項について，その許可を受けた国土交通大臣又は都道府県知事の経営事項審査を受けなければならない．

④ 主任技術者は，管工事業における経営事項審査の評価の対象である．

⑤ 給水装置工事主任技術者は，管工事業の営業所専任技術者として，建設業法に基づき，適正な工事を実施するために，工事の施工計画書の作成，工程管理，品質管理，技術上の管理や工事の施行に従事する者の技術上の指導監督を行う者である．

⑥ 工事1件の請負代金の額が建築一式工事にあっては1 500万円に満たない工事又は延べ面積が150 $m^2$ に満たない木造住宅工事，建築一式工事以外の建設工事にあっては500万円未満の軽微な工事のみを請け負う者は，建設業の許可は必要なく，営業所に専任技術者を置く規定からも外れる．

⑦ 軽微な工事を請け負う者においても，適切な施工をせず公衆に危害を及ぼしたとき，又は危害を及ぼすおそれが大であるとき，及び請負契約に不誠実な行為をした場合には，都道府県知事から必要な指示を受けることになる．

## 2 建設業の許可

建設業法で，一定以上の規模の工事を請け負うことを営もうとする者は，国土交通大臣か都道府県知事より，一般建設業か特定建設業の区分により，建設工事の種類ごとに許可を受けなければならないと定められている．

① 2以上の都道府県の区域内に営業所を設けて営業する場合は，国土交通大臣の許可を受ける．

② 1つの都道府県の区域内にのみ営業所を設けて営業する場合は，都道府県知事の許可を受ける．この許可は営業の地域的制限ではなく，都道府県知事の許可であっても全国で営業活動が可能である．

③ 許可を必要としない者（政令で定める軽微な建設工事）とは，工事1件の請負代金の額が500万円に満たない工事（建築一式工事の場合は1 500万円に満たない工事，又は延べ面積が150 $m^2$ に満たない木造住宅工事）である．

④ 建設業法での請負代金等の金額には，消費税や地方消費税が含まれる．

⑤ 建設業の許可は，一般建設業許可と特定建設業許可に区分される．

⑥ 特定建設業の許可は，下請負人の保護の徹底を期するため，発注者から直接請負う1件の建設工事につき，その工事の全部又は一部を，下請代金の額（その工事に係る下請契約が2以上あるときは，下請代金の額の総額）が4 000万円（建築工事業である場合は6 000万円）以上となる下請契約を締結して施工しようとする者が受けるものである．

⑦ 建設業の許可は，一般建設業と特定建設業の許可を問わず29の建設工事に対応する29の業種に分けて受けることとしている．

表6・3 建設業29業種

| | | | | | |
|---|---|---|---|---|---|
| 1 | 土木一式工事業 | 11 | 鋼構造物工事業 | 21 | 熱絶縁工事業 |
| 2 | 建築一式工事業 | 12 | 鉄筋工事業 | 22 | 電気通信工事業 |
| 3 | 大工工事業 | 13 | 舗装工事業 | 23 | 造園工事業 |
| 4 | 左官工事業 | 14 | しゅんせつ工事業 | 24 | さく井（せい）工事業 |
| 5 | とび･土工･コンクリート工事業 | 15 | 板金工事業 | 25 | 建具工事業 |
| 6 | 石工事業 | 16 | ガラス工事業 | 26 | 水道施設工事業 |
| 7 | 屋根工事業 | 17 | 塗装工事業 | 27 | 消防施設工事業 |
| 8 | 電気工事業 | 18 | 防水工事業 | 28 | 清掃施設工事業 |
| 9 | 管工事業 | 19 | 内装仕上工事業 | 29 | 解体工事業 |
| 10 | タイル･レンガ･ブロック工事業 | 20 | 機械器具設置工事業 | | |

6章 給水装置工事事務論

⑧ 許可を受けていない建設業に係る建設工事を請け負うことはできない.
⑨ ただし，当該建設工事に附帯する工事は，請け負うことができる.
⑩ 除外される工事として，解体工事業があるので注意する

## 3 建設業の許可基準

建設業許可は，許可を受けようとする者が建設業法の基準に適合しなければ，国土交通大臣や都道府県知事の許可を受けることができない．その基準の1つとして，営業所ごとに，法律で定めた事項に該当する者を専任で置かなければならないことが定められている.

① 一般建設業は，以下のいずれかに該当する一定の資格や実務経験を有する者を営業所ごとに専任で置かなければならない.
　イ．許可を受けようとする建設業の建設工事に関し，高等学校若しくは中等教育学校の指定学科を卒業後5年以上，又は大学，高等専門学校の指定学科を卒業後3年以上の実務経験を有する者
　ロ．許可を受けようとする建設業の建設工事に関し，10年以上の実務経験を有する者
　ハ．国土交通大臣がイ又はロに掲げる者と同等以上の知識及び技術又は技能を有する物と認定した者.

## 4 特定建設業（指定建設業以外）の専任技術者

特定建設業のうち指定建設業以外の業種は，以下のいずれかに該当する一定の資格や実務経験を有する者を営業所ごとに専任で置かなければならない.

イ．国土交通大臣が定める試験に合格した者，又は免許を受けた者
　(1) 1級施工管理技士
　(2) 技術士の第2次試験のうち一定の部門に合格した者
　(3) 1級建築士
ロ．次の資格者又は実務経験者で，許可を受けようとする建設業の建設工事に関し，発注者から直接請け負った工事で請負代金が4 500万円以上のものに関し2年以上の指導監督的経験を有する者

※指導監督的経験は，建設工事の設計又は施工の全般で，現場主任や現場監督のような資格で，工事の技術面を総合的に指導監督した経験のあるもの.

(1) 2級施工管理技士
(2) 一定の職種の1級技能士，又は一定の職種における2級技能士で合格後3年以上の実務経験を有する者
(3) 高等学校若しくは中等教育学校の指定学科を卒業後5年以上の実務経験を有する者
(4) 大学又は高等専門学校の指定学科を卒業後3年以上の実務経験者
(5) 10年以上の実務経験を有する者

## 5 特定建設業（指定建設業）の専任技術者

特定建設業のうち指定建設業は，土木工事業，建築工事業，電気工事業，管工事業，鋼構造物工事業，舗装工事業，造園工事業の7業種が指定されている．

① 指定建設業は，特定建設業の許可の取得や更新の際，営業所の専任技術者や特定建設業者が設置しなければならない監理技術者が1級の国家資格者（管工事業の場合，1級管工事施工技士か，技術士の2次試験のうち一定の部門〈選択科目を熱工学か流体工学とした機械部門，上下水道部門，衛生工学部門等〉に合格した者）等に限られるなど厳しい基準が適用されている．

## 6 主任技術者と監理技術者の設置

① 建設業者は，その請け負った建設工事を施工するとき，建設業法で当該工事現場に技術上の管理を行う主任技術者や監理技術者を置かなければならない．

② 発注者から直接建設工事を請け負った特定建設業者は，下請契約の請負代金の額（当該下請契約が2つ以上あるときは，それらの請負代金の総額）が4 000万円以上（建築工事業は6 000万円以上）になる場合は，主任技術者に代えて一定の指導監督的な実務経験等を有する監理技術者を置かなければならない．

③ 建設業者は，公共性のある施設や工作物，多数の者が利用する施設や工作物に関する重要な建設工事の要件に該当する工事のうち，工事1件の請負代金が3 500万円以上（建築一式工事で7 000万円以上）を施工するときは，元請，下請に関わらず工事現場ごとに専任の主任技術者又は監理技術者を置かなければならない．

④ 監理技術者を専任で置く工事で直接請負い，下請代金が4 000万円以上（建築工事業は6 000万円以上）となる下請契約を締結して施工する場合は，監理技術者資格者証の交付を受け講習を受講した監理技術者を専任で置く．

## 問題① 建設業法

給水装置工事主任技術者と建設業法に関する次の記述で，**不適当なもの**はどれか．

（1）建設業の許可は，一般建設業許可と特定建設業許可の２つがあり，どちらの許可も建設工事の種類ごとに許可を取得することができる．

（2）水道法による給水装置工事主任技術者免状の交付を受けた後，管工事に関し１年以上の実務経験を有する者は，管工事業に係る営業所専任技術者になることができる．

（3）所属する建設会社と直接的で恒常的な雇用契約を締結している営業所専任技術者は，勤務する営業所の請負工事で，現場の業務に従事しながら営業所での職務も遂行できる距離と常時連絡を取れる体制を確保できれば，当該工事の専任を要しない監理技術者等になることができる．

（4）２以上の都道府県の区域内に営業所を設けて建設業を営もうとする者は，本店のある管轄の都道府県知事の許可を受けなければならない．

**解説** （4）都道府県知事ではなく，国土交通大臣の許可を受けなければならない． **解答▶(4)**

## 問題② 建設業法

建設業の許可に関する次の記述のうち，**適当なもの**はどれか．

（1）建設業の許可を受けようとする者で，２以上の都道府県の区域内に営業所を設けて営業しようとする場合にあっては，それぞれの都道府県知事の許可を受けなければならない．

（2）建設工事を請け負うことを営業とする者は，工事１件の請負代金の額に関わらず建設業の許可が必要である．

（3）一定以上の規模の工事を請け負うことを営もうとする者は，建設工事の種類ごとに国土交通大臣又は都道府県知事の許可を受けなければならない．

（4）建設業の許可に有効期限の定めはなく，廃業の届出をしない限り有効である．

**解説** （1）問題①の解説を参照．（2）軽微な建設工事のみを請け負うものは，建設業の許可を要しない．（4）建設業の許可は，５年ごとの更新が必要となる． **解答▶(3)**

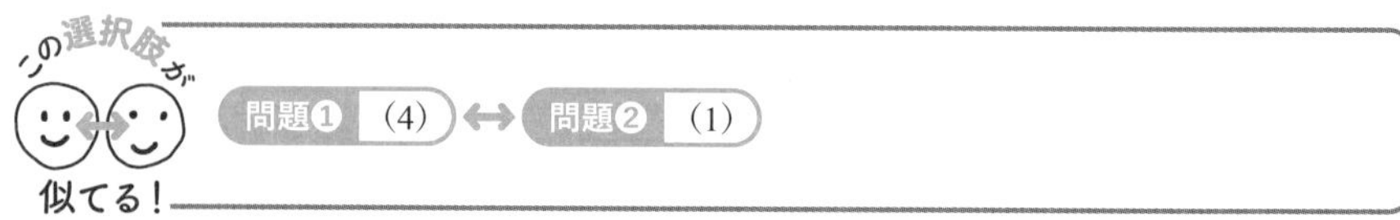

# 6-3 労働安全衛生法

「労働安全衛生法」は，職場の労働者の安全と健康を確保し，快適な職場環境の形成を促進することを目的としている．また，主任技術者は，営業所専任技術者として，施工の技術上の管理の他，工事施行に伴う公衆災害，労働災害等の発生を防止する安全管理の一端を担う立場にある．

## 1 事業者の債務

① 事業者は，法律で定める労働災害防止の最低基準を守るだけでなく，快適な職場環境の実現と労働条件の改善を通じて，職場の労働者の安全と健康を確保するようにしなければならない．

② 事業者は，国が実施する労働災害の防止に関する施策に協力しなければならない．

## 2 事業者の労働安全衛生法

① 事業者は，「労働安全衛生法施行令」「労働安全衛生規則」で定める事業場ごとに，総括安全衛生管理者，安全管理者，衛生管理者，産業医，統括安全衛生責任者，元方安全衛生管理者，安全衛生責任者，安全衛生推進者及び作業主任者等を選任し，その者に安全又は衛生に係る技術的事項等について**統括，指揮，管理**等をさせなければならない．

② 建設業のような重層下請関係において事業が実施される場合の管理体制や協議組織である安全委員会，衛生委員会，安全衛生委員会等の設置についても定めている．

## 3 作業主任者と業務内容

① 事業者は，労働災害防止の管理を必要とする政令で定める作業で，都道府県労働局長の**免許を受けた者**又は都道府県労働局長あるいは都道府県労働局長の指定する者が行う**技能講習を修了した者**から，厚生労働省令で定める，作業区分に応じて**作業主任者を選任**し，その者に当該作業に従事する**労働者の指揮**その他の厚生労働省令で定める事項を行わせなければならない．

② 各作業に共通する作業主任者の主な職務は以下の3項目となる.

- 作業の方法及び労働者の配置を決定し，作業を直接指揮すること.
- 器具，工具，保護具等の機能を点検し，不良品を取り除くこと.
- 保護具（保護帽，安全靴等）の使用状況を監視すること.

なお，作業主任者が作業現場に立ち会い，作業の進行状況を監視しなければ，当該作業を施行させてはならない.

## 4 酸素欠乏症の防止

① 労働安全衛生法に定める酸素欠乏症（酸素濃度18％未満の空気の吸入で発生する症状）や硫化水素中毒（硫化水素濃度10 ppmを超える空気の吸入で発生する症状）にかかる場所での作業は，欠乏や中毒による事故を防止するため，「酸素欠乏症等防止規則」に基づき酸素欠乏危険作業主任者を選任する.

② 酸素欠乏症等防止規則の作業対象と選任する作業主任者

(1) 第一種酸素欠乏危険作業

- 酸素欠乏症となるおそれのある場所での作業をいう.
- 酸素欠乏危険作業主任者技能講習修了者を選任する.

(2) 第二種酸素欠乏危険作業

- 酸素欠乏症，硫化水素中毒となるおそれのある場所での作業をいう.
- 作業は酸素欠乏，硫化水素危険作業主任者技能講習修了者を選任する.
- 建設業者の作業場所で，これらの事故が発生するのは，地下室，地下ピット，下水道管渠（かんきょ），マンホール，暗渠，井戸等が考えられる.

表6・4 酸素欠乏の危険性

| 酸素濃度 | 危険性 |
|---|---|
| 21％ | 清浄空気濃度 |
| 18％ | 安全限界 |
| 16％ | 呼吸・脈拍の増加，頭痛，吐き気 |
| 12％ | 目まい，吐き気，筋力低下，墜落（死につながる） |
| 10％ | 顔面蒼白，意識不明，おう吐（吐物が気管をふさぐ） |
| 8％ | 昏睡（8分で死亡） |
| 6％ | 呼吸停止，けいれん，死亡 |

図6・2 デジタル酸素濃度計（参考）

## 5 事業者が講ずべき措置

事業者は，現場の労働災害防止のための措置を講じ，その防止に関する総合的計画的な対策を行う．

① 掘削業務等の作業方法から生ずる危険を防止するための措置を講じる．

② 労働者が墜落する恐れのある場所，土砂等が崩壊する恐れのある場所に係る危険を防止する．

③ 労働者の**作業行動から生じる労働災害を防止**するため必要な措置を講じる．

④ **労働災害発生の緊迫した危険**があるときは，直ちに**作業を中止**し，労働者を作業場から退避させる必要な措置を講じる．

## 6 労働安全衛生関係法令での給水装置工事主任技術者の役割

① 給水装置工事主任技術者は，安全委員会の委員等として，作業場を巡視し，設備，作業方法に危険があるときは，直ちに**危険防止のために必要な措置を講じる**．

② 就業制限のある業務は，当該業務に係る免許を受けた者，技能講習を修了した者，厚生労働省令で定める資格がある者でなければ当該業務に従事させてはならない．

③ この業務に従事する者は，免許証その他資格を証する書面を携帯していなければならないので，これらの**携帯確認を行う**ことに留意する．

④ 事業者は，現場における労働災害防止のため必要な措置を講ずる等，その防止に関する総合的計画的な対策を行う．

## 7 建築設備における給水装置工事主任技術者の役割

① 建築設備の計画・設計の段階は，建築設備士や設備設計一級建築士が主管となるため，給水装置工事主任技術者が直接係ることが少ない．

② 施工では，管工事施工管理技士（1 級，2 級）が，主任技術者，監理技術者として機械設備工事や給排水衛生設備工事を総括する立場になる．

③ 機械設備工事や給排水衛生設備工事の一部として，給水装置工事の範囲を指定給水装置工事事業者が請負工事として施工する．

④ 給水装置工事主任技術者は，給排水衛生設備の一部であるが水道法等に基づく給水装置の施工を行わなければならない．

## 問題❶ 労働安全衛生法

労働安全衛生法上，酸素欠乏危険場所で作業する場合の事業者の措置に関する次の記述のうち，**誤っているもの**はどれか．

(1) 事業者は，酸素欠乏危険作業主任者を選任しなければならない．

(2) 事業者は，作業環境測定の記録を3年間保存しなければならない．

(3) 事業者は，労働者を作業場所に入場及び退場させるときは，人員を点検しなければならない．

(4) 事業者は，作業場所の空気中の酸素濃度を16％以上に保つように換気しなければならない．

(5) 事業者は，酸素欠乏症等にかかった労働者に，直ちに医師の診察又は処置を受けさせなければならない．

**解説** (4) 酸素欠乏危険場所で作業する場合，作業場所の空気中の酸素濃度を18％以上に保つように換気しなければならない．

**解答▶(4)**

## 問題❷ 労働安全衛生法

労働安全衛生法施行令に規定する作業主任者を選任しなければならない作業として，次の記述のうち，**不適当なもの**はどれか．

(1) 土止め支保工の切りばり又は腹おこしの取付け又は取外しの作業

(2) 酸素欠乏症にかかるおそれ及び硫化水素中毒にかかるおそれのある場所として厚生労働大臣が定める場所における作業

(3) 掘削面の高さが2m以上となる地山の掘削（ずい道及びたて坑以外の坑の掘削を除く）の作業

(4) つり上げ荷重が1t以上の移動式クレーンの玉掛けの業務

**解説** (4) つり上げ荷重が1t以上の移動式クレーンの玉掛けの業務は，作業主任の業務でなく，「玉掛け技能講習を修了した者」の業務となる．

**解答▶(4)**

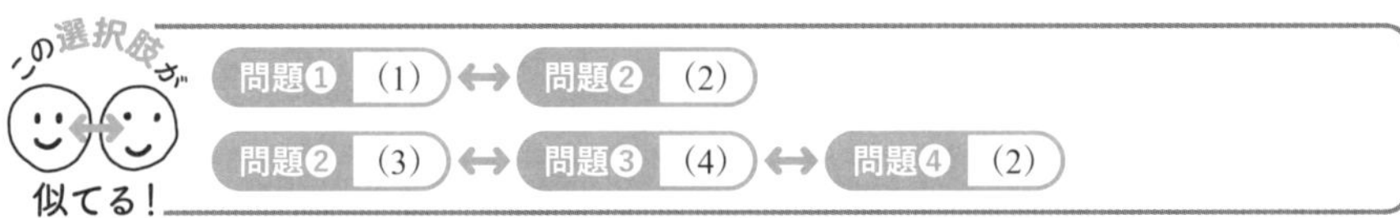

## 問題3 労働安全衛生法

労働安全衛生に関する次の記述のうち，**不適当なもの**はどれか．

(1) 労働安全衛生法で定める事業者は，作業主任者が作業現場に立ち会い，作業の進行状況を監視しなければ，土止め支保工の切りばり又は腹起こしの取付け又は取り外しの作業を施行させてはならない．

(2) クレーンの運転業務に従事する者が，労働安全衛生法施行令で定める就業制限に係る業務に従事するときは，これに係る免許証その他資格を証する書面を携帯していなければならない．

(3) 硫化水素濃度 10 ppm を超える空気を吸入すると，硫化水素中毒を発生するおそれがある．

(4) 労働安全衛生法で定める事業者は，掘削面の幅が 2 m 以上の地山の掘削（ずい道及びたて坑以外の坑の掘削を除く）には，地山の掘削作業主任者を選任しなければならない．

解説 (4) 掘削面の高さが 2 m 以上となるとなる地山の掘削の作業には，地山の掘削作業主任者を選任する．

**解答▶(4)**

## 問題4 労働安全衛生法

労働安全衛生に関する次の記述のうち，**不適当なもの**はどれか．

(1) 作業主任者の主な職務は，作業の方法を決定し作業を直接指揮すること，器具及び工具を点検し不良品を取り除くこと，保護帽及び安全靴等の使用状況を監視することである．

(2) 掘削面の高さが 1.5 m 以上となる地山の掘削(ずい道及びたて坑以外の坑の掘削を除く)作業については,地山の掘削作業主任者を選任しなければならない．

(3) 事業者は,爆発,酸化等を防止するため換気することができない場合又は作業の性質上換気することが著しく困難な場合を除き,酸素欠乏危険作業を行う場所の空気中の酸素濃度を 18 % 以上に保つように換気しなければならない．

(4) 事業者は,酸素欠乏危険作業を行う場所において酸素欠乏の恐れが生じたときは,直ちに作業を中止し，労働者をその場所から退避させなければならない．

解説 (2) 掘削面の高さが 2 m 以上となるとなる地山の掘削の作業には，地山の掘削作業主任者を選任する．

**解答▶(2)**

# 6-4 建築基準法

この法律は，建築物の敷地，構造，設備及び用途に関する最低の基準を定め，国民の生命，健康及び財産の保護を図り，公共の福祉の増進を目的とする．

## 1 給水，排水その他の配管設備の設置及び構造

建築物に設ける給水，排水その他の配管設備の設置及び構造は，次に定めるところによらなければならない〔建築基準法施行令第129条の2の4第1項〕．

① コンクリートへの埋設等により腐食するおそれのある部分には，その材質に応じ有効な腐食防止のための措置を講ずる．

② 構造耐力上主要な部分を貫通して配管する場合においては，建築物の構造耐力上支障を生じないようにする．

③ 給水，その他の配管設備は，エレベーターの昇降路内に設けない．ただし，エレベーターに必要な配管設備の設置及び構造は，この限りでない．

④ 圧力タンク及び給湯設備には，安全装置を設ける．

⑤ 水質，温度その他の特性に応じて安全上，防火上及び衛生上支障のない構造とする．

⑥ 給水管，その他の管が，準耐火構造の防火区画，防火壁，防火床，界壁，間仕切壁又は隔壁（以下「防火区画等」という）を貫通する場合は，これらの管の構造は，次のイからハまでのいずれかに適合するものとする．

イ．給水管，その他の管の貫通する部分及び当該貫通する部分からそれぞれ両側に1m以内の距離にある部分を不燃材料で造る（**図6・3，6・4**）．

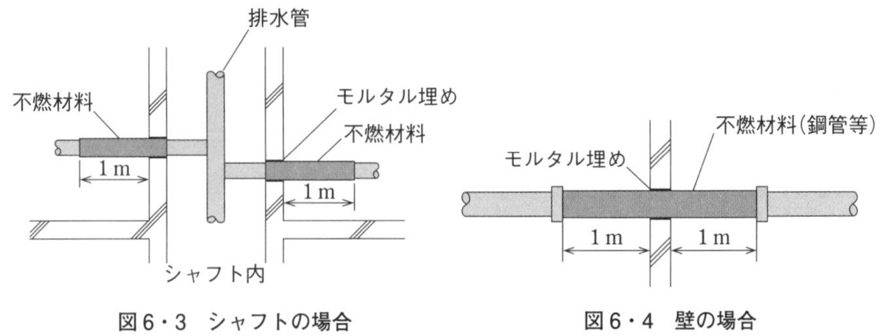


図6・3 シャフトの場合

図6・4 壁の場合

ロ．給水管，その他の管の外径が，管の用途，材質その他の事項に応じて国土交通大臣が定める数値未満であること．

ハ．防火区画等を貫通する管に通常の火災による火熱が加えられた場合に，加熱開始後20分間（準耐火構造の床若しくは壁又は防火壁にあっては1時間，界壁，間仕切壁又は隔壁にあっては45分間），防火区画等の加熱側の反対側に火炎を出す原因となる亀裂その他の損傷を生じないものとして，国土交通大臣の認定を受けたものであること．

⑦ 1時間準耐火基準に適合する準耐火構造の床や壁又は特定防火設備で建築物の他の部分と区画されたパイプシャフトやダクトシャフト，その他これらに類するものの中にある部分については，この限りでない．

## 2 建築物に設ける飲料水の配管設備

① 水槽，流し，その他水を入れ，又は受ける設備に給水する飲料水の配管設備の水栓の開口部は，これらの設備のあふれ面と水栓の開口部との垂直距離を適当に保つ等有効な水の逆流防止措置を講ずる．

② 飲料水の配管設備の構造は，次に掲げる基準に適合するものとして，国土交通大臣が定めた構造方法を用いるもの又は国土交通大臣の認定を受けたものであること．

イ．当該配管設備から漏水しないものであること．

ロ．当該配管設備から溶出する物質によって汚染されないものであること．

③ 給水管の凍結による破壊のおそれのある部分には，有効な防凍の措置を講ずる．

④ 給水タンク及び貯水タンクは，ほこりその他衛生上有害なものが入らない構造とし，金属製のものは，衛生上支障のないように有効なさび止めのための措置を講ずる．

## 3 飲料水の配管設備の構造

① ウォーターハンマーが生ずるおそれがある場合においては，エアチャンバーを設けウォーターハンマー防止のための措置を講ずる．

② 給水立て主管からの各階への分岐管等主要な分岐管には，分岐点に近接した部分で操作を容易に行うことができる部分に止水弁を設ける．

③ 建築物の内部，屋上又は最下階の床下に設ける場合は，次のようにすること．

(1) 外部の給水タンク又は貯水タンク(以下「給水タンク等」という)の天井,底又は周壁の保守点検を容易かつ安全に行うことができるように設ける.

(2) 給水タンク等の天井,底又は周壁は,建築物の他の部分と兼用しないこと.

(3) 内部には,飲料水の配管設備以外の配管設備を設けないこと.

(4) 内部の保守点検を容易かつ安全に行うことができる位置に,次に定める構造としたマンホールを設けること.ただし,給水タンク等の天井がふたを兼ねる場合においては,この限りでない.

- 内部が常時加圧される構造の給水タンク等(以下「圧力タンク等」という)に設ける場合を除き,ほこりその他衛生上有害なものが入らないように有効に**立ち上げる**こと.
- **直径 60 cm 以上**の円が内接することができるものとすること.ただし,外部から内部の保守点検を容易で,安全に行うことができる小規模な給水タンク等はこの限りでない(**図 6・5**).

(5) 最下階の床下その他,浸水によりオーバーフロー管から水が逆流するおそれのある場所に給水タンク等を設置する場合は,浸水を容易に覚知することができるよう浸水を検知し警報する装置の設置その他の措置を講ずる.

(6) 圧力タンク等を除き,ほこりその他衛生上有害なものが入らない構造の通気装置を有効に設けること.ただし,**有効容量が 2 m³ 未満**の給水タンク等については,この限りでない.

(7) 給水タンク等の上にポンプ,ボイラー,空気調和機等の機器を設ける場合は,飲料水を汚染することのないように衛生上必要な措置を講ずる.

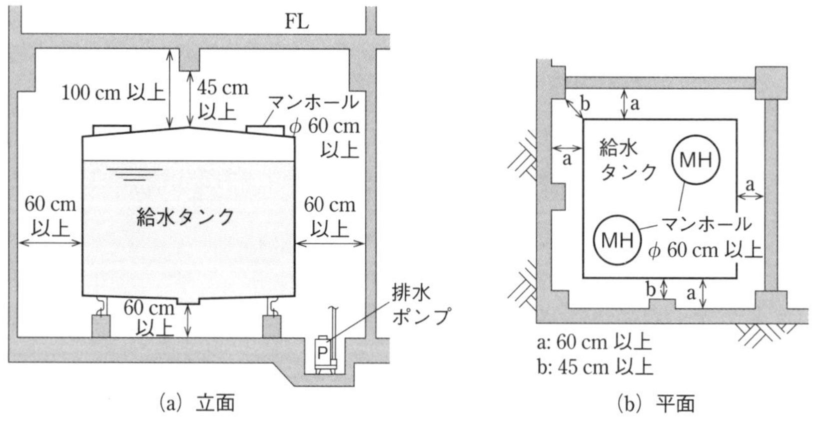


図 6・5 給水タンク室の保守点検

## 4 建築物における衛生的環境の確保に関する法律

① 「建築物における衛生的環境の確保に関する法律」は,「建築物衛生法」と呼び,この法律では興行場,百貨店,店舗,事務所,学校等の用に供される建築物で,相当程度の規模を持つものを「**特定建築物**」と定義している.

② 特定建築物の所有者,占有者等に対して,「建築物環境衛生管理基準」に従って**維持管理**が義務付けられている.

③ 現在,建築物衛生法と略称しているが,かつての**ビル管理法**や**ビル衛生管理法**は同じ法律で,呼び方が違っている.

## 5 飲料水に関する衛生上必要な措置等

① 給水栓の水に含まれる遊離残留塩素の含有率は,**0.1 mg/L** 以上に保持する

② 貯水槽の点検等は,有害物,汚水等によって水が汚染されるのを防止するため必要な措置を行う.

③ 地下水その他の水以外の水を,水源の全部又は一部として飲料水を供給する場合は,定められた水質検査を行う.

④ 給水栓での水の色,濁り,臭い,味その他の状態により,供給する水に異常を認めたときは,必要な項目の水質検査を行う.

⑤ ④の場合は,**特定建築物の周辺の井戸**等における水質の変化その他の事情から判断して,水質基準に適合しないおそれがあるときは,必要な検査を行う.

⑥ 飲料水を供給する場合は,**厚生労働大臣が定める技術上の基準**に従い,維持管理に努める.

**必ず覚えよう**

❶ 給水装置工事主任技術者の役割・知識と技能について

❷ 建設業の許可は,国土交通大臣又は都道府県知事が行い,工事業ごとに一般建設業又は特定建設業に区分し,5 年ごとに更新を受ける.

❸ 労働安全衛生法での主任技術者は,工事施行に伴う公衆災害,労働災害等の発生防止のため,安全管理の一端を担う立場にある.

❹ 建築基準法

- 給水管等をコンクリートへ埋設する場合に,腐食する可能性のある部分には,その材質に応じた有効な腐食防止措置を考慮すること.

## 問題1 建築基準法

建築物の内部，屋上又は最下階の床下に設ける給水タンク及び貯水タンク（以下「給水タンク等」という）の配管設備の構造方法に関する次の記述のうち，**不適当なもの**はどれか．

(1) 給水タンク等の天井は，建築物の他の部分と兼用できる．
(2) 給水タンク等の内部には，飲料水の配管設備以外の配管設備を設けない．
(3) 給水タンク等の上にポンプ，ボイラー，空気調和機等の機器を設ける場合は，飲料水を汚染することのないように衛生上必要な措置を講ずる．
(4) 最下階の床下その他浸水によりオーバーフロー管から水が逆流するおそれのある場所に給水タンク等を設置する場合は，浸水を容易に覚知することができるよう浸水を検知し警報する装置の設置，その他の措置を講じる．

**解説** (1) 給水タンク等の天井・底・周壁は，**建築物の他の部分と兼用しない**．　**解答▶(1)**

## 問題2 建築基準法

建築基準法に規定されている建築物に設ける飲料水の配管設備などに関する次の記述のうち，**不適当なもの**はどれか．

(1) 給水管の凍結による破壊のおそれのある部分には，有効な防凍のための措置を講ずる．
(2) 給水タンク内部には，飲料水及び空調用冷温水の配管設備以外の配管設備を設けてはならない．
(3) 水槽，流しその他，水を入れ，又は受ける設備に給水する飲料水の配管設備の水栓の開口部は，これらの設備のあふれ面と水栓の開口部との垂直距離を適当に保つ等有効な水の逆流防止のための措置を講じなければならない．
(4) 給水タンクを建築物の内部に設ける場合において，給水タンクの天井，底又は周壁を建築物の他の部分と兼用しない．

**解説** (2) 給水タンク内部には，**飲料水の配管以外の配管設備**を設けてはならない．

**解答▶(2)**

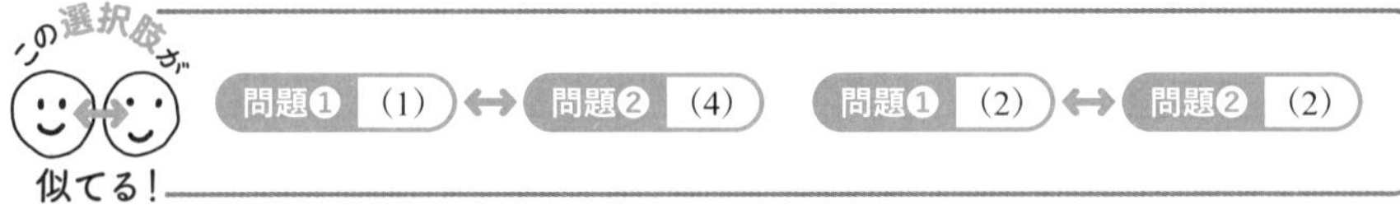

## 章末問題❶ 給水装置工事主任技術者の職務

給水装置工事における給水装置工事主任技術者（以下，本問においては「主任技術者」という）の職務に関する次の記述の正誤の組み合わせのうち，**適当なもの**はどれか．

ア　主任技術者は，調査段階，計画段階に得られた情報に基づき，また，計画段階で関係者と調整して作成した施工計画書に基づき，最適な工程を定めそれを管理しなければならない．

イ　主任技術者は，工事従事者の安全を確保し，労働災害の防止に努めるとともに，水系感染症に注意して水道水を汚染しないよう，工事従事者の健康を管理しなければならない．

ウ　主任技術者は，配水管と給水管の接続工事や道路下の配管工事については，水道施設の損傷，漏水による道路の陥没等の事故を未然に防止するため，必ず現場に立ち会い施行上の指導監督を行わなければならない．

エ　主任技術者は，給水装置工事の事前調査において，技術的な調査を行うが，必要となる官公署等の手続きを漏れなく確実に行うことができるように関係する水道事業者の供給規程のほか，関係法令等も調べる必要がある．

| | ア | イ | ウ | エ |
|---|---|---|---|---|
| (1) | 正 | 正 | 誤 | 正 |
| (2) | 誤 | 誤 | 正 | 誤 |
| (3) | 誤 | 正 | 誤 | 正 |
| (4) | 正 | 誤 | 正 | 誤 |

**解説** **ウ**：水道施設の損傷，漏水による道路の陥没等の事故を未然に防止するためには，十分な知識と熟練した技能を有する者に工事を行わせるか，又は実地に監督させる．　**解答▶(1)**

■主任技術者が行う技術指導内容

① 必要な能力がある配管工の配置計画を立てる．

② 工事従事者の役割分担と責任範囲を明確にする．

③ 随時，工事従事者に適切な技術的指導を行う．

## 章末問題❷ 給水装置工事主任技術者の職務

給水装置工事における給水装置工事主任技術者（以下，本問においては「主任技術者」という）の職務に関する次の記述の正誤の組み合わせのうち，**適当なもの**はどれか．

ア　主任技術者は，給水装置工事の事前調査において，酸・アルカリに対する防食，凍結防止等の工事の必要性の有無を調べる必要がある．

イ　主任技術者は，給水装置工事の事前調査において，技術的な調査を行うが，必要となる官公署等の手続きを漏れなく確実に行うことができるように，関係する水道事業者の供給規程のほか，関係法令等も調べる必要がある．

ウ　主任技術者は，給水装置工事に従事する者の技術上の指導監督を誠実に行わなければならない．

エ　主任技術者は，給水装置工事における適正な竣工検査を確実に実施するため，自らそれにあたらなければならず，現場の従事者を代理としてあたらせることはできない．

| | ア | イ | ウ | エ |
|---|---|---|---|---|
| (1) | 誤 | 正 | 誤 | 正 |
| (2) | 正 | 誤 | 正 | 誤 |
| (3) | 正 | 正 | 正 | 誤 |
| (4) | 正 | 正 | 誤 | 正 |

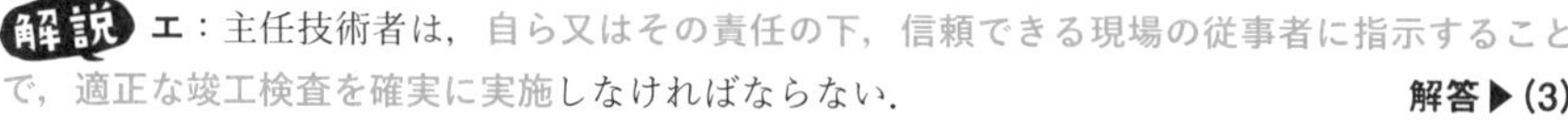

**解説** **エ**：主任技術者は，自ら又はその責任の下，信頼できる現場の従事者に指示することで，適正な竣工検査を確実に実施しなければならない．

**解答▶(3)**

■工事記録の整備・保存について

給水装置工事事業者は，施行した給水装置工事の記録を作成し，3年間保存しなければならない．

a）施主（需要者）の指名又は名称　b）施行場所　c）施行完了年月日
d）当該工事の技術上の管理を行った主任技術者の氏名　e）竣工図
f）使用した材料のリストと数量　g）工程ごとの構造，材質基準への適合性確認の方法と結果，竣工検査の結果

# 7章 給水装置の概要

全出題問題の中において「7章　給水装置の概要」の内容からは，15題出題され，最低必要獲得点数は5点（5題）となる．

**過去の出題傾向を分析した出題ランク**

★★★よく出題されている　★★比較的よく出題されている　★出題されることがある

|  |  |
|---|---|
| ★★★ | • **給水管**（硬質ポリ塩化ビニル管，ステンレス鋼鋼管，架橋ポリエチレン管，ダクタイル鋳鉄管，銅管，硬質塩化ビニルライニング鋼管）<br>• **給水用具**（スイング式逆止弁，リフト式逆止弁，複式逆止弁，二重式逆流防止器，バキュームブレーカー）<br>• **水道メーター**　• **給湯器**　• **直結加圧形ポンプユニット**<br>• **給水用具の故障** |
| ★★ | • **給水管**（ポリブテン管，水道用ポリエチレン二層管，波状ステンレス鋼管）<br>• **給水用具**（仕切弁，玉形弁，ボール止水栓，給水栓，定流量弁，吸排気弁，混合水栓，減圧式逆流防止器，減圧弁，ホース接続型水栓，大便器洗浄弁，小便器洗浄弁，ボールタップ）<br>• **ヒートポンプ給湯器**　• **給水装置** |
| ★ | • **給水管**（耐衝撃性硬質ポリ塩化ビニル管，耐熱性硬質塩化ビニルライニング鋼管）<br>• **給水用具**（ダイヤフラム式逆止弁，空気弁，定水位弁，湯屋カラン，不凍栓類，各種分水栓）<br>• **ウォータークーラー**　• **自動販売機**　• **給水装置工事** |

# 7-1 給水装置

## 1 給水装置と関連用語の定義

### 1. 給水装置

需要者に給水するために配水管から分岐した給水管と，これに直結する給水栓などの給水器具のことを総称していう．

水道法において「給水装置」とは，需要者に水を供給するために水道事業者の施設した配水管から分岐して設けられた給水管及びこれに直結する給水用具をいう（水道法第 3 条第 9 項）．

### 2. 配水管（水道本管）

配水管に直結していない受水槽以下の設備（受水槽から水栓までの給水装置）は水道法の対象となる給水装置ではない．ただし，湯沸器などは，水道事業者の承認を受けた場合に限り給水装置として使用できる．

### 3. 給水管

水道事業者の配水管から個別の需要者に水を供給するため，分岐して設けられた管又はほかの給水管から分岐した管をいう．

### 4. 直結する給水用具

給水管から簡単に取外しができないようになっていて，圧力がかかっても外れないような構造のものをいう（ゴムホースなどは含まれない）．

### 5. 給水装置工事

給水装置工事とは，給水装置の設置（新設）又は変更（改造，修繕，撤去）の工事のことをいう〔水道法第 3 条第 11 項〕．

水道法における給水装置工事の定義は，給水装置の設置又は変更の工事とされている．給水装置工事は，水道施設を損傷しないこと，設置された給水装置に起因して需要者への給水に支障を生じないこと，水道水質の確保に支障を生じ公衆衛生上の問題が起こらないこと等の観点から，給水装置の構造及び材質の基準に適合した適正な施行が必要である．水道法では，水道事業者は給水装置工事を適正に施行できると認められる者の指定をすることができ，この指定をしたときは，水の供給を受ける者の給水装置が水道事業者又は指定給水装置工事事業者の施行した給水装置工事に係るものであることを供給条件とすることができるとされている．

## 2 給水装置工事における施行フロー

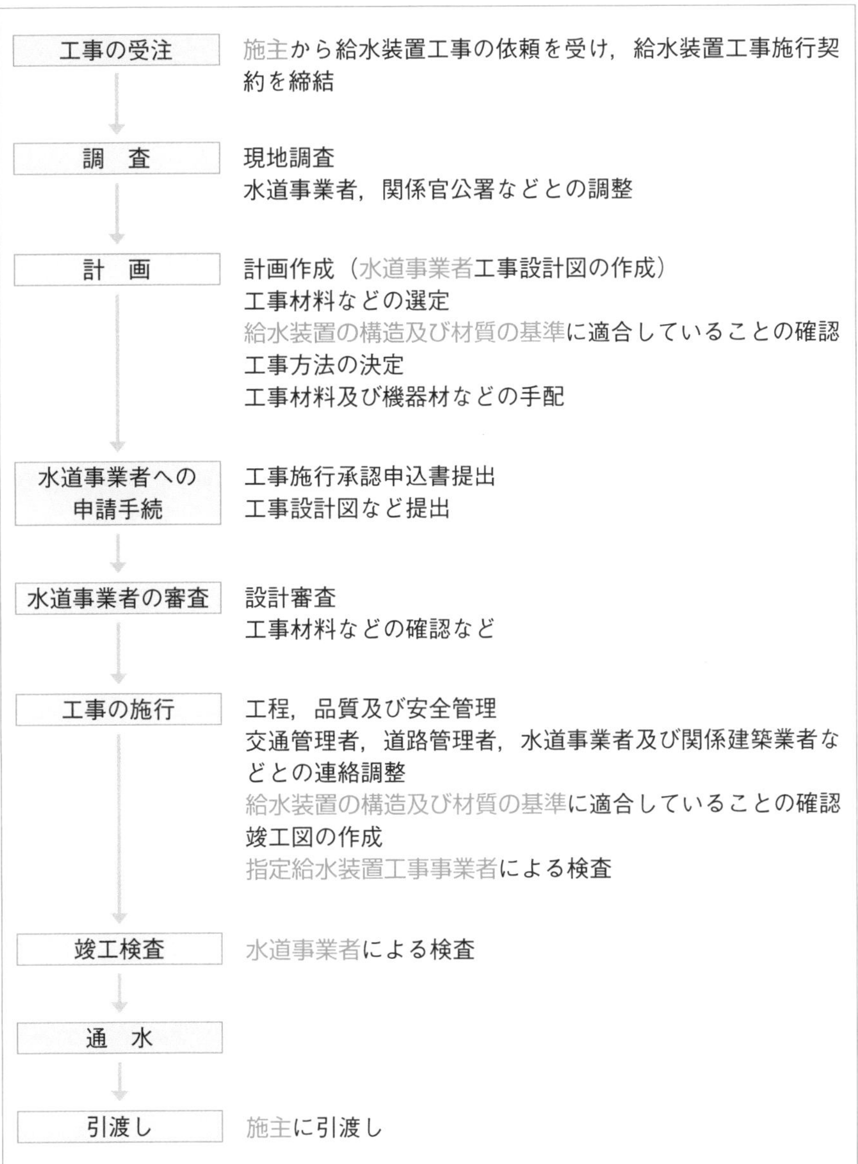

## 問題❶ 給水装置

給水装置に関する次の記述のうち，**不適当なもの**はどれか．

(1) 給水装置は，当該給水装置以外の水管などに接続しないこと，水受け容器に給水する場合は給水管内への水の逆流を防止する措置を講じること，材質が水道水の水質に影響を及ぼさないこと等が必要である．

(2) 給水装置は，水道事業者の施設である配水管から分岐して設けられた給水管及びこれに直結する給水用具によって構成され，需要者が他の所有者の給水装置から分岐承諾を得て設けた給水管及び給水用具は，給水装置にはあたらない．

(3) 水道法で定義している「直結する給水用具」とは，給水管に容易に取り外しのできない構造として接続し，有圧のまま給水できる給水栓等の給水用具をいい，ホースなど，容易に取り外しの可能な状態で接続される器具は含まれない．

(4) ビルなどで一旦水道水を受水槽に受けて給水する場合は，配水管から分岐して受水槽への注入口までが給水装置であり，受水槽以下はこれにあたらない．

**解説** (2) 他の所有者の給水装置から分岐承諾を得て設けた場合，給水管及び給水用具は，給水装置に該当する．

**解答▶(2)**

## 問題❷ 給水装置

給水装置に関する次の記述の正誤の組み合わせのうち，**適当なもの**はどれか．

ア　給水装置は，水道事業者の施設である配水管から分岐して設けられた給水管及びこれに直結する給水用具で構成され，需要者が他の所有者の給水装置から分岐承諾を得て設けた給水管及び給水用具は給水装置にはあたらない．

イ　水道法で定義している「直結する給水用具」とは，配水管に直結して有圧のまま給水できる給水栓等の給水用具をいい，ホース等，容易に取り外しの可能な状態で接続される器具は含まれない．

ウ　給水装置工事の費用の負担区分は，水道法に基づき，水道事業者が供給規程に定めることになっており，この供給規程では給水装置工事の費用は，原則として需要者の負担としている．

エ　マンションにおいて，給水管を経由して水道水をいったん受水槽に受けて給水する設備でも戸別に水道メーターが設置されている場合は，受水槽以降も給水装置にあたる.

| | ア | イ | ウ | エ | | ア | イ | ウ | エ |
|---|---|---|---|---|---|---|---|---|---|
| (1) | 正 | 誤 | 誤 | 正 | (2) | 正 | 正 | 誤 | 誤 |
| (3) | 誤 | 正 | 誤 | 正 | (4) | 誤 | 正 | 正 | 誤 |

**解説** **ア**：問題①(2)と同じく，給水装置に該当する．**エ**：問題①(4)の記述のとおり，受水槽以降は給水装置ではない.

**解答▶(4)**

## 問題③ 給水装置

給水装置に関する次の記述の正誤の組み合わせのうち，**適当なもの**はどれか.

ア　給水装置は，当該給水装置以外の水管や給水用具でない設備に接続しないこと，ふろなどの水受け容器に給水する場合は給水管内への水の逆流を防止する措置を講じること，材質が水道水の水質に影響を及ぼさないこと，内圧・外圧に対し十分な強度を有していること等が必要である.

イ　水道法で定義している「直結する給水用具」とは，配水管に直結して有圧のまま給水できる給水栓等の給水用具をいい，ホース等，容易に取り外しの可能な状態で接続される器具は含まれない.

ウ　水道法により水道事業者は供給規程を定めることになっており，この供給規程では，給水装置工事の費用については，原則として当該給水装置の新設又は撤去は水道事業者が，改造又は修繕の費用については需要者が負担することとしている.

エ　需要者が，他の所有者の給水装置（水道メーターの上流側）から分岐承諾を得て設けた給水管及び給水用具は，給水装置にはあたらない.

| | ア | イ | ウ | エ | | ア | イ | ウ | エ |
|---|---|---|---|---|---|---|---|---|---|
| (1) | 正 | 誤 | 正 | 正 | (2) | 誤 | 正 | 誤 | 正 |
| (3) | 誤 | 誤 | 正 | 誤 | (4) | 正 | 正 | 誤 | 誤 |

**解説** **ウ**：厚生労働省標準給水条例第6条（新設等の費用負担）に「給水装置の新設，改造又は撤去に要する費用は，当該給水装置を新設，改造又は撤去する者の負担とする」と定められている．**エ**：給水管及び給水用具も，給水装置に該当する.

**解答▶(4)**

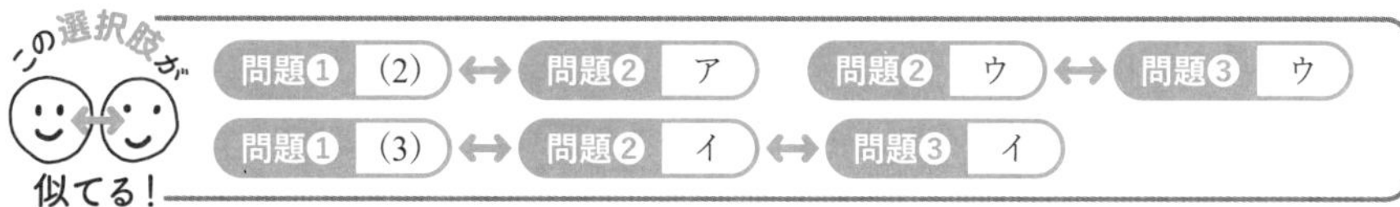

## 問題④ 給水装置工事

給水装置工事に関する次の記述の正誤の組み合わせのうち，**適当なもの**はどれか．

ア　給水装置工事は，水道施設を損傷しないこと，設置された給水装置に起因して需要者への給水に支障を生じさせないこと，水道水質の確保に支障を生じたり公衆衛生上の問題が起こらないこと等の観点から，給水装置の構造及び材質の基準に適合した適正な施行が必要である．

イ　撤去工事とは，給水装置を配水管，又は他の給水装置の分岐部から取り外す工事である．

ウ　修繕工事とは，水道事業者が事業運営上施行した配水管の新設及び移設工事に伴い，給水管の付替えあるいは布設替え等を行う工事である．

エ　水道法では，厚生労働大臣は給水装置工事を適正に施行できると認められる者を指定することができ，この指定をしたときは，水の供給を受ける者の給水装置が水道事業者又は指定を受けた者の施行した給水装置工事に係わるものであることを供給条件にすることができるとされている．

| | ア | イ | ウ | エ | | ア | イ | ウ | エ |
|---|---|---|---|---|---|---|---|---|---|
| (1) | 正 | 誤 | 正 | 正 | (2) | 誤 | 正 | 誤 | 正 |
| (3) | 正 | 正 | 誤 | 誤 | (4) | 誤 | 誤 | 正 | 誤 |

**解説** **ウ**：修繕工事は，給水装置の原形を変えないで，給水管等の部分的な修理をする工事である．**エ**：厚生労働大臣ではなく水道事業者である．

**解答▶(3)**

## 問題⑤ 給水装置工事

給水装置工事に関する次の記述の［　　］内に入る語句の組み合わせのうち，**適当なもの**はどれか．

給水装置工事は，［ア］を損傷しないこと，設置された給水装置に起因して需要者への給水に支障を生じないこと，［イ］の確保に支障を生じたり公衆衛生上の問題が起こらないこと等の観点から，給水装置の構造及び材質の基準に適合した適正な施行が必要である．このため，水道法では，［ウ］は給水装置工事を適正に施行できると認められる者の指定をすることができ，この指定をしたときは，水の供給を受ける者の給水装置が水道事業者又は指定を受けた者の施行した給水装置工事に係るものであることを［エ］とすることができるとされている．

| | ア | イ | ウ | エ |
|---|---|---|---|---|
| (1) | 水道施設 | 水道水質 | 水道事業者 | 供給条件 |
| (2) | 水道施設 | 安全 | 水道事業者 | 施行条件 |
| (3) | 給水用具 | 水道水質 | 厚生労働大臣 | 施行条件 |
| (4) | 給水用具 | 安全 | 厚生労働大臣 | 供給条件 |

**解説** **ア**：水道施設，**イ**：水道水質，**ウ**：水道事業者，**エ**：供給条件．

**解答▶(1)**

## 問題⑥ 給水装置工事

給水装置工事に関する次の記述の［　　］内に入る語句の組み合わせのうち，**適当なもの**はどれか．

水道法における給水装置工事の定義は，給水装置の［ア］の工事とされている．給水装置工事は，水道施設を損傷しないこと，設置された給水装置に起因して需要者への給水に支障を生じないこと，水道水質の確保に支障を生じ公衆衛生上の問題が起こらないこと等の観点から，［イ］に適合した適正な施行が必要である．水道法では，［ウ］は給水装置工事を適正に施行できると認められる者の指定をすることができ，この指定をしたときは，水の供給を受ける者の給水装置が水道事業者又は［エ］の施行した給水装置工事に係るものであることを供給条件とすることができるとされている．

| | ア | イ | ウ | エ |
|---|---|---|---|---|
| (1) | 新設又は改造 | 配管設備等の技術的基準 | 水道事業者 | 給水装置工事主任技術者 |
| (2) | 設置又は変更 | 配管設備等の技術的基準 | 厚生労働大臣 | 給水装置工事主任技術者 |
| (3) | 新設又は改造 | 給水装置の構造及び材質の基準 | 厚生労働大臣 | 指定給水装置工事事業者 |
| (4) | 設置又は変更 | 給水装置の構造及び材質の基準 | 水道事業者 | 指定給水装置工事事業者 |

**解説** **ア**：設置又は変更，**イ**：給水装置の構造及び材質の基準，**ウ**：水道事業者，**エ**：指定給水装置工事事業者．

**解答▶(4)**

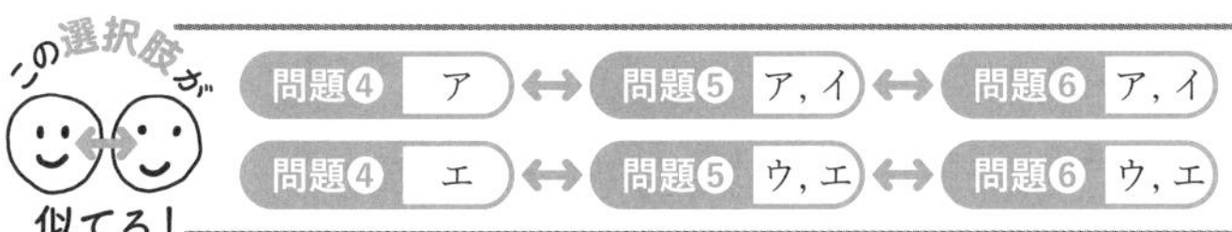


7章 給水装置の概要●問題&解答

# 7-2 給水管と継手

## 1 鋼　管

### 1. 亜鉛めっき鋼管

① JIS の種類の記号は，**SGPW** である．

② 原管の**配管用炭素鋼鋼管（SGP）**には，白ガス管と黒ガス管があり，亜鉛めっきが塗布されたものが白ガス管で，外面防錆（ぼうせい）塗装したものが黒ガス管である．

③ 定尺は 4 m/本である．

### 2. 硬質塩化ビニルライニング鋼管

① SGP を母管とし，内外面に硬質塩化ビニルをライニングしたものである．

② 一般配管用として **SGP-VA 管**（黒ガス管に内面ライニング），**SGP-VB 管**（亜鉛めっき鋼管に内面ライニング），地中埋設用として **SGP-VD 管**（黒ガス管に内外面ライニング）がある．

③ 鋼管の耐圧性，耐衝撃性，持続性といった強度を保ち，硬質塩化ビニルの**耐食性**を保つ．

④ 定尺は 4 m/本である．

⑤ 管の規格：水道用硬質塩化ビニルライニング鋼管（JWWA K 116: 2015）

⑥ 継手の規格：水道用ライニング鋼管用**管端防食形継手**（JWWA K 150: 2004）

**ねじ接合**には，**管端防食形継手**を使用する．

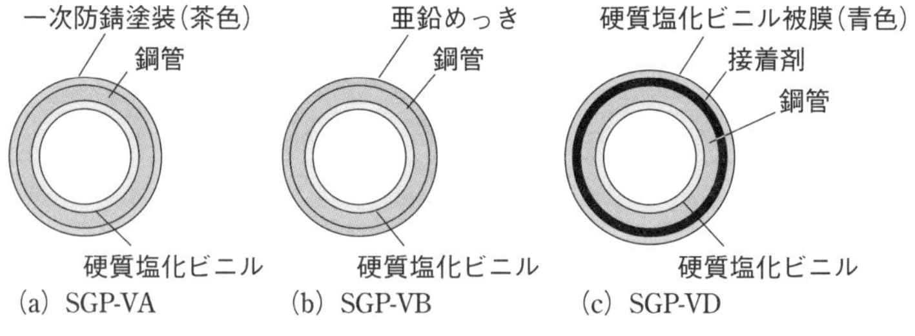


図 7・1　水道用硬質塩化ビニルライニング鋼管の断面図

### 3. 耐熱性硬質塩化ビニルライニング鋼管

① SGP を母管とし，内面に耐熱性硬質塩化ビニルをライニングしたものであ

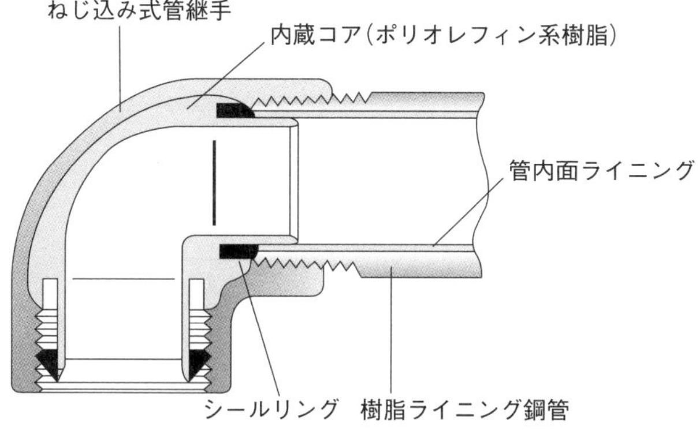


図7・2　水道用ライニング鋼管用管端防食形継手の構造

り，一般に **HTLP** と呼ばれている．

② **85 °C まで**であれば，給湯などの温度の高い用途に使用でき，**耐熱性**及び**耐食性**に優れている．

③ 瞬間式湯沸器を用いた給湯配管には，機器作動に異常が発生しやすいため，使用してはならない．

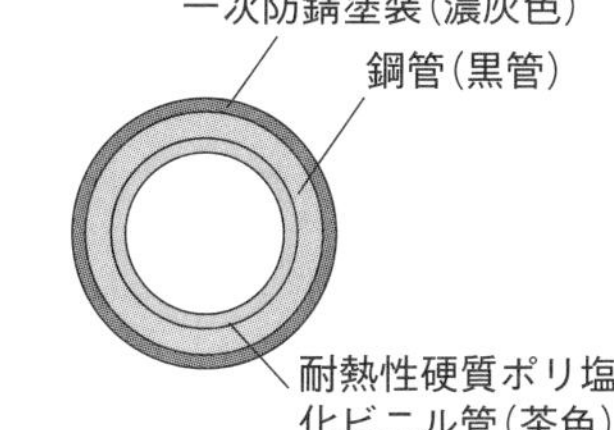


図7・3　耐熱性硬質塩化ビニルライニング鋼管の断面図

④ 定尺は 4 m/本である．

⑤ 管の規格：水道用耐熱性硬質塩化ビニルライニング鋼管（JWWA K 140: 2015）

⑥ 継手の規格：水道用耐熱性硬質塩化ビニルライニング鋼管用管端防食形継手（JWWA K 150: 2004）

## 4. 水道用ポリエチレン粉体ライニング鋼管

① SGP を母管とし，内面に適正な前処理を施したのちに，ポリエチレン粉体を熱融着によりライニングしたものである．

② 一般配管用として **SGP-PA 管**（黒ガス管に内面ライニング），**SGP-PB 管**（白ガス管に内面ライニング），地中埋設用として **SGP-PD 管**（黒ガス管に内外面ライニング）がある．

③ その他の特徴は，硬質塩化ビニルライニング鋼管に準ずる．

④ 管の規格：水道用ポリエチレン粉体ライニング鋼管（JWWA K 132: 2015）

⑤ 継手の規格：硬質塩化ビニルライニング鋼管の規格の継手と共用．

### 5. ステンレス鋼鋼管

① 給水，給湯，排水，冷温水配管を主目的とし，最高使用圧力 1 MPa 以下で使用する薄肉管であり，銅管と外径が同じである．

② 耐食性や強度に優れ，軽量であるため施工しやすい．

③ 保管及び加工に際しては，かき傷やすり傷に注意が必要である．

④ 接合には，プレス式継手や伸縮可とう式継手が用いられる．

⑤ 波状ステンレス鋼管は，ステンレス鋼鋼管を加工して変位吸収性などの耐震性を持たせたものであり，波状部で任意に角度が形成できるので継手が少なく，配管の施工が容易にできる．

⑥ 管の規格：水道用ステンレス鋼鋼管（JWWA G 115: 2012），水道用波状ステンレス鋼管（JWWA G 119: 2004）

⑦ 継手の規格：水道用ステンレス鋼鋼管継手（JWWA G 116: 2012）

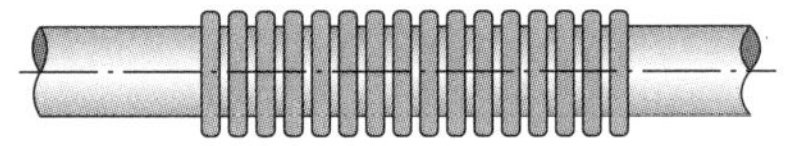

図7・4　波状ステンレス鋼管

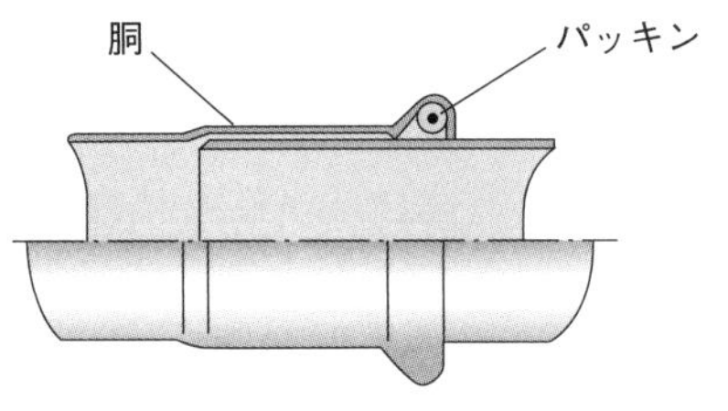


図7・5　プレス式継手の例

## 2 銅　管

### 1. 水道用銅管

① 給水用配管として使用されているが，多くは給湯用として使用されている．

② 耐食性に優れ，電気伝導度や熱伝導度が比較的大きく，薄肉のため軽量で取扱いが容易で施工しやすい．

③ 銅管は引張強さが大きく，アルカリに侵されず，スケールの発生も少ない．しかし，給湯設備として使用する場合は，pH が低く，遊離炭素が多い

水質では孔食が起こることがある．

④ 現場では管の保管，運搬に注意し，凹を付けないようにする．

⑤ 肉厚によってK，L，Mタイプがあり，Kタイプが一番肉厚である（外径は同じ，銅管の呼び径は外径で表す）．

⑥ 管の規格：水道用銅管（JWWA H 101: 2004），銅及び銅合金の継目無管（JIS H 3300: 2018）

⑦ 継手の規格：水道用銅管継手（JWWA H 102: 2004），銅及び銅合金の管継手（JIS H 3401: 2001）

### 2. 被覆銅管

銅管に3〜6 mmの塩化ビニル又はポリエチレンを被覆した管である．

### 3. 銅管用継手

銅管用の継手には，JIS規格のものを使用するが，チーズ，エルボしかない．その他は，JCDA規格（日本銅センター規格）が使用されている．

接合法は，はんだ付け，ろう付け，プレス式・機械式・フレア式接合用の銅管継手での接合がある．

## 3 鋳鉄管

### 1. ダクタイル鋳鉄管

① 鋳型（いがた）を回転させながら溶銑（ようせん）を注入し，遠心力によって鋳造したものである．

② 粘りがあり，強度が強く耐久性がある．

③ 管の規格：水道用ダクタイル鋳鉄管（JWWA G 113: 2015），水道用ダクタイル鋳鉄異形管（JWWA G 114: 2015）

### 2. 鋳鉄管継手

給水装置では，メカニカル継手（GX形異形管，K形），プッシュオン継手（GX形直管，NS形，T形），フランジ継手の3種類があり，施工性及び可とう性に優れ，管が地盤などの変動に追従できる．

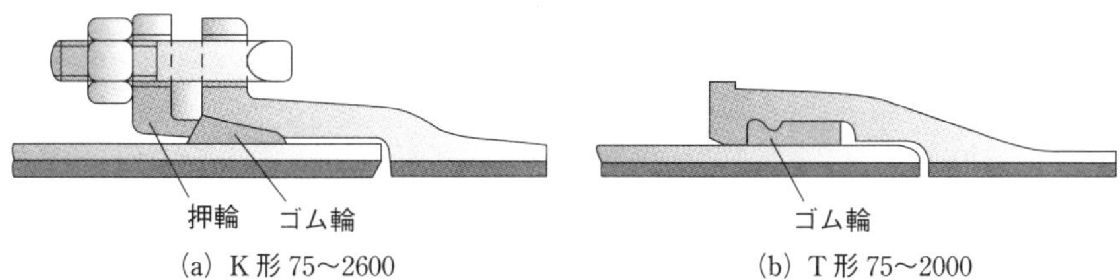

(a) K形 75〜2600　(b) T形 75〜2000

図7・6 ダクタイル鋳鉄管継手の例

## 4 合成樹脂管(プラスチック管)

### 1. 硬質ポリ塩化ビニル管

① 硬質ポリ塩化ビニル管には，VP（硬質ポリ塩化ビニル管）とHIVP（耐衝撃性硬質ポリ塩化ビニル管）がある．

② 耐食性に優れ，軽くて引張強さが比較的大きく，特に耐電食性が大である．また，施工が容易で価格も安価である．しかし，直射日光に当たると劣化や温度の変化により伸縮するおそれがあるので注意が必要である．

③ 接合方法には，TS接合とゴム輪接合（RR接合）がある．

④ 硬質塩化ビニル管は，一般的に50℃以下で使用するが，耐熱性硬質ポリ塩化ビニル管（HTVP）は，90℃以下で使用される．また，耐衝撃荷重が大きく，屋外配管やコンクリート内配管に使用される耐衝撃性硬質ポリ塩化ビニル管（HIVP）もある．

⑤ 管の規格：水道用硬質ポリ塩化ビニル管（JIS K 6742: 2016），水道用ゴム輪形硬質ポリ塩化ビニル管（JWWA K 129: 2011）

⑥ 継手の規格：〈TS継手〉水道用硬質ポリ塩化ビニル管継手（JIS K 6743: 2016），〈ゴム輪形継手〉水道用ゴム輪形硬質ポリ塩化ビニル管継手（JWWA K 130: 2011）

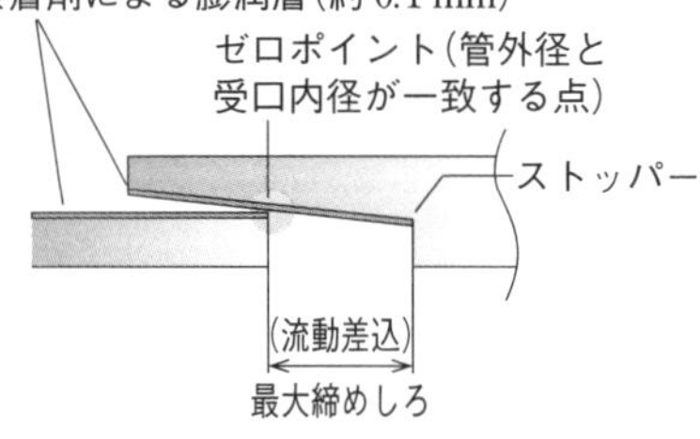


図7・7 TS接合

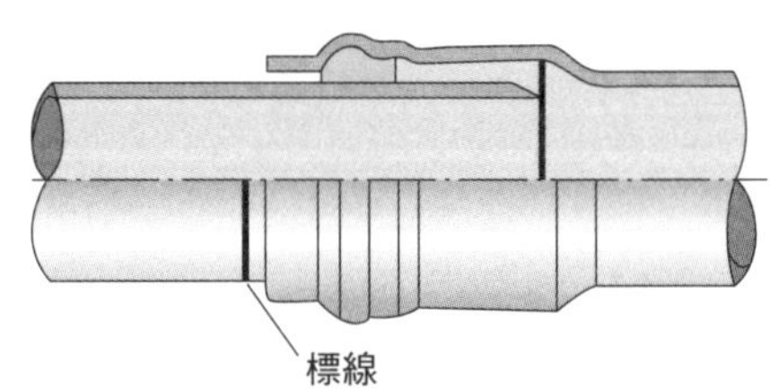


図7・8 ゴム輪接合(RR継手)

### 2. 架橋ポリエチレン管

① ポリエチレン管には，水道用架橋ポリエチレン管，水道配水用ポリエチレン管，水道用ポリエチレン二層管などがある．

② 硬質塩化ビニル管に比べて，たわみ性に富み軽量で，耐衝撃性・耐食性・耐寒性・耐熱性・耐久性に優れている．長尺物のため，少ない継手で施工できる．

③ 灯油やガソリン，油性塗料，クレオソート（木材用防腐剤）などの有機溶

剤に接すると，管に浸透し，管の軟化・劣化などによる水質事故につながるため，**絶対に接触させてはならない**.

④　架橋ポリエチレン管は，施工が容易なため集合住宅の室内の配管に使用され，さや管ヘッダ工法や先分岐工法が採用されている.

⑤　管の規格：水道用架橋ポリエチレン管（JIS K 6787: 2013），架橋ポリエチレン管（JIS K 6769: 2013），水道配水用ポリエチレン管（JWWA K 144: 2017），水道用ポリエチレン二層管（JIS K 6762: 2019）1 種二層管及び 2 種二層管がある（2 種は高密度ポリエチレンである）.

⑥　継手の規格：水道用架橋ポリエチレン管継手（JIS K 6788: 2016），架橋ポリエチレン管継手（JIS K 6770: 2016），水道配水用ポリエチレン管継手（JWWA K 145: 2017），水道用ポリエチレン管金属継手（JWWA B 116: 2012）

接合方法には，**EF（電気融着式）接合**，**金属継手接合**，**メカニカル式接合**がある.

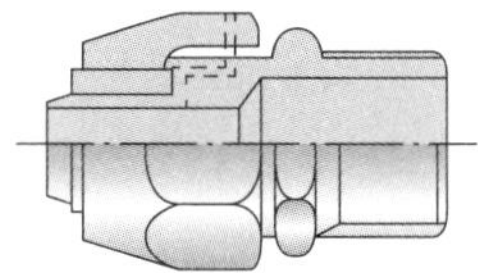

管をナット及びリングで締め付けて水密性を確保する.

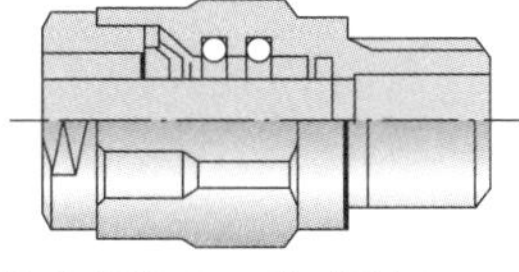

管を保持リングで固定し，O リングで水密性を確保する.

(a) メカニカル式接合

電気融着だけで水密性を確保する.

(b) 電気融着式接合

図 7・9　架橋ポリエチレン管継手の例

## 3. ポリブテン管

①　細径のものは，給水のみならず給湯，暖房，冷温水管によく使用される.

②　高温時でも高い強度を持ち，耐食性がある．しかし，**熱による膨張破裂のおそれがある**ため，使用圧力が高い場合には**減圧弁**の設置を検討すること.

③　管の規格：水道用ポリブテン管（JIS K 6792: 2009），ポリブテン管（JIS K 6778: 2016）

④　継手の規格：水道用ポリブテン管継手（JIS K 6793: 2011），ポリブテン管継手（JIS K 6779: 2016）

接合方法には，**メカニカル式接合**，**電気融着式接合**（継手に内蔵された電熱線を通電することにより，管継手の非架橋部どうしが溶融して接合する），**熱融着式接合**（電熱線などを組み込んだ接合工具によって，継手及び管を過熱して融着接合する）がある.

## 問題❶ 給水管

給水管に関する次の記述のうち，**適当なもの**はどれか．

(1) 銅管は，耐食性に優れるため薄肉化しているので，軽量で取り扱いが容易である．また，アルカリに侵されず，スケールの発生も少ないが，遊離炭酸が多い水には適さない．

(2) 耐熱性硬質塩化ビニルライニング鋼管は，鋼管の内面に耐熱性硬質ポリ塩化ビニルをライニングした管である．この管の用途は，給水・給湯等であり，連続使用許容温度は 95 °C 以下である．

(3) ステンレス鋼鋼管は，鋼管と比べると特に耐食性に優れている．軽量化しているので取り扱いは容易であるが，薄肉であるため強度的には劣る．

(4) ダクタイル鋳鉄管は，鋳鉄組織中の黒鉛が球状のため，靱性がなく衝撃に弱い．しかし，引張り強さが大であり，耐久性もある．

**解説** **(1)** が適当である．**(2)** 95 °C 以下→ 85 °C までである．**(3)** 強度的に優れている．**(4)** 靱性があり衝撃に強い．

**解答▶(1)**

## 問題❷ 給水管

給水管に関する次の記述のうち，**不適当なもの**はどれか．

(1) ダクタイル鋳鉄管は，鋳鉄組織中の黒鉛が球状のため，靱性に富み衝撃に強く，強度が大であり，耐久性がある．

(2) 硬質ポリ塩化ビニル管は，難燃性であるが，熱及び衝撃には比較的弱い．

(3) ステンレス鋼鋼管は，薄肉だが，強度的に優れ，軽量化しているので取扱いが容易である．

(4) 波状ステンレス鋼管は，ステンレス鋼鋼管に波状部を施した製品で，波状部において任意の角度を形成でき，継手が少なくてすむ等の配管施工の容易さを備えている．

(5) 銅管は，アルカリに侵されず，遊離炭酸の多い水にも適している．

**解説** **(5)** アルカリに侵されず，遊離炭酸の多い水には適さない．

**解答▶(5)**

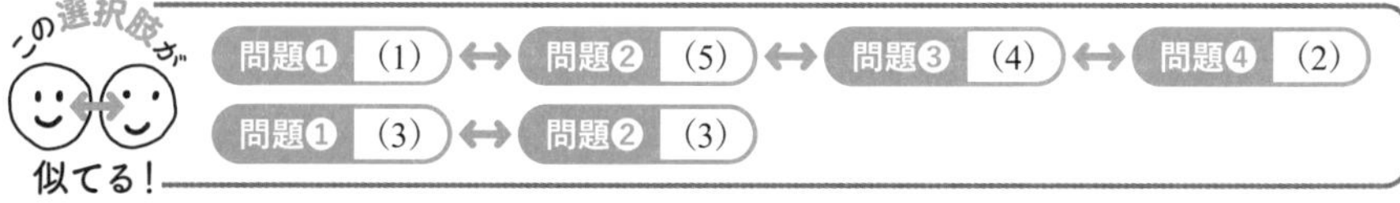

## 問題③ 給水管

給水管に関する次の記述のうち，**適当なもの**はどれか．

(1) ダクタイル鋳鉄管の内面防食は，直管はモルタルライニングとエポキシ樹脂粉体塗装があり，異形管はモルタルライニングである．

(2) 水道用ポリエチレン二層管は，柔軟性があり現場での手曲げ配管が可能であるが，低温での耐衝撃性が劣るため，寒冷地では使用しない．

(3) ポリブテン管は，高温時では強度が低下するため，温水用配管には適さない．

(4) 銅管は，アルカリに侵されず，スケールの発生も少ないが，遊離炭酸が多い水には適さない．

(5) 硬質塩化ビニルライニング鋼管は，鋼管の内面に硬質塩化ビニルをライニングした管で，外面仕様はすべて亜鉛めっきである．

**解説** (4) が適当である．(1) 異形管は，エポキシ樹脂粉体塗装である．(2) 低温での耐衝撃性に優れ，寒冷地で多く使用されている．(3) 高温時で強度を維持し，温水用配管に適している．(5) 外面仕様は，図 7・1 を参照のこと．

**解答▶(4)**

## 問題④ 給水管

給水管に関する次の記述のうち，**不適当なもの**はどれか．

(1) 硬質塩化ビニルライニング鋼管は，機械的強度が大きく，耐食性に優れている．屋内及び埋設用に対応できる管には外面仕様の異なるものがあるので，管の選定にあたっては，環境条件を十分考慮する必要がある．

(2) 銅管は，引張強さが比較的大きいが，耐食性が劣る．

(3) ポリブテン管は，有機溶剤，ガソリン，灯油等に接すると，管に浸透し，管の軟化・劣化や水質事故を起こすことがあるので，これらの物質と接触させてはならない．

(4) 硬質ポリ塩化ビニル管は，難燃性であるが，熱及び衝撃には比較的弱い．

**解説** (2) 引張強さが比較的大きく，耐食性に優れている．

**解答▶(2)**

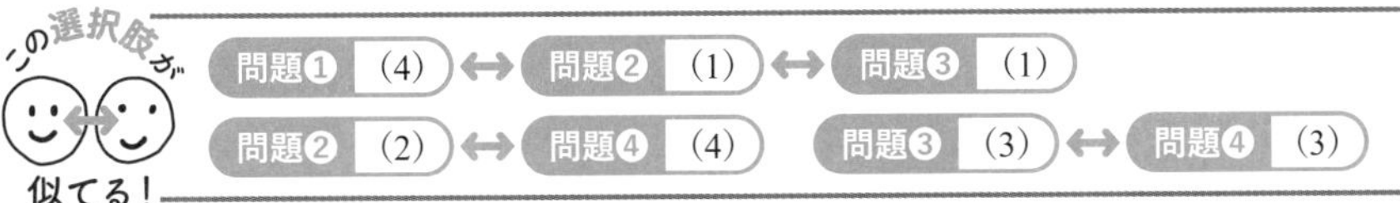

## 問題5 給水管の継手

給水管の継手に関する次の記述の [　　] 内に入る語句の組み合わせのうち，**適当なもの**はどれか．

① 架橋ポリエチレン管の継手の種類としては，メカニカル式継手と [ ア ] 継手がある．

② ダクタイル鋳鉄管の接合形式は多種類あるが，一般に給水装置では，メカニカル継手，[ イ ] 継手及びフランジ継手の 3 種類がある．

③ 水道用ポリエチレン二層管の継手は，一般的に [ ウ ] 継手が用いられる．

④ ステンレス鋼鋼管の継手の種類としては，[ エ ] 継手とプレス式継手がある．

| | ア | イ | ウ | エ |
|---|---|---|---|---|
| (1) | EF | RR | 金属 | スライド式 |
| (2) | 熱融着 | プッシュオン | TS | スライド式 |
| (3) | EF | プッシュオン | 金属 | 伸縮可とう式 |
| (4) | 熱融着 | RR | TS | 伸縮可とう式 |
| (5) | EF | RR | 金属 | 伸縮可とう式 |

**解説** **ア**：EF，**イ**：プッシュオン，**ウ**：金属，**エ**：伸縮可とう式．　**解答▶(3)**

EF 継手（電気融着式継手）：Electro Fusionの略で，継手に内臓された電熱線を通電することにより，管継手の非架橋部どうしが溶融して接合される．通電は専用コントローラによる．

プッシュオン継手：受口の内側にゴム輪を装着し，テーパー状の挿し口を挿入するだけで，簡単に接続できる．

## 問題6 給水管の継手

給水管及び継手に関する次の記述の [　　] 内に入る語句の組み合わせのうち，**適当なもの**はどれか．

① 架橋ポリエチレン管の継手の種類は，EF 継手と [ ア ] がある．

② 波状ステンレス鋼管の継手の種類としては，[ イ ] と伸縮可とう式継手がある．

③ 水道用ポリエチレン二層管の継手には，一般的に [ ウ ] が用いられる．

④ ダクタイル鋳鉄管の接合形式にはメカニカル継手，プッシュオン継手，［エ］の3種類がある．

| | ア | イ | ウ | エ |
|---|---|---|---|---|
| (1) | TS継手 | ろう付・はんだ付継手 | 熱融着継手 | 管端防食形継手 |
| (2) | メカニカル式継手 | プレス式継手 | 金属継手 | 管端防食形継手 |
| (3) | TS継手 | プレス式継手 | 金属継手 | 管端防食形継手 |
| (4) | TS継手 | ろう付・はんだ付継手 | 熱融着継手 | フランジ継手 |
| (5) | メカニカル式継手 | プレス式継手 | 金属継手 | フランジ継手 |

**解説** **ア**：メカニカル式継手，**イ**：プレス式継手，**ウ**：金属継手，**エ**：フランジ継手．

**解答▶(5)**

## 問題7 給水管の接合及び継手

給水管の接合及び継手に関する次の記述の［　　］内に入る語句の組み合わせのうち，**適当なもの**はどれか．

① ステンレス鋼鋼管の主な継手には，伸縮可とう式継手と［ア］がある．

② 硬質ポリ塩化ビニル管の主な接合方法には，［イ］によるTS接合とゴム輪によるRR接合がある．

③ 架橋ポリエチレン管の主な継手には，［ウ］と電気融着式継手がある．

④ 硬質塩化ビニルライニング鋼管のねじ接合には，［エ］を使用しなければならない．

| | ア | イ | ウ | エ |
|---|---|---|---|---|
| (1) | プレス式継手 | 接着剤 | メカニカル式継手 | 管端防食継手 |
| (2) | プッシュオン継手 | ろう付 | メカニカル式継手 | 金属継手 |
| (3) | プッシュオン継手 | 接着剤 | フランジ継手 | 管端防食継手 |
| (4) | プレス式継手 | ろう付 | フランジ継手 | 金属 |

**解説** **ア**：プレス式継手，**イ**：接着剤，**ウ**：メカニカル式継手，**エ**：管端防食継手．

**解答▶(1)**

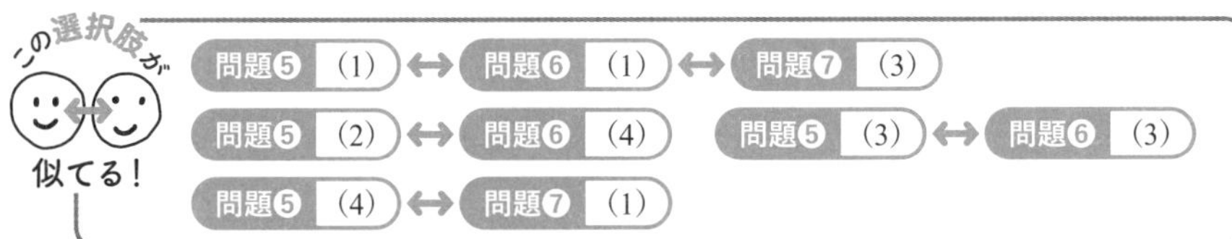

# 7-3 給水の用具と材料

## 1 分水栓

分水栓は，上水道の配水管から給水管を分岐取出しするための給水用具である．分水栓には，水道用分水栓，水道用サドル付分水栓，割T字管がある．

① 水道用サドル付分水栓：配水管に取り付けるサドル機構と止水する機能が一体化された構造となっている．水道用サドル付分水栓には，止水機構ボール式（ねじ式），止水機構ボール式（フランジ式），止水機構コック式がある．

② 割T字管：T字形の分岐体に仕切弁が組み込まれている構造で，配水管にボルトで取り付けるようになっている．

## 2 止水栓

配水管より給水管を分岐取出ししたのちに取り付け（敷地内など），給水の開閉，流量調整及び装置の修理などに使用する給水用具のことをいう．止水栓には，甲形止水栓，ボール止水栓があり，仕切弁，玉形弁などの弁類も止水栓という．

① 甲形止水栓：落としこま構造となっているので，水平に設置する．一般的に使用されている止水栓であり，逆流防止機能がある．

② ボール止水栓：弁体がボール状となっており，90°回転で全開・全閉する．この止水栓は，**圧力損失が極めて少ない**．

## 3 弁　類

弁類には，仕切弁，玉形弁，バタフライ弁，逆止弁，減圧弁，定流量弁，ミキシングバルブ，逃し弁，空気弁などがある．

### 1. 仕切弁（ゲート弁，スルース弁）

**図7・10** の弁体が上下し，**全開・全閉する構造**となっている．

**【長所】**

- 圧力損失は，ほかの弁に比べて少ない．
- ハンドルの回転力が玉形弁に比べ軽い．
- 全開・全閉に適している．

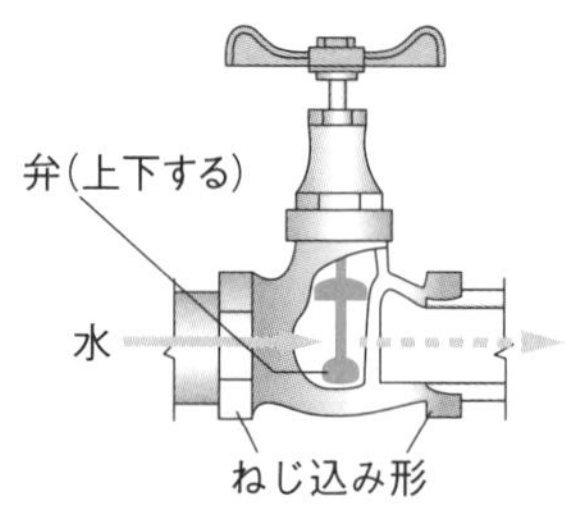


水を垂直に仕切る構造．弁を全開すれば，他の弁に比べて圧力損失が小さい．

図7・10　仕切弁

【短所】

• 開閉に時間がかかる.

• 半開状態で使用すると，流体抵抗が大きく振動が起きやすい.

2. 玉形弁（ストップ弁，球形弁）

**図 7・11** の止水部が吊りこま構造となっている.

【長所】

• 開閉に時間がかからない.

• 流量調整に適している.

【短所】

• 圧力損失が大きい.

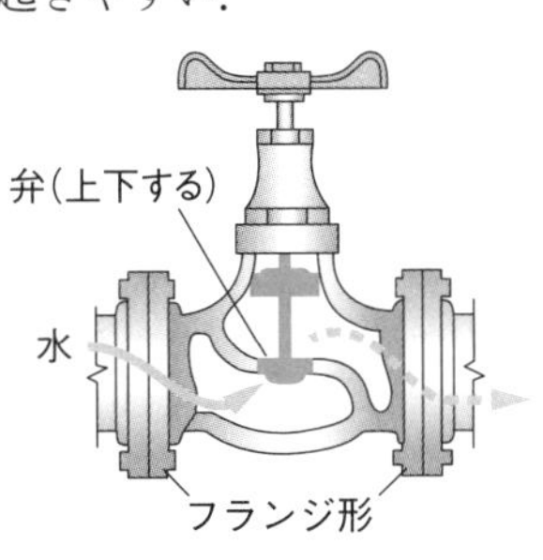


図 7・11　玉形弁

3. バタフライ弁

弁体を 90° 回転させ全開・全閉する構造である.

【長所】

• 操作が簡単で，場所をとらない.

• 流量調整に適しており，低コストである.

【短所】

• 流体の漏れが多少ある.

4. 逆止弁（チャッキバルブ）

逆止弁は，逆流を防止する弁である．逆止弁には，スイング式，リフト式，ばね式，ダイヤフラム式，ボール式がある.

① スイング式：取付けは，水平，垂直配管のいずれにも使用できる．**図 7・12** のように弁体が水の流れる方向に動く．水が逆流すると，弁体が閉じる.

② リフト式：玉形弁に似ており，流体抵抗は大きいが，閉止が完全である．取付けは，水平配管のみに使用する（**図 7・13**）.

③ ばね式：弁体をばねによって弁座に押し付け，逆止機能を高めた構造であり，単式逆止弁，複式逆止弁，二重式逆流防止器などがある.

④ ダイヤフラム式：逆流防止として使用されるほか，水撃作用などを緩和する作用がある.

また，ウォーターハンマー（水撃作用）防止として衝撃吸収式逆止弁（スプリングと案内ばねで構成）がある.

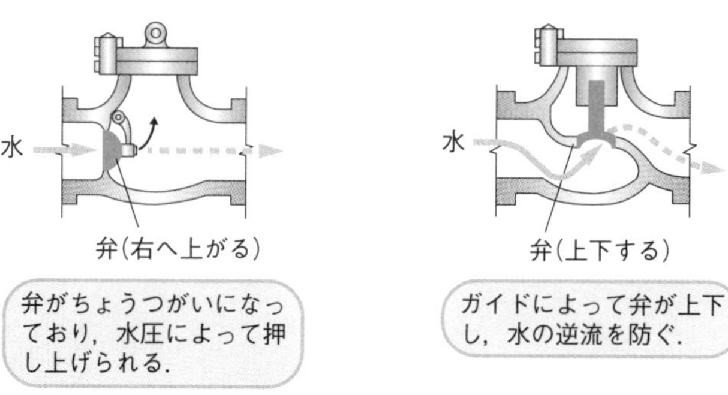


図7・12　スイング逆止弁　　図7・13　リフト逆止弁

### 5. 減圧弁

減圧弁は，**弁本体，ダイヤフラム，調整ばねなどで構成**され，**二次側の圧力を一次側の圧力より低くする給水用具**である．

### 6. 定流量弁

ニードル式，ばね式，ダイヤフラム式がある．**一次側圧力にかかわらず流量が一定になるように調整する**給水器具である．

### 7. ミキシングバルブ

ミキシングバルブは，湯・水配管の途中に取付け湯と水を混合し，設定**温度**の湯を吐水するための給水用具で，**ハンドル式**と**サーモスタット式**がある．

① ハンドル式：給水圧力，給湯圧力ともに変動がない場合に適している．

② サーモスタット式：給水圧力，給湯圧力に変動がある場合に適している．

### 8. 安全弁（逃し弁）

安全弁（逃し弁）は，**一次側の圧力**が，あらかじめ設定された圧力以上になると，弁体が自動的に開いて圧力を低下させ，圧力が所定の値に降下すると閉じる機能を持つ給水用具である．

### 9. 空気弁（自動エア抜き弁）

空気弁は，管内に停滞した**空気を自動的に排出する**機能を持っている．

### 10. 吸排気弁

吸排気弁は，給水立て管頂部に設置され，管内に**負圧**が生じた場合に**自動的に多量の空気を吸気**して管内の**負圧を解消する機能**を持った給水用具である．なお，**管内に停滞した空気を自動的に排出する機能を併せ持っている．**

## 4 給水栓

給水栓は，給水装置（給水管）の末端に取り付ける蛇口のことをいう．

### 1. 水栓類

水栓類には，横水栓，カップリング付横水栓，胴長横水栓，自在水栓，台付自在水栓，立水栓，散水栓，湯水混合栓，洗浄弁などがある．

### 2. ボールタップ（浮子弁，フロートバルブ）

ボールタップは，フロートの上下により自動的に弁の開閉をするもので，受水槽や水洗便器のロータンク内に組み込まれている給水用具である．

### 3. 定水位弁（副弁付き定水位弁）

副弁付定水位弁は，**主弁に小口径ボールタップを副弁として組合わせ取付**けるもので，**副弁の開閉**により主弁内に生じる**圧力差**によって**開閉が円滑**に行えるものである．なお，開閉時の**水撃作用**（ウォーターハンマー）を低減させるものである．また，主弁には，**ダイヤフラム式**のものがあり，圧力室内部の圧力変化を利用しダイヤフラムを動かすことにより吐水，止水を行うもので，給水圧力による止水位の変動を**小さく**する．

### 4. 節水型給水用具

節水型の給水用具として，自閉構造を用いているものと制御方式を用いているものがある．

① **自閉構造によって節水する**：手洗衛生洗浄弁，自閉式水栓，定量水栓，電子式水栓，湯屋カランなどがある．

② **制御方式によって節水する**：大便器洗浄用ユニット，小便器洗浄用ユニット，自動食器洗い器（電気食器洗い器）などがある．

### 5. その他の給水用具

① **大便器洗浄弁**：大便器の洗浄に用いる給水用具であり，**バキュームブレーカー**（負圧破壊装置）を付帯するなど**逆流を防止**する構造である．また，洗浄管を介して大便器に直結されるため，瞬間的に多量の水を必要とするので配管は口径**25 mm 以上**とする．

② **小便器洗浄弁**：センサーで感知し自動的に水を吐出させる自動式とボタン等を操作し水を吐出させる手動式の 2 種類あり，手動式には**ニードル式**，**ダイヤフラム式**の 2 つのタイプがある．

③ **不凍栓類**：配管の途中に設置し，**流出側**配管の水を地中に排出して凍結を防止する給水用具で，不凍給水栓，不凍水抜栓，不凍バルブ等がある．

## 5 湯沸器

湯沸器には，加熱式によって瞬間湯沸器，貯湯湯沸器，貯蔵湯沸器などがある．

### 1. 瞬間湯沸器

瞬間湯沸器には，元止め式と先止め式がある．

① **元止め式**：瞬間湯沸器に付いているスイッチにより，開閉する（元で止める）方式をいう．一般に 4 号，5 号，6 号（号数で呼ぶ）がある．

② **先止め式**：2 か所以上に給湯する瞬間湯沸器で，それぞれの給湯栓（蛇口）の開閉による（先で止める）方式をいう．一般家庭では，10〜24 号程度が使用されている．

**瞬間湯沸器の号数**とは，水を一定温度（25 °C）上昇させたときの 1 分間の出湯量を表している．例えば，**1 号は 1 時間当たり 6 279 kJ の熱量で，1 分間当たり 1 L の湯量**である．

**瞬間湯沸器の始動**は，水の圧力によって行われる．水圧が弱いと着火しない（**図 7・14**）．

① 水を流すとオリフィスの作用（水量を少なくする）で，圧力差が生ずる．

② この圧力差でスピンドルをばねのほうに押してガス路を開く．

③ ガスは種火に着火し，加熱されたプレートフィンを通して水を温水にする．

④ ダイヤフラム式の場合，小型湯沸器で約 40 kPa 以上，大型湯沸器で約 80 kPa 以上の水圧がなければ作動しない．

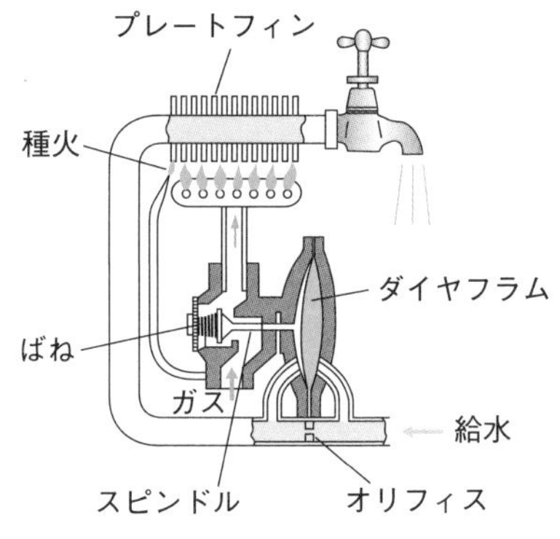

図 7・14 瞬間式湯沸器の機構図

### 2. 貯湯湯沸器

貯湯湯沸器は，有圧のまま貯湯槽内に蓄えた水を直接加熱する構造の湯沸器で，給水管に直結するので，**減圧弁及び安全弁**（逃し弁）は，必ず取り付けなければならない．

貯湯部が密閉されているので，圧力 **100 kPa 以下**，伝熱面積 **4 m² 以下**の構造のものであること．

### 3. 貯蔵湯沸器

容器（**ボールタップ内蔵**）に蓄えた水を一定温度まで加熱して給湯するもので

ある．貯湯部は大気に開放されている．

4．太陽熱利用貯湯湯沸器

太陽集熱装置系と水道系が蓄熱槽内で別系統になっている2回路型（給水管に直結した貯湯タンク内で太陽集熱器から送られる熱源を利用し，水を加熱する）と，太陽集熱装置系内に水道水が循環する水道直結型は，給水用具に該当する．

5．自然冷媒ヒートポンプ給湯器（通称：エコキュート）

熱源に大気熱を利用しているため，消費電力が少ない湯沸器である．これは，ヒートポンプユニットで，空気の熱を吸収した $CO_2$（冷媒）コンプレッサーで，圧縮されることでさらに高温になり，貯湯タンク内の水を熱交換器に引き込み冷媒の熱を伝えてお湯を沸かす仕組みである．

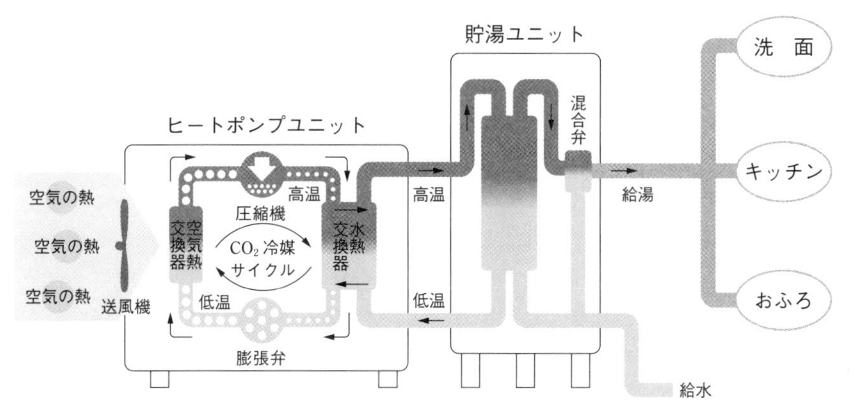


図7・15　自然冷媒ヒートポンプ給湯器の仕組み[7)]

6．地中熱利用ヒートポンプ給湯器

年間を通して一定である地表面から約10m以深の安定した温度の熱を利用する給湯器で，地中熱は日本中どこでも利用でき，天候に左右されない再生可能エネルギーである．このシステムは，地中の熱を直接的に利用するオープンループと，地下水の熱を間接的に利用するクローズドループがある．

## 6 浄水器

浄水器は，水道水中の残留塩素・濁度を減少させる他，トリハロメタン等の微量有機物や鉛，臭気等を減少させる性能を持っている器具である．

水栓には，先止め式と元止め式があり，水栓の流入側に取り付けられ常時水圧の加わるものを先止め式，水栓の流出側に取り付けられ常時水圧が加わらないものを元止め式という．

先止め式は，すべて給水用具であるが，元止め式は，ビルトイン型やアンダーシンク型（流し台の内部に設置）のような浄水器と水栓が一体型で製造販売されているものは，給水用具に該当するが，浄水器単独で製造販売され消費者が取り付けるものは該当しない．

浄水器のろ過材には，活性炭，中空糸膜を中心としたろ過膜（ポリエチレン，ポリスルホン，ポリプロピレン等），不織布，イオン交換樹脂，セラミックス，ゼオライト，天然サンゴ等がある．なお，浄水器のろ過材のカートリッジは有効期限を確認し，適切に交換することが必要である．

## 7 直結加圧形ポンプユニット（増圧給水設備）

直結加圧形ポンプユニットは，給水装置に設置して中高層建物に直接給水することを目的に開発されたポンプである．

ユニットの構成は，ポンプ，電動機，制御盤，バイパス管（減圧式逆流防止装置を含む），圧力発信機，流水スイッチ，圧力タンク等からなっている．

直結加圧形ポンプユニットは，加圧ポンプなどを用いて直結給水する設備であり，ほかの需要者の水利用に支障を生じないように配水管の水圧に影響を及ぼさないようにしなければならない．なお，吸込側の圧力が異常低下した場合は自動停止し，吸込側の圧力が復帰した場合は自動復帰する．また，直結加圧形ポンプユニットの圧力タンクは，ポンプが停止した後に，水圧を保持するために設ける．

ポンプは複数台設置され，1台が故障しても自動切替えにより給水する機能や，運転の偏りがないように自動交互運転する機能等を有している．また，使用水量が少なく自動停止する時の吐水量は，10 L/min 程度とされている．

逆流防止装置は，ユニットの構成外機器であり，通常，ユニットの吸込側に設置するが，吸込圧力を十分確保できない場合は，ユニットの吐出側に設置してもよい．

## 8 水道メーター

水道メーターは，計量法に定める特定計量器検定検査（都道府県知事）に合格したものでなければならない．検定有効期間は8年と定められている．

水道メーターは，計測の方法により次のように大別される．

① 流速式（推測式）：この測定原理は，直接実測することなく推測で行うも

のである．水の流れを利用して羽根車を回転させ，その回転数から水量を知る（羽根車の回転数が流水の速度に比例する）羽根車式や，器内の2点間の差圧から水量を知る（通過流量が差圧に比例する）差圧式（ベンチュリ管形）などがある．

② 容積式（実測式）：この測定原理は，流速式のような流れた流量を比例関係から推測で行うものではなく，実際に計量室内の容積を1回1回計量する仕組みになっている．

## 1. 水道メーターの種類

形式上の分類としては，次のようになる（図7・16）．

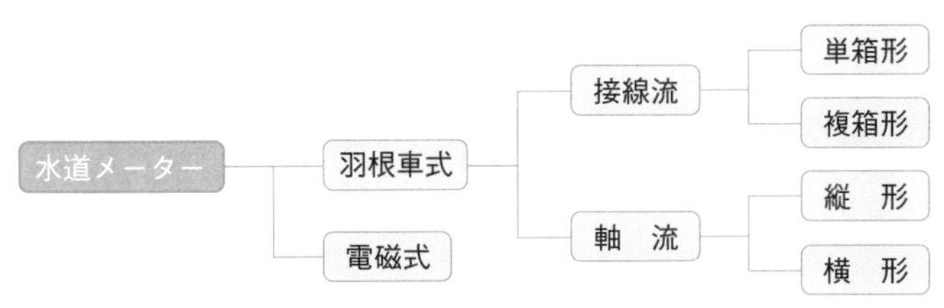


図7・16　水道メーターの種類

① 接線流羽根車式水道メーター

接線流羽根車式水道メーターは，計量室内に設置された羽根車にノズルから接線方向に向かって噴射水流を当て，羽根車を回転させて通過する水量を積算して表示するものである．

接線流羽根車式には，計量部の形態により単箱形と複箱形がある．

- 単箱形：メーターケース内に流入した水流を直接羽根車にぶつけ回転させる構造となっている（**図7・17**）．
- 複箱形：メーターケース内が2段に分かれ，そのうち**図7・18**のように複数のノズルより羽根車に噴射水流をぶつけ回転させる構造となっている．

図7・17　単箱形の構造

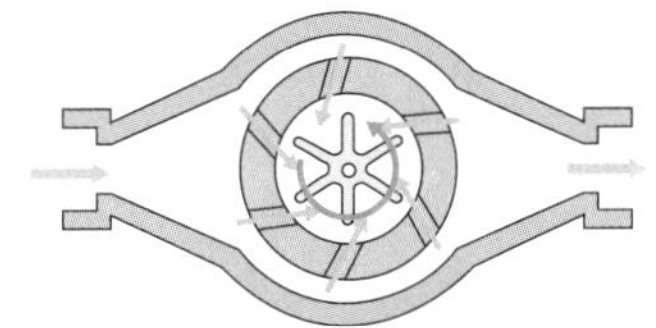

図7・18　複箱形の構造

② 軸流羽根車式水道メーター

軸流羽根車式水道メーターは，メーターケース内に流入した水流を整流器を通したのちに，流れに平行な軸を持つらせん状の羽根車を回転させて水量を積算して表示するものである．

軸流羽根車式水道メーターには，縦形と横形がある．

- 縦形：らせん状の羽根車に沿って下方から上方へ水が流れていく構造であり，圧力損失が大きいが，小流量から大流量の広範囲で計量ができる．
- 横形：水平に設置されたらせん状の羽根車に沿って水が流れていく構造であり，羽根車の回転負荷が大きく，微少流量での性能が劣るが，圧力損失は小さい．

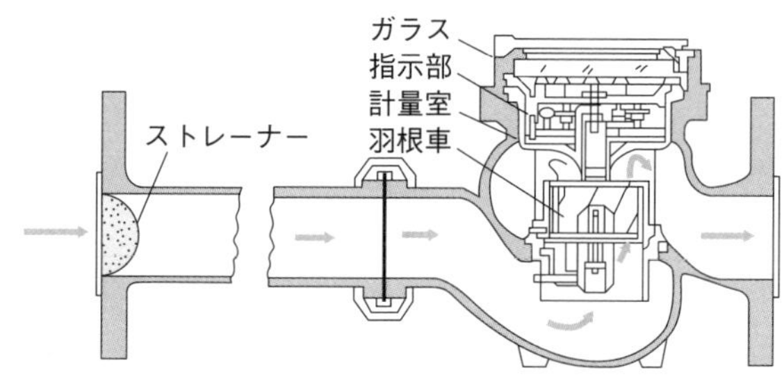


図7・19　縦形軸流羽根車式水道メーターの構造

③ 電磁式水道メーター

電磁式水道メーターは，水の流れに垂直に磁界をかけると，流れと磁界に垂直な方向に起電力が生じて（電磁誘導作用：フレミングの右手の法則），その起電力は流速に比例する．この現象を利用して流量を計測して表示するものである．このメーターは，機械的可動部分がないため耐久性に優れ，小流量から大流量まで広範囲の計測に適している．

## 2. 計量部による形態（構造）

① 単箱形と複箱形：接線流羽根車式水道メーターを参照．

② 正流式と可逆式

- 正流式：正方向（計量室の出入口ノズルに対して正流で通過する）に限り計量（加算）する計量室を持ったものをいう．
- 可逆式：正方向と逆方向（計量室の出入口ノズルに対して逆流で通過する）の水量を計量（減算）する計量室を持ったものをいう．

## 3. 指示部による形態

① 電子式：羽根車の回転を磁気センサで電気信号として検出し，通過する水

量を液晶表示する．

② 直読式：計量値をデジタル（数字）表示する．

③ 円読式：計量値をアナログ（回転）表示する．

④ 乾式：目盛板と指示機構が受圧板によって流水部と分けられている．

### 4. 遠隔指示装置

水道メーターの遠隔指示装置は，発信装置（記憶装置），信号伝送部（ケーブル），受信器から成り立っていて，設置したメーターの指示・水量をメーターから離れた場所で効率よく検針するために設けるものである．方式としては，パルス発信方式，エンコーダ方式（単位水量ごとに羽根車の回転によって蓄積されたエネルギーを放出する間欠早送り機構を持った方式），電子指示方式がある．

## 9 給水用具の故障と対策

### 1. 水栓の故障と対策

水栓の故障と対策を**表7・1**に示す．

表7・1 水栓の故障と対策[4)]

| 故障 | 原因 | 対策 |
|---|---|---|
| 漏水 | こま，パッキンの摩耗損傷 | こま，パッキンを取り替える |
| | 弁座の摩耗，損傷 | 軽度の摩耗，損傷ならば，パッキンを取り替える．その他の場合は水栓を取り替える |
| 水撃（ウォーターハンマー） | こまとパッキンの外径の不ぞろい(ゴムが摩耗して広がった場合など) | 正規のものに取り替える |
| | パッキンが軟らかいとき，キャップナットの締め過ぎ | パッキンの材質を変えるか，キャップナットを緩める |
| | こまの裏側(パッキンとの接触面)の仕上げ不良 | こまを取り替える |
| | パッキンが軟らかすぎるとき | 適当な硬度のパッキンに取り替える |
| | 水圧が異常に高いとき | 減圧弁等を設置する |
| 不快音 | スピンドルの孔とこま軸の外径が合わなく，がたつきがあるとき | 摩耗したこまを取り替える |
| キャップナット部から浸水 | スピンドル又はグランドパッキンの摩耗，損傷 | スピンドル又はグランドパッキンを取り替える |
| スピンドルのがたつき | スピンドルのねじ山の摩耗 | スピンドル又は水栓を取り替える |
| 水の出が悪い | 水栓のストレーナーにゴミが詰まった場合 | 水栓を取り外し，ストレーナーのゴミを除去する |

### ① こまの種類

こまには，普通こまと節水こまがある．

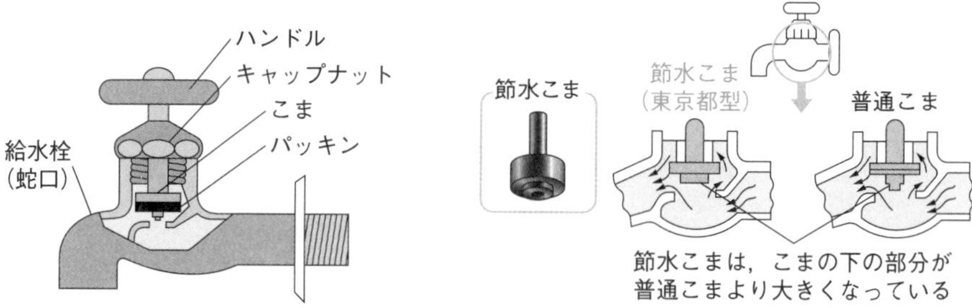


図7・20　水栓の構造

図7・21　節水こまの構造

## 2. 大便器洗浄弁の故障と対策

大便器洗浄弁の故障と対策を**表7・2**に示す．

表7・2　大便器洗浄弁の故障と対策[4)]

| 故障 | 原因 | 対策 |
|---|---|---|
| 常に少量の水が流出している | ピストンバルブと弁座の間への異物のかみ込み | ピストンバルブを取り外し，異物を除く |
| | 弁座又は弁座パッキンの傷 | 損傷部分を取り替える |
| 常に大量の水が流出している | ピストンバルブの小孔の詰まり | ピストンバルブを取り外し，小孔を掃除する |
| | ピストンバルブのストレーナーへの異物の詰まり | ピストンバルブを取り出し，ストレート部をブラシ等で軽く清掃する |
| | 逃し弁のゴムパッキンの傷み | ピストンバルブを取り出し，パッキンを取り替える |
| 吐水量が少ない | 水量調節ねじの閉め過ぎ | 水量調節ねじを左に回して吐水量を増やす |
| | ピストンバルブのUパッキンの摩耗 | ピストンバルブを取り出し，Uパッキンを取り替える |
| 吐水量が多い | 水量調節ねじの開け過ぎ | 水量調節ねじを右に回して吐水量を減らす |
| 水勢が弱くて汚物が流れない | 開閉ねじの閉め過ぎ | 開閉ねじを左に回して水勢を強める．水圧(流動時)が低い場合は，水圧を高める |
| 水勢が強くて水が飛び散る | 開閉ねじの開け過ぎ | 開閉ねじを右に回して水勢を弱める |
| 水撃が生じる | 非常な高い水圧と，開閉ねじの開き過ぎ | 開閉ねじをねじ込み，水路を絞る |
| | ピストンバルブUパッキンの変形・破損(ピストンバルブが急閉止する) | ピストンバルブを取り出し，Uパッキンを取り替える |
| ハンドルから漏水する | ハンドル部のパッキンの傷み | パッキンを取り替える，又は押し棒部を取り換える |

## 3. 小便器洗浄弁の故障と対策

小便器洗浄弁の故障と対策を**表 7・3** に示す.

表 7・3 小便器洗浄弁の故障と対策 [4)]

| 故 障 | 原 因 | 対 策 |
|---|---|---|
| 吐水量が少ない | 調節ねじの閉め過ぎ | 調節ねじを左に回して吐水量を増やす |
| 吐水量が多い | 調節ねじの開け過ぎ | 調節ねじを右に回して吐水量を減らす |
| 水勢が弱く洗浄が不十分である | 開閉ねじの閉め過ぎ | 開閉ねじを左に回して水勢を強める |
| 水勢が強く洗浄が強く水が飛び散る | 開閉ねじの開け過ぎ | 開閉ねじを右に回して水勢を弱める |
| 少量の水が流れ放し | ピストンバルブと弁座の間への異物のかみ込み | ピストンバルブを取り外し，異物を除く |
| 多量の水が流れ放し | ピストンバルブの小孔の詰まり | ピストンバルブを取り外し，小孔を掃除する |

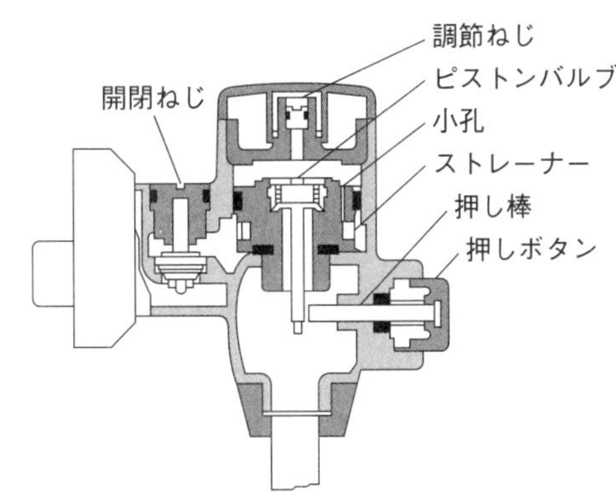


図 7・22 小便器洗浄弁の構造 [4)]

## 4. ボールタップの故障と対策

ボールタップの故障と対策を**表 7・4** に示す.

表 7・4 ボールタップの故障と対策 [4)]

| 故 障 | 原 因 | 対 策 |
|---|---|---|
| 水が止まらない | 弁座に異物が付着することによる締めきりの不完全 | 分解して異物を取り除く |
| | パッキンの摩耗 | パッキンを取り替える |
| | 水撃作用（ウォーターハンマー）が起きやすく，止水不完全 | 水面が動揺する場合は，波立ち防止板を設ける |
| | 弁座が損傷又は摩耗 | ボールタップを取り替える |
| 水が出ない | 異物による詰まり | 分解して清掃する |
| | 主弁のスピンドルの折損 | スピンドルを取り替える |

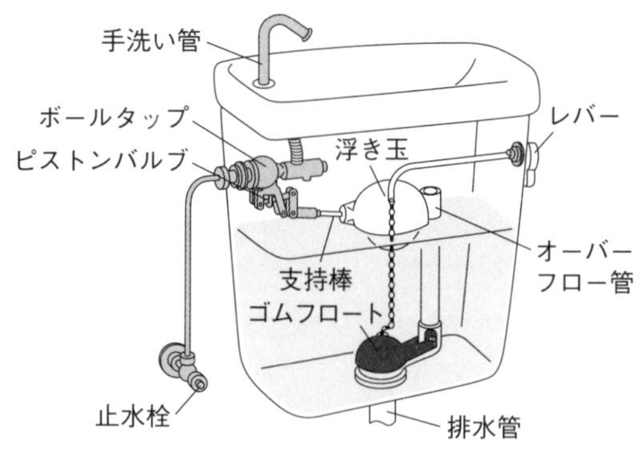


図7・23　ボールタップ付ロータンクの構造[4)]

## 5. 副弁付き定水位弁の故障と対策

副弁付き定水位弁には，ピストン式定水位弁とダイヤフラム式がある．

### ①　ピストン式定水位弁

ピストン式定水位弁の故障と対策を**表7・5**に示す．

表7・5　ピストン式定水位弁の故障と対策[4)]

| 故　障 | 原　因 | 対　策 |
|---|---|---|
| 水が止まらない | 副弁（ボールタップ）の故障 | 表7・4のボールタップの修理と同じ |
| | 主弁座への異物のかみ込み | 主弁の分解と清掃 |
| | 主弁座パッキンの摩耗 | 新品と取り替える |
| 水が出ない | ストレーナーへの異物の詰まり | 分解して清掃する |
| | ピストンのOリングの摩耗による不作動 | Oリングを取り替える |

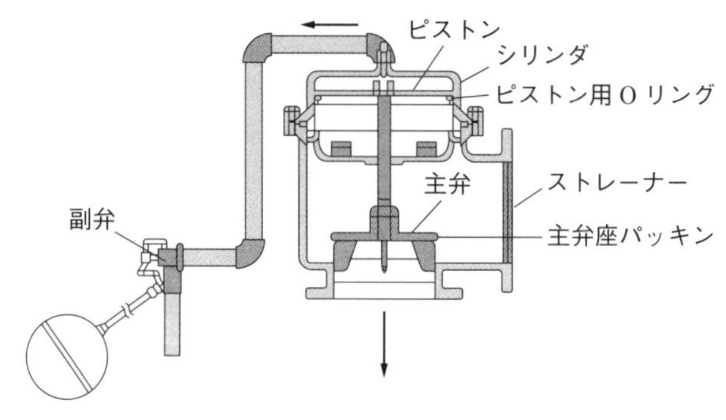


図7・24　ピストン式定水位弁の構造[4)]

### ② ダイヤフラム式定水位弁

ダイヤフラム式定水位弁の故障と対策を**表7・6**に示す.

表7・6 ダイヤフラム式定水位弁の故障と対策[4)]

| 故障 | 原因 | 対策 |
|---|---|---|
| 水が止まらない | 副弁(ボールタップ)の故障 | 表7・4のボールタップの修理と同じ |
| | 主弁座への異物のかみ込み | 主弁の分解と清掃 |
| | 主弁のレジスタ回路の目詰まり | 主弁の分解と清掃 |
| | 主弁ダイヤフラムの摩耗 | 新品と取り替える |
| 水が出ない | 副弁(ボールタップ)の故障 | 表7・4のボールタップの修理と同じ |
| | 流量調節棒を締め切った状態になっている | ハンドルを回して所定の位置にする |
| | 主弁ダイヤフラムの破損 | ダイヤフラムの交換 |

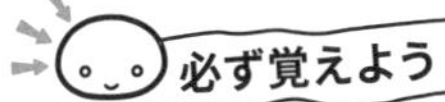


❶ 配水管に直結していない受水槽以下の設備は，給水装置ではない.

❷ 銅管は，アルカリに侵されず，遊離炭酸の多い水には適さない.

❸ 仕切弁は，弁体が鉛直方向に上下し，全開・全閉する構造であり，全開時の損失水頭は小さい.

❹ 玉形弁は，止水部が吊りこま構造であり，弁部の構造から流れがS字形となるため損失水頭が大きい.

❺ 吸排気弁は，自動的に管内に停滞した空気を排出し，管内に負圧が生じたら自動的に吸気する構造である.

❻ 貯湯湯沸器は，貯湯部が密閉されていて，貯蔵湯沸器は，貯湯部が大気に解放されている.

❼ 地中熱利用ヒートポンプシステムには，地中の熱を直接的に利用するオープンループと，地下水の熱を間接的に利用するクローズドループがある.

❽ 水栓の流出側に取り付けられ常時水圧が加わらない浄水器のうち，浄水器と水栓が一体として製造・販売されるものは，給水用具に該当する.

❾ 直結加圧形ポンプユニットの圧力タンクは，ポンプが停止した後に，水圧を保持するために設ける.

❿ 電磁式水道メーターは，水の流れと垂直に磁界をかけ，電磁誘導作用により，流れと磁界に垂直な方向に誘起された起電力により流量を測定する器具である.

## 問題1 給水用具

給水用具に関する次の記述の正誤の組み合わせのうち，**適当なもの**はどれか．

ア　定水位弁は，主弁に使用し，小口径ボールタップを副弁として組み合わせて使用するもので，副弁の開閉により主弁内に生じる圧力差によって開閉が円滑に行えるものである．

イ　仕切弁は，弁体が鉛直方向に上下し，全開・全閉する構造であり，全開時の損失水頭は極めて小さい．

ウ　減圧弁は，設置した給水管路や貯湯湯沸器等の水圧が設定圧力よりも上昇すると，給水管路等の給水用具を保護するために弁体が自動的に開いて過剰圧力を逃し，圧力が所定の値に降下すると閉じる機能を持っている．

エ　ボール止水栓は，弁体が球状のため 90° 回転で全開，全閉することができる構造であり，全開時の損失水頭は極めて大きい．

| | ア | イ | ウ | エ |
|---|---|---|---|---|
| (1) | 誤 | 正 | 正 | 正 |
| (2) | 正 | 正 | 誤 | 誤 |
| (3) | 誤 | 誤 | 正 | 正 |
| (4) | 正 | 正 | 誤 | 正 |
| (5) | 誤 | 誤 | 誤 | 正 |

解説 ウ：安全弁（逃し弁）の記述．エ：全開時の損失水頭は，極めて小さい．　**解答▶(2)**

## 問題2 給水用具

給水用具に関する次の記述のうち，**不適当なもの**はどれか．

(1) 減圧弁は，調節ばね，ダイヤフラム，弁体等の圧力調整機構により，一次側の圧力が変動しても，二次側を一次側より低い一定圧力に保持する給水用具である．

(2) 安全弁は，水圧が設定圧力よりも上昇すると，弁体が自動的に開いて過剰圧力を逃し，圧力が所定の値に降下すると閉じる機能を持つ給水用具である．

(3) 玉形弁は，弁体が球状のため 90° 回転で全開，全閉することのできる構造であり，全開時の損失水頭は極めて小さい．

(4) 仕切弁は，弁体が鉛直に上下し，全開・全閉する構造であり，全開時の損失水頭は極めて小さい．

解説 (3) 設問は，ボール止水栓についての記述である．　**解答▶(3)**

## 問題③ 給水用具

給水用具に関する次の記述のうち，**不適当なもの**はどれか．

(1) スイング式逆止弁は，弁体がヒンジピンを支点として自重で弁座面に圧着し，通水時に弁体が押し開かれ逆圧によって自動的に閉止する構造である．

(2) ボール止水栓は，弁体が球状のため 90° 回転で全開・全閉することができる構造であり，損失水頭は大きい．

(3) 副弁付定水位弁は，主弁に小口径ボールタップを副弁として組合わせ取付けるもので，副弁の開閉により主弁内に生じる圧力差によって開閉が円滑に行えるものである．

(4) 仕切弁は，弁体が鉛直に上下し，全開・全閉する構造であり，全開時の損失水頭は極めて小さい．

**解説** (2) 損失水頭（圧力損失）は極めて小さい． **解答▶(2)**

## 問題④ 給水用具

給水用具に関する次の記述のうち，**不適当なもの**はどれか．

(1) 各種分水栓は，分岐可能な配水管や給水管から不断水で給水管を取り出すための給水用具で，分水栓の他，サドル付分水栓，割 T 字管がある．

(2) 仕切弁は，弁体が鉛直方向に上下し，全開・全閉する構造であり，全開時の損失水頭は小さい．

(3) 玉形弁は，止水部が吊りこま構造であり，弁部の構造から流れが S 字形となるため損失水頭が小さい．

(4) 給水栓は，給水装置において給水管の末端に取り付けられ，弁の開閉により流量又は湯水の温度の調整等を行う給水用具である．

**解説** (3) 損失水頭が大きい． **解答▶(3)**

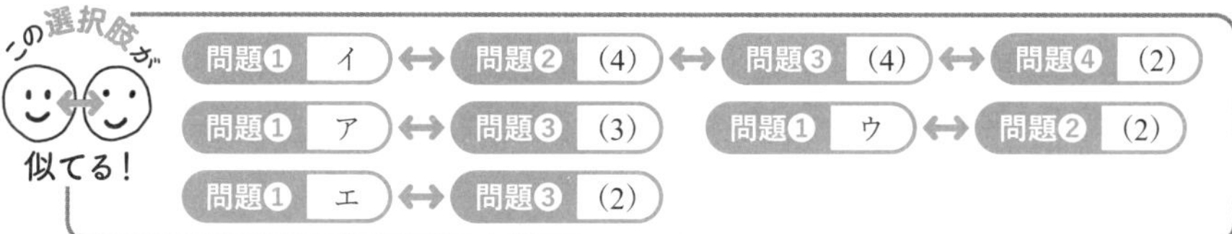

## 問題⑤ 給水用具

給水用具に関する次の記述の正誤の組み合わせのうち，**適当なもの**はどれか．

ア　ボールタップは，フロート（浮玉）の上下によって自動的に弁を開閉する構造になっており，水洗便器のロータンク用や，受水槽用の水を一定量貯める給水用具である．

イ　ダイヤフラム式ボールタップの機構は，圧力室内部の圧力変化を利用しダイヤフラムを動かすことにより吐水，止水を行うもので，給水圧力による止水位の変動が大きい．

ウ　止水栓は，給水の開始，中止及び給水装置の修理その他の目的で給水を制限又は停止するために使用する給水用具である．

エ　甲形止水栓は，止水部が吊りこま構造であり，弁部の構造から流れがS字形となるため損失水頭が大きい．

| | ア | イ | ウ | エ | | ア | イ | ウ | エ |
|---|---|---|---|---|---|---|---|---|---|
| (1) | 誤 | 正 | 誤 | 正 | (2) | 誤 | 誤 | 正 | 正 |
| (3) | 正 | 誤 | 正 | 誤 | (4) | 誤 | 正 | 正 | 誤 |

**解説** **イ**：給水圧力による止水位の変動が小さい．**エ**：止水部が落としこま構造である．

**解答▶(3)**

## 問題⑥ 給水用具

給水用具に関する次の記述のうち，**不適当なもの**はどれか．

(1) 2ハンドル式の混合水栓は，湯側・水側の2つのハンドルを操作し，吐水・止水，吐水量の調整，吐水温度の調整ができる．

(2) ミキシングバルブは，湯・水配管の途中に取り付け湯と水を混合し，設定流量の湯を吐水するための給水用具で，ハンドル式とサーモスタット式がある．

(3) ボールタップは，フロートの上下によって自動的に弁を開閉する構造になっており，水洗便器のロータンクや，受水槽に給水する給水用具である．

(4) 大便器洗浄弁は，大便器の洗浄に用いる給水用具であり，バキュームブレーカーを付帯するなど逆流を防止する構造となっている．

**解説** **(2)** ミキシングバルブは，湯と水を混合し，設定温度の湯を吐水するための給水用具である．

**解答▶(2)**

## 問題⑦ 給水用具

給水用具に関する次の記述の正誤の組み合わせのうち，**適当なもの**はどれか．

ア　二重式逆流防止器は，個々に独立して作動する第 1 逆止弁と第 2 逆止弁が組み込まれている．各逆止弁はテストコックによって，個々に性能チェックを行うことができる．

イ　複式逆止弁は，個々に独立して作動する 2 つの逆止弁が直列に組み込まれている構造の逆止弁である．弁体は，それぞればねによって弁座に押しつけられているので，二重の安全構造となっている．

ウ　吸排気弁は，給水立て管頂部に設置され，管内に負圧が生じた場合に自動的に多量の空気を吸気して給水管内の負圧を解消する機能を持った給水用具である．なお，管内に停滞した空気を自動的に排出する機能を併せ持っている．

エ　大便器洗浄弁は，大便器の洗浄に用いる給水用具であり，また，洗浄管を介して大便器に直結されるため，瞬間的に多量の水を必要とするので配管は口径 20 mm 以上としなければならない．

| | ア | イ | ウ | エ | | ア | イ | ウ | エ |
|---|---|---|---|---|---|---|---|---|---|
| (1) | 正 | 正 | 正 | 正 | (2) | 誤 | 正 | 誤 | 正 |
| (3) | 正 | 誤 | 正 | 誤 | (4) | 正 | 正 | 正 | 誤 |

**解説** **エ**：洗浄管を介して大便器に直結されるため，瞬間的に多量の水を必要とするので配管は口径 25 mm 以上としなければならない．

**解答 ▶ (4)**

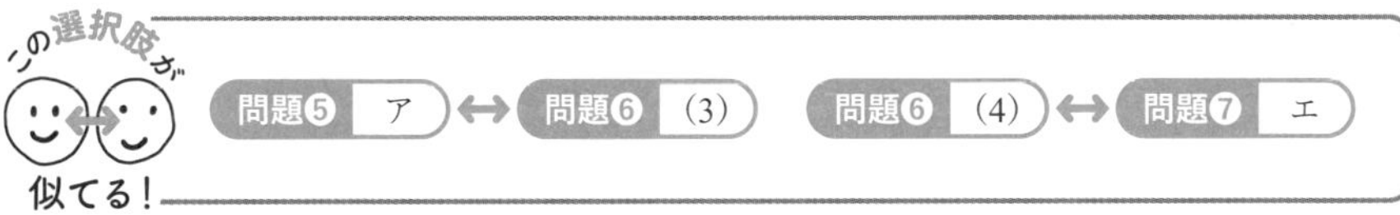

吸排気弁は，自動的に管内に停滞した空気を排出し，管内に負圧が生じたら自動的に吸気する構造である．

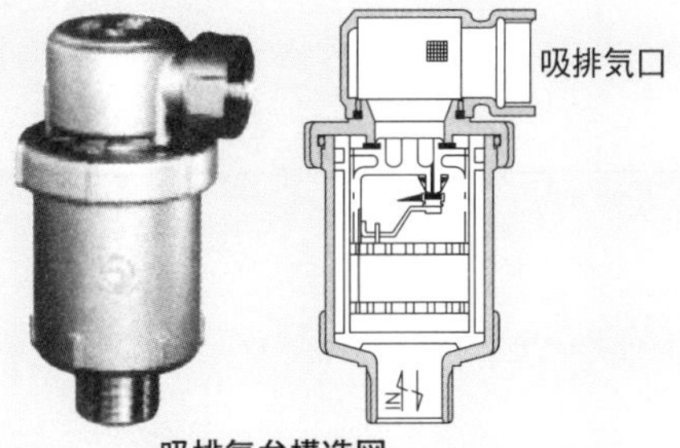

吸排気弁構造図

## 問題❽ 給水用具

給水用具に関する次の記述のうち，**不適当なもの**はどれか.

（1）二重式逆流防止器は，各弁体のテストコックによる性能チェック及び作動不良時の弁体の交換が，配管に取り付けたままできる構造である.

（2）複式逆流防止弁は，個々に独立して作動する2つの逆流防止弁が組み込まれ，その弁体はそれぞればねによって弁座に押しつけられているので，二重の安全構造となっている

（3）管内に負圧が生じた場合に自動的に多量の空気を吸気して給水管内の負圧を解消する機能を持った給水用具を吸排気弁という．なお，管内に停滞した空気を自動的に排出する機能を併せ持っている.

（4）スイング式逆止弁は，弁体が弁箱又は蓋に設けられたガイドによって弁座に対し垂直に作動し，弁体の自重で閉止の位置に戻る構造のものである.

**(4)** 設問は，リフト式逆止弁についての記述である.

**解答▶(4)**

## 問題❾ 給水用具

次に示す逆止弁の写真のうち，**リフト逆止弁**（「リフト式逆止弁」ともいう）はどれか．なお，このリフト逆止弁は，損失水頭が比較的大きいことや水平に設置しなければならないという制約を受けるが，故障などを生じる割合は少ない.

（1）

（2）

（3）

（4）

解説 **(4)** リフト逆止弁，**(1) スイング逆止弁**，**(2) 複式逆流防止弁**，**(3) 減圧式逆止弁**（減圧式逆流防止器）.

**解答▶(4)**

## 問題⑩ 給水用具

給水用具に関する次の記述のうち，**不適当なもの**はどれか．

(1) 逆止弁付メーターパッキンは，配管接合部をシールするメーター用パッキンにスプリング式の逆流防止弁を兼ね備えた構造である．逆流防止機能が必要な既設配管の内部に新たに設置することができる．

(2) 小便器洗浄弁は，センサーで感知し自動的に水を吐出させる自動式とボタン等を操作し水を吐出させる手動式の 2 種類あり，手動式にはニードル式，ダイヤフラム式の 2 つのタイプの弁構造がある．

(3) 水道用コンセントは，洗濯機，食器洗い機との組合せに最適な水栓で，通常の水栓のように壁から出っ張らないので邪魔にならず，使用するときだけホースをつなげばよいので空間を有効に利用することができる．

**解説** (2) 手動式にはピストン式，ダイヤフラム式の 2 つのタイプの弁構造がある．

**解答▶(2)**

## 問題⑪ 給水用具

給水用具に関する次の記述のうち，**不適当なもの**はどれか．

(1) ホース接続型水栓は，ホース接続した場合に吐水口空間が確保されない可能性があるため，水栓本体内にばね等の有効な逆流防止機能を持つ逆止弁を内蔵したものになっている．

(2) 不凍栓類は，配管の途中に設置し，流入側配管の水を地中に排出して凍結を防止する給水用具であり，不凍給水栓，不凍水抜栓，不凍水栓柱，不凍バルブ等がある．

(3) 水道用コンセントは，洗濯機，自動食器洗い機等との接続に用いる水栓で，通常の水栓のように壁から出っ張らないので邪魔にならず，使用するときだけホースをつなげればよいので空間を有効に利用することができる．

**解説** (2) 流出側配管の水を地中に排出して凍結を防止する給水用具である．

**解答▶(2)**

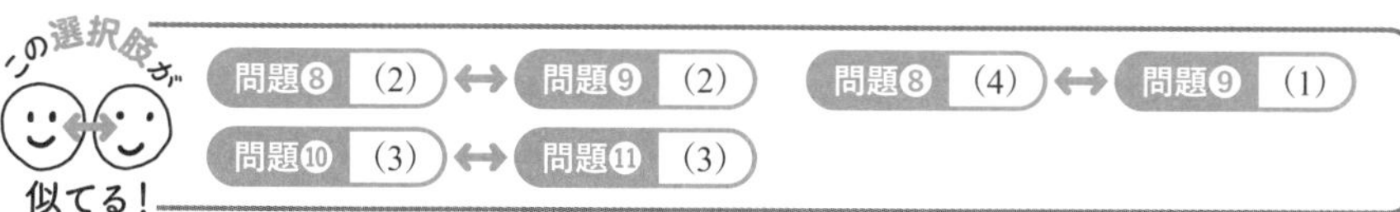

## 問題⑫ 湯沸器

湯沸器に関する次の記述の正誤の組み合わせのうち，**適当なもの**はどれか.

ア　地中熱利用ヒートポンプ給湯機は，年間を通して一定である地表面から約10 m 以深の安定した温度の熱を利用する．地中熱は日本中どこでも利用でき，しかも天候に左右されない再生可能エネルギーである.

イ　潜熱回収型給湯器は，今まで利用せずに排気していた高温（200 °C）の燃焼ガスを再利用し，水を潜熱で温めた後に従来の一次熱交換器で加温して温水を作り出す.

ウ　元止め式瞬間湯沸器は，給湯配管を通して湯沸器から離れた場所で使用できるもので，2 か所以上に給湯する場合に広く利用される.

エ　太陽熱利用貯湯湯沸器の 2 回路型は，給水管に直結した貯湯タンク内で太陽集熱器から送られる熱源を利用し，水を加熱する.

| | ア | イ | ウ | エ | | ア | イ | ウ | エ |
|---|---|---|---|---|---|---|---|---|---|
| (1) | 正 | 正 | 誤 | 正 | (2) | 正 | 誤 | 正 | 誤 |
| (3) | 正 | 誤 | 誤 | 正 | (4) | 誤 | 正 | 正 | 誤 |
| (5) | 誤 | 正 | 誤 | 正 | | | | | |

解説　ウの設問は，先止め式についての記述である.　　解答▶(1)

## 問題⑬ 湯沸器

湯沸器に関する次の記述の正誤の組み合わせのうち，**適当なもの**はどれか.

ア　貯湯湯沸器は，有圧のまま貯湯槽内に蓄えた水を直接加熱する構造の湯沸器で，給水管に直結するので，減圧弁及び安全弁（逃し弁）の設置が必須である.

イ　電気温水器は，熱源に大気熱を利用しているため，消費電力が少ない湯沸器である.

ウ　地中熱利用ヒートポンプシステムには，地中の熱を間接的に利用するオープンループと，地下水の熱を直接的に利用するクローズドループがある.

エ　太陽熱利用貯湯湯沸器のうち，太陽集熱装置系と水道系が蓄熱槽内で別系統になっている 2 回路型と，太陽集熱装置系内に水道水が循環する水道直結型は，給水用具に該当する.

| | ア | イ | ウ | エ |
|---|---|---|---|---|
| (1) | 正 | 正 | 誤 | 正 |
| (2) | 誤 | 誤 | 正 | 誤 |
| (3) | 誤 | 正 | 誤 | 誤 |
| (4) | 正 | 誤 | 正 | 正 |
| (5) | 正 | 誤 | 誤 | 正 |

**解説** **イ**：設問は，自然冷媒ヒートポンプ給湯器（通称：エコキュート）についての記述である．
**ウ**：地中熱利用ヒートポンプシステムには，地中の熱を直接的に利用するオープンループと，地下水の熱を間接的に利用するクローズドループがある．

**解答▶(5)**

## 問題⑭ 湯沸器

貯湯湯沸器に関する次の記述の［　　］内に入る語句の組合せのうち，**適当なもの**はどれか．

貯湯湯沸器は，貯湯槽内に蓄えた水を加熱する構造で，湯温に連動して自動的に燃料通路を開閉あるいは電源を切り替える機能を持っている．貯湯部が［ア］されており，貯湯部にかかる圧力が［イ］以下で，かつ伝熱面積が［ウ］の構造のものである．

配管には，［エ］，安全弁（逃し弁）及び逆止弁などを必ず取り付ける．

| | ア | イ | ウ | エ |
|---|---|---|---|---|
| (1) | 密閉 | 100 kPa | 8 m$^2$ 以下 | 定流量弁 |
| (2) | 開放 | 300 kPa | 4 m$^2$ 以下 | 減圧弁 |
| (3) | 開放 | 300 kPa | 8 m$^2$ 以下 | 定流量弁 |
| (4) | 密閉 | 100 kPa | 4 m$^2$ 以下 | 減圧弁 |

**解説** 貯湯湯沸器は，貯湯槽内に蓄えた水を加熱する構造で，湯温に連動して自動的に燃料通路を開閉あるいは電源を切り替える機能を持っている．貯湯部が密閉されており，貯湯部にかかる圧力が100 kPa以下で，かつ伝熱面積が4 m$^2$ 以下の構造のものである．
配管には，減圧弁，安全弁（逃し弁）及び逆止弁などを必ず取り付ける．

**解答▶(4)**

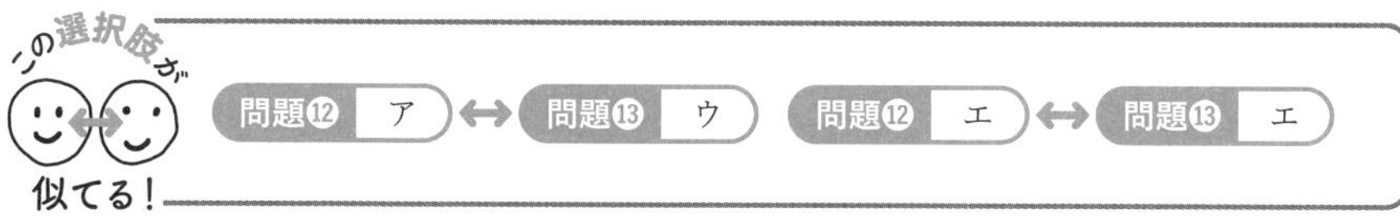

貯湯湯沸器は，貯湯部が密閉されている．
貯蔵湯沸器は，貯湯部が大気に開放されている．

7章 給水装置の概要●問題&解答

## 問題⑮ 浄水器

浄水器に関する次の記述のうち，**不適当なもの**はどれか.

(1) 浄水器は，水道水中の残留塩素等の溶存物質，濁度等の減少を主目的としたものである.

(2) 浄水器のろ過材には，活性炭，ろ過膜，イオン交換樹脂等が使用される.

(3) 水栓一体型浄水器のうち，スパウト内部に浄水カートリッジがあるものは，常時水圧が加わらないので，給水用具に該当しない.

(4) アンダーシンク形浄水器は，水栓の流入側に取り付けられる方式と流出側に取り付けられる方式があるが，どちらも給水用具として分類される.

**解説** (3) の水栓一体型浄水器は，給水用具に該当する.

**解答▶(3)**

## 問題⑯ 浄水器

浄水器に関する次の記述の正誤の組み合わせのうち，**適当なもの**はどれか.

ア　浄水器のろ過材は，ポリエチレン，ポリスルホン，ポリプロピレン等からできた中空糸膜を中心としたろ過膜に限定される.

イ　浄水器のろ過材のカートリッジは有効期限を確認し，適切に交換することが必要である.

ウ　浄水器の中には，残留塩素や濁度を減少させることのほか，トリハロメタン等の微量有機物や鉛，臭気等を減少させる性能を持つ製品がある.

エ　浄水器のうち，浄水器単独で製造・販売され，消費者が取付けを行うものは給水用具に該当する.

| | ア | イ | ウ | エ | | ア | イ | ウ | エ |
|---|---|---|---|---|---|---|---|---|---|
| (1) | 誤 | 正 | 正 | 誤 | (2) | 誤 | 正 | 誤 | 正 |
| (3) | 正 | 誤 | 誤 | 正 | (4) | 正 | 誤 | 正 | 誤 |

**解説** **ア**：設問のろ過膜に限定していない. その他，活性炭，セラミックス，ゼオライト，不織布，天然サンゴ，イオン交換樹脂等がある. **エ**：設問の浄水器は，給水用具に該当しない.

**解答▶(1)**

## 問題⑰ 浄水器

浄水器に関する次の記述のうち，**不適当なもの**はどれか.

(1) 浄水器は，水道水中の残留塩素などの溶存物質や濁度などの減少を主目的とした給水用具である.
(2) 水栓の流入側に取り付けられ常時水圧が加わる浄水器は，すべて給水用具に該当する.
(3) 水栓の流出側に取り付けられ常時水圧が加わらない浄水器のうち，浄水器と水栓が一体として製造・販売されるものは，給水用具に該当しない.
(4) 浄水器は，家庭用品品質表示法施行令によって，浄水器の材料，性能などの品質を表示することが義務付けられている.

**解説** (3) 水栓の流出側に取り付けられ常時水圧が加わらない浄水器のうち，浄水器と水栓が一体として製造・販売されるものは，給水用具に該当する.

**解答▶(3)**

**浄水器と水栓が一体として製造・販売されるものは，給水用具に該当する.**
**浄水器は，水道水中の残留塩素などの溶存物質や濁度などを減少させる給水用具である.**

## 問題⑱ 浄水器

浄水器に関する次の記述の [　　] 内に入る語句の組み合わせのうち，**適当なもの**はどれか.

浄水器は，水栓の流入側に取り付けられ常時水圧が加わる [ ア ] 式と，水栓の流出側に取り付けられ常時水圧が加わらない [ イ ] 式がある.

[ イ ] 式については，浄水器と水栓が一体として製造・販売されているもの（ビルトイン型又はアンダーシンク型）は給水用具に該当 [ ウ ]. 浄水器単独で製造・販売され，消費者が取付けを行うもの（給水栓直結型及び据え置き型）は給水用具に該当 [ エ ].

| | ア | イ | ウ | エ |
|---|---|---|---|---|
| (1) | 先止め | 元止め | する | しない |
| (2) | 先止め | 元止め | しない | する |
| (3) | 元止め | 先止め | する | しない |
| (4) | 元止め | 先止め | しない | する |

**解説** **ア**：先止め，**イ**：元止め，**ウ**：する，**エ**：しない.

**解答▶(1)**

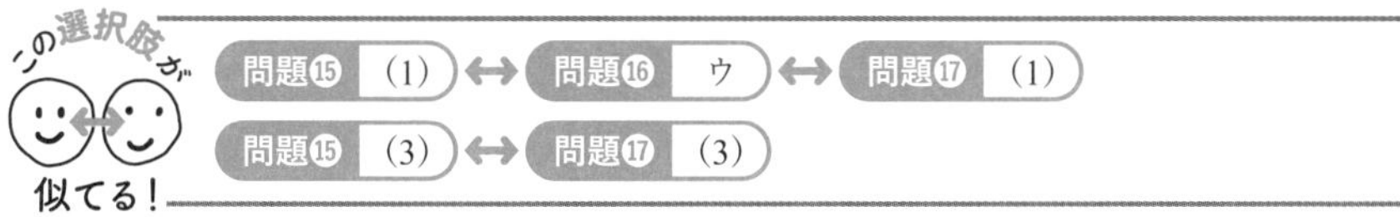

## 問題⑲ 直結加圧形ポンプユニット

直結加圧形ポンプユニットに関する次の記述のうち，**不適当なもの**はどれか．

(1) 直結加圧形ポンプユニットの構成は，ポンプ，電動機，制御盤，バイパス管，圧力発信機，流水スイッチ，圧力タンク等からなっている．

(2) 吸込側の圧力が異常低下した場合は自動停止し，吸込側の圧力が復帰した場合は手動で復帰させなければならない．

(3) 圧力タンクは，日本水道協会規格（JWWA B 130: 2005）に定める性能に支障が生じなければ，設置する必要はない．

(4) 使用水量が少なく自動停止する時の吐水量は，10 L/min程度とされている．

**解説** (2) 吸込側の圧力が異常低下した場合は自動停止し，吸込側の圧力が回復した場合は，自動復帰する．

**解答▶(2)**

## 問題⑳ 直結加圧形ポンプユニット

直結加圧形ポンプユニットに関する次の記述のうち，**不適当なもの**はどれか．

(1) 製品規格としては，JWWA B 130: 2005（水道用直結加圧形ポンプユニット）があり，対象口径は20～75 mmである．

(2) 逆流防止装置は，ユニットの構成外機器であり，通常，ユニットの吸込側に設置するが，吸込圧力を十分確保できない場合は，ユニットの吐出側に設置してもよい．

(3) ポンプを複数台設置し，1台が故障しても自動切替えにより給水する機能や運転の偏りがないように自動的に交互運転する機能等を有していることを求めている．

(4) 直結加圧形ポンプユニットの圧力タンクは，停電によりポンプが停止したときに水を供給するためのものである．

(5) 直結加圧形ポンプユニットは，メンテナンスが必要な機器であるので，その設置位置は，保守点検及び修理を容易に行うことができる場所とし，これに要するスペースを確保する必要がある．

**解説** (4) 直結加圧形ポンプユニットの圧力タンクは，ポンプが停止した後に，水圧を保持するために設ける．

**解答▶(4)**

## 問題㉑ 直結加圧形ポンプユニット

直結加圧形ポンプユニットに関する次の記述のうち，**不適当なもの**はどれか．

(1) 水道法に基づく給水装置の構造及び材質の基準に適合し，配水管への影響が極めて小さく，安定した給水ができるものでなければならない．

(2) 配水管から直圧で給水できない建築物に，加圧して給水する方式で用いられている．

(3) 始動・停止による配水管の圧力変動が極小であり，ポンプ運転による配水管の圧力に脈動が生じないものを用いる．

(4) 制御盤は，ポンプを可変速するための機能を有し，漏電遮断器，インバーター，ノイズ制御器具等で構成される．

(5) 吸込側の圧力が異常に低下した場合には自動停止し，あらかじめ設定された時間を経過すると，自動復帰し運転を再開する．

**解説** (5) 吸込側の圧力が異常に低下した場合には自動停止し，圧力が回復した場合は自動復帰する．「あらかじめ設定された時間を経過すると」は誤りである．　**解答▶(5)**

## 問題㉒ 直結加圧形ポンプユニット

直結加圧形ポンプユニットに関する次の記述のうち，**不適当なもの**はどれか．

(1) 直結加圧形ポンプユニットは，ポンプ，電動機，制御盤，流水スイッチ等から構成されている．

(2) 直結加圧形ポンプユニットは，始動・停止による配水管の圧力変動が極小であり，ポンプ運転による配水管の圧力に脈動が生じないものを用いる．

(3) 直結加圧形ポンプユニットは，ポンプを複数台設置し，1 台が故障しても自動切換えにより給水する機能や運転の偏りがないように自動的に交互運転する機能などを有している．

(4) 直結加圧形ポンプユニットを構成する圧力タンクは，停電によりポンプが停止したときに水を供給するためのものである．

**解説** (4) ポンプ停止時に，圧力変動や運転時の圧力の脈動を制御するため．　**解答▶(4)**

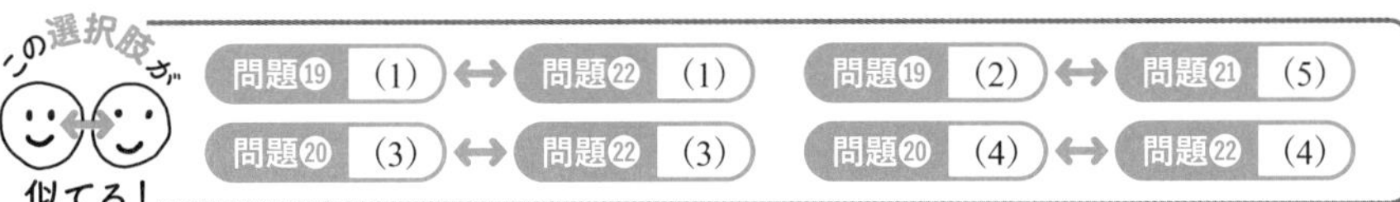

## 問題㉓ 水道メーター

水道メーターに関する次の記述のうち，**不適当なもの**はどれか．

(1) 水道の使用水量は，料金算定の基礎となるもので適正計量が求められることから，水道メーターは計量法に定める特定計量器の検定に合格したものとする．

(2) 水道メーターは，検定有効期間が8年間であるため，その期間内に検定に合格した水道メーターと交換しなければならない．

(3) 水道メーターの技術進歩への迅速な対応及び国際整合化の推進を図るため，日本産業規格（JIS規格）が制定されている．

(4) 電磁式水道メーターは，水の流れと平行に磁界をかけ，電磁誘導作用により，流れと磁界に平行な方向に誘起された起電力により流量を測定する器具である．

(5) 水道メーターの呼び径決定に際しては，適正使用流量範囲，一時的使用の許容範囲等に十分留意する必要がある．

解説 (4) 水の流れと平行，流れと磁界に平行ではなく，垂直である．　**解答▶(4)**

## 問題㉔ 水道メーター

水道メーターに関する次の記述のうち，**不適当なもの**はどれか．

(1) 水道メーターは，給水装置に取り付け，需要者が使用する水量を積算計量する計量器である．

(2) 水道メーターの計量水量は，料金算定の基礎となるもので適正な計量が求められることから，計量法に定める特定計量器の検定に合格したものを設置する．

(3) 水道メーターの計量方法は，流れている水の流速を測定して流量に換算する流速式と，水の体積を測定する容積式に分類される．わが国で使用されている水道メーターは，ほとんどが流速式である．

(4) 水道メーターは，許容流量範囲を超えて水を流すと，正しい計量ができなくなるおそれがあるため，メーター一次側に安全弁を設置して流量を許容範囲内に調整する．

解説 (4) メーター一次側に安全弁を設け流量を許容範囲内に調整ではなく，メーターの呼び径決定に際して，適正使用流量範囲，瞬時使用の許容流量などに注意する．　**解答▶(4)**

## 問題㉕ 水道メーター

水道メーターに関する次の記述のうち，**不適当なもの**はどれか．

(1) 水道メーターの遠隔指示装置は，発信装置（又は記憶装置），信号伝達部（ケーブル）及び受信器から構成される．

(2) 水道メーターの計量部の形態で，複箱形とは，メーターケースの中に別の計量室（インナーケース）をもち，複数のノズルから羽根車に噴射水流を与える構造のものである．

(3) 電磁式水道メーターは，給水管と同じ呼び径の直管で機械的可動部がないため耐久性に優れ，小流量から大流量まで広範囲な計測に適する．

(4) 水道メーターの指示部の形態で，機械式とは，羽根車に永久磁石を取り付けて，羽根車の回転を磁気センサーで電気信号として検出し，集積回路により演算処理して，通過水量を液晶表示する方式である．

**(4)** 設問に記された指示部の形態は機械式ではなく，電子式である．　**解答▶(4)**



## 問題㉖ 水道メーター

水道メーターに関する次の記述のうち，**不適当なもの**はどれか．

(1) 水道メーターの計量部の形態が可逆式のものは，正方向と逆方向からの通過水量を計量する計量室をもっており，正方向は加算，逆方向は減算する構造である．

(2) 電磁式水道メーターは，羽根車に永久磁石を取り付けて，羽根車の回転を磁気センサーで電気信号として検出し，集積回路により演算処理して，通過水量を液晶表示する方式である．

(3) 水道メーターの遠隔指示装置は，設置したメーターの指示水量をメーターから離れた場所で能率よく検針するために設けるものである．

(4) 水道メーターは，各水道事業者により，使用する形式が異なるため，設計にあたっては，あらかじめこれらを確認する必要がある．

解説 **(2)** 設問の記述は，電磁式ではなく電子式のものである．　**解答▶(2)**

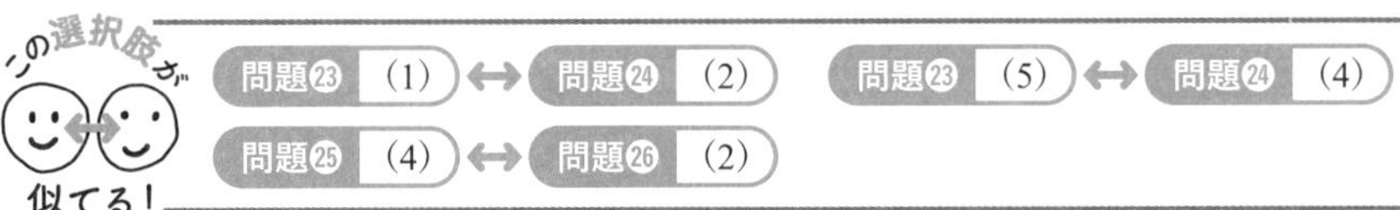

## 問題㉗ 給水用具の故障と対策

給水用具の故障と対策に関する次の記述の正誤の組み合わせのうち，**適当なもの**はどれか．

ア　ボールタップ付ロータンクの水が止まらないので原因を調査した．その結果，フロート弁が損傷していたので，新しい浮玉に交換した．

イ　水栓の水の出が悪いので原因を調査した．その結果，水栓のストレーナーにゴミが詰まっていたので，水栓を取り外し，ストレーナーのゴミを除去した．

ウ　大便器洗浄弁から常に少量の水が流出していたので原因を調査した．その結果，ピストンバルブと弁座の間に異物がかみ込んでいたので，ピストンバルブを取り外し異物を除いた．

エ　小便器洗浄弁の吐水量が多いので原因を調査した．その結果，調節ねじが開き過ぎていたので，調節ねじを左に回して吐水量を減らした．

| | ア | イ | ウ | エ | | ア | イ | ウ | エ |
|---|---|---|---|---|---|---|---|---|---|
| (1) | 誤 | 誤 | 正 | 誤 | (2) | 正 | 誤 | 誤 | 正 |
| (3) | 誤 | 正 | 正 | 誤 | (4) | 正 | 誤 | 正 | 正 |

**解説** **ア**：フロート弁が損傷していたので，新しいフロートに交換した．**エ**：調節ねじが開き過ぎていたので，調節ネジを右に回して吐水量を減らした．

**解答▶(3)**

## 問題㉘ 給水用具の故障と対策

給水用具の故障と対策に関する次の記述のうち，**不適当なもの**はどれか．

(1) 小便器洗浄弁の吐出量が多いので原因を調査した．その結果，調節ねじを開け過ぎていたので，調節ねじを右に回して吐出量を減らした．

(2) 水栓から漏水していたので原因を調査した．その結果，弁座に軽度の摩耗が認められたので，パッキンを取り替えた．

(3) ボールタップ付ロータンクの水が止まらなかったので原因を調査した．その結果，リング状の鎖がからまっていたので，鎖を2輪分短くした．

(4) 大便器洗浄弁から常に少量の水が流出していたので原因を調査した．その結果，ピストンバルブと弁座の間に異物がかみ込んでいたので，ピストンバルブを取り外し異物を除いた．

**解説** (3) リング状の鎖がからまっていたので，鎖を2輪分ほどたるませた．

**解答▶(3)**

## 問題㉙ 給水用具の故障と対策

給水用具の故障と対策に関する次の記述のうち，**不適当なもの**はどれか．

(1) 水栓を開閉する際にウォーターハンマーが発生するので原因を調査した．その結果，水圧が高いことが原因であったので，減圧弁を設置した．

(2) ピストン式定水位弁の故障で水が出なくなったので原因を調査した．その結果，ストレーナーに異物が詰まっていたので，新品のピストン式定水位弁と取り替えた．

(3) 大便器洗浄弁から常に大量の水が流出していたので原因を調査した．その結果，ピストンバルブの小孔が詰まっていたので，ピストンバルブを取り外し，小孔を掃除した．

(4) 小便器洗浄弁の吐水量が少なかったので原因を調査した．その結果，調節ねじが閉め過ぎだったので，調節ねじを左に回して吐水量を増やした．

(5) ダイヤフラム式ボールタップ付ロータンクのタンク内の水位が上がらなかったので原因を調査した．その結果，排水弁のパッキンが摩耗していたので，排水弁のパッキンを交換した．

解説 (2) ストレーナーに異物が詰まっていたので，分解して清掃した． 解答▶(2)

## 問題㉚ 給水用具の故障と対策

給水用具の故障と対策に関する次の記述のうち，**不適当なもの**はどれか．

(1) 受水槽のオーバーフロー管から常に水が流れていたので原因を調査した．その結果，ボールタップの弁座が損傷していたので，パッキンを取替えた．

(2) 水栓を開閉する際にウォーターハンマーが発生するので原因を調査した．その結果，水圧が高いことが原因であったので，減圧弁を設置した．

(3) ボールタップ付きロータンクの水が止まらないので原因を調査した．その結果，リング状の鎖がからまっていたので，鎖のたるみを2輪ほどにした．

(4) 小便器洗浄弁の水勢が強く水が飛び散っていたので原因を調査した．その結果，開閉ねじの開け過ぎが原因であったので，開閉ねじを右に回して水勢を弱めた．

解説 (1) ボールタップの弁座が損傷していたので，ボールタップを取替えた． 解答▶(1)

## 問題31 給水用具の故障と対策

給水用具の故障と修理に関する次の記述の正誤の組み合わせのうち，**適当なもの**はどれか．

ア　大便器洗浄弁のハンドルから漏水していたので，原因を調査した．その結果，ハンドル部のパッキンが傷んでいたので，ピストンバルブを取り出し，Uパッキンを取り替えた．

イ　小便器洗浄弁の吐水量が多いので，原因を調査した．その結果，調節ねじが開け過ぎとなっていたので，調節ねじを左に回して吐水量を減らした．

ウ　ダイヤフラム式定水位弁の故障で水が出なくなったので，原因を調査した．その結果，流量調節棒が締め切った状態になっていたので，ハンドルを回して所定の位置にした．

エ　水栓から漏水していたので，原因を調査した．その結果，弁座に軽度の摩耗が見られたので，まずはパッキンを取り替えた．

| | ア | イ | ウ | エ | | ア | イ | ウ | エ |
|---|---|---|---|---|---|---|---|---|---|
| (1) | 正 | 誤 | 誤 | 正 | (2) | 誤 | 正 | 誤 | 正 |
| (3) | 正 | 正 | 誤 | 正 | (4) | 正 | 誤 | 正 | 誤 |
| (5) | 誤 | 誤 | 正 | 正 | | | | | |

**解説** **ア**：パッキンを取り替える，又は押し棒部を取り替える．**イ**：調節ねじが開け過ぎとなっていたので，調節ねじを右に回して吐水量を減らした．

**解答▶(5)**

## 問題32 給水用具の故障と対策

給水用具の故障と対策に関する次の記述の正誤の組み合わせのうち，**適当なもの**はどれか．

ア　ボールタップ付ロータンクの故障で水が止まらないので原因を調査した．その結果，弁座への異物のかみ込みがあったので，新しいフロート弁に交換した．

イ　ダイヤフラム式定水位弁の水が止まらないので原因を調査した．その結果，主弁座への異物のかみ込みがあったので，主弁の分解と清掃を行った．

ウ　小便器洗浄弁で少量の水が流れ放しであったので原因を調査した．その結果，ピストンバルブと弁座の間への異物のかみ込みがあったので，ピストンバルブを取り外し，異物を除いた．

エ　受水槽のオーバーフロー管から常に水が流れていたので原因を調査した．その結果，ボールタップの弁座が損傷していたので，パッキンを取り替えた．

| | ア | イ | ウ | エ | | ア | イ | ウ | エ |
|---|---|---|---|---|---|---|---|---|---|
| (1) | 誤 | 正 | 正 | 誤 | (2) | 正 | 誤 | 誤 | 正 |
| (3) | 誤 | 正 | 誤 | 正 | (4) | 正 | 誤 | 正 | 誤 |
| (5) | 誤 | 誤 | 正 | 正 | | | | | |

解説 **ア**：弁座への異物のかみ込みがあったので，弁座を分解して異物を取り除く．**エ**：ボールタップの弁座が損傷していたので，ボールタップを取り替える．

**解答▶(1)**

## 問題33　給水用具の故障と対策

給水用具の故障と対策に関する次の記述のうち，**不適当なもの**はどれか．

(1) ボールタップの水が止まらなかったので原因を調査した．その結果，弁座が損傷していたので，ボールタップを取り替えた．

(2) 湯沸器に故障が発生したが，需要者等が修理することは困難かつ危険であるため，製造者に依頼して修理を行った．

(3) ダイヤフラム式定水位弁の水が止まらなかったので原因を調査した．その結果，主弁座への異物のかみ込みがあったので，主弁の分解と清掃を行った．

(4) 水栓から不快音があったので原因を調査した．その結果，スピンドルの孔とこま軸の外径が合わなくがたつきがあったので，スピンドルを取り替えた．

(5) 大便器洗浄弁で常に大量の水が流出していたので原因を調査した．その結果，逃し弁のゴムパッキンが傷んでいたので，ピストンバルブを取り出しパッキンを取り替えた．

解説 **(4)** スピンドルの孔とこま軸の外径が合わなくがたつきがあったので，摩耗したこまを取り替えた．

**解答▶(4)**

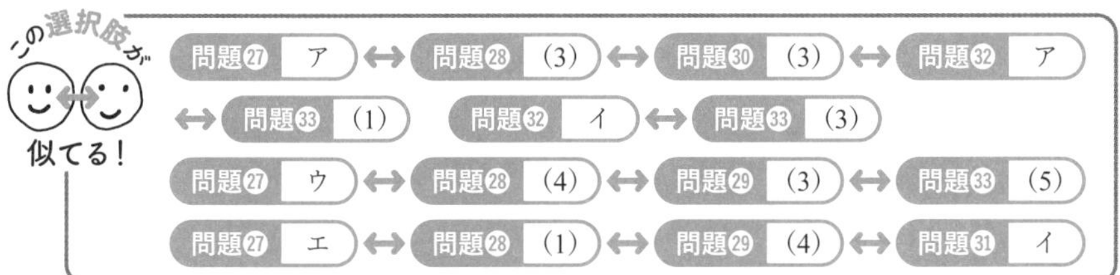

## 章末問題❶ 節水型給水用具

節水型給水用具に関する次の記述のうち，**不適当なもの**はどれか.

(1) 制御方式を使って節水を図ることができる給水用具として，大便器洗浄用ユニット，小便器洗浄用ユニット，自動食器洗い器などがある.

(2) 湯屋カランは，ハンドルを押している間は水が出るが，ハンドルから手を離すと自動的に止水する.

(3) 吐水量を絞ることにより節水を図ることができる給水用具として，定量水栓，泡沫式水栓，ボールタップ，定流量弁などがある.

(4) 電子式水栓は，赤外線ビームと電子制御装置との働きにより，給水用具に手を触れずに吐水，止水ができるものである.

(3) ボールタップは，節水を図るためのものではない.　　**解答▶(3)**

## 章末問題❷ 給水用具の故障と修理

給水用具の故障と修理に関する次の記述の正誤の組み合わせのうち，**適当なもの**はどれか.

ア　受水槽のボールタップの故障で水が止まらなくなったので，原因を調査した．その結果，パッキンが摩耗していたので，パッキンを取り替えた.

イ　ボールタップ付ロータンクの水が止まらなかったので，原因を調査した．その結果，フロート弁の摩耗，損傷のためすき間から水が流れ込んでいたので，分解して清掃した.

ウ　ピストン式定水位弁の水が止まらないので，原因を調査した．その結果，主弁座パッキンが摩耗していた．主弁座パッキンを新品に取り替えた.

エ　水栓から不快音があったので，原因を調査した．その結果，スピンドルの孔とこま軸の外径が合わなく，がたつきがあったのでスピンドルを取り替えた.

| | ア | イ | ウ | エ | | ア | イ | ウ | エ |
|---|---|---|---|---|---|---|---|---|---|
| (1) | 正 | 誤 | 正 | 正 | (2) | 正 | 誤 | 誤 | 正 |
| (3) | 誤 | 正 | 誤 | 正 | (4) | 誤 | 正 | 正 | 誤 |
| (5) | 正 | 誤 | 正 | 誤 | | | | | |

解説 **イ**：フロート弁の摩耗，損傷のため，すき間から水が流れ込んでいたので，新しくフロート弁を交換した．**エ**：前の問題㉝(4)と同じ.　　**解答▶(5)**

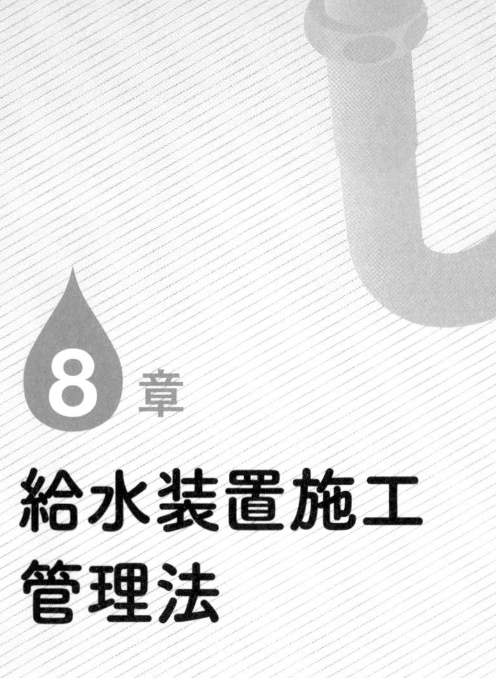

# 8章

# 給水装置施工管理法

全出題問題の中において「8章　給水装置施工管理法」の内容からは，5題出題され，最低必要獲得点数は2点（2題）となる．

**過去の出題傾向を分析した出題ランク**

★★★よく出題されている　★★比較的よく出題されている

| | |
|---|---|
| ★★★ | • 施工管理全般の知識<br>• 建設工事公衆災害防止対策要綱（交通対策）<br>• 給水装置工事の工程管理，品質管理 |
| ★★ | • 給水装置工事の安全管理，施工管理<br>• 使用材料 |

# 8-1 給水装置施工管理法

## 1 施工管理

施工管理は，施主の要求を満たし，品質の良い建設物を提供するため，工事全体の管理，監督を行うことである．

① 技術者，技能者等工事従事者を選任し，工事の材料，工事方法，建設機械などを選定し，施工計画を立て，発注者が要求する工期内に，適切な品質の目的物を，適切な価格で安全に建設するために，工程管理，品質管理，安全管理等を行うことである．

② 施工管理の責任者は，事前に工事の施工内容を把握し，それに沿った施工計画書（実施工程表，施工体制，施工方法，品質管理方法，安全対策等）を作成して工事従事者に周知を図っておく．

③ 工事においては，施工計画に基づく工程管理，工程に応じた工事品質の確認，工事の進捗に合わせて公衆災害や労働災害を防止する安全対策を行う．

### 1. 施工管理の責任者（給水装置工事主任技術者）

① 施工管理の責任者は，事前に当該工事の施工内容を把握し，それに沿った施工計画書（実施工程表，施工体制，施工方法，品質管理方法，安全対策等）を作成し，工事従事者に周知を図る．

② 工事施行においては，施工計画に基づいて工程管理，工程に応じた工事品質の確認，並びに工事の進捗に合わせて公衆災害及び労働災害を防止する安全対策を行うなど施工管理に当たるものとする．

### 2. 道路上の給水装置工事の施工管理

① 給水装置工事は，配水管の取付口から末端の給水用具までの設置又は変更工事をいう（図1・2参照）．

② この工事のうち，配水管からの分岐以降水道メーターまでの区間工事は，道路上での工事を伴うため，施工計画書を作成し，それに基づく工程管理，品質管理，安全管理を行う必要がある．

③ 給水装置工事主任技術者（以降主任技術者と呼ぶ）は，基準省令や水道事業者の供給規程等を十分理解し，水道事業者の指導の下で作業ができる技能者を工事に従事させ，又はその者に当該工事に従事する他の者を実施に監督させるようにしなければならない．

### 3. 施工管理上の留意点

配水管からの分岐以降水道メーターまでの工事は，あらかじめ水道事業者の承認を受けた工法，工期，その他工事上の条件に適合する必要がある．

〈施工計画書の作成と周知〉

① 主任技術者は，現地調査，水道事業者等との協議等に基づき，作業の責任を明確にした施工体制，有資格者名簿，施工方法，品質管理項目及び方法，安全対策，緊急時の連絡体制と電話番号，実施工程表等を記載した施工計画書を作成し，工事従事者に周知する．

② 工事の過程で，作業従事者，使用機器，施工手順，工事日程，安全対策等に変更が生じたときは，その都度施工計画書を修正し，工事従事者に周知する．

③ 施工計画書は，施工管理に必要な要点が的確に記載してあれば簡単なものでもよい．

④ 施工計画書は，緊急時も含め作業従事者等が常に見ることができるよう，付近住民への情報提供も考慮し，例えば工事現場内に設置してある「工事中看板」に吊るしておく等の措置を行う．

⑤ 施工管理は，施工計画書に基づいて行い，工程，作業時間，作業手順，交通規制等に沿って施行し，必要の都度工事目的物の品質確認を実施する．

⑥ 断水連絡，布設替え，その他特に施行時間が定められた箇所の給水装置工事は，水道事業者や関連する事業者と事前に打合せを行い，指定時間内での工程の進行を図る．

## 2 工程管理

工程管理は，契約書で決めた工期内で工事を完了するため，事前準備の現地調査や水道事業者，建設業者，道路管理者，警察署等と調整して工程管理計画を作成し，これに沿って，効率的で経済的な工事を進めることである．

### 1. 工程計画

① 工程計画は，工事の規模，内容，工期，現場の環境によって決定される．

② 工程計画の基礎となる各工程の作業可能日数は，天候，土，日曜，祝祭日，現場周辺の状況等の施行不可能日を差し引いて推定する．

③ 道路管理者，水道事業者，建設業者等関係者及び関連作業工程との調整も工程計画を進める上での要素となる．

### 2. 工程表

① 工期内の工事完成には，遅れを把握し進度を監視する必要があるが，工事の種類，規模等から工程表を作成し，進み具合の管理をすることが重要となる．

② 工程管理を行う工程表には，**バーチャート**，**ネットワーク**が一般的であるが，給水装置工事の工事規模を考慮すると**バーチャート工程表**が一般的である．

③ 主任技術者は，工事の進行状況を把握し，施工計画時に作成した**工程表と実績を比較**して工事の円滑な進行を図る．

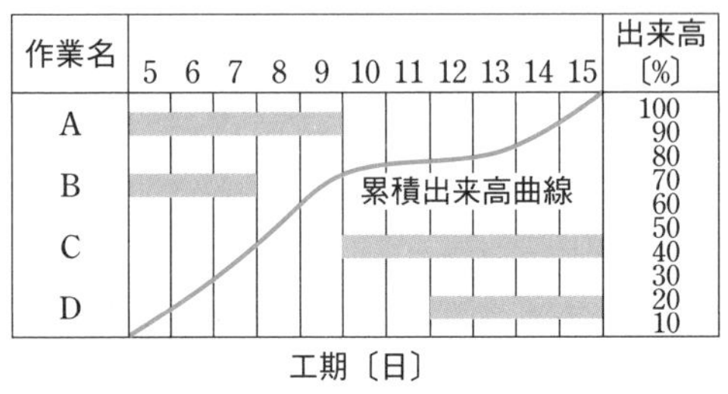


図8・1 バーチャート工程表

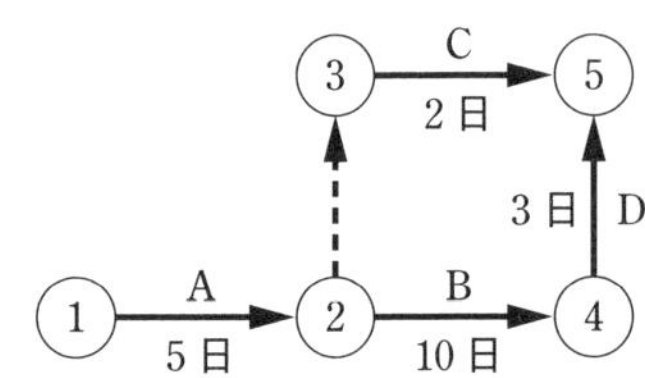


図8・2 ネットワーク工程表

## 3 品質管理

水道工事は，その品質が施工後では確認できないか，又は確認できたとしてもその是正に多くの時間を費やし，関係者に多大な迷惑をかける．品質管理はこのような工事目的物の品質を，**工事施工の過程で確認**するために行うものである．

### 1. 水道法令適合に関する給水装置工事の品質管理項目

① 給水管及び給水用具は，基準省令の**性能基準に適合**したもので，かつ，検査等により品質確認されたものを使用する．

② 配水管の取付口の位置は，他の給水装置の取付口と**30 cm以上の離隔**を取る．

③ ねじ切り鋼管の継手は，性能基準に適合した**管端防食継手**とする．

④ サドル付分水栓の取付けボルト，給水管及び給水用具の継手等で締付けトルクが設定されているものは，その締付け状況（トルク値等）を確認する

※**トルク**：**ボルトをスパナで締め付けるときの力**のこと．

⑤ サドル付分水栓を取り付ける管が鋳鉄管の場合，穿孔（せんこう）端面の腐食を防止する**防食コア**を取付ける（**図8・4**）．

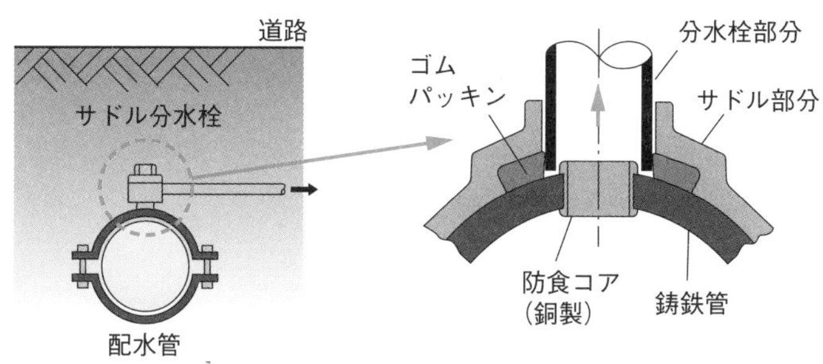


図８・３　サドル分水栓図　　　　図８・４　防食コア

⑥　穿孔後の**水質確認**（**残留塩素**，**におい**，**濁り**，**色**，**味**）を行う．

⑦　**残留塩素の確認**は穿孔した管が水道管であることの証（あかし）となるので，実施する．

> ※**残留塩素**：消毒効果のある有効塩素で水中の微生物を殺菌消毒後，有機物を酸化分解した後も水中に残留する塩素のこと．

## 2．品質管理の必要項目

①　給水管の占用位置として，土被り及び道路に並行に布設する場合の**道路境界からの離れ**を確認をする．

②　**明示テープ**，**明示シート**を設置した場合の設置位置の確認をする（**図８・５，８・６**）．

> ※**明示テープの色**：水道管（青色），工業用水管（白色），ガス管（緑色），下水道管（茶色），電話線（赤色），電力線（オレンジ色）

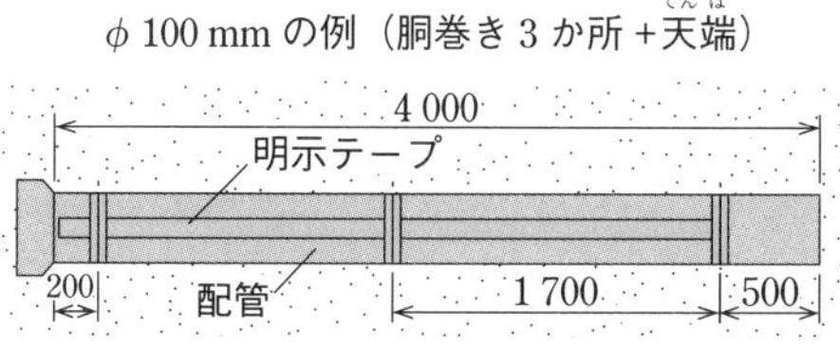


図８・５　明示テープの取付け

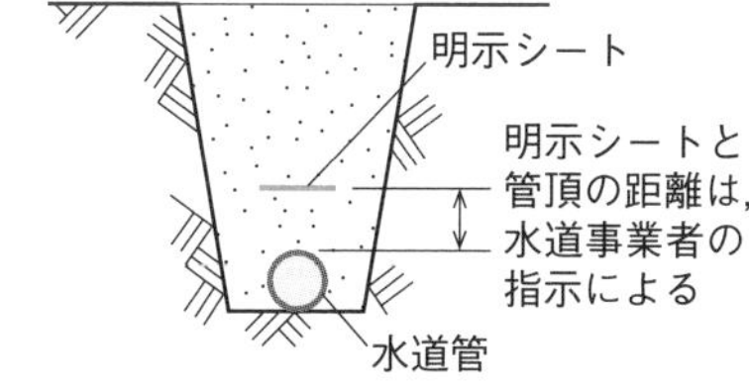


図８・６　明示テープの施工

③　ポリエチレンスリーブを設置した場合の設置状況の確認をする．

④　路床締固め厚さ寸法の確認をする．

⑤　**路盤材厚さ**寸法の確認をする．

⑥　路面本復旧の場合の**舗装厚さ**寸法の確認をする．

## 4 安全管理

主任技術者は，施行をする際，公衆災害や労働災害の防止のために現場状況把握，関係諸法令の遵守，安全性の確保に配慮した工法を選び，また，事故防止対策のための工事施行，交通保安対策の実施，現場の整理整頓に努めなければならい．

### 1．事故防止の基本事項

① 工事は各工種と工法に従って施行し，設備の不備，不完全な施工で事故が起きないように十分注意をする．

② 工事施行は，地下埋設物の有無を調査し，近接する埋設物がある場合，その埋設物管理者に立会いを求め，位置の確認を行い埋設物に損傷を与えないように注意をする．

③ 埋設物に接近して掘削する場合は，周囲地盤のゆるみ，沈下などに十分注意して施工し，必要に応じて当該埋設物管理者と協議の上，防護措置などを行う．

④ 工事中，火気に弱い埋設物又は可燃性物質の輸送管などの埋設物に接近する場合は，溶接機，切断機など火気を伴う機械器具を使用しない．やむを得ない場合は，その埋設物の管理者と協議し，保安上必要な措置を行ってから使用する．

⑤ 工事中は，適切な人材を配置して，工事用機械器具の留意点を周知させ操作ミスがないように使用させる．

⑥ 材料は，荷くずれ防止の処置を行い，運搬，積み卸しは丁寧に扱い，歩行者や車両の通行に危険のないように注意する．

⑦ 工事用電力設備は，感電事故防止のために，電力設備に感電防止用漏電遮断器を設置する．

⑧ 電線をステップルで造営物に仮止めするなどの仮設の電気工事は，電気事業法に基づく電気設備の技術基準を定める省令などにより電気技術者が行う．

⑨ 高圧配線，変電設備には危険表示を行い，接触の危険のあるものには必ず柵，囲い，覆い等感電防止措置を行う．

⑩ 仮設の電気工事は，電気事業法に基づく「電気設備に関する技術基準を定める省令」により電気技術者が行う．

⑪ 水中ポンプその他の電気関係機材は，常に点検と補修を行い正常な状態で作動させる（**図8・7**）．

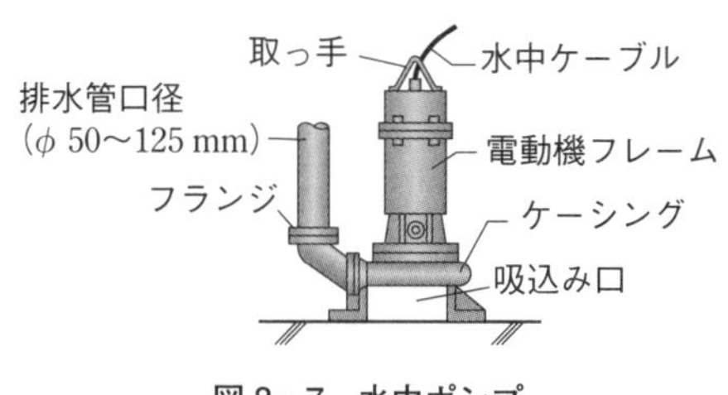


図8・7 水中ポンプ

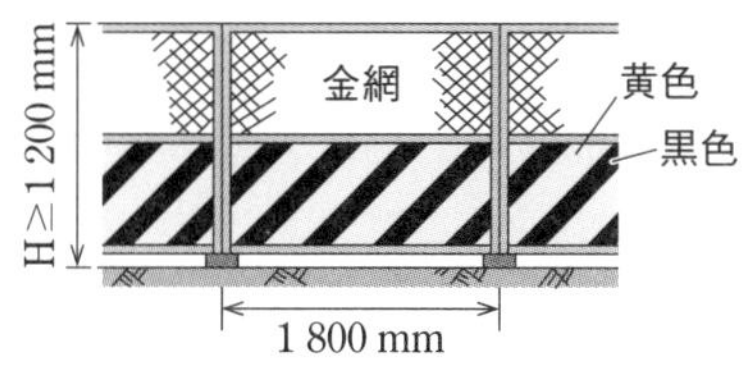


図8・8 保安柵(参考)

## 2. 交通対策

① 道路上に作業場を設ける場合は，交通流に対する背面から車両を出入りさせること．

② 周囲の状況等によりやむを得ない場合は，交通流に平行する部分から車両を出入りさせることができるが，交通誘導警備員を配置し，一般車両の通行を優先するとともに公衆の通行に支障がないようにしなければならない．

③ 施工者は，工事用の諸施設を設置する必要がある場合は，周囲の地盤面から高さ 0.8 m 以上 2 m 以下の部分については，通行者の視界を妨げることがないような措置を講じなければならない．

④ 施工者は，道路上又は道路に接して土木工事を夜間施工する場合には，道路上又は道路に接する部分に設置した柵などに沿って，高さ 1 m 程度のもので，夜間 150 m 前方から視認できる光度を有する保安灯を設置しなければならない．

⑤ 通行制限の必要がある場合，歩行者が安全に通行できるよう車道とは別に，幅 0.9 m 以上（高齢者や車椅子使用者等の通行が想定されない場合は幅 0.75 m 以上），有効高さは 2.1 m 以上の歩行者用通路を確保しなければならない．

**必ず覚えよう**

❶ 配水管からの分岐以降水道メーターまでの工事は，あらかじめ水道事業者の承認を受けた工法，工期その他工事上の条件に適合すること．

❷ 公道の掘削を伴う場合は，道路管理者等との協議が必要となる．

❸ 工程管理は，事前準備の現地調査や水道事業者，建設業者，道路管理者，警察署等との調整に基づき工程管理計画を作成し工事を進めること．

❹ 品質管理は，調査，計画，施工，検査のすべての段階を通して，要求される品質・性能の給水装置を完成させるための手段を講じること．

## 問題1 給水装置の施工管理

給水装置工事の施工管理に関する次の記述の正誤の組み合わせのうち，**適当なもの**はどれか．

ア　施工計画書には，現地調査，水道事業者等との協議に基づき，作業の責任を明確にした施工体制，有資格者名簿，施工方法，品質管理項目及び方法，安全対策，緊急時の連絡体制と電話番号，実施工程表等を記載する．

イ　水道事業者，需要者（発注者）等が常に施工状況の確認ができるよう必要な資料，写真の取りまとめを行っておく．

ウ　施工にあたっては，施工計画書に基づき適正な施工管理を行う．具体的には，施工計画に基づく工程，作業時間，作業手順，交通規制等に沿って工事を施工し，必要の都度工事目的物の品質確認を実施する．

エ　工事の過程において作業従事者，使用機器，施工手順，安全対策等に変更が生じたときは，その都度施工計画書を修正し工事従事者に通知する．

| | ア | イ | ウ | エ |
|---|---|---|---|---|
| (1) | 誤 | 正 | 正 | 正 |
| (2) | 正 | 誤 | 正 | 誤 |
| (3) | 誤 | 正 | 誤 | 正 |
| (4) | 誤 | 正 | 正 | 誤 |
| (5) | 正 | 正 | 正 | 正 |

**解説** **ア**：給水装置工事主任技術者は，施工計画書を作成し工事従事者に周知する．

**イ**：施工状況の確認ができるように，資料，写真の取りまとめを行っておく．

**ウ**：施工は，施工計画書に基づき適正な施工管理を行う．

**エ**：工事の過程において，変更が生じたときはその都度施工計画書を修正し工事従事者に通知する．　**解答▶(5)**

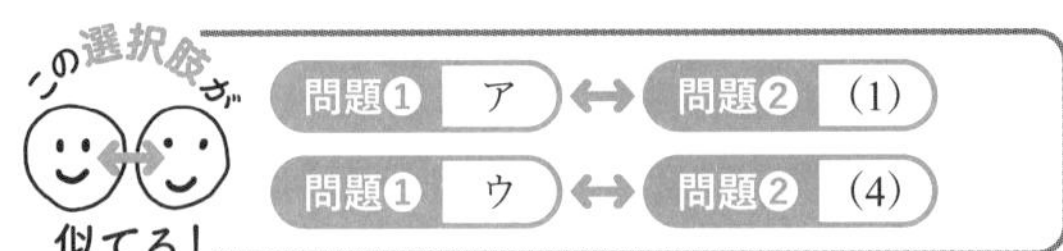


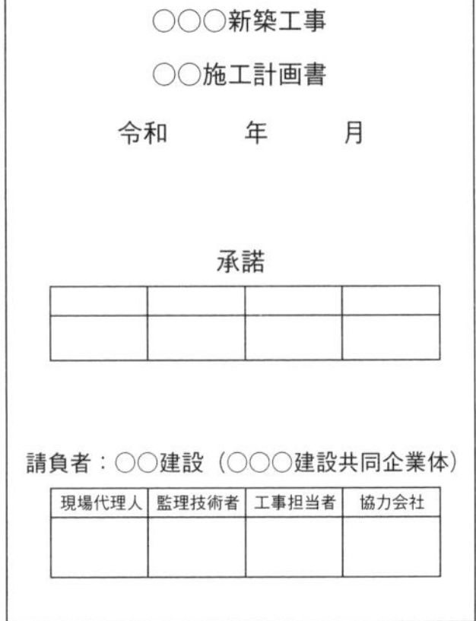
○○○新築工事
○○施工計画書
令和　年　月
承諾

| | | | |
|---|---|---|---|
| | | | |
| | | | |

請負者：○○建設（○○○建設共同企業体）

| 現場代理人 | 監理技術者 | 工事担当者 | 協力会社 |
|---|---|---|---|
| | | | |

施工計画書（参考）

## 問題② 給水装置の施工管理

給水装置工事の施工管理に関する次の記述のうち，**不適当なもの**はどれか．

(1) 施工計画書には，現地調査，水道事業者等との協議に基づき作業の責任を明確にした施工体制，有資格者名簿，施工方法，品質管理項目及び方法，安全対策，緊急時の連絡体制と電話番号，実施工程表等を記載する．

(2) 配水管からの分岐以降水道メーターまでの工事は，道路上での工事を伴うことから，施工計画書を作成して適切に管理を行う必要があるが，水道メーター以降の工事は，宅地内での工事であることから，施工計画書を作成する必要がない．

(3) 常に工事の進捗状況について把握し，施工計画時に作成した工程表と実績とを比較して工事の円滑な進行を図る．

(4) 施工にあたっては，施工計画書に基づき適正な施工管理を行う．具体的には，施工計画に基づく工程，作業時間，作業手順，交通規制等に沿って工事を施行し，必要の都度工事目的物の品質管理を実施する．

**解説** (2) 配水管からの分岐工事は，施工計画書を作成して管理を行う必要があるが，水道メーター以降の工事は，宅地内での工事であることから，こちらも施工計画書を作成し管理を行う．

**解答▶(2)**

## 問題③ 給水装置の施工管理

給水装置工事の施工管理に関する次の記述の［　　］内に入る語句の組み合わせのうち，**適当なもの**はどれか．

施工管理の責任者は，施工内容に沿った［ア］を作成し，［イ］に周知を図っておく．また，工事施工にあたっては，工程管理を行うとともに，労働災害等を防止するための［ウ］を行う．給水装置工事の施工管理の責任者は，［エ］である．

| | ア | イ | ウ | エ |
|---|---|---|---|---|
| (1) | 施工計画書 | 付近住民 | 安全対策 | 水道技術管理者 |
| (2) | 施工管理書 | 工事従事者 | 品質管理 | 水道技術管理者 |
| (3) | 施工計画書 | 工事従事者 | 安全対策 | 給水装置工事主任技術者 |
| (4) | 施工管理書 | 付近住民 | 品質管理 | 給水装置工事主任技術者 |

**解説** **ア**：施工計画書，**イ**：工事従事者，**ウ**：安全対策，**エ**：給水装置工事主任技術者，が適当となる．

**解答▶(3)**

## 問題④ 給水装置の施工管理

給水装置工事における施工管理に関する次の記述のうち，**不適当なもの**はどれか．

(1) 道路部掘削時の埋戻しに使用する埋戻し土は,水道事業者が定める基準等を満たした材料であるか検査・確認し水道事業者の承諾を得たものを使用する．

(2) 工事着手に先立ち，現場付近の住民に対し，工事の施工について協力が得られるよう，工事内容の具体的な説明を行う．

(3) 配水管からの分岐以降の水道メーターまでの工事は，あらかじめ水道事業者の承認を受けた工法，工期その他の工事上の条件に適合するように施工する必要がある．

(4) 工事の施工にあたり，事故が発生し，又は発生するおそれがある場合は，直ちに必要な措置を講じた上で，事故の状況及び措置内容を水道事業者及び関係官公署に報告する．

**解説** (1) 道路掘削時の埋戻し土砂は，道路管理者が定める基準等を満たした材料であるか検査・確認し，道路管理者の承諾を得た土砂を使う．

**解答▶(1)**

## 問題⑤ 給水装置の施工管理

給水装置工事における施工管理に関する次の記述のうち，**不適当なもの**はどれか．

(1) 配水管からの分岐以降水道メーターまでの工事は，あらかじめ水道事業者の承認を受けた工法，工期その他の工事上の条件に適合するように施工する必要がある．

(2) 水道事業者，需要者（発注者）等が常に施工状況の確認ができるよう必要な資料，写真の取りまとめを行っておく．

(3) 道路部掘削時の埋戻しに使用する埋戻し土は,水道事業者が定める基準等を満たした材料であるか検査・確認し,水道事業者の承諾を得たものを使用する．

(4) 工事着手に先立ち，現場付近の住民に対し，工事の施工について協力が得られるよう，工事内容の具体的な説明を行う．

**解説** (3) 問題④(1)と同じ問題なので，この解説を参考にする．

**解答▶(3)**

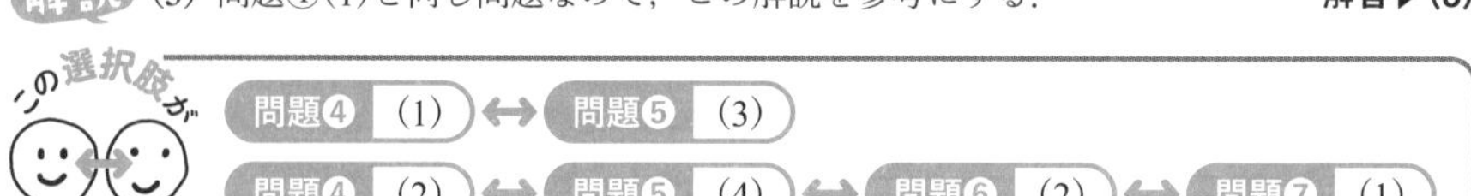

## 問題6 給水装置の施工管理

給水装置工事の施工管理に関する次の記述のうち，**不適当なもの**はどれか.

(1) 給水装置工事主任技術者は，水道事業者，発注者等が常に施工状況の確認ができるよう必要な資料，写真の取りまとめを行っておく.

(2) 工事着手に先立ち, 現場付近住民に対し, 工事内容について具体的な説明を行い, 工事の施行について十分な協力が得られるように努めなければならない.

(3) 給水装置工事主任技術者は，水道工事における労働災害の発生事例や，工事現場における災害防止の手法にかかわる書籍等を参考に，工事従事者の身の安全を図るための努力を怠ってはならない.

(4) 工事の施工にあたり，事故が発生した場合には，水道事業者や関係官公署に事故状況の報告を行い，緊急措置について指示を受けた上で，必要な措置を講じなければならない.

**解説** (4) 施工時に事故が発生した場合には，直ちに必要な措置を講じた上で，事故の状況及び措置内容を水道事業者や関係官公署に報告する.

**解答▶(4)**

## 問題7 給水装置の施工管理

給水装置工事の施工管理に関する次の記述のうち，**不適当なもの**はどれか.

(1) 工事着手後速やかに，現場付近住民に対し，工事の施行について協力が得られるよう，工事内容の具体的な説明を行う.

(2) 工事内容を現場付近住民や通行人に周知するため，広報板などを使用し，必要な広報措置を行う.

(3) 配水管からの分岐以降水道メーターまでの工事は，あらかじめ水道事業者の承認を受けた工法等の工事上の条件に適合するように施工する必要がある.

(4) 工事の施工に当たり，事故が発生し，又は発生するおそれがある場合は，直ちに必要な措置を講じた上で，事故の状況及び措置内容を水道事業者及び関係官公署に報告する.

**解説** (1) 工事着手後ではなく，工事着手前に速やかにおこなう.

**解答▶(1)**

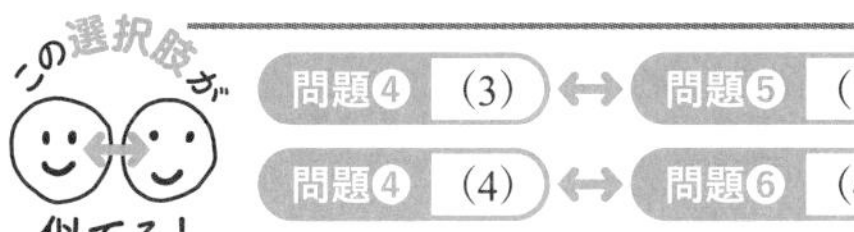


問題4 (3) ↔ 問題5 (1) ↔ 問題7 (3)

問題4 (4) ↔ 問題6 (4) ↔ 問題7 (4)

## 問題⑩ 給水装置の安全管理

公道における給水装置工事の安全管理に関する次の記述の正誤の組み合わせのうち，**適当なもの**はどれか．

ア　工事中，火気に弱い埋設物又は可燃性物質の輸送管等の埋設物に接近する場合は，溶接機，切断機等火気を伴う機械器具を使用しない．ただし，やむを得ない場合は，所管消防署と協議し，保安上必要な措置を講じてから使用する．

イ　工事の施行にあたっては，地下埋設物の有無を十分に調査するとともに，近接する埋設物がある場合は，道路管理者に立会いを求めその位置を確認し，埋設物に損傷を与えないよう注意する．

ウ　工事の施行にあたって掘削部分に各種埋設物が露出する場合には，防護協定などを遵守して措置し，当該埋設物管理者と協議の上で適切な表示を行う．

エ　工事中，予期せぬ地下埋設物が見つかり，その管理者がわからないときには安易に不明埋設物として処理するのではなく，関係機関に問い合わせるなど十分な調査を経て対応する．

| | ア | イ | ウ | エ | | ア | イ | ウ | エ |
|---|---|---|---|---|---|---|---|---|---|
| (1) | 誤 | 正 | 誤 | 正 | (2) | 誤 | 正 | 誤 | 誤 |
| (3) | 誤 | 誤 | 正 | 正 | (4) | 正 | 正 | 誤 | 正 |
| (5) | 正 | 誤 | 正 | 誤 | | | | | |

**解説** **ア**：工事中，火気に弱い埋設物又は可燃性物質の輸送管等の埋設物に接近する場合は，溶接機，切断機等火気を伴う機械器具を使用しない．ただし，やむを得ない場合は，**埋設物管理者と協議**し，保安上必要な措置を講じてから使用する．

**イ**：工事の施行にあたっては，地下埋設物の有無を十分に調査するとともに，近接する埋設物がある場合は，**埋設物管理者に立会いを求め**その位置を確認し，埋設物に損傷を与えないよう注意する．

**解答▶(3)**

> ※**道路管理者**とは，道路法で定められた道路（高速道，国道，県道，市町村道）の新築や維持，修繕等を行う管理者のことで，道路の占用や看板の設置などには管理者の許可が必要である．

## 問題⑪ 給水装置の安全管理

公道における給水装置工事の安全管理に関する次の記述の正誤の組み合わせのうち，**適当なもの**はどれか．

ア　工事の施行にあたっては，地下埋設物の有無を十分に調査するとともに，当該道路管理者に立会いを求めることによってその位置を確認し，埋設物に損傷を与えないよう注意する．

イ　工事中，火気に弱い埋設物又は可燃性物質の輸送管等の埋設物に接近する場合は，溶接機，切断機等火気を伴う機械器具を使用しない．ただし，やむを得ない場合は管轄する消防署と協議し，保安上必要な措置を講じてから使用する．

ウ　施工従事者の体調管理に留意し，体調不良に起因する事故の防止に努めるとともに，酷暑期には十分な水分補給と適切な休養を促し，熱中症の予防に努める．

エ　工事施行中の交通保安対策については，当該道路管理者及び所轄警察署長の許可条件及び指示に基づき，適切な保安施設を設置し，通行車両や通行者の事故防止と円滑な通行の確保を図らなければならない．

| | ア | イ | ウ | エ |
|---|---|---|---|---|
| (1) | 正 | 誤 | 正 | 誤 |
| (2) | 正 | 正 | 誤 | 正 |
| (3) | 誤 | 正 | 誤 | 正 |
| (4) | 誤 | 誤 | 正 | 正 |
| (5) | 誤 | 正 | 誤 | 誤 |

**解説** **ア**：工事の施行にあたっては，地下埋設物の有無を十分に調査するとともに，当該埋設物管理者に立会いを求めることによって，その位置を確認し，埋設物に損傷を与えないよう注意する．

**イ**：工事中，火気に弱い埋設物又は可燃性物質の輸送管等の埋設物に接近する場合は，溶接機，切断機等火気を伴う機械器具を使用しない．ただし，やむを得ない場合は，当該埋設物管理者と協議し，保安上必要な措置を講じてから使用する．

**解答▶(4)**

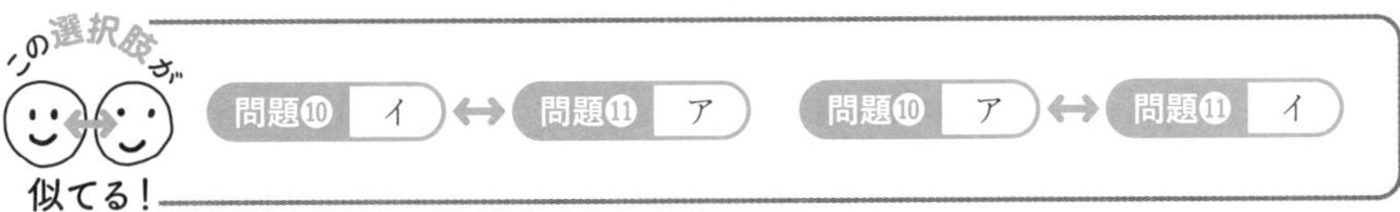


8章 給水装置施工管理法●問題&解答

## 問題⑫ 建設工事公衆災害防止対策要綱

建設工事公衆災害防止対策要綱に関する次の記述のうち，**不適当なもの**はどれか．

(1) 施工者は，仮舗装又は覆工を行う際，やむを得ない理由で周囲の路面と段差が生じた場合は，10％以内の勾配ですりつけなければならない．

(2) 施工者は，歩行者用通路と作業場との境は，移動さくを間隔をあけないように設置し，又は移動柵の間に安全ロープ等を張ってすき間ができないよう設置する等明確に区分しなければならない．

(3) 施工者は，通行を制限する場合の標準として，道路の車線が1車線となる場合は，その車道幅員は3m以上，2車線となる場合は，その車道幅員は5.5m以上確保する．

(4) 施工者は，通行を制限する場合，歩行者が安全に通行できるよう車道とは別に幅0.9m以上，高齢者や車椅子使用者等の通行が想定されない場合は幅0.75m以上歩行者用通路を確保しなければならない．

(5) 施工者は，道路上に作業場を設ける場合は，原則として，交通流に対する背面から工事車両を出入りさせなければならない．ただし，周囲の状況等によりやむを得ない場合においては，交通流に平行する部分から工事車両を出入りさせることができる

**解説** (1) 仮舗装又は覆工を行う際，やむを得ない理由で周囲の路面と段差が生じた場合は，5％以内の勾配ですりつけなければならない．

**解答▶(1)**

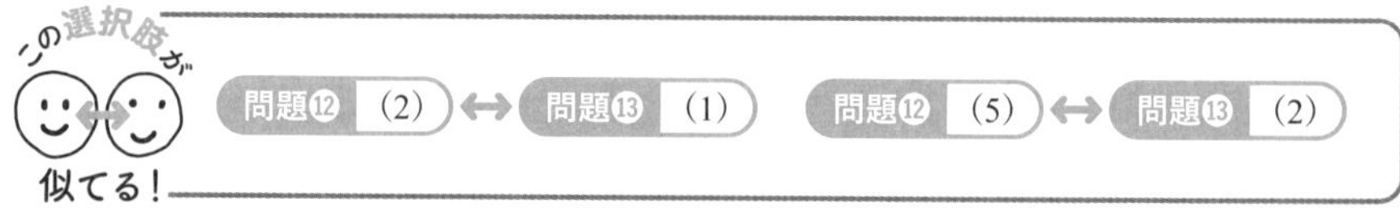

① 「すりつけ」は，土木で使われる用語で，段差を滑らかな斜面にする舗装のことを言う．

② 施工者は，移動柵を屈曲して設置する場合，その部分は間隔をあけてはならない．

## 問題⑬ 建設工事公衆災害防止対策要綱

建設工事公衆災害防止対策要綱に関する次の記述のうち，**不適当なもの**はどれか.

(1) 施工者は，歩行者及び自転車が移動さくに沿って通行する部分の移動さくの設置に当たっては，移動さくの間隔をあけないようにし，又は移動さく間に安全ロープ等を張ってすき間のないよう措置しなければならない.

(2) 施工者は，道路上に作業場を設ける場合は，原則として，交通流に対する背面から車両を出入りさせなければならない．ただし，周囲の状況等によりやむを得ない場合においては，交通流に平行する部分から車両を出入りさせることができる.

(3) 施工者は，工事を予告する道路標識，掲示板等を，工事箇所の前方 10 m から 50 m の間の路側又は中央帯のうち視認しやすい箇所に設置しなければならない.

(4) 起業者及び施工者は，車幅制限する場合において，歩行者が安全に通行し得るために歩行者用として別に幅 0.75 m 以上，特に歩行者の多い箇所においては幅 1.5 m 以上の通路を確保しなければならない.

**解説** (3) 道路標識，掲示板等を，工事箇所の前方 50 m から 500 m の間の路側又は中央帯のうち視認しやすい箇所に設置しなければならない.

**解答▶(3)**

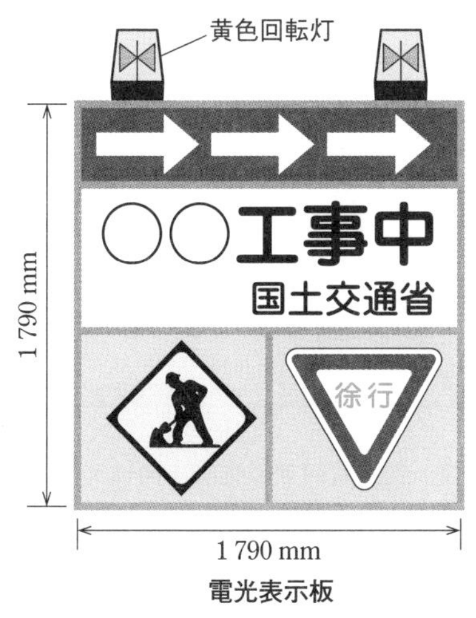

電光表示板

標示板（工事中看板）

## 問題⑭ 建設工事公衆災害防止対策要綱

建設工事公衆災害防止対策要綱に基づく保安対策に関する次の記述のうち，**不適当なもの**はどれか.

(1) 作業場における固定柵の高さは 0.8 m 以上とし，通行者の視界を妨げないようにする必要がある場合は，さく上の部分を金網等で張り，見通しをよくする.

(2) 固定柵の袴部分及び移動柵の横板部分は，黄色と黒色を交互に斜縞に彩色（反射処理）するものとし，彩色する各縞の幅は 10 cm 以上 15 cm 以下水平との角度は，45 度を標準とする.

(3) 移動柵は，高さ 0.8 m 以上 1 m 以下，長さ 1 m 以上 1.5 m 以下で，支柱の上端に幅 15 cm 程度の横板を取り付けてあるものを標準とする.

(4) 道路標識等工事用の諸施設を設置するに当たって必要がある場合は，周囲の地盤面から高さ 0.8 m 以上 2 m 以下の部分については，通行者の視界を妨げることのないよう必要な措置を講じなければならない.

**解説** (1) 固定柵の高さは 1.2 m 以上とし，通行者の視界を妨げないようにする必要がある場合は，柵上の部分を金網等で張り，見通しをよくする.

**解答▶(1)**

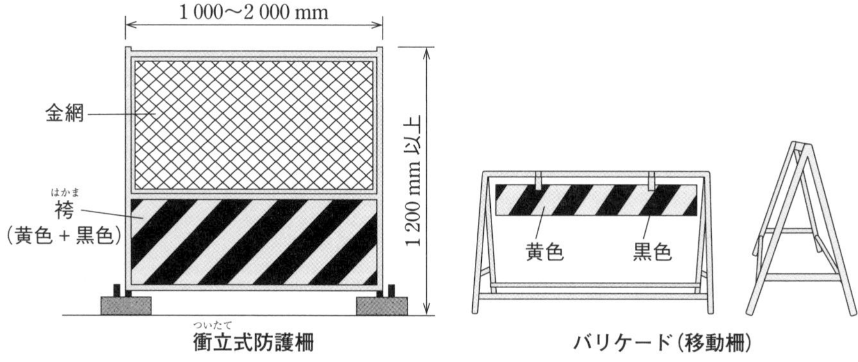


衝立式防護柵（ついたて）　バリケード（移動柵）

建設工事公衆災害防止対策要綱とは，公衆に対する生命，身体，財産に関する危害並びに迷惑（公衆災害）を防止するために必要な計画設計，施工の基準を示し，土木工事の安全な施工の確保に寄与することを目的としている.

## 問題⑮ 建設工事公衆災害防止対策要綱

次の記述のうち公衆災害に該当するものとして，**適当なもの**はどれか．

(1) 交通整理員が交通事故に巻き込まれ，死亡した．
(2) 建設機械が転倒し，作業員が負傷した．
(3) 水道管を毀損(きそん)したため，断水した．
(4) 作業員が掘削溝に転落し，負傷した．

**解説** (1) 交通整理員が交通事故に巻き込まれ，死亡した．→ 交通事故になる．
(2) 建設機械が転倒し，作業員が負傷した．→ 機械の転倒なので労働災害になる．
(3) 水道管を毀損したため，断水した．→ 公衆災害である．
(4) 作業員が掘削溝に転落し，負傷した．→ 転落事故なので労働災害になる．

**解答▶(3)**

## 問題⑯ 建設工事公衆災害防止対策要綱

公道上の作業現場における交通保安対策に関する次の記述のうち，**不適当なもの**はどれか．

(1) 工事現場の掘削土砂，工事用機械器具及び材料が交通の妨害，付近住民の迷惑又は事故発生の原因にならないよう現場付近は常に整理整頓しておく．
(2) 道路上に作業場を設ける場合は，原則として交通流に平行する部分から車両を出入りさせなければならない．
(3) 移動柵は，高さ 0.8 m 以上 1 m 以下，長さ 1 m 以上 1.5 m 以下で，支柱の上端に幅 15 cm 程度の横板を取り付けてあるものを標準とする．
(4) 施工者は，道路管理者及び所轄警察署長の指示するところに従い，道路標識，標示板等で必要なものを設置しなければならない．

**解説** (2) 道路上の作業場の場合，交通流に対する背面から車両を出入りさせなければならない．

**解答▶(2)**

8章 給水装置施工管理法●問題&解答

## 問題⑰ 水道水の汚染防止

水道水の汚染防止に関する次の記述のうち，**不適当なもの**はどれか.

(1) 末端部が行き止まりとなる給水管は，停滞水が生じ，水質が悪化するおそれがあるため極力避ける．やむを得ず行き止まり管となる場合は，末端部に排水機構を設置する.

(2) 合成樹脂管をガソリンスタンド,自動車整備工場等に埋設配管する場合は，油分などの浸透を防止するため，さや管などにより適切な防護措置を施す.

(3) 一時的，季節的に使用されない給水装置には，給水管内に長期間水の停滞を生じることがあるため，適量の水を適時飲用以外で使用することにより，その水の衛生性を確保する.

(4) 給水管路に近接してシアン,六価クロム等の有毒薬品置場，有害物の取扱い，汚水槽等の汚染源がある場合は，給水管をさや管などにより適切に保護する.

**解説** (4) 給水管路に近接して有毒薬品置場，有害物の取扱い場，汚水槽等の汚染源がある場合は，給水管はその影響のないところまで離して配管する.

**解答▶(4)**

## 問題⑱ 水道水の汚染防止

水道水の汚染防止に関する次の記述のうち，**不適当なもの**はどれか.

(1) 末端部が行き止まりとなる給水管は，停滞水が生じ，水質が悪化するおそれがあるため極力避ける.

(2) 給水管路に近接してシアン,六価クロム等の有毒薬品置場,有害物の取扱い，汚水槽等の汚染源がある場合，給水管をさや管などにより適切に保護する.

(3) 合成樹脂管をガソリンスタンド,自動車整備工場等に埋設配管する場合は，油分などの浸透を防止するため，さや管などにより適切な防護措置を施す.

(4) 配管接合用シール材又は接着剤は，これらの物質が水道水に混入し，油臭，薬品臭等が発生する場合があるので，必要最小限の使用量とする.

**解説** (2) 給水管路に近接して有毒薬品置場，有害物の取扱い場，汚水槽等の汚染源がある場合は，給水管はその影響のないところまで離して配管する.

**解答▶(2)**

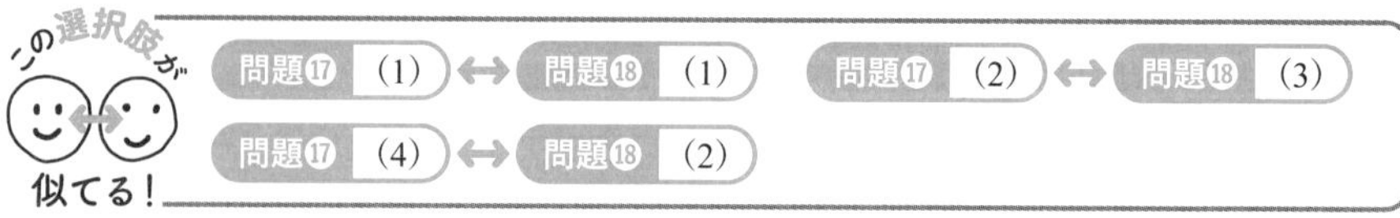

付録

# 補習テスト

この補習テストは，本書を熟読した後の力試しに活用してください．本テスト40問中32点以上取れれば，あなたは「合格間違いない」でしょう！
ただし，32点取れたからといって，「これでよし」としないようにしてください．給水装置工事主任技術者試験は，類似問題がよく出題されているので，テキスト及び各問題を徹底的に覚えておきましょう．※解説と解答は最後に記載．

# 公衆衛生概論

## 補習問題❶ 水道事業等の定義

水道事業等の定義に関する次の記述の［　　］内に入る語句及び数値の組み合わせのうち，**適当なもの**はどれか．

水道事業とは，一般の需要に応じて，給水人口が［ア］人を超える水道により水を供給する事業をいい，［イ］事業は，水道事業のうち，給水人口が［ウ］人以下である水道により水を供給する規模の小さい事業をいう．

［エ］とは，寄宿舎，社宅，療養所等における自家用の水道その他水道事業の用に供する水道以外の水道であって，［ア］人を超える者にその住居に必要な水を供給するもの，又は人の飲用，炊事用，浴用，手洗い用その他人の生活用に供する水量が 1 日最大で 20 m$^3$ を超えるものをいう．

| | ア | イ | ウ | エ |
|---|---|---|---|---|
| (1) | 100 | 簡易水道 | 5 000 | 専用水道 |
| (2) | 100 | 簡易専用水道 | 1 000 | 貯水槽水道 |
| (3) | 500 | 簡易専用水道 | 1 000 | 専用水道 |
| (4) | 500 | 簡易水道 | 5 000 | 貯水槽水道 |

## 補習問題❷ 塩素消毒及び残留塩素

塩素消毒及び残留塩素に関する次の記述のうち，**不適当なもの**はどれか．

(1) 残留塩素には遊離残留塩素と結合残留塩素がある．消毒効果は結合残留塩素のほうが強く，残留効果は遊離残留塩素のほうが持続する．

(2) 遊離残留塩素には，次亜塩素酸と次亜塩素酸イオンがある．

(3) 水道水質基準に適合した水道水では，遊離残留塩素のうち，次亜塩素酸の存在比が高いほど，消毒効果が高い．

(4) 一般に水道で使用されている塩素系消毒剤としては，次亜塩素酸ナトリウム，液化塩素（液体塩素），次亜塩素酸カルシウム（高度さらし粉を含む）がある．

# 水道行政

## 補習問題③ 簡易専門水道の管理

簡易専用水道の管理基準に関する次の記述のうち，**不適当なもの**はどれか．

（1）有害物や汚水等によって水が汚染されるのを防止するため，水槽の点検等の必要な措置を講じる．

（2）設置者は，毎年 1 回以上定期に，その水道の管理について，地方公共団体の機関又は厚生労働大臣の登録を受けた者の検査を受けなければならない．

（3）供給する水が人の健康を害するおそれがあることを知ったときは，直ちに給水を停止し，かつ，その水を使用することが危険である旨を関係者に周知させる措置を講じる．

（4）給水栓により供給する水に異常を認めたときは，水道水質基準の全項目について水質検査を行わなければならない．

## 補習問題④ 水道事業者

水道水の安全性確保及び塩素消毒に関する次の記述のうち，**不適当なもの**はどれか．

（1）水道により供給される水は，安全で衛生的なものであり，また生活用水としての使用に支障のあるものであってはならない．

（2）水道事業者は，供給する水が人の健康を害するおそれがあることを知ったときは，直ちに給水を停止し，かつ，その水を使用することが危険である旨を関係者に周知させなければならない．

（3）DPD 法により残留塩素濃度を測定する場合，残留塩素が含まれていれば試薬（DPD）と接触した水は，残留塩素濃度に比例して桃～桃赤色に発色する．

（4）水道事業者は，浄水処理において塩素消毒を行わなければならないが，配水管網で残留塩素が減少することがあり，必ずしも給水栓において一定以上の残留塩素濃度を保持する必要はない．

## 補習問題❺ 指定給水装置工事事業者

平成 30 年に一部改正された水道法に関する次の記述のうち，**不適当なもの**はどれか.

(1) 国，都道府県及び市町村は水道の基盤の強化に関する施策を策定し，推進又は実施するよう努めなければならない.

(2) 国は広域連携の推進を含む水道の基盤を強化するための基本方針を定め，都道府県は基本方針に基づき，関係市町村及び水道事業者等の同意を得て，水道基盤強化計画を定めることができる.

(3) 水道事業者は，水道施設を適切に管理するための水道施設台帳を作成，保管しなければならない.

(4) 指定給水装置工事事業者の 5 年更新制度が導入されたことに伴って，その指定給水装置工事事業者が選任する給水装置工事主任技術者も 5 年ごとに更新を受けなければならない.

## 補習問題❻ 供給規程

水道法第 14 条の供給規程に関する次の記述のうち，**不適当なもの**はどれか.

(1) 水道事業者は，料金，給水装置工事の費用の負担区分その他の供給条件について，供給規程を定めなければならない.

(2) 水道事業者が民間の事業者の場合には，供給規程に定められた供給条件を変更しようとするときは，当該給水区域の市町村長の認可を受けなければならない.

(3) 供給規程は，貯水槽水道が設置される場合においては，貯水槽水道に関し，水道事業者及び当該貯水槽水道の設置者の責任に関する事項が，適正かつ明確に定められているものでなければならない.

(4) 供給規程は，特定の者に対して不当な差別的取扱いをするものであってはならない.

# 給水装置工事法

## 補習問題⑦ サドル付分水栓の穿孔施工

サドル付分水栓の穿孔施工に関する次の記述の正誤の組み合わせのうち，**適当なもの**はどれか．

ア　サドル付分水栓を取り付ける前に，弁体が全閉状態になっているか，パッキンが正しく取り付けられているか，塗装面やねじ等に傷がないか等を確認する．

イ　サドル付分水栓は，配水管の管軸頂部にその中心線が来るように取り付け，給水管の取出し方向及びサドル付き分水栓が管軸方向から見て傾きがないことを確認する．

ウ　穿孔中はハンドルの回転が軽く感じられる．穿孔の終了に近づくとハンドルの回転は重く感じられるが，最後まで回転させ，完全に穿孔する．

エ　電動穿孔機は，使用中に整流ブラシから火花を発し，また，スイッチのON・OFF時にも火花を発するので，ガソリン，シンナー，ベンジン，都市ガス，LPガス等引火性の危険物が存在する環境の場所では絶対に使用しない．

| | ア | イ | ウ | エ |
|---|---|---|---|---|
| (1) | 正 | 誤 | 誤 | 正 |
| (2) | 誤 | 正 | 正 | 誤 |
| (3) | 正 | 誤 | 正 | 誤 |
| (4) | 誤 | 正 | 誤 | 正 |

## 補習問題⑧ 給水管の接合

給水管の接合方法に関する次の記述のうち，**不適当なもの**はどれか．

(1) 硬質塩化ビニルライニング鋼管，耐熱性硬質塩化ビニルライニング鋼管，ポリエチレン粉体ライニング鋼管の接合は，ねじ接合が一般的である．

(2) ステンレス鋼鋼管及び波状ステンレス鋼管の接合には，伸縮可とう式継手又はTS継手を使用する．

(3) 銅管の接合には，トーチランプ又は電気ヒータによるはんだ接合とろう接合がある．

(4) ポリエチレン二層管の接合には，金属継手を使用する．

(5) 架橋ポリエチレン管の接合には，メカニカル継手と継手本体に電熱線等の発熱体を埋め込んだEF継手による接合がある．

## 補習問題⑨ 配管工事の留意点

配管工事の留意点に関する次の記述のうち，**不適当なもの**はどれか．

(1) 地階あるいは2階以上に配管する場合は，原則として各階ごとに逆止弁を設置する．

(2) 行き止まり配管の先端部，水路の上越し部，鳥居配管となっている箇所等のうち，空気溜まりを生じるおそれがある場所などで空気弁を設置する．

(3) 給水管を他の埋設管に近接して布設すると，漏水によるサンドブラスト（サンドエロージョン）現象により他の埋設管に損傷を与えるおそれがあることなどのため，原則として30 cm以上離隔を確保し配管する．

(4) 高水圧を生じるおそれのある場所には，減圧弁を設置する．

(5) 宅地内の配管は，できるだけ直線配管とする．

## 補習問題⑩ スプリンクラー

消防法の適用を受けるスプリンクラーに関する次の記述のうち，**不適当なもの**はどれか．

(1) 水道直結式スプリンクラー設備の工事は，水道法に定める給水装置工事として指定給水装置工事事業者が施工する．

(2) 災害その他正当な理由によって，一時的な断水や水圧低下等により水道直結式スプリンクラー設備の性能が十分発揮されない状況が生じても水道事業者に責任がない．

(3) 湿式配管による水道直結式スプリンクラー設備は，停滞水が生じないよう日常生活において常時使用する水洗便器や台所水栓等の末端給水栓までの配管途中に設置する．

(4) 乾式配管による水道直結式スプリンクラー設備は，給水管の分岐から電動弁までの間の停滞水をできるだけ少なくするため，給水管分岐部と電動弁との間を短くすることが望ましい．

(5) 水道直結式スプリンクラー設備の設置に当たり，分岐する配水管からスプリンクラーヘッドまでの水理計算及び給水管，給水用具の選定は，給水装置工事主任技術者が行う．

## 補習問題⑪ 給水装置の異常現象

給水装置の異常現象に関する次の記述の正誤の組み合わせのうち，**適当なもの**はどれか．

ア　給水管に硬質塩化ビニルライニング鋼管を使用していると，亜鉛メッキ鋼管に比べて，内部にスケール（赤さび）が発生しやすく，年月を経るとともに給水管断面が小さくなるので出水不良を起こす．

イ　水道水は，無味無臭に近いものであるが，塩辛い味，苦い味，渋い味等が感じられる場合は，クロスコネクションのおそれがあるので，飲用前に一定時間管内の水を排水しなければならない．

ウ　埋設管が外力によってつぶれ小さな孔があいてしまった場合，給水時にエジェクタ作用によりこの孔から外部の汚水や異物を吸引することがある．

エ　給水装置工事主任技術者は，需要者から給水装置の異常を告げられ，依頼があった場合は，これらを調査し，原因究明とその改善を実施する．

| | ア | イ | ウ | エ |
|---|---|---|---|---|
| (1) | 誤 | 正 | 誤 | 正 |
| (2) | 正 | 正 | 誤 | 誤 |
| (3) | 誤 | 誤 | 正 | 正 |
| (4) | 正 | 誤 | 正 | 誤 |

## 補習問題⑫ 水道メーターの設置

水道メーターの設置に関する次の記述のうち，**不適当なもの**はどれか．

(1) 水道メーターの設置は，原則として道路境界線に最も近接した宅地内で，水道メーターの計量及び取替作業が容易であり，かつ，水道メーターの損傷，凍結等のおそれがない位置とする．

(2) 呼び径が 50 mm 以上の水道メーターを収納するメーターボックス（ます）は，コンクリートブロック，現場打ちコンクリート，金属製等で，上部に鉄蓋を設置した構造とするのが一般的である．

(3) 集合住宅等の複数戸に直結増圧式等で給水する建物の親メーターにおいては，ウォーターハンマーを回避するため，メーターバイパスユニットを設置する方法がある．

(4) 水道メーターは，傾斜して取り付けると，水道メーターの性能，計量精度や耐久性を低下させる原因となるので，水平に取り付けるが，電磁式のみ取付け姿勢は自由である．

# 給水装置の構造及び性能

## 補習問題⑬ 浸出性能基準

以下の給水用具のうち，通常の使用状態において，浸出性能基準の適用対象外となるものの組み合わせとして，**適当なもの**はどれか．

ア　食器洗い機

イ　受水槽用ボールタップ

ウ　冷水機

エ　散水栓

(1) ア，イ　　(2) ア，ウ　　(3) ア，エ

(4) イ，ウ　　(5) イ，エ

## 補習問題⑭ 耐久性能基準

給水装置の耐久性能基準に関する次の記述の正誤の組み合わせのうち，**適当なもの**はどれか．

ア　耐久性能基準は，頻繁に作動を繰り返すうちに弁類が故障し，その結果，給水装置の耐圧性，逆流防止等に支障が生じることを防止するためのものである．

イ　耐久性能基準は，制御弁類のうち機械的・自動的に頻繁に作動し，かつ通常消費者が自らの意思で選択し，又は設置，交換しないような弁類に適用される．

ウ　耐久性能試験において，弁類の開閉回数は 10 万回とされている．

エ　耐久性能基準の適用対象は，弁類単体として製造・販売され，施工時に取り付けられるものに限られている．

| | ア | イ | ウ | エ |
|---|---|---|---|---|
| (1) | 正 | 正 | 正 | 誤 |
| (2) | 正 | 誤 | 正 | 正 |
| (3) | 誤 | 正 | 正 | 正 |
| (4) | 正 | 正 | 誤 | 正 |
| (5) | 正 | 正 | 正 | 正 |

## 補習問題⑮　水道水の汚染防止

水道水の汚染防止に関する次の記述のうち，**不適当なもの**はどれか．

(1) 末端部が行き止まりとなる給水装置は，停滞水が生じ，水質が悪化するおそれがあるため極力避ける．やむを得ず行き止まり管となる場合は，末端部に排水機構を設置する．

(2) 合成樹脂管をガソリンスタンド，自動車整備工場等に埋設配管する場合，油分などの浸透を防止するため，さや管などにより適切な防護措置を施す．

(3) 一時的，季節的に使用されない給水装置には，給水管内に長期間水の停滞を生じることがあるため，適量の水を適時飲用以外で使用することにより，その水の衛生性を確保する．

(4) 給水管路に近接してシアン，六価クロム等の有毒薬品置場，有害物の取扱場，汚水槽等の汚染源がある場合は，給水管をさや管などにより適切に保護する．

(5) 洗浄弁，洗浄装置付便座，ロータンク用ボールタップは，浸出性能基準の適用対象外の給水用具である．

## 補習問題⑯　寒冷地対策

給水装置の寒冷地対策に用いる水抜き用給水用具の設置に関する次の記述のうち，**不適当なもの**はどれか．

(1) 水道メーター下流側で屋内立上り管の間に設置する．

(2) 排水口は，凍結深度より深くする．

(3) 水抜き用の給水用具以降の配管は，できるだけ鳥居配管やU字形の配管を避ける．

(4) 排水口は，管内水の排水を容易にするため，直接汚水ます等に接続する．

(5) 水抜き用の給水用具以降の配管が長い場合には，取り外し可能なユニオン，フランジ等を適切な箇所に設置する．

## 補習問題⑰ 水撃作用の防止

水撃作用の防止に関する次の記述の正誤の組み合わせのうち，**適当なもの**はどれか．

ア　水撃作用が発生するおそれのある箇所には，その直後に水撃防止器具を設置する．

イ　水栓，電磁弁，元止め式瞬間湯沸器は作動状況によっては，水撃作用が生じるおそれがある．

ウ　空気が抜けにくい鳥居配管がある管路は水撃作用が発生するおそれがある．

エ　給水管の水圧が高い場合は，減圧弁，定流量弁等を設置し，給水圧又は流速を下げる．

| | ア | イ | ウ | エ | | ア | イ | ウ | エ |
|---|---|---|---|---|---|---|---|---|---|
| (1) | 誤 | 正 | 正 | 正 | (2) | 正 | 誤 | 正 | 誤 |
| (3) | 正 | 正 | 誤 | 正 | (4) | 誤 | 正 | 正 | 誤 |
| (5) | 誤 | 正 | 誤 | 正 | | | | | |

## 補習問題⑱ 圧力式バキュームブレーカー

バキュームブレーカーの下端から確保しなければならない区間とその距離との組み合わせのうち，**適当なもの**はどれか．

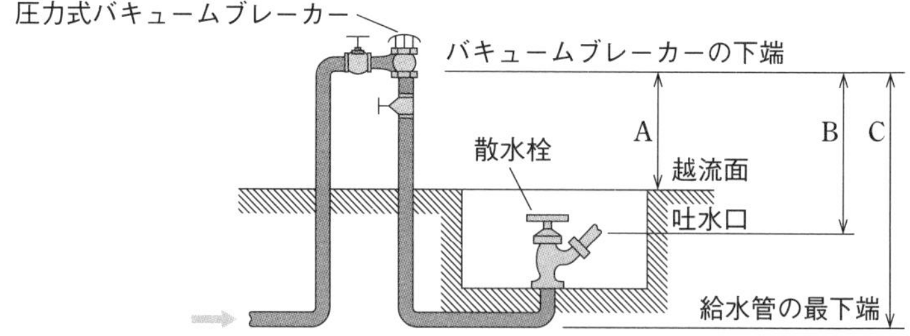


| | 〔確保しなければならない区間〕 | 〔確保しなければならない距離〕 |
|---|---|---|
| (1) | A | 100 mm 以上 |
| (2) | A | 150 mm 以上 |
| (3) | B | 150 mm 以上 |
| (4) | B | 200 mm 以上 |
| (5) | C | 200 mm 以上 |

# 給水装置計画論

## 補習問題⑲　給水方式

受水槽式給水に関する次の記述の正誤の組合せのうち，**適当なもの**はどれか．

ア　ポンプ直送式は，受水槽に受水した後，ポンプで圧力水槽に貯え，その内部圧力によって給水する方式である．

イ　高置水槽方式は，受水槽に受水した後，ポンプで高置水槽へ汲み上げ，自然流下により給水する方式である．

ウ　配水管の口径に比べ単位時間当たりの受水量が大きい場合には，配水管の水圧が低下し，付近の給水に支障を及ぼすことがある．このような場合には，定流量弁など受水量を調節するバルブを設置することもある．

エ　配水管の水圧が高いときは，受水槽への流入時に給水管を流れる流量が過大となって，水道メーターの性能や耐久性に支障を与えることがある．このような場合には，減圧弁などを設置する必要がある．

| | ア | イ | ウ | エ |
|---|---|---|---|---|
| (1) | 誤 | 正 | 正 | 正 |
| (2) | 正 | 正 | 誤 | 誤 |
| (3) | 正 | 誤 | 誤 | 正 |
| (4) | 誤 | 正 | 正 | 誤 |

## 補習問題⑳　計画使用水量・同時使用水量

使用水量の計画に関する次の記述のうち，**不適当なもの**はどれか．

(1) 直結式給水における計画使用水量は，末端給水用具の同時使用の割合を十分考慮して実態に合った水量を設定しなければならない．

(2) 計画使用水量は，給水管の口径などの給水装置系統の主要諸元を計画する際の基礎となるものであり，建物の用途及び水の使用用途，使用人数，給水栓の数などを考慮して決定する．

(3) 受水槽式給水における受水槽への給水量は，給水管の口径と使用水量の時間的変化を考慮して決める．

(4) 同時使用水量とは，給水栓，給湯器などの末端給水用具が同時に使用された場合の使用水量であり，瞬時の最大使用水量に相当する．

## 補習問題㉑ 受水槽の容量算定

受水槽式給水による従業員数 220 人（男子 140 人，女子 80 人）の事務所における標準的な受水槽容量の範囲として，次のうち**適当なもの**はどれか．
ただし，1 人 1 日当たりの使用水量は，男子 50 L/人，女子 100 L/人とする．

（1）6～9 $m^3$

（2）9～12 $m^3$

（3）12～15 $m^3$

（4）15～18 $m^3$

## 補習問題㉒ 口径決定と損失水頭

給水管の口径の決定に関する次の記述の内に入る語句の組合せのうち，**適当なもの**はどれか．

給水管の口径は，各水道事業者の定める配水管の水圧において，［ア］を十分に供給できるもので，かつ，［イ］も考慮した合理的な大きさにすることが必要である．

口径は，給水用具の立上がり高さと，［ア］に対する［ウ］を加えたものが，給水管を取り出す配水管の［エ］の水頭以下となるよう計算によって定める．

| | ア | イ | ウ | エ |
|---|---|---|---|---|
| （1） | 同時使用水量 | 施工性 | 総損失水頭 | 計画最大動水圧 |
| （2） | 計画使用水量 | 施工性 | 余裕水頭 | 計画最大動水圧 |
| （3） | 同時使用水量 | 経済性 | 余裕水頭 | 計画最小動水圧 |
| （4） | 計画使用水量 | 経済性 | 総損失水頭 | 計画最小動水圧 |

# 給水装置工事事務論

## 補習問題㉓ 基準省令に示される基準

給水装置の構造及び材質の基準（以下本問においては「構造材質基準」）に関する次の記述のうち，**不適当なもの**はどれか．

(1) 厚生労働省令に定められている「構造材質基準を適用するために必要な技術的細目」のうち，個々の給水管及び給水用具が満たすべき性能及びその定量的な判断基準（以下本問においては「性能基準」という.）は4項目の基準からなっている.

(2) 構造材質基準適合品であることを証明する方法は，製造者等が自らの責任で証明する「自己認証」と第三者機関に依頼して証明する「第三者認証」がある.

(3) JISマークの表示は，国の登録を受けた民間の第三者機関がJIS適合試験を行い，適合した製品にマークの表示を認める制度である.

(4) 厚生労働省では製品ごとの性能基準への適合性に関する情報が，全国的に利用できるよう，給水装置データベースを構築している.

## 補習問題㉔ 基準省令に示される基準

給水装置工事の記録，保存に関する次の記述のうち，**適当なもの**はどれか.

(1) 給水装置工事主任技術者は，給水装置工事を施行する際に生じた技術的な問題点等について，整理して記録にとどめ，以後の工事に活用していくことが望ましい.

(2) 指定給水装置工事事業者は，給水装置工事の記録として，施主の氏名又は名称，施行の場所，竣工図等の記録を作成し，5年間保存しなければならない.

(3) 給水装置工事の記録作成は，指名された給水装置工事主任技術者が作成するが，いかなる場合でも他の従業員が行ってはいけない.

(4) 給水装置工事の記録については，水道法施行規則に定められた様式に従い作成しなければならない.

## 補習問題㉕　建設業法

建設業法に関する次の記述のうち，**不適当なもの**はどれか.

(1) 建設業を営む場合には，建設業の許可が必要であり，許可要件として，建設業を営もうとするすべての営業所ごとに，一定の資格又は実務経験を持つ専任の技術者を置かなければならない.

(2) 建設業を営もうとする者のうち，2 以上の都道府県の区域内に営業所を設けて営業をしようとする者は，本店のある管轄の都道府県知事の許可を受けなければならない.

(3) 建設業法第 26 条第 1 項に規定する主任技術者及び同条第 2 項に規定する監理技術者は，同法に基づき，工事を適正に実施するため，工事の施工計画の作成，工程管理，品質管理，その他の技術上の管理や工事の施工に従事する者の技術上の指導監督を行う者である.

(4) 工事 1 件の請負代金の額が建築一式工事にあっては 1 500 万円に満たない工事又は延べ面積が 150 $m^2$ に満たない木造住宅工事，建築一式工事以外の建設工事にあっては 500 万円未満の軽微な工事のみを請け負うことを営業とする者は，建設業の許可は必要がない.

## 補習問題㉖　指定給水装置工事事業者

指定給水装置工事事業者による給水装置工事主任技術者の選任に関する次の記述のうち，**不適当なもの**はどれか.

(1) 主任技術者は，給水装置工事を適切に行わず，水道法に違反したときは，厚生労働大臣から主任技術者の免状の返納を命じられることがある．この場合，工事事業者が行った当該主任技術者の選任は効力を失うことになる.

(2) 工事事業者は，選任した主任技術者が欠けるに至った場合，新たな主任技術者を選任しなければならないが，その選任の期限は特に定められていない.

(3) 工事事業者の指定を受けようとする者が提出する申請書の記載事項には，それぞれの事業所において選任されることとなる主任技術者の氏名も含まれる.

(4) 工事事業者は，給水装置工事の事業を行う事業所ごとに，主任技術者を選任しなければならない.

# 給水装置の概要

## 補習問題㉗ 給水装置

給水装置に関する次の記述のうち，**不適当なもの**はどれか.

(1) 給水装置は，水道事業者の施設である配水管から分岐して設けられた給水管及びこれに直結する給水用具によって構成される.

(2)「直結する給水用具」とは，給水管に容易に取外しのできない構造として接続し，有圧のまま給水できる給水栓などの給水用具をいい，ホースなど，容易に取外しの可能な状態で接続される器具は含まれない.

(3) 給水装置は，当該給水装置以外の水管や給水用具でない設備に接続する場合は給水管内への水の逆流を防止する措置を講じること，材質が水道水の水質に影響を及ぼさないこと，内圧・外圧に対し十分な強度を有していること等が必要である.

(4) ビルなどでいったん水道水を受水槽に受けて給水する場合には，配水管から分岐して設けられた給水管から受水槽への注入口までが給水装置であり，受水槽以下はこれに当たらない.

## 補習問題㉘ 給水管

給水管に関する次の記述のうち，**不適当なもの**はどれか.

(1) 硬質塩化ビニル管は，引張強さが比較的大きく，耐食性，特に耐電食性が大である．しかし，直射日光による材質の劣化や温度の変化による伸縮性があるので，配管場所に注意を要する.

(2) ポリエチレン二層管は，電気融着式接合継手であるので，有機溶剤，ガソリンなどに触れるおそれのある箇所での使用にも適している.

(3) 波状ステンレス鋼管は変位吸収性などの耐震性に富み，波状部において任意の角度を形成でき，継手が少なくてすむなどの配管施工の容易さを備えている.

(4) ポリブテン管は，高温時でも高い強度を持ち，しかも金属管に起こりやすい侵食もないので温水用配管に適している．接合方法としては，メカニカル式接合，電気融着式接合，熱融着式接合がある.

## 補習問題㉙ 給水管と継手

給水管の接合及び継手に関する次の記述の［　　］内に入る語句の組み合わせのうち，**適当なもの**はどれか．

① ステンレス鋼鋼管の継手の種類としては，［ア］とプレス式継手がある．

② 架橋ポリエチレン管の継手の種類としては，メカニカル式継手と［イ］がある．

③ 水道配水用ポリエチレン管の継手の種類としては，［イ］，金属継手と［ウ］がある．

④ ポリエチレン二層管の継手には，［エ］が用いられる．

| | ア | イ | ウ | エ |
|---|---|---|---|---|
| (1) | プッシュオン継手 | 電気融着式継手 | フランジ継手 | 金属継手 |
| (2) | プッシュオン継手 | 熱融着式継手 | メカニカル式継手 | 管端防食継手 |
| (3) | 伸縮可とう式継手 | 熱融着式継手 | フランジ継手 | 管端防食継手 |
| (4) | 伸縮可とう式継手 | 電気融着式継手 | メカニカル式継手 | 金属継手 |

## 補習問題㉚ 給水用具

給水用具に関する次の記述のうち，**不適当なもの**はどれか．

(1) 減圧弁は，水圧が設定圧力よりも上昇すると，給水用具を保護するために弁体が自動的に開いて過剰圧力を逃し，圧力が所定の値に降下すると閉じる機能を持った給水用具である．

(2) 空気弁は，管頂部に設置し，管内に停滞した空気を自動的に排出する機能を持った給水用具である．

(3) 定流量弁は，オリフィス，ばね式等による流量調整機構によって，一次側の圧力に関わらず流量が一定になるよう調整する給水用具である．

(4) 圧力式バキュームブレーカーは，給水．給湯系統のサイホン現象による逆流を防止するために，負圧部分へ自動的に空気を導入する機能を持ち，常時水圧はかかるが逆圧のかからない配管部分に設置する．

## 補習問題㉛ 湯沸器

湯沸器に関する次の記述の正誤の組み合わせのうち，**適当なもの**はどれか．

ア　貯蔵湯沸器は，ボールタップを備えた器内の容器に貯水した水を，一定温度に加熱して給湯するもので，水圧がかからないため湯沸器設置場所でしかお湯を使うことができない．

イ　貯湯湯沸器は，排気する高温の燃焼ガスを再利用し，水を潜熱で温めた後に従来の一次熱交換器で加温して温水を作り出すものである．

ウ　瞬間湯沸器は，器内の熱交換器で熱交換を行うもので，水が熱交換器を通過する間にガスバーナー等で加熱する構造で，元止め式と先止め式がある．

エ　太陽熱利用貯湯湯沸器は，一般用貯湯湯沸器を本体とし，太陽集熱器に集熱された太陽熱を主たる熱源として，水を加熱し給湯する給水用具である．

| | ア | イ | ウ | エ |
|---|---|---|---|---|
| (1) | 誤 | 誤 | 正 | 誤 |
| (2) | 正 | 誤 | 誤 | 正 |
| (3) | 正 | 誤 | 正 | 正 |
| (4) | 誤 | 正 | 正 | 誤 |

## 補習問題㉜ 自然冷媒ヒートポンプ給湯器

自然冷媒ヒートポンプ給湯器に関する次の記述のうち，**不適当なもの**はどれか．

(1) 送風機で取り込んだ空気の熱を冷媒（二酸化炭素）が吸収する．

(2) 熱を吸収した冷媒が，コンプレッサーで圧縮されることにより高温・高圧となる．

(3) 高温となった冷媒の熱を，熱交換器内に引き込んだ水に伝えてお湯を沸かす．

(4) お湯を沸かした後，冷媒は膨張弁で低温・低圧に戻され，再び熱を吸収しやすい状態になる．

(5) 基本的な機能．構造は貯湯湯沸器と同じであるため，労働安全衛生法施行令に定めるボイラーである．

## 補習問題33 水道メーター

水道メーターに関する次の記述の［　　］内に入る語句の組合せのうち，**適当なもの**はどれか．

水道メーターは，［　ア　］と通過水量が比例することに着目して計量する羽根車式が主に使用されている．軸流羽根車式には，メーターケースに流入した水流が，整流器を通って，［　イ　］に設置されたらせん状羽根車に沿って［　ウ　］に流れ，羽根車を回転させる構造となっている［　エ　］がある．

| | ア | イ | ウ | エ |
|---|---|---|---|---|
| (1) | 羽根車の回転数 | 垂直 | 下方から上方 | 縦形軸流羽根車式 |
| (2) | 羽根車への水圧 | 水平 | 上方から下方 | 横形軸流羽根車式 |
| (3) | 羽根車の回転数 | 水平 | 下方から上方 | 横形軸流羽根車式 |
| (4) | 羽根車への水圧 | 垂直 | 上方から下方 | 縦形軸流羽根車式 |

## 補習問題34 浄水器

浄水器に関する次の記述の［　　］内に入る語句の組み合わせのうち，**適当なもの**はどれか．

浄水器は，水道水中の残留塩素などの溶存物質や濁度等の減少を主目的としたものである．浄水器のうち，水栓の流入側に取り付けられ常時水圧が加わるものは給水用具に［　ア　］．また，水栓の流出側に取り付けられ常時水圧が加わらないもののうち，浄水器と水栓が一体として製造・販売されているもの（ビルトイン型又はアンダーシンク型）は給水用具に［　イ　］．浄水器単独で製造・販売され，消費者が水栓の吐水口の先に取り付けを行うもの（給水栓直結型及び据え置き型）は給水用具に［　ウ　］．

| | ア | イ | ウ |
|---|---|---|---|
| (1) | 該当しない | 該当する | 該当する |
| (2) | 該当する | 該当する | 該当しない |
| (3) | 該当しない | 該当しない | 該当する |
| (4) | 該当する | 該当しない | 該当しない |

## 補習問題㉟　直結加圧形ポンプユニット

直結加圧形ポンプユニットに関する次の記述のうち，**不適当なもの**はどれか．

（1）直結加圧形ポンプユニットの構成は，ポンプ，電動機，制御盤，バイパス管，圧力発信機，流水スイッチ，圧力タンク等からなっている．

（2）吸込側の圧力が異常低下した場合は自動停止し，吸込側の圧力が復帰した場合は手動で復帰させなければならない．

（3）圧力タンクは，日本水道協会規格（JWWA B 130: 2005）に定める性能に支障が生じなければ，設置する必要はない．

（4）使用水量が少なく自動停止する時の吐水量は，10 L/min程度とされている．

## 補習問題㊱　給水用具の故障と対策

給水用具の故障と対策に関する次の記述のうち，**不適当なもの**はどれか．

（1）ボールタップの水が止まらなかったので原因を調査した．その結果，弁座が損傷していたので，ボールタップを取り替えた．

（2）湯沸器に故障が発生したが，需要者等が修理することは困難かつ危険であるため，製造者に依頼して修理を行った．

（3）ダイヤフラム式定水位弁の水が止まらなかったので原因を調査した．その結果，主弁座への異物のかみ込みがあったので，主弁の分解と清掃を行った．

（4）水栓から不快音があったので原因を調査した．その結果，スピンドルの孔とこま軸の外径が合わなくがたつきがあったので，スピンドルを取り替えた．

（5）大便器洗浄弁で常に大量の水が流出していたので原因を調査した．その結果，逃し弁のゴムパッキンが傷んでいたので，ピストンバルブを取り出しパッキンを取り替えた．

# 給水装置施工管理法

## 補習問題㊲ 施工管理

給水装置工事における施工管理に関する次の記述のうち，**不適当なもの**はどれか.

(1) 配水管からの分岐以降水道メーターまでの工事は，あらかじめ水道事業者の承認を受けた工法，工期その他の工事上の条件に適合するように施工する必要がある.

(2) 水道事業者，需要者（発注者）等が常に施工状況の確認ができるよう必要な資料，写真の取りまとめを行っておく.

(3) 道路部掘削時の埋戻しに使用する埋戻し土は，水道事業者が定める基準等を満たした材料であるか検査・確認し，水道事業者の承諾を得たものを使用する.

(4) 工事着手に先立ち，現場付近の住民に対し，工事の施工について協力が得られるよう，工事内容の具体的な説明を行う.

(5) 工事の施工に当たり，事故が発生した場合は，直ちに必要な措置を講じた上で，事故の状況及び措置内容を水道事業者及び関係官公署に報告する.

## 補習問題㊳ 品質管理

給水装置工事における品質管理について，穿孔後に確認する水質項目の組み合わせのうち，**適当なもの**はどれか.

| | | | | | |
|---|---|---|---|---|---|
| (1) | 残留塩素 | TOC | 色 | 濁り | 味 |
| (2) | におい | 残留塩素 | 濁り | 味 | 色 |
| (3) | 残留塩素 | 濁り | 味 | 色 | pH 値 |
| (4) | におい | 濁り | 残留塩素 | 色 | TOC |
| (5) | 残留塩素 | におい | 濁り | pH | 値色 |

## 補習問題㊴ 工事用電力設備

給水装置工事の現場における工事用電力設備に関する次のア～エの記述のうち，**不適当なもの**はどれか．

(1) 仮設の電気工事は，電気事業法に基づく電気設備に関する技術基準を定める省令などにより給水装置工事主任技術者が行う．

(2) 高圧配線，変電設備には危険表示を行い，接触の危険のあるものには必ず柵，囲い，覆い等の感電防止措置を講じる．

(3) 電力設備には，感電防止用漏電遮断器を設置し，感電事故防止に努める．

(4) 水中ポンプその他の電気関係器材は，常に点検と補修を行い正常な状態で作動させる．

## 補習問題㊵ 工事用電力設備

給水装置工事の現場における電気事故防止の基本事項に関する次の記述の正誤の組み合わせのうち，**適当なもの**はどれか．

ア　感電事故防止のために，電力設備に配線用遮断器を設置する．

イ　電線をステップルで造営物に仮止めするなどの仮設の電気工事は，電気事業法に基づく電気設備に関する技術基準を定める省令などにより電気技術者が行わなければならない．

ウ　高圧配線，変電設備には危険表示を行い，接触の危険のあるものには必ず柵，囲い，覆い等感電防止措置を講じる．

エ　電気関係器材のうち，水中ポンプは常時の点検ができないため，故障したときに速やかに補修を行うことにより，正常な状態で作動させる．

| | ア | イ | ウ | エ |
|---|---|---|---|---|
| (1) | 正 | 誤 | 誤 | 正 |
| (2) | 誤 | 誤 | 正 | 正 |
| (3) | 誤 | 正 | 正 | 誤 |
| (4) | 正 | 正 | 誤 | 誤 |

# 補習問題の解説と解答

## 公衆衛生概論

**補習問題①** **ア**：100，**イ**：簡易水道，**ウ**：5 000，**エ**：専用水道． **解答▶(1)**

**補習問題②** (1) 消毒効果（滅菌効果）は遊離残留塩素のほうが強く，残留効果は結合残留塩素のほうが持続する． **解答▶(1)**

## 水道行政

**補習問題③** (4) 水質に異常を認めたときは，水質基準のうち必要な項目について水質検査を行う〔規則第 55 条第 1 項第二号〕． **解答▶(4)**

**補習問題④** (4) 給水栓の水が，遊離残留塩素を 0.1 mg/L（結合残留塩素は 0.4 mg/L）以上を保持するように塩素消毒をすること（p.18，1-3-3 参照）． **解答▶(4)**

**補習問題⑤** (4) 指定給水装置工事事業者の更新制度は導入されたが，給水装置工事主任技術者の更新は改正されていない． **解答▶(4)**

**補習問題⑥** (2) 水道法第 14 条（供給規程）第 6 項に，厚生労働大臣の認可を受けなければならないと定められている（p.28，2-1-6 ⑥参照）． **解答▶(2)**

## 給水装置工事法

**補習問題⑦** **ア**：弁体が全開状態になっているか確認する．**ウ**：穿孔中はハンドルの回転は重く感じ，穿孔終了に近づくと軽く感じる． **解答▶(4)**

**補習問題⑧** (2) TS 継手ではなくプレス式継手を用いる．TS 継手は硬質ポリ塩化ビニル管に用いる． **解答▶(2)**

**補習問題⑨** (1) 逆止弁ではなく，修理や改造工事に備え階ごとに止水弁を設置する． **解答▶(1)**

**補習問題⑩** (5) 給水装置工事主任技術者ではなく消防設備士が行う． **解答▶(5)**

**補習問題⑪** **ア**：給水管に亜鉛メッキ鋼管を使用すると，内面に赤さびなどのスケールが発生しやすい．**イ**：クロスコネクションのおそれがある場合は，直ちに飲用を停止する． **解答▶(3)**

**補習問題⑫**　(3) ウォーターハンマーの回避ではなく，メーター交換時の断水回避のため．

**解答▶(3)**

## 給水装置の構造及び性能

**補習問題⑬**　浸出性能基準の適用対象外の器具には，末端給水用具である①食器洗浄用の水栓　②食器洗い機　③洗浄弁，散水栓　④風呂給湯用の給湯器が挙げられる．

**解答▶(3)**

**補習問題⑭**　解答の**ア**～**エ**は，すべて正解となるため設問文をよく理解しておくこと．

**解答▶(5)**

**補習問題⑮**　(4) 給水装置は，シアン，六価クロムその他水を汚染するおそれのある物を貯留し又は取り扱う施設に近接して設置してはならない．

**解答▶(4)**

**補習問題⑯**　(4) 管内水の排水は，直接汚水ます等に接続しないで間接排水とする．

**解答▶(4)**

**補習問題⑰**　**ア**の記述が誤りで，水撃作用が発生するおそれのある箇所には，その手前に近接して水撃防止器具を設置する．

**解答▶(1)**

**補習問題⑱**　取付け基準線が明確なバキュームブレーカーは，取付け基準線から越流面との間隔を 150 mm 以上確保する．

**解答▶(2)**

## 給水装置計画論

**補習問題⑲**　**ア**：ポンプ直送式は，ポンプの運転台数の変更や回転数制御によって給水する方式である．

**解答▶(1)**

**補習問題⑳**　(3) 受水槽への給水量は，一般に計画 1 日使用水量を使用時間で除した水量とする．

**解答▶(3)**

**補習問題㉑**　受水槽容量は，1 日の使用水量の 4/10～6/10 として求める．

1 人 1 日当たりの使用水量を求めると，

男子：140〔人〕× 50〔L/人〕= 7000〔L〕　　女子：80〔人〕× 100〔L/人〕= 8000〔L〕

総従業員数 220 人の計画 1 日使用水量は，7000〔L〕+ 8000〔L〕= 15000〔L〕

したがって受水槽容量は，15000〔L〕× (4/10～6/10) = 6000～9000〔L〕= 6～9〔$m^3$〕.

**解答▶(1)**

付録　補習テスト

**補習問題㉒** **ア**：計画使用水量，**イ**：経済性，**ウ**：総損失水頭，**エ**：計画最小動水圧である．

**解答▶(4)**

## 給水装置工事事務論

**補習問題㉓** (**1**) この基準省令は，給水装置工事が適正に施行された給水装置であるか否かの判断基準を明確化したもので，このうちの性能基準は 7 項目の基準からなっている．

**解答▶(1)**

**補習問題㉔** (**2**) 給水装置工事の記録は，3 年間保存しなければならない．(**3**) 記録作成は，主任技術者の指導・監督の下で他の従業員が行ってもよい．(**4**) 記録の様式については，特に定められてはいない．

**解答▶(1)**

**補習問題㉕** (**2**) 2 以上の都道府県の区域内に営業所を設けて営業をする場合，国土交通大臣の許可を受けなければならない．

**解答▶(2)**

**補習問題㉖** (**2**) 2 週間以内に新たに主任技術者を選任しなければならない．

**解答▶(2)**

## 給水装置の概要

**補習問題㉗** (**3**) 給水装置は，当該給水装置以外の水管に接続してはならない．

**解答▶(3)**

**補習問題㉘** (**2**) ポリエチレン管は，ガソリンなどの有機溶剤等に接する箇所での使用に適さない．

**解答▶(2)**

**補習問題㉙** **ア**：伸縮可とう式継手，**イ**：電気融着式継手，**ウ**：メカニカル式継手，**エ**：金属継手．

**解答▶(4)**

**補習問題㉚** (**1**) 設問は安全弁についての記述である．

**解答▶(1)**

**補習問題㉛** **イ**：貯湯湯沸器は，器内にためた水を直接加熱する構造である．

**解答▶(3)**

**補習問題㉜** (**5**) 構造は貯湯湯沸器と同じだが，加熱を貯湯槽外で行うので，労働安全衛生法施行令で定めるボイラーではない．

**解答▶(5)**

**補習問題㉝** (**1**) 縦形軸流羽根車式は，下方から上方に流れることに注意する．

**解答▶(1)**

**補習問題㉞** (**2**) 給水栓直結型及び置き型は給水用具に該当しない．

**解答▶(2)**

**補習問題㉟** (**2**) 吸込側の圧力が異常低下した場合は自動停止し，水圧が回復した場合は自動復帰する．
**解答▶(2)**

**補習問題㊱** (**4**) こまが摩耗しているので新しく取り替える．
**解答▶(4)**

## 給水装置施工管理法

**補習問題㊲** (**3**) 埋戻し土は，道路管理者が定める基準等を満たした材料であるか検査・確認し，道路管理者の承諾を得たものを使用する．
**解答▶(3)**

**補習問題㊳** (**2**) 穿孔後の水質確認は，におい，残留塩素，濁り，味，色について行う．このうち特に残留塩素の確認は，穿孔した管が，水道管であることの証(あかし)となることから必ず実施する．

**解答▶(2)**

**補習問題㊴** (**1**) 仮設の電気工事は，電気事業法に基づく電気設備に関する技術基準を定める省令などにより電気技術者が行う．
**解答▶(1)**

**補習問題㊵** **ア**：感電事故防止のために，感電防止用漏電遮断器を設置する．**エ**：電気器材のうち，水中ポンプは常に点検，補修を行い，正常な状態で作動させる．
**解答▶(3)**

# 参考文献


1）ビル管理ライセンス受験対策委員会編『これだけマスター　ビル管理試験』オーム社，2016 年.

2）山田信亮，打矢瀅二，今野祐二，加藤諭『これだけマスター　1 級管工事施工管理技士　第一次検定』オーム社，2022 年.

3）「給水装置の構造及び材質の基準に関する省令（平成 9 年厚生省令第十四号）」(e-Gov 法令検索).
https://elaws.e-gov.go.jp/document?lawid = 409M50000100014

4）『給水装置工事技術指針 2020』公益財団法人　給水工事技術者振興財団，2020 年.

5）空気調和・衛生工学会編『空気調和衛生工学便覧　第 14 版』空気調和・衛生工学会，2010 年.

6）空気調和・衛生工学会編『HASS 206-2000　給排水衛生設備規準・同解説（空気調和・衛生工学会規格 HASS)』空気調和・衛生工学会，2000 年.

7）「ヒートポンプ給湯機とは」(一般社団法人　日本冷凍空調工業会)
https://www.jraia.or.jp/product/heatpump/p_about.html をもとに作成.

8）諏訪公監修『できる合格　給水装置基本テキスト』週刊住宅新聞社.

9）一般財団法人　地域開発研究所『管工事施工管理技術テキスト』.

10）株式会社テクノ菱和編『空調・衛生技術データブック』森北出版.

11）空気調和・衛生工学会編『給排水衛生設備計画設計の実務の知識（改訂 4 版)』オーム社，2017 年.

12）建築施工用語研究会編『図解　建築施工用語辞典（改訂版)』井上書院，2006 年.

# 索　引

## あ 行



## か 行

## さ行

## た 行

## な 行



## は 行

## ま 行



## や 行



## ら 行

## わ 行



## 英数字

〈著者略歴〉

今野祐二（こんの　ゆうじ）

1984年　八戸工業大学産業機械工学科卒業
現　在　専門学校東京テクニカルカレッジ
　　　　建築設備士

打矢瀅二（うちや　えいじ）

1969年　関東学院大学工学部建築設備工学科卒業
現　在　ユーチャンネル代表
　　　　1級管工事施工管理技士
　　　　建築設備士
　　　　特定建築物調査員資格者

奥村章典（おくむら　あきのり）

1989年　明治大学工学部工業化学科卒業
現　在　株式会社オーサン　代表取締役

山田信亮（やまだ　のぶあき）

1969年　関東学院大学工学部建築設備工学科卒業
現　在　株式会社團紀彦建築設計事務所　顧問
　　　　1級管工事施工管理技士
　　　　一級建築士
　　　　建築設備士

これだけマスター
給水装置工事主任技術者試験（改訂３版）


2010年6月20日　第1版第1刷発行
2015年6月25日　改訂2版第1刷発行
2023年6月25日　改訂3版第1刷発行



著　者　今野祐二
　　　　打矢瀅二
　　　　奥村章典
　　　　山田信亮



発行者　村上和夫
発行所　株式会社 オーム社
郵便番号　101-8460
東京都千代田区神田錦町 3-1
電話　03(3233)0641(代表)
URL　https://www.ohmsha.co.jp/





印刷・製本　美研プリンティング
ISBN978-4-274-23069-1　Printed in Japan